KB125260

중국경제금융형세 전망 보고서

2017

중국경제금융형세
전망 보고서 2017

초판 1쇄 인쇄 2017년 8월 15일
초판 1쇄 발행 2017년 8월 26일
지 은 이 류웨이(劉偉) · 쑤젠(蘇劍)
옮 긴 이 김승일 · 김미란
발 행 인 김승일
디 자 인 조경미
펴 낸 곳 경지출판사
출판등록 제2015-000026호

판매 및 공급처 도서출판 징검다리
주소 경기도 파주시 산남로 85-8
Tel : 031-957-3890~1 Fax : 031-957-3889 e-mail : zinggumdari@hanmail.net

ISBN 979-11-86819-69-2 93320

중국경제금융형세 전망 보고서 2017

류웨이(劉偉) · 쑤젠(蘇劍) 지음 | 김승일 · 김미란 옮김

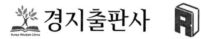 경지출판사

CONTENTS

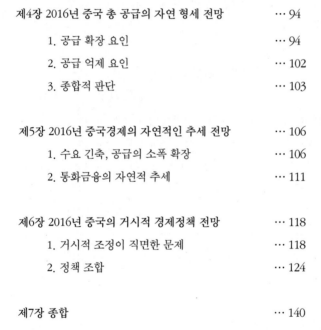

머리글

　이 책은 베이징대학 경제연구소 '거시적 연구팀'이 저술한 2016년 중국경제 금융 형세에 대한 전망 보고서이다. 연구팀은 유명한 경제학자 류웨이 교수의 지도와 쑤젠 교수의 인솔 하에, 중국 거시적 경제와 자본시장의 동태를 긴밀하게 추적하여 연구했다.

　이 책은 연구팀이 2016년 중국경제 금융 형세에 대한 전망 보고서의 합본으로, 「2016년 중국 거시적 경제 전망」, 「2016년 중국 기업발전 추세 전망」, 「개혁과 중국경제의 건강한 발전」, 「공급 측(供給側) 개혁과 중국의 거시적 경제」, 「2016년 중국의 부동산시장 전망」, 「중국 주식시장 전망」 그리고 「위안화 환율 추세 전망」 등 총 7개 부분으로 구성됐다. 이중에는 베이징대학 경제연구소 거시적 연구팀의 단독 보고서, 연구소에서 정기적으로 개최하는 심포지엄 '원푸(原富)포럼'에 참석한 전문가의 주제 연설 보고서, 그리고 '원푸포럼'전문가 그룹 내 회원의 연구 보고서 등이 포함됐다. 이밖에 본 저서의 마지막 부분에 베이징대학 경제연구소와 민생가은(民生加銀)자산관리유한회사의 협동연구 성과인 「2016년 대류(大類) 자산 가격 추세 전망」을 실었다.

특별히 짚고 넘어가야 할 부분은 연구팀의 류웨이 교수와 쑤젠 교수가 국내에서 가장 먼저 공급관리를 단기 거시적 조정에 관심을 두고 연구한 학자라는 점이다. 그들의 공동 집필로 『경제연구』 2007년 제2기에 발표한 「공급 측 관리 및 중국 현 단계의 거시적 조정」과 『베이징대학 학보(철학사회 과학판)』 2007년 제5기에 발표한 「공급관리와 중국의 시장화 개혁」, 그리고 쑤젠 교수가 『경제학 동태』 2008년 제6기에 발표한 「공급관리 정책 및 단기 경제 파동 조정에서의 응용」 등 3편 모두 공급관리에 대한 가장 이른 연구이다. 위 몇 편의 글은 공급관리를 언급하고 공급관리와 수요관리의 조합방식 그리고 주의사항을 논의했다. 훗날 그들은 거시적 조정시스템을 거시적 조정정책 설계에 응용했다. 해당 연구소의 단독 보고서인 「2016년 중국 거시적 경제 전망」은 바로 이

틀에서의 응용이라 하겠다.

정중하게 설명해야 할 부분은 이 책을 통해 전달되는 관점이 단지 서명 단체 혹은 개인의 입장일 뿐, 소속 단위나 기구와는 무관하다는 점이다.

베이징대학 경제연구소 거시적 연구팀의 다양한 연구가 순조롭게 이뤄질 수 있었던 것은 해당 연구팀, '원푸포럼' 전문가 단체 회원들이 공동으로 노력한 결과이다. 해당 팀은 연구 과정에서 베이징대학 경제학원의 적극적인 지원을 받았다. 이에 특별히 진심으로 고마움을 표하는 바이다. 해당 전망 보고서가 각계 인사들이 중국의 거시적 경제 금융 형세, 그리고 현재의 공급 측 개혁 프로세스 가운데서 직면한 문제와 도전을 정확하고도 깊이 있게 이해함과 아울러 과학적이고 합리적인 해결책을 찾는데 도움이 되기를 진심으로 바란다.

베이징대학 경제 연구소 거시적 연구팀

2016년 2월

제1편

2016년 중국의 거시적 경제 전망

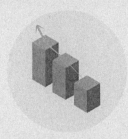

제1장   2015년 중국경제형세 회고

1. 실물경제
2. 통화금융
3. 경제형세 분석

제1장
2015년 중국경제형세 회고

리보(李波) 차이한펜(蔡含篇) 후훼이민(胡慧敏)
(베이징대학 경제 연구소 보조 연구원)

1. 실물경제

2015년 중국경제에 '수요 축소, 공급 확장'의 추세가 나타났다. 수요 축소 수준이 공급 확장 수준을 넘어섰기 때문에 경제 하행 압력이 커지고 CPI(consumer price index, 소비자물가지수)의 동기대비 성장폭이 계속해서 낮은 수준에 머무는 외에 통화긴축 리스크가 여전히 존재하는 등의 상황이 초래됐다. 국내 유효 수요의 총체적인 축소는 경제성장폭에 대한 '3대 수요' 성장폭의 촉진 효과가 약세를 나타낸 데서 표현되었다. 공업과 부동산 투자 성장폭 하락 영향에 따른 고정자산 투자 성장폭의 체계적인 하락은 유효 수요 축소를 초래한 첫 번째 원인이다.

동시에 더딘 글로벌 경제 회복이 수출 성장폭에 대한 부정적인 영향도 뚜렷하게 나타났다. 비록 소비 성장폭이 평온한 발전세를 유지하긴 했지만 고정자산 투자 성장폭과 수출 성장폭 하락이 유효 수요에 대한 '악성' 충격을 헤징((Hedging, 현물가격의 변동에 따라 발생할 수 있는 손해를 최대한 줄이기 위해, 선물시장에서 현물과 반대되는 선물포지션을 설정하는 것 역자 주)할 수는 없었다.

(1) 경제성장폭과 가격 추세

2015년 중국경제성장폭이 점차 둔화되면서 2013년부터 지속된 완만한 하행 상태를 이어갔다. 연간 GDP 성장폭이 7% 안팎을 유지해 연 초에 정한 정부의 예정 목표를 기본적으로 실현할 수 있을 것으로 보인다. 분기별로 볼 때, GDP 동기대비 성장폭이 상대적인 안정세를 유지했다. 제1분기 GDP 동기대비 성장폭은 7%, 제2분기 동기대비 성장폭은 1분기와 같은 수준인 7%를 유지했다. 제3분기 GDP 동기대비 성장폭은 0.1%포인트 소폭 하락했다.(도표1-1참고)

2015년 가격수준의 동기대비 성장폭이 여전히 낮은 수준에 머물렀고 '1'시대에 들어섰다. 연간 CPI 동기대비 상승폭이 1.4%에 달했는데 이는 정부가 년 초에 정한 예정목표 상한선보다 훨씬 낮은 수준이었다. 상반기 CPI 동기대비 상승폭이 지속 하락세를 유지한 가운데 하반기에는 CPI 동기대비 성장폭이 다소 상승했다. 하지만 상승폭이 크지 않아 가격수준 동기대비 성장폭이 여전히 비교적 낮은 수준에 머물러 있었다.(도표1-1참고)

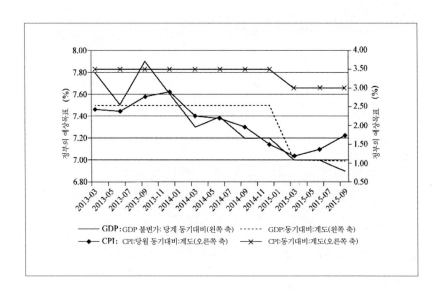

도표 1-1 GDP 동기대비 성장률과 CPI 동기대비 상승률 추세
자료래원 : 베이징대학 경제연구소 Wind 정보 데이터를 바탕으로 정리함

(2) 공업 부가가치

2015년 공업 위축현상이 뚜렷했고, 공업 부가가치 동기대비 성장폭이
현저하게 하락했다. 11월 말 기준으로, 공업 부가가치의 누계 동기대비
성장폭이 6.1%에 달했다. 이는 2014년보다 2.2%포인트 낮은 수준이다.
2014년 공업 부가가치 동기대비 성장폭은 2013년보다 1.4%포인트(도표1-2
참고) 하락된 8.3%에 달했다. 한편 공업 기업 이윤 성장폭이 지속적인
하락세를 유지했고 다수의 전통 공업기업이 재고 해소 단계에 들어서면서
생산 원동력이 떨어져 공업생산 성장폭 하락이 초래됐다.

그중 강철, 시멘트, 석탄 등 업종의 공업생산 위축 현상이 뚜렷했다. 다른

한편, 비록 신재생 에너지 자동차, 물건 자동판매기, 승차권 자동판매기, 공업 로봇 등 신흥 첨단기술 상품 산업들이 빠른 성장세를 보였지만 규모가 비교적 작았기 때문에 하락되고 있는 전통 공업생산 속도에 대한 헤징 수단으로 사용하기에는 어려웠다. 따라서 전반적으로 공업 성장폭의 축소 국면이 초래된 것이다.

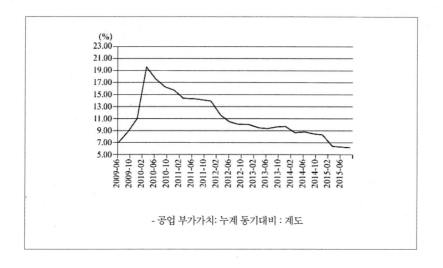

- 공업 부가가치: 누계 동기대비 : 계도

도표1-2 공업 부가가치 누계 동기대비 성장률 추세
자료래원 : 베이징대학 경제연구소 Wind 정보 데이터를 바탕으로 정리함

(3) 3대 수요

2015년 3대 수요 성장폭이 경제성장폭에 대한 촉진 효과가 떨어지면서 둔화되고 있는 중국경제에 지속적으로 압력을 가했다.

소비 성장폭이 안정 속에서 소폭 하락했다. 2015년 소비 지출 성장폭이 하락된 주요 원인은 전체 경제 하락으로 초래된 소득 성장폭의 하락 때문이었다. 2015년 11월까지, 사회 소비품 소매 총액의 누계 동기대비 성장폭이 2014년 동기보다 1.36%포인트(도표 1-3 참고) 하락된 10.6%에 달했다.

분야별로 볼 때, 석유 및 석유 제품, 그리고 자동차 소비 위축이 전체 소비 성장폭 하락을 초래한 장본인이었다. 11월 데이터에 따르면, 국내 석유 및 그 제품 소비 위축이 뚜렷했는데 누계 동기대비 성장폭이 마너이스 7%를 기록했다. 한해동안 자동차 누계 소매 판매 총액도 다소 부진한 모습을 보였다. 1월부터 11월까지 누계 동기대비 성장폭이 2014년 동기보다 2.2%포인트 하락된 5%에 달했다.

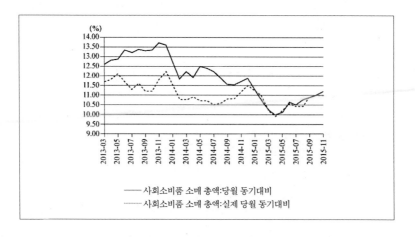

도표1-3 사회소비품 소매총액 당월 동기대비 성장률 추세
자료래원 : 베이징대학 경제연구소 Wind 정보 데이터를 바탕으로 정리함

고정자산 투자 성장폭의 체계적인 하락세가 형성되면서 유효 수요를 끌어 내리는 주요 원인으로 작용했다. 2015년 투자 성장폭의 하락세가 뚜렷해졌다. 투자 누계 동기대비 성장폭의 하락세가 지속되었을 뿐만 아니라 하락폭도 다소 확대됐다. 2015년 1월부터 11월까지 고정자산 투자 누계 동기대비 성장률이 10.2%로 떨어져 연내 하락폭이 3.7%포인트에 달했을 뿐만 아니라, 누계 동기대비 성장폭이 2014년 동기보다 5.7%포인트 하락돼 위축 현상이 보다 뚜렷해졌다.(도표1-4 참고) 투자 성장폭의 하락을 초래한 장본인은 제조업과 부동산 투자 성장폭의 축소였다. 부동산 개발 투자와 제조업 고정자산 투자의 기여도가 각각 34.1%와 30.5%에 달했다.

외부 수요의 부족현상이 수출 성장을 억제했다. 2015년 수입과 수출에 상당한 마이너스 성장률이 나타났다. 수출입 총액 성장폭이 2014년 동기보다 뚜렷하게 떨어졌다. 11월 데이터에 따르면, 수출입 총액 누계 동기대비 하락폭이 8.5%에 달했다. 그중 수입 성장 하락폭이 특히 심각했다. 1~11월까지 수입 누계 동기대비 성장폭이 15.1% 하락되고 수출 성장폭도 지속적인 하락세를 유지했다.

1~11월까지 수출 누계 동기대비 성장폭은 마이너스 3.0%(표 1-1를 참고)였다. 국내 수요 위축과 국제 대종 상품 가격 하락이 수입 성장폭 축소를 초래한 장본인이었다. 수출 성장폭 하락은 외부 수요의 위축 때문에 초래된 것이다. 비록 2015년 미국경제가 계속해서 상대적으로 안정적인 회복세를 유지하긴 했지만 2015년 상반기까지 지속적으로 발효되고 있는 그리스 채무위기가 힘들게 회복 중인 유럽에 부정적인 충격을 가했다. 동시에 브라질, 러시아 등 신흥 경제체의 경제성장도

곤경에 처했다. 이로부터 글로벌 경제 회복 둔화로 초래된 국내 수요 위축이 중국 수출 성장폭의 발목을 잡았다는 점을 알 수 있다.

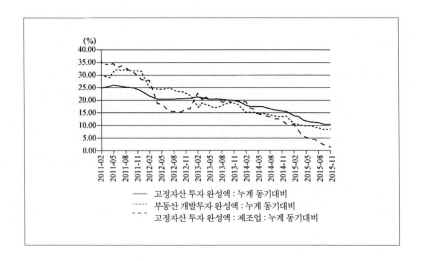

도표1-4 고정자산 투자 완성액 누계 동기대비 성장률 추세-부동산업, 제조업
자료래원 : 베이징대학 경제연구소 Wind 정보 데이터를 바탕으로 정리함

표1-1 수출입 데이터 대조표(%)

	2014년 1-11월	2015년 1-11월	동기대비 성장률 변화
수출입 총액: 누계 동기대비	3.4	-8.5	-11.9
수입 금액 : 누계 동기대비	0.8	-15.1	-15.9
수출 금액 : 누계 동기대비	5.7	-3.0	-8.7

자료래원 : 베이징대학 경제연구소 Wind 정보 데이터를 바탕으로 정리함

(4) 재정수입과 지출

2015년 경제 하행 압력 하에서 재정수입 성장폭이 둔화됐다. 연 초 정부업무보고에서 '적극적인 재정정책'을 확정, 실시하기로 하면서 재정지출이 꾸준히 확대됐다. 그러나 재정정책 실시 전에도 메커니즘이 왜곡되면서 '적극적인' 재정정책의 실행을 억제했다.

재정수입 성장폭이 둔화됐다. 2015년 재정수입 성장폭이 2014년 3월부터 시작된 하락세를 계속해서 유지했다.

비록 재정수입 월간 누계 동기대비 성장폭이 낮았다가 높아지는 미약한 성장세를 보이긴 했지만 여전히 전반적인 하락세에서 벗어나지는 못했다. 2015년 1월~11월까지, 공공재정수입의 누계 동기대비 성장폭이 2014년 동기보다 0.3%포인트(도표 1-5 참고) 줄어든 8%에 달했다. 그중 중앙재정수입이 누계 동기대비 성장폭이 6.5%, 지방 재정수입 누계 동기대비 성장폭이 9.3%로, 하락폭이 각각 2.7%포인트와 4.1%포인트에 달했다.

(%)

16.00
14.00
12.00
10.00
8.00
6.00
4.00
2.00

2012-01 2012-03 2012-05 2012-07 2012-09 2012-11 2013-01 2013-03 2013-05 2013-07 2013-09 2013-11 2014-01 2014-03 2014-05 2014-07 2014-09 2014-11 2015-01 2015-03 2015-05 2015-07 2015-09 2015-11

—— 공공재정수입:누계 동기대비:월

도표1-5 재정수입 월간 누계 동기대비 성장 변화 추세
자료래원 : 베이징대학 경제연구소 Wind 정보 데이터를 바탕으로 정리함

재정지출이 늘어났다. 정부의 '적극적인 재정 정책'이란 기본방침
아래 재정수입 성장폭이 다소 둔화되긴 했지만 재정지출 상승폭이
뚜렷해지고 재정수입 성장폭을 넘어서면서 재정 적자율이 점차
확대됐다. 2015년 1월~11월, 공공 재정지출 누계 동기대비 성장폭이
2014년 동기보다 8.8%포인트 늘어난 18.9%에 달했다. 2015년 하반기,
재정지출 동기대비 성장폭이 강한 성장세를 나타냈는데 월 평균 상승폭이
1.5%포인트(도표1-6 참고)에 달했다.

그중 중앙재정지출 동기대비 성장폭이 비교적 큰 반면, 지방정부가
지출 부분에서 재정수입 감소로 인한 영향을 받아 역할이 제한되었으며

성장폭이 약세를 나타냈다. 중앙재정지출의 누계 동기대비 성장폭이 16.9%, 지방 재정지출 누계 동기대비 성장폭이 19.3%에 달했다. 이는 2014년 동기보다 각각 11.5%포인트, 8.7%포인트 높은 수준이다.

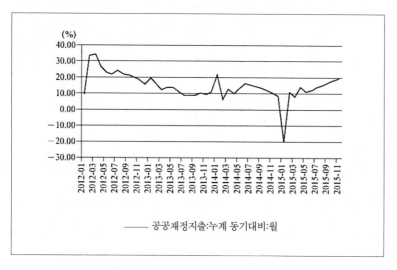

도표1-6 재정지출 누계 동기대비 성장률 변화 추세
자료래원 : 베이징대학 경제연구소 Wind 정보 데이터를 바탕으로 정리함

2015년 재정정책 확장 강도가 한층 확대됐다. 이는 재정지출에서 집중적으로 나타났다. 한편 적극적인 재정정책의 실행 강도가 꾸준히 높아졌다. 2015년 재정 적자율이 2.3%로 상승했는데 이는 2014년보다 0.2%포인트 높은 수준이다. 다른 한편, 재정정책 실행 공간이 한층 확대됐다.

첫째, 정부에서 재정 확보자금을 한층 활성화시키고 여유자금을 민생, 공공서비스와 인프라 건설 등 분야에 집중적으로 투자했다.

둘째, 지방정부 채무 치환, 중앙과 지방 PPP(Public-Private Partnership, 민관협력사업, 이 사업은 주로 개도국 정부나 공기업이 교량, 댐, 플랜트, 도로 등의 인프라스트럭처 공사를 해외 민간자본을 끌어들여 진행하는 프로젝트를 말함) 프로젝트 융자 플랫폼 구축은 지방정부 지출에 더 넓은 자금 이용공간을 마련해줬다.

2. 통화금융

2015년 M2 동기대비 성장폭이 연 초 정부에서 정한 예상 목표보다 뚜렷하게 높은 13.5% 내외가 될 것으로 예상된다. 위안화 신탁 동기대비 성장폭 또한 14.5% 이상을 유지할 것으로 보인다. 예상 밖의 2가지 요인이 신탁금융 운행 상황에 뚜렷한 영향을 미쳤다. 첫째, 주식시장의 대폭적인 파동으로 금융시장이 요동치는 상황이 초래됐다. 이는 중국인민은행의 통화정책에 영향을 줄 뿐만 아니라 통화조건(통화 공급량 성장폭과 위안화 신탁 성장폭)에도 뚜렷한 부정적인 영향을 미치게 된다. 둘째, 2015년 8월, 위안화 환율개혁으로 인하여 위안화 평가절하 폭이 예상 목표를 넘어섰다. 이는 중국의 국제 수입과 지출에 부정적인 충격을 가했다.

(1) 통화 공급량

거시적 실물경제 '3가지 과도기(三期疊加)'의 '뉴노멀' 상태에 대응하기 위해 중국인민은행은 통화 투자목표에 따라 중성적인 통화환경을 마련하고 통화정책을 지속적으로 완화하는 한편, '지급준비율 인화'와 '금리 인하' 조치를 번갈아 실시하려 했다. 2015년 광의의 통화공급량(M2)의 월간 동기대비 성장폭이 기본적으로 먼저 하락했다가 후에 상승(도표1-7을 참고)하는 추세를 나타냈다. 다시 말해 상반기는 정부의 예상 목표치보다 현저하게 낮고, 하반기는 뚜렷하게 높은 상황이 연출됐다. 2015년 상반기 월간 M2 동기대비 성장폭이 비교적 낮은 수준을 유지했다.

3월 M2 동기대비 성장폭은 11.6%에 달했고, 4월 M2 동기대비 성장폭은 사상 최저치인 10.1%에 달했다. 5월에는 수치가 다소 반등했지만 동기대비 성장폭이 여전히 11% 이하인 10.8%에 머물렀다. 비록 6월 M2 동기대비 성장폭이 11.8%까지 상승했지만 정부에서 연 초 확정한 12%의 예상 목표보다는 여전히 낮은 수준이었다.

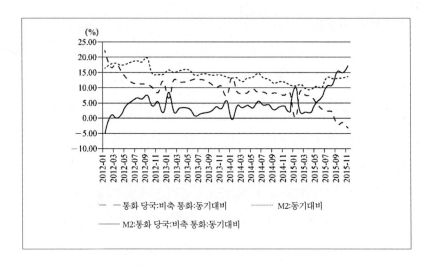

도표1-7 광의 통화 공급량, 통화 승수와 본위화폐 동기대비 성장률 변동
자료래원 : 베이징대학 경제연구소 Wind 정보 데이터를 바탕으로 정리함

하지만 2015년 하반기부터 M2 월간 동기대비 성장폭이 뚜렷하게 상승했고, 그 후 여러 달 동안 지속적으로 비교적 높은 수준을 유지했다. 7월 M2 동기대비 성장폭은 6월보다 1.5%포인트 늘어난 13.3%에 달했다. 8월, 9월, 10월의 M2 동기대비 성장폭은 각각 13.3%, 13.1%, 13.5%로 3개월 동안 연달아 13% 이상 수준을 유지했다. 2015년 11월까지 M2 동기대비 성장폭이 정부가 예상한 목표보다 1.7%포인트 높았다.

(2) 위안화 신탁

2015년 위안화 신탁과 M2의 월간 동기대비 성장폭 추세가 기본적으로 동시화를 실현했다. 위안화 신탁 월간 동기대비 성장폭이 먼저 하락했다가 후에 상승하는 U자형 태세를 나타냈다. 따라서 통화 승수(乘數)의 월간 동기대비 성장폭도 먼저 낮은 수준에 머물러 있다가 후에 뚜렷하게 상승하는 추세가 나타났는데, 이는 신탁을 통해 형성된 예금 규칙에 부합된다.(도표1-8을 참고)

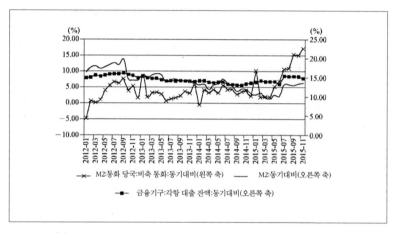

도표1-8 위안화 신탁 잔액, M2와 통화 승수 동기대비 성장률 변동
자료래원 : 베이징대학 경제연구소 Wind 정보 데이터를 바탕으로 정리함

그러나 비록 위안화 대출 월간 동기대비 성장폭이 먼저 하락되었다가 후에 상승하긴 했지만 위안화 신탁이 실물경제로의 확장강도가 전차 약화되는 추세를 나타냈다. 2015년 상반기, 위안화 신탁 잔액 동기대비 성장폭이 14% 이상 수준을 유지했다. 사회 융자 규모방식에 따라 계산한

신규 위안화 대출 월 평균치가 0.96조 위안[1]에 달했다. 이때 해당 방식에 따라 계산한 위안화 신탁 잔액의 동기대비 성장폭이 약 13.3%에 달했다.

마찬가지로 2015년 하반기에[2], 비록 위안화 신탁 잔액의 동기대비 성장폭이 15.4%를 유지했지만, 사회 융자 규모방식에 따라 계산한 신규 위안화 대출 월간 평균치는 0.86조 위안에 달했고, 이에 대응하는 위안화 신탁 잔액의 동기대비 성장폭은 13.5%에 이르렀다. 이로부터 표면상으로는 하반기 위안화 신탁 동기대비 성장폭이 상반기보다 1.4%포인트 높은 것처럼 보인다. 하지만 사실상 하반기 실물경제에 유입된 위안화 신탁 동기대비 성장폭이 상반기보다 0.2%포인트 높을 뿐이어서, 실물경제에 대한 위안화 신탁의 지지가 뚜렷하게 확장되는 상황이 나타나지 않았다는 점을 알 수 있다.

신탁 투자구조로부터 볼 때, 금융기구의 중장기 대출 잔액 월간 동기대비 성장폭이 비교적 빠른 추세로 하락된 반면, 경영성 단기 대출 월간 동기대비 성장폭은 점차 상승했다. 2015년 제2분기와 제3분기 위안화 신탁 투자 구조에 뚜렷한 차이점이 나타났다.(도표1-9를 참고) 위안화 신탁 월간 동기대비 성장추세와 결부시켜 볼 때, 제3분기 실물경제에 대한 금융기구의 신탁 자금 지지율이 동기보다 늘어난 주요한 원인은 단기 경영성 신탁의 동기대비 성장폭이 뚜렷하게 상승했기 때문이다.

---

1) 사회 융자 규모 루트에 따라 신규 위안화 대출 당월치를 계산함과 아울러 시계열 계절성 요인을 적용해 조절함. 이하도 같음. 사회 융자 규모 방식의 신규 위안화 대출에는 비은행업 금융기구를 상대로 한 금융기구의 대출이 포함되지 않음.
2) 2015년 하반기 샘플 데이터 10월말까지, 이하도 같음.

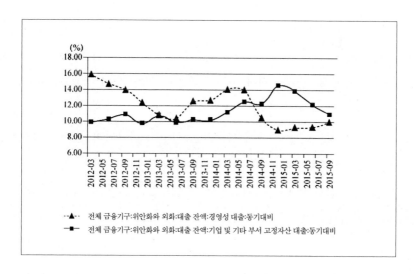

도표 1-9 금융기구 대출 투자 구조
자료래원 : 베이징대학 경제연구소 Wind 정보 데이터를 바탕으로 정리함

만약 우리가 중장기 신탁 투자 동기대비 성장폭이 하락된 주요 원인이 경제 하행 압력에 따른 신용 리스크 확대와 투자 의향 부족이라고 생각한다면, 경영성 신탁 동기대비 성장폭의 뚜렷한 상승은 기업이 단기신탁을 통해 일상적인 운영을 유지하는 수요를 반영하고 있다.

이로부터 2015년 상반기 기업운영 상황이 하반기보다 못하다고 인정할 수 있다. 상반기 경영성 신탁 투자 동기대비 성장폭의 대폭 둔화는 기업의 자기자금으로 정상적인 운영을 유지할 수 있다는 점을 말해준다. 또 하반기의 경영성 신탁 대출 투자 동기대비 성장속도가 빨라진 것은, 신탁을 이용해 부족한 자기자금을 보충함으로써 정상적인 운영을 보장하려는 기업의 의향을 말해준다.

(3) 사회 융자 규모

2015년 경제 하행 압력이 커지고 경제체계 신용 리스크가 확대되었지만, 중국인민은행에서 '이자 인하'와 '지급준비율 인하' 등 여러 가지 완화된 통화정책을 통해 융자원가를 낮춤에 따라 사회 융자 규모 월간 누계 동기대비 성장폭이 뚜렷하게 상승하는 현상이 나타났다. 특히 2015년 하반기 실물경제에 유입된 자금이 현저하게 늘어났다.

구조 차원에서 볼 때, 2015년 상반기 사회 융자 규모의 누계 동기대비 성장폭이 완만한 추세를 보인 주요한 원인은 직접 융자의 누계 동기대비 성장폭이 상승했기 때문인데, 그중에서도 특히 경내 주식 융자가 한몫했다. 2015년 하반기 사회 융자 규모의 누계 동기대비 성장폭이 뚜렷하게 상승한 주요한 원인은 간접 융자와 기업 채권 융자의 지지이다. 경내 주식 융자의 누계 동기대비 성장폭의 뚜렷한 하락세가 사회 융자 규모 누계 동기대비 성장폭의 증가를 억제했다.(도표1-10을 참고)

(4) 주식시장의 격렬한 파동

2015년 하반기 주식 지수가 폭락했다. 이 때문에 통화조건과 경제형세 판단에 복잡성과 불확정성이 추가됐다. '구제(救市)'자금이 유입되면서 위안화 대출 동기대비 성장폭이 뚜렷하게 늘어났고 이로써 M2 동기대비 성장폭을 효과적으로 끌어올림으로써 통화조건의 허위 번영이 초래됐다. 7월, 주식지수가 빠른 하락세를 나타냈다. 시장의 예상치를 안정시키고 계통적인 금융 리스크를 방지하기 위해 중국인민은행과 상업은행에서 비 은행업 금융기구에 제공한 임시 '구제'자금이 신탁 확장을 뚜렷하게 끌어올렸다. 7월 상하이 종합지수가 4,053.70포인트에서 3,663.63포인트까지 떨어졌다. 이는 동기보다 66.41% 상승하고 전월 대비 14.34% 하락한 수준이다. 주식시장의 열기가 계속해서 식으면서 신규 위안화 대출 서브 프로젝트 관련 '비 은행업종 금융기구 대출'이 8,864억 위안 늘어났다.

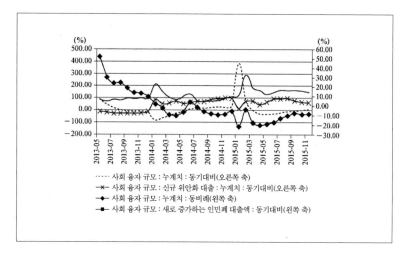

도표 1-10 사회 융자 규모 누계 동기대비 성장폭과 융자 구조 변동
자료래원 : 베이징대학 경제연구소 Wind 정보 데이터를 바탕으로 정리함

전월대비 성장폭은 9,328억 위안으로 당월 신규 위안화 대출액의 60%를 차지했다. 이는 '구제'로 인해 위안화의 신탁 확장을 추진했다는 점을 말해준다. 만약 '구제'자금을 제외하고 사회 융자 규모 통계 방식에 따라 계산할 경우 7~10월, 신규 위안화 대출액이 총 2조 9천억

위안에 달했다. 구체적으로 7, 8, 9, 10월의 신규 위안화 대출액이 각각 5,890억 위안, 7756억 위안, 1조 417억 위안, 7,126억 위안에 이르렀다. '구제'자금을 제외한 신규 위안화 대출액에 따라 계산할 경우 위안화 신탁 잔액 동기대비 성장폭이 2015년 10월 기준으로, 조정 후의 위안화 신탁 잔액 동기대비 성장률이 13.9%에 달했다. 이는 정부 측에서 발표한 15.4%(도표1-11을 참고)보다 낮은 수준이다.

'구제'자금을 제외한 신규 위안화 대출액을 조정한 후의 M2 동기대비 성장폭에서 알 수 있다시피, 2015년 10월 기준으로 조정후의 M2 동기대비 성장폭은 12.6%에 달했다. 이는 정부에서 발표한 13.5%(도표1-12을 참고)보다 낮은 수준이다.

(5) 위안화 환율, 외화보유액 변화와 본위화폐

주식시장의 격렬한 파동을 제외하면 위안화 평가절하와 자본유출도 아주 중요한 의외의 요인이다. 2015년 외환시장 추세가 통화조건에 대한 부정적인 충격이 우리의 예상을 벗어났다.

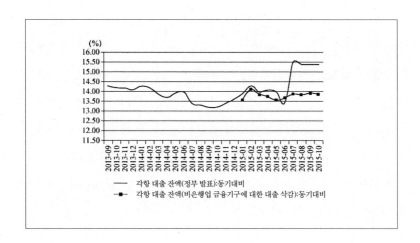

도표1-11 '구제'자금 삭감 후 위안화 신탁 동기대비 성장률과 정부에서
　　　　발표한 위안화 대출 동기대비 성장률
자료래원 : 베이징대학 경제연구소 Wind 정보 데이터를 바탕으로 정리함

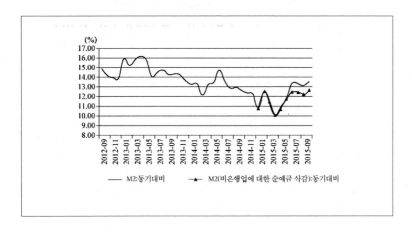

도표 1-12 '구제'자금 삭감 후 M2 동기대비 성장률과 정부에서 발표한 M2
　　　　동기대비 성장률
자료래원 : 베이징대학 경제연구소 Wind 정보 데이터를 바탕으로 정리함

주식지수가 폭락함에 따라 대량의 자금이 유출되고 위안화가 심각하게 평가절하 되는 현상이 나타났다. 8월, 환율개혁은 오히려 위안화의 평가절하 예상을 가속화했다. 이 때문에 자본 유출 규모가 늘어나고 외환보유 잔액의 동기대비 성장폭이 뚜렷하게 하락되었을 뿐만 아니라 본위화폐 투자도 따라서 제한을 받았다. 도표 1-13에 표시된 바와 같이, 2015년 하반기, 외환비축 수축이 통화조건을 제약하는 역할을 했다.

외화보유 잔액[3]의 동기대비 성장폭과 본위화폐 동기대비 성장폭 모두 뚜렷하게 하락되는 현상이 나타났다.

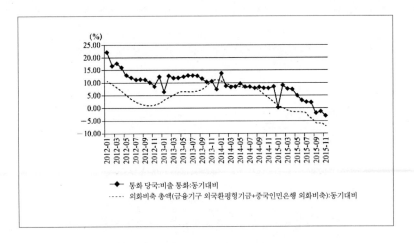

도표1-13 위안화 환율 평가절상률, 외화비축 동기대비 성장률과 본위화폐
　　　　동기대비 성장률
　　자료래원 : 베이징대학 경제연구소 Wind 정보 데이터를 바탕으로 정리함

───────────────

3) 외화보유잔액은 중국인민은행에서 보유한 외화보유액과 금융기구에서 보유한 외국환평형기금 등 2가지 부분으로 구성됨.

3. 경제형세 분석

전반적으로 볼 때, 2015년 중국경제에 수요 위축, 공급 확장 국면이 나타났다.

(1) 수요 위축

2015년 하반기 경제 하행은 주로 수요 위축의 영향을 받았다. 국내의 유효 수요와 국외의 수요가 동시에 위축된 것으로 표현된다. 또 정책 전도 메커니즘이 억제를 받음으로 인해 정책효과와 한계효과가 점차 줄어든 것으로도 표현된다.

① 실물경제에 양호한 투자기회가 적고 제조업 투자와 민간 투자 성장폭이 하락했다.

실물경제에 양호한 투자기회가 적고 제조업과 부동산업의 투자 회수율이 지속적으로 줄어들어 기업의 투자의향이 현저하게 떨어졌다. 2015년 고정자산 투자 가운데서 부동산개발, 제조업, 인프라 건설 투자 등 3대 분야에 대한 월간 투자 누계 동기대비 성장폭이 모두 뚜렷한 하락세를 나타냈다. 특히 부동산개발 투자 누계 동기대비 성장폭이 현저하게 떨어져 바닥을 치고 제조업 투자 누계 동기대비 성장폭이 지속적으로 저수준에 머물러 있는 등의 요인이 고정자산투자의 총제적인 동기대비 성장폭을 끌어내렸다. 부동산 산업을 볼 때, 땅값의 지속적인 상승, 노동력 원가와 융자 원가의 상승 등 원인으로 말미암아 부동산 산업의 순자산 수익률이 꾸준히 떨어지면서 부동산 산업 투자 의향이 지속적으로 저하됐다.

2015년 1~11월, 부동산 개발 투자 누계 동기대비 성장폭이 2014년 동기보다 10.6%포인트 하락된 1.3%에 달해 사상 최저치를 기록했다.

제조업은 생산력 과잉에 발목이 잡혀 산업 업그레이드 실현 압력이 훨씬 커졌다. 노동력, 토지, 환경, 에너지 등 요인의 원가가 빠르게 치솟으면서 이윤이 점차 줄어들자 제조업 자본 투자 의향이 뚜렷하게 줄어들었다. 2015년 1~11월, 제조업 투자 누계 동기대비 성장폭은 2014년 동기보다 5.1%포인트 줄어든 8.4%에 달했다.

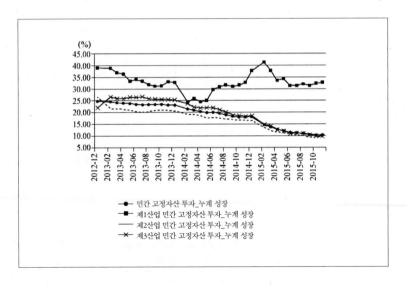

도표 1-14 민간 고정자산 투자 누계 동기대비 성장률 추세:산업별
자료래원 : 베이징대학 경제연구소 국가통계국, Wind 정보 데이터를 바탕으로
　　　　정리함

민간 투자 성장폭 하락 또한 기업의 투자 의향이 줄어들었다는 점을 말해준다. 고정자산 가운데서 민간 투자가 약 65%를 차지한다. 민간 투자 성장폭의 위축 현상은 기업 투자 활약도가 떨어졌다는 점을 의미한다. 2015년 민간 고정자산 투자 성장폭이 빠른 하락세를 나타냈다.

월간 누계 동기대비 성장폭이 꾸준히 바닥을 쳤으며 1~11월 민간 고정자산 투자 누계 동기대비 성장폭이 10.2%에 달했다. 이는 2014년 동기보다 7.7%포인트 하락되고 전국 고정자산 투자 누계 동기대비 성장률의 하락폭보다 2.3%포인트 높은 수준이다.

② 금융시장 파동, 총 수요에 충격 형성

첫째, 소비가 줄어들었다. 금융시장이 꾸준히 발전함에 따라 주민 재부 배치가 갈수록 다원화 추세를 보이고 있으며 주식시장은 재부 효응과 대차 대조표 효응을 통해 소비를 자극했다. 주식 재난은 주민들에게 경제적 손실을 가져다주었을 뿐만 아니라 주민들의 자산 부채상황을 악화시켰다.

이는 또 소비 지출 감소로 이어졌다. 여러 차례의 주식 재난 경험은 주식 자산이 줄어들면 따라서 소비도 떨어진다는 점을 증명했다. 2015년 주식 재난이 소비에 대한 부정적인 충격이 아주 뚜렷했다. 2015년 상반기, 최종 소비지출이 GDP에 대한 누계 동기대비 기여도가 4.2%였다. 반면, 1/2/3분기 최종 소비지출이 GDP에 대한 누계 동기대비 기여도는 4%였다. 이는 주식 재난을 겪고 난 후의 제3분기, 주민들의 재산이 줄어들면서 소비지출이 적어지고 이에 따라 GDP 성장률이 하락되었다는 점을 말해준다.

둘째, 투자를 억제했다. 주식 재난으로 지분 융자가 뚜렷하게 줄어들어 기업의 투자능력을 심각하게 억제했다. 동시에 주식 재난으로 은행 대출이 보다 신중해지면서 신탁이 줄어들었고 이 때문에 기업 투자가 줄어드는 상황이 나타난 것이다.

이밖에 주식 재난 이후, 주식시장의 총체적인 시장가치가 뚜렷하게 떨어졌는데 이는 상장회사의 대차 대조표가 현저하게 악화된 데서 표현된다. 이 시기 기업들은 기업 생존을 위해 단기 경영성 목적으로 대출을 했기 때문에 그들의 투자 의향이 억제됐다. 2015년 6~9월, 분기 조정을 거친 후의 고정자산 투자 월간 전월대비 성장폭은 각각 0.84%, 0.74%, 0.71%, 0.70%에 달했다. 이로부터 주식 재난 이후로 기업 투자 성장폭이 점차 줄어들었다는 점을 알 수 있다. 또 구제자금이 유입된 후의 10월, 주가지수가 상승하고 기업 융자능력이 완화되면서 투자의향이 다소 회복되었다는 점도 알 수 있다. 분기 조정을 거친 후의 고정자산 투자 월간 전월대비 성장폭이 소폭 상승하기 시작했는데 10월과 11월 상승폭은 각각 0.72%와 0.73%에 달했다.

셋째, 통화정책 한계 효력을 제한했다. 주식시장 파동이 경제 미시적 주체에 대한 손실로 인하여 융자 루트가 파괴되고 기업 융자능력이 떨어졌다. 한편, 상장회사가 자금 분배 처분, 레버리지 해소, IPO통로 차단 등 다양한 압력에 직면하게 되면서 기업 융자 루트가 축소됐다. 다른 한편, 주식투자자가 큰 손실을 보면서 투자자들의 자신감이 많이 떨어졌다. 주식 재난 충격 그리고 경제에 양호한 투자기회가 없음으로 인해 통화정책의 한계 효력이 현저하게 떨어졌다.

③ 외부 수요 저하, 수출 성장폭 하락

2015년 수출과 수입 성장폭 모두 현저하게 떨어졌다. 수입의 하락폭이 수출보다 크기 때문에 무역 흑자 성장폭이 예년보다 소폭 확대되고 무역 흑자의 동기대비 성장폭이 상승했다. 2014년과 비교해 2015년의 수출입 총액 성장폭이 현저하게 줄어들었다. 11월 기준으로, 수출입 총액 누계 동기대비 성장폭이 약 8.5% 하락됐다. 국내 경제성장폭 둔화와 국제 대종 상품 가격 대폭 하락 영향을 받아 2015년 수입 동기대비 하락폭이 뚜렷했다. 1~11월 수입 총액 누계 동기대비 성장폭이 마이너스 15.1%에 달해 2014년 동기보다 약 15.9%포인트 낮은 수준을 기록했다. 외부 수요가 지속적으로 낮은 수준에 머물러 있은 탓에 수출 성장폭도 약세를 나타냈다. 1~11월, 수출 누계 동기대비 성장폭이 마이너스 3.0%에 달했는데 이는 2014년 동기보다 약 8.7%포인트 낮은 수준이다.

국제 경제회복 둔화로 인한 외부 수요 감소는 수출 성장폭의 대폭 하락을 초래한 장본인이다. 2015년 글로벌 경제가 전반적으로 저조한 상태를 나타냈다. 한편 선진국 가운데서 비록 미국의 경제가 안정적으로 회복되긴 했지만 그리스 채무위기 영향을 받아 유럽 경제 회복이 비교적 더뎠으며 일본이 일련의 경제 자극 정책을 실행했음에도 불구하고 경제성장폭이 뚜렷하지 못했다.

다른 한편, 신흥 경제체가 경제 내부 구조조정 등의 문제로 인한 경제 하행 압력에 직면하고 있어 경제성장이 호전을 가져오지 못했다. 국가별

상황을 볼 때, 1~11월, 비록 미국에 대한 중국의 동기대비 수출 성장폭이 누계 4%로 늘어났지만 여전히 2014년 동기보다 3.3%포인트 낮았다. 미국과 비교할 때 유럽과 일본 등 2개 선진 경제체에 대한 중국의 수출 성장폭 모두 마이너스 성장을 기록했다. 1~11월 누계 동기대비 성장폭이 각각 마이너스 8.6%포인트와 마이너스 9.6%포인트에 달했다. 이밖에 신흥 경제체에 대한 중국의 수출 성장폭 하락세가 뚜렷했는데 1~11월, 브라질, 러시아에 대한 중국의 수출 누계 동기대비 성장폭은 마이너스 19.9%와 마이너스 36.1%에 달했다.

④ 재정정책 전도 메커니즘 고장으로 인한 인프라 투자 성장폭 하락

2015년 재정정책이 줄곧 적극적인 태세를 취했다. 하지만 재정정책 전도가 원활하지 않아 인프라 투자에 대한 역할이 미미했다. 제조업과 부동산 산업의 투자 수익률이 지속적으로 줄어들면서 기업의 투자 의향이 저하된 상황에서도 인프라 투자가 경제성장을 안정시키는 주요한 투자 엔진으로 부상했다.

소극적이고 정치에 태만한 지방 재정 관리들의 나쁜 작풍의 영향을 받아 재정정책 전도가 영향을 받고 저애를 받으면서 중대한 건설 프로젝트 투자 추진 속도가 느려졌다. 재정정책 전도 메커니즘이 저애를 받은 것은 인프라 투자 성장폭이 현저하게 떨어진데서 나타났다. 2015년 1~11월 인프라 투자 누계 동기대비 성장폭이 18.0%에 달했는데 이는 2014년 동기보다 2.9%포인트 낮은 수준이다.

정치업적제도 변혁, 지방 채무 압력 그리고 새로운 예산 규칙의 실행은

객관적으로 재정정책 전도를 저애하는 단기적 걸림돌이 됐다. 우선, 지방 관리의 정치 업적 고찰 격려 메커니즘이 바뀌고 GDP의 주도역할이 약화되면서 지방정부의 투자 지출 의향이 현저하게 떨어졌다. 따라서 지방의 재정정책 전도 메커니즘이 제 역학을 발휘하지 못함으로 인하여 인프라 투자 성장폭이 떨어지고 적극적인 재정정책의 확장 효과를 상당하게 상쇄해버렸다.

다음, 지방 채무가 심각해지자 지방관리 심사 조항에 지방 채무 지표를 포함시켰다. 그러자 지방 관리들이 안전한 책략을 모색해 나서면서 지방 투자 및 융자 의향과 강도가 떨어졌다.

이밖에 융자 루트 전환 효과가 확실하게 나타나지 않았다. 2015년 지방정부가 직면한 채무 압력이 채무교환을 통해 일정하게 완화됐다. 비록 지방정부가 채무 교환과 채권 발행으로 상당한 자금을 모았지만 그 중 상당 부분을 채무상환에 이용했기 때문에 건설 중인 프로젝트와 새로 착공하는 프로젝트에 투입되는 자금을 점하게 됐다.

토지 운용과 투자, 융자 플랫폼이 PPP프로젝트 융자로 전환되는 과정에 여러 가지 불확정적인 요인에 직면하고 있어 사회자본에 대한 정부의 지출 인도 역할이 부족했다. 아울러, 새로운 예산 규칙을 실행하면서부터 예산외 수입(주로는 토지 양도금)이 줄어들고 정부성 기금 수입 관리를 규범화함에 따라 지방정부가 정부 기금 지출에서 확보할 수 있는 가능성이 줄어들었다.

(2) 공급 확장

2015년 중국의 총 공급이 2가지 비교적 큰 양성 자극에 직면했다. 첫째는 2014년 하반기부터 시작된 국제 원유 등 에너지 대종 상품가격의 하락세였다. 둘째는 공급 측 각항 개혁조치에 따른 효과가 점차적으로 나타나기 시작했다. 에너지 가격의 대폭 하락은 국내 기업의 생산원가 단축으로 이어졌으며 기업이 공급을 증가할 수 있도록 자극했다. 공급 측 개혁이 관련 경제자원의 적극적인 잠재력을 끌어냈을 뿐만 아니라 거래 원가를 낮추고 경제 효율을 향상시켰다.

① 유가 하락

2014년 하반기부터 국제 유가가 스키 점프식 하락세를 나타내고 국내 유류 완제품가격도 대폭 하락됐다. 2015년 유가 하락세가 지속적으로 확대됐다.(도표1-15을 참고) 시장 공급과 수요의 불균형은 여전히 국제 유가의 대폭 하락을 초래한 장본인이었다. 공급 차원에서 볼 때, 국제 원유 공급이 지속적으로 늘어났다. 한편 비상규적인 천연 오일 가스 자원 개발로 경제 효과를 창출하면서 에너지 공급이 확대되고 미국의 셰일가스 혁명으로 인해 원유 생산량이 점차 늘어났다.

2014년부터 파기 시작한 석유갱이 차례로 완공됨에 따라 단기 내 미국의 셰일가스 생산량이 지속적으로 늘어날 전망이다. 다른 한편 OPEC(Organization of Petroleum Exporting Countries, 석유수출국국)가 시장 점유율을 보장하기 위해 생산량 감소를 통해 유가를 올린 것이 아니라 오히려 기존과 같은 원유 공급량을 보장했다. 수요 차원에서 볼 때 글로벌 경제성장이 둔화되면서 석유 소비대국인 중국의 경제성장이 둔화되고 공급과잉 해소 프로세스가 지속됐다. 유럽과 일본의 경제 회복이 더디고 일부 신흥 국가의 경제가 침체 상태에 빠지면서 국제시장의 원유 수요가 줄어들었다. 이밖에 달러 평가절상 예상이 원유에 대한 부정적인 충격 역할도 절대 경시할 수 없었다. 2014년 연말부터 미국이 양적 완화 정책을 종료한다고 발표한 뒤로 달러가 평가절상 주기에 들어서고 미국연방준비제도이사회(FRS)의 금리인상에 대한 시장예상이 확대되면서 유가 하락 압력이 커졌다.

이로부터 비록 유가 하락 도화선이 수요 차원에서 왔다고는 하지만 원유 공급 차원에서 산생된 적극적인 추진 역할이 더 주요한 역할을 발휘했다는 점을 알 수 있다. 장기적인 차원에서 볼 때, 기술진보에 따른 유가 하락이 글로벌 경제에 영구적인 양성 공급 자극을 가져다줬다. 글로벌 에너지 공급이 지속적으로 늘어나고 있는 배경 하에 향후 글로벌 경제성장이 예상보다 양호해 유가가 당면 가격수준보다 다소 반등할 수 있도록 추진한다고 해도 셰일가스 기술 진보에 따른 원유 공급 증가 국면에는 근본적인 변화가 나타나지 않을 것이고 향후 국제 유가가 한층 하락될 가능성은 여전하다.

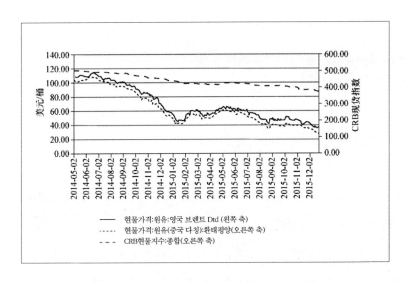

도표 1-15 CRB대종 상품 가격지수 및 원유가격 추세도
자료래원 : 베이징대학 경제연구소 국가통계국, Wind 정보 데이터를
바탕으로 정리함

원유를 대표로 한 에너지 등 생산요인 가격의 지속적인 하락세는 기업 생산원가 하락으로 이어질 수 있고 중국의 총 공급에 양성 충격을 형성할 수 있다. 중국은 석유 소비대국이다.

석유의 대외 의존도가 점차 높아지고 있는 중국에 있어 유가와 대종 상품 가격의 지속적인 하락은 좋은 소식이다. 총생산 원가 차원에서 볼 때, 세계의 주요한 제조업 대국인 중국의 대종 상품 가격 하락은 제조업 원가를 낮추는데 유리하고 기업의 이윤을 늘릴 수 있기 때문에 제조업에는 이득이 된다. 국제 유가가 저수준을 유지하고 있으면 석유 수입원가와 석유화학업종의 운영 원가를 낮출 수 있고 산업사슬을 통해 경제 발전

원가도 줄일 수 있다. 동시에 석유 또한 물류업, 공업과 운수업 발전에 필요한 중요한 에너지인 만큼 저유가는 위 업종의 발전 원가를 줄일 수 있다. 이로부터 국제 유가 하락은 국내 생산원가 감소로 이어진다는 점을 알 수 있다. 또 기타 조건이 변하지 않는 상황에서 에너지 가격의 양성 충격은 총 공급 확장과 같아 공급 차원에서 총생산량 증가와 가격수준 하락에 도움이 되고 저 인플레이션 형성과 고성장의 양성 경제 운행에 유리하다는 점도 알 수 있다.

스위스은행의 연구 보고서는 만약 국제 유가가 15% 하락되면 글로벌 GDP 성장폭은 0.25% 상승할 것이라고 예상했다. 세계은행 보고서도 석유 공급으로 인한 유가 하락이 30%에 달하면 2015년 글로벌 경제성장폭이 약 0.5% 상승할 것이라고 밝혔다.

우리는 원유가격 하락이 총생산 원가, GDP 성장폭과 가격 수준 상승률에 대한 영향에 대해 추산했다. 에너지 원가가 총생산원가의 일부분이라는 점을 고려한 상황에서 총생산 원가에 대한 유가하락의 영향을 추산할 때 거시적 데이터와 국민수입 항등식(恒等式) 방법을 적용했다. 계산에 따르면, 2015년 원유가격이 약 50% 하락되고 총생산원가가 2.2%포인트 떨어진 것으로 나타났다.[4] 이를 기반으로 우리는 중국 총생산 원가 가운데서 차지하는 석유 원가 비중 그리고

---

4) 2015년 국내 원유 현물가격(다칭)의 연 평균가격은 배럴당 46.83달러, WIT원유 현물가격의 연 평균가격은 배럴당 48.63달러임. 2015년 위안화 대 달러 환율은 6.14, 원의 대외 의존도가 60%에 달함. 소비량의 동기대비 성장률이 5.95에 달했으며 비에너지 원가 공기대비 성장률이 국내 생산총액 동기대비 성장률과 같은 7.0%에 달함.

변화추세에 대한 계산을 통해 국제 원유가격 하락이 총원가에 대한 영향을 분석했다. 도표 1-2에 표시된 바와 같이, 2000년부터 석유 원가가 중국 총생산 원가 가운데서 차지하는 비중이 기본적으로 3.5%~7.7% 수준을 유지했다.

2011년부터 소폭 하락되기 시작했고 2014년 하반기부터는 원유가격의 스키 점프식 하락세가 시작되면서 석유 원가가 중국 총생산 원가 가운데서 차지하는 비중도 뚜렷하게 줄어들었다. 구조 차원에서 볼 때, 2008년 이전 국산 석유에너지 원가가 총생산 원가 가운데서 차지하는 비중이 줄곧 수입 석유보다 높았다. 그러나 2009년부터 상황이 역전됐다. 수입 석유에너지 원가가 총생산 원가 가운데서 차지하는 비중이 국산 석유를 초과했다. 이는 국제 유가 파동이 국내 총생산 원가에 대한 영향이 갈수록 커지고 있다는 점을 말해준다.

도표1-2 석유에너지 원가가 총생산 원가 가운데서 차지하는 비중(%)

시간	석유에너지 원가/ 총생산 원가	수입 석유에너지 원가/ 총생산 원가	국산 석유에너지 원가/ 총생산 원가
2000년	4.954	1.320	3.634
2001년	3.851	0.910	2.841
2002년	3.719	1.019	2.700
2003년	4.289	1.407	2.882
2004년	5.815	2.222	3.592
2005년	6.873	2.683	4.190
2006년	7.418	3.195	4.223
2007년	7.059	3.307	3.752
2008년	7.741	3.733	4.008
2009년	4.122	2.120	2.001
2010년	5.222	2.868	2.354
2011년	5.674	3.401	2.273
2012년	5.300	3.281	2.019
2013년	4.677	2.804	1.874
2014년	4.183	2.533	1.650
2015년	2.171	1.281	0.890

자료래원 : 베이징대학 경제연구소 Wind 정보 데이터를 바탕으로 정리함

총 공급과 총 수요의 분석 틀을 근거로 경제 계량방법을 적용해 정량으로 국제 유가 변동이 GDP성장률과 가격 수준 상승률에 대한 영향을 추산했다. 추산 결과, 국제 유가 하락이 중국경제성장률에 뚜렷한 양성 충격을 형성했고 유가 하락이 국내 인플레이션 하락과 GDP성장률 상승을 이끌었다는 점을 발견했다. 구체적인 정량 추산 결과는 아래와 같다. 2015년 국제 유가하락이 50%에 달함으로써 인플레이션 율이 0.5%포인트 하락되고 GDP성장률이 0.3%포인트 늘어났다. 현재 인플레이션 율이 1.5% 내외, GDP성장률이 7.0%내외인 상황에서 0.5% 인플레이션 율 하락폭과 0.3% GDP 성장률은 비교적 큰 양성 충격 폭이 아닐 수 없다.

② 개혁 효과 나타나

18기 3중 전회가 개최되어서부터 중국이 전면적인 개혁 심화의 새로운 단계(류웨이, 쑤젠, 2014a)에 들어서면서 개혁 보너스가 꾸준히 창출되고 있다. 특히 경제 예상와 거래원가에 대한 영향이 더욱 두드러졌다. 2015년 개혁 심화가 여전히 정부가 줄곧 강조하는 중점이다.

개혁 주제가 공급 측에 보다 치우쳤으며 미시 주체의 직접적인 경제 부담 감소와 자원배치 환경 개선을 통한 거래원가 인하가 주요한 특징이다. 2015년 6월, 리커창 총리가 '2015년 경제체제 개혁 심화 중점 업무에 관한 의견'을 비준했다. 8개 부분으로 구성된 '의견'은 연도 경제체제 개혁의 중점 임무를 명확히 제기했다. 개혁 내용에는 정부와 기업의 기구를 간소화하고 권한을 하부 기관에 이양하는 부분 외에도, 기업 개혁, 재정세무 체제 개혁, 금융 개혁, 도시화, 농업농촌과 과학기술 체제 등 개혁 그리고 경제구조 최적화, 새로운 개방형 경제 체제 구축, 민생보장 관련 개혁, 생태문명제도 건설 등 관련 내용(구체적인 개혁 내용은 도표 1-3, 도표 1-7을 참고)이 포함됐다. 2015년의 개혁 조치는 공급 측에 치우친 특징이 뚜렷했는데 주로 아래와 같은 2가지 부분에서 나타난다.

첫째, 미시 기업에 대한 직접적인 부양책을 통해 기업에 경제 활력을 불어넣는다. 미시 기업의 개혁을 상대로 기업의 세수원가를 낮추고 기업의 생산 활력을 불러일으킴으로써 경제에 대한 양성 공급을 실현했다.

미시 기업을 직접적으로 자극하는 개혁조치는 주로 대중 창업과 만인 혁신을 뜻하는 '쌍창(雙創)'을 지지하고, 구조성 세금 감면, 국유기업 개혁 그리고 가격과 재정세무 개혁 등 보조조치를 실시하는 등에서 표현되었다. 2015년 뚜렷한 공급 측 특징을 띤 개혁조치로는 아래와 같은 2개 부분에서 나타났다. 첫째, 혁신을 지지하고 정부가 다양한 정책을 기반으로 '대중 창업, 만인 혁신'을 추진했다. 혁신 지지 정책과 후속 보조 정책의 출시는 전통산업의 업그레이드에 유리했을 뿐만 아니라, 사회 전 요인생산율의 상승에도 도움이 됐으며 이로써 총 공급 증가를 자극했다.

둘째, 세금을 감소했다. 특히 저소득층과 중소기업을 상대로 세금을 감면함에 따라 기업의 부담이 줄어들고 미시 주체의 활력이 증강됐다. 2012년부터 시행된 '영업세의 부가가치세 전환' 개혁 덕분에 기업의 3년간 누계 세금 감면액이 3746억 위안에 달했다.

그중 2014년 감면액은 1918억 위안에 달했으며 시행 범위에서 95%

이상의 납세자들이 세금제도 개혁에 힘입어 세금부담이 어느 정도 줄어들었다. '영업세의 부가가치세 전환'을 통해 세금 부담을 줄이고 구조성 감세 정책을 실행함과 동시에 서비스업 발전에서의 중복 세금징수 요인을 제거했기 때문에 기업이 잠재력을 발휘하도록 추진하고 전문화한 분공을 통해 산업 구조의 최적화를 실현하도록 이끌었다.

구조성 감세와 보조 재정세무 체제 개혁은 시장 주체의 '쌍창' 활력을 불러일으키고 경제 레버리지 방식을 통해 경제 구조의 최적화를 실현함으로써 기업 특히 중소기업의 세수를 확실하게 낮췄다. 또 객관적으로는 기업에 수익률을 높이고 생산을 늘릴 수 있는 원동력을 주입했다.

둘째, 자원배치 환경을 개선해 사회 거래원가를 낮추고 미시 주체의 잠재력을 불러일으킨다. 자원배치 환경 차원에서의 개혁은 주로 행정 심사비준 절차를 대폭 줄이고 생산요인 가격 체제 개혁을 추진한 점에서 표현된다. 이런 개혁은 전체 경제의 자원배치 효율을 최적화하고 요인 배치 원가와 거래원가를 최대한 줄이며 공급에 대해 간접적으로 양성 자극을 가하는데 그 목적을 뒀다. 여러 가지 심사비준 절차를 취소하고 정부 효율을 향상시키는 외에도 기업의 시장 진입 문턱을 낮추고 기업의 거래비용을 줄이는 등 방법을 통해 공급을 자극했다. 요인 시장 개혁 덕분에 시장이 보다 효과적으로 운행되고 자원배치의 렌트 추구 행위 공간이 축소되었으며 음성 거래비용이 줄어들었다.

전반적으로 볼 때, 2015년 개혁 보너스의 지속적인 창출이 공급에 뚜렷한 양성 자극을 가져다줬다. 한편, 개혁이 렌트 추구 행위 공간을 축소하고 음성거래비용을 줄인 한편, 자원배치 효율을 향상시키고 총생산 원가를 낮췄다. 다른 한편, 개혁이 사회가 예상하는 개혁에 유리한 방향으로 나아가도록 이끌고 개혁의 한계 효율을 향상시키는 외에도 개혁 보너스를 방출할 수 있도록 추진했다.

도표1-3 2015년 개혁 중점 (1)

시간	발기기구	개혁 주제	내용
		경제 구조 최적화	
11월 10일	중앙재정영도소조 제11차 회의	경제 구조조정 추진	공급 측 구조조정 중점 강화
9월 1일	국무원 상무위원회 회의	국가 중소기업 발전기금 설립	정부와 시장이 손잡고 창업혁신 원동력 활성화; 고정자산 투자 프로젝트 자본금 비율 제도 조정 및 완벽화 확정, 투자 구조 최적화 추진
11월 13일	중앙 전면 개혁심화 영도소조 제17차 회의	'행정 응소 업무를 강화하고 개진하는 것에 대한 의견', '국세, 지방세 징수관리 체제 개혁방안 심화', '농간개혁 발전을 한층 추진하는 것에 관한 의견', '국유기업 기능 확정 및 분류에 대한 지도 의견', '모순 분규 다원화 해소 메커니즘을 완벽화 하는 것에 대한 의견'	기층 개혁 혁신 지지
		정부와 기업 기구 간소화 및 권한 하부 기관 이양	

3월 상반기	국무원	'일련의 행정 심사비준 프로젝트 등 사항을 취소하고 조정하는 것에 대한 결정'	90개 행정 심사비준 프로젝트를 취소하거나 권한을 하부기관에 이양했음, 67개 직업자격과 인정 사항 취소, 10개 평가 기준도달 표창 프로젝트 취소, 21개 사업자등록사항 사전 심사비준 항목을 등록 후의 심사비준으로 바꾸고 34개 사업자등록 사항 사전 심사비준 항목을 보류함.
3월 하순	중공중앙판공실 국무원판공실	'지방 각급 정부 업무 부서 권력 명세서 제도를 추진하는 것에 대한 지도의견'	지방 각급 정부 업무 부서가 행사하는 각항 행정 직권을 명세서 형식으로 명확히 열거해 사회에 공개하고 사회의 감독을 받는다.
11월 9일	중앙 전면 개혁 심화 영도소조 제18차 회의	'가공무역 혁신 발전을 추진하는 것에 대한 약간의 의견'	가공무역 혁신 발전을 추진하는 외에 혁신 발전 추진과 개방 확대를 원동력으로 삼는다.

도표1-4 2015년 개혁 중점 (2)

시간	발기기구	개혁 주제	내용
금융체제 개혁			
1월 상순	증권감독위원회	'주식 선물옵션 거래 시범 관리방법' 및 보완규칙	상하이 증권거래소 주식 선물옵션 거래 시범 전개 자격 획득. 시범제품은 상하이 종합지수 50ETF 선물옵션임.
3월 상순	증권감독위원회	'2015년 영세기업 금융 서비스 업무에 관한 지도의견'	은행업 영세기업 금융서비스 업무 목표를 '3개보다 낮지 않음'으로 조정함. 영세기업 금융 서비스를 한층 개진하고 대중 창업, 만인 혁신을 적극적으로 추진함.
3월 상순	증권감독위원회	중국 금융 선물거래소 10년 만기 국채 선물거래 개시 및 개업 계약 체결	국채 수익률 곡선 및 국채 선물상품 체계를 보완하고 자본시장 개혁 혁신과 이율 시장화 개혁 추진함.
3월 하순	리커창 제660호 국무원령 서명	'예금보험조례' 발표	금융개혁 심화, 금융 안정 수호, 중국 금융체계의 건강한 발전 추진.
6월 상순	중국인민은행	거액 예금증서 상품 출시	상업은행, 정책성 은행, 농촌합작금융기구 등 비금융기구 투자자를 상대로 기장식 거액 예금증명서를 발행할 수 있음, 시장화 방식에 따라 이율 확정함.
11월 9일	중앙 전면 심화 개혁 영도소조 제18차 회의	'혜택 금융 발전 계획 추진(2016-2020년)'	금융 인프라 서비스 보완, 금융상품과 서비스수단 혁신, 금융 인프라시설 건설 가속화.

기업개혁

9월 상순	국무원	'국유기업 개혁을 심화하는 것에 대한 지도의견'	국유기업 개혁 추진, 현대 기업제도와 국유 자산관리 체제 보완, 혼합소유제 경제 발전 등 포함.
9월 하순	국무원	'국유기업 혼합소유제 경제를 발전시키는 것에 대한 의견'	국유기업의 혼합소유제 경제 발전에 관한 총체 요구, 핵심방향, 보완조치 명확히 규정함.

도표1-5 2015년 개혁 중점(3)

시간	발기기구	개혁 주제	내용
사회보장제도 개혁			
1월 상순	국무원	'기관사업단위 사업일군 양로보험제도 개혁에 관한 결정'	기관사업단위 사업일군 사회 통합과 개인 계자를 결합한 기본 양로보험제도 구축함
4월 1일	국무원 상무위원회	전국 사회보험 기금 투자 범위 확대	사회보험기금채권투자 범위를 지방 정부 채권까지 확대; 기금의 신탁 대출 투자 비율 상한선 상향조절; 기금의 직접 선물옵션 투자 범위 확대
현대시장 체제 건설			
3월 상순	국무원 판공실	'창업 혁신 공간 발전을 통한 대중 혁신창업을 추진하는 것에 대한 지도의견'	시장을 방향으로 대중혁신창업을 추진하고 개방 공유, 서비스모델 혁신 강화

3월 하순	국무원	'체제 메커니즘 개혁을 심화하고 혁신구동 발전전략을 가속화하는 것에 대한 중공중앙 국무원의 몇 가지 의견'	2020년까지 혁신구동발전 요구에 부합되는 제도 환경과 정책 법률체제를 기본적으로 형성해 혁신형 국가 행렬에 들어서는데 유력한 보장을 제공함
4월 21일	국무원 상무위원회	'인프라시설과 공공사업 특허 경영관리 방법'	제도혁신으로 사회투자 활력 불러일으킨다. 행정 심사비준과 관련된 중개 서비스 정리 및 규범화
5월 하순	국무원	'공공서비스 분야에서 정부와 사회자본 협력 모델을 보급하는 것에 대한 지도의견'	사회자본 활력을 불러일으키고 대중 창업과 만인혁신을 구축하는 외에 공공제품과 공공서비스 '2가지 엔진' 추가

생태문명 개혁

3월 24일	중공 중앙정치국	'생태문명건설을 가속화하는 것에 대한 의견'	국토공간개발 국면 최적화, 기술혁신과 구조조정 가속화, 자원절약 순환 고효율 이용 추진, 자연생태 계통과 환경보호 강도 확대 등 중점 업무 추진함.
9월 하순	중공중앙, 국무원	'생태문명 체제 개혁 총체 방안'	중국 생태문명 체제 개혁 목표 확정. 2020년에 이르러 자연자원 자산 재산권 제도, 국토 공간 개발 보호제도 등 8가지 제도로 구성된 생태문명제도 체계 구축함.

도표1-6 2015년 개혁 중점(4)

시간	발기기구	개혁 주제	내용
개방성 경제체제 건설			
4월 하순	국무원	'중국(광동)자유무역시범구 총체 방안', '중국(톈진)자유무역시범구 총체 방안', '중국(푸젠)자유무역시범구 총체 방안'과 '중국(상하)자유무역시범구 개혁개방을 한층 심화하는 것에 대한 방안'	'일대일로'건설, 징진지 협동 발전, 창장경제벨트발전 등 국가급 전략 실행, 개방형 경제 새 체제 구축을 위해 개혁 잠재력 발굴.
토지관리제도 개혁			
2월 25일	국무원	33개 시범 현(시, 구) 토지관리법 관련 규정 잠정 조정 실시	토지관리법, 도시부동산관리법에서 농촌 토지 징수, 집체 경영성 건설용지 입시, 부지관리제도와 관련된 조치 잠정 조정해 실시함.
8월 하순	국무원	'농촌 토지 도급 경영권과 농민 주택 재산권 저당 대출 시범을 전개하는 것에 대한 지도의견'	농촌 토지 도급 경영권과 농민 주택 재산권 저당 대출 시범에는 아래와 같은 5가지 내용이 포함됨. (1)소유권과 경영권을 뜻하는 '양권(兩權)' 저당 융자기능 부여. (2)농촌 금융상품과 서비스방식 혁신 추진. (3)저당물품 처리 메커니즘 구축. (4)재산권 거래 등 보조조치 보완. (5)정책 부축과 조율 협력 강도 확대.

		호적제도 개혁	
10월 21일	국무원 상무위원회 회의	'거류증 임시 시행 조례(초안)'	법치를 바탕으로 신형 도시화 추진. 상주인구가 도시 기본 공공서비스와 편리를 향수할 수 있도록 추진, 거류증 소지자 적립금 등 방식을 통한 입적 추진.

도표1-7 2015년 개혁 중점(5)

시간	발기기구	개혁 주제	내용
		재정세무체제 개혁	
3월 1일	리커창 국무원령 서명	'중화인민공화국 정부 구입법 실시 조례'	정부 구입 투명도 제고, 사회감독 강화
4월 8일	국무원 상무위원회 회의	철광석자원 세금징수 비율 적당하게 하향조정하기로 결정	철광석기업 생산 경영환경 개선, 구조조정 추진, 업스트림과 다운스트림의 조화로운 발전과 업그레이드 지지.
8월 26일	국무원 상무위원회 회의	수출입 고리 수금을 청산 및 규범화해 기업 발전 부담 줄임.	비용을 청산해 부담을 줄임으로써 기업 활력 증강함.

2월 25일	국무원 상무위원회 회의	세금 감면, 비용 축소 조치로 영세기업 발전과 창업혁신 지지	(1)기업 소득세 50% 감면 우대 정책 향수하는 영세기업 범위 확대; (2)시범중인 개인의 선물옵션, 부동산, 기술발명성과 등 비통화 자산을 투자해 얻은 실제 수익에 대해 기존에 실시하던 일차성 납세 정책을 분기별로 납세할 수 있는 우대 정책으로 바꾸고 전국 내에서 보급함. (3)실업 보험료율을 현행 조례에서 규정한 3%에서 통일적으로 2%로 하향조정함.
8월 19일	국무원 상무위원회 회의	영세기업에 대한 세금징수 우대 정책 한층 확대	(1)기업소득세를 50% 감면해주는 영세기업 범위를 연간 납부 세금소득액이 20만 위안 이내(20만 위안 포함)인데서 30만 위안 이내(30만 위안 포함)로 확대함. (2)월간 판매액이 2만 위안에서 3만 위안인 영세기업, 개체상공업자, 기타 개인 증치세 감면, 영업세 우대 정책 실행기한을 2017년 연말까지 연장함.
4월 28일	국무원 상무위원회 회의	희토류, 텅스텐, 몰리브덴자원 세금 개혁	희토류, 텅스텐, 몰리브덴 자원 관련 세금은 양에서 가격을 단위로 징수하기로 하고 자원 세금관계를 바로잡음.

(3) 결론

2015년 거시적 경제 운행에 유효 수요가 위축되는 '악성'요인이 공급 확장의 '양성'요인보다 많고 수요 위축이 경제성장에 대한 부정적인 충격 폭이 공급 확장에 대한 정향 충격 폭보다 큰 상황이 나타남에 따라 글로벌 거시적 경제 하행 압력이 증가되고 통화긴축 리스크가 확대됐다.

유효 수요가 대폭 위축된 주요한 원인은 재정정책과 통화정책의 전도 루트가 제한을 받아 둔화되고 있는 실물 경제를 위해 압력을 줄이는 목표를 실현하지 못했기 때문이다. 재정과 통화정책 전도 메커니즘이 원활하지 못함으로 인하여 2015년 거시적 경제 하행 압력을 소화하는데 소요되는 시간이 길어졌다. 재정정책 차원에서 볼 때, 중앙재정의 지출이 뚜렷하게 증가되고 세금과 비용 감소 조치를 계속 출시하긴 했지만 지방 정부관리의 목표와 규제에 변화가 생기면서 재정자금이 온전하게, 효과적으로 실행되기 어려웠기 때문에 재정 조달자금이 제때에 조달되지 못하고 재정정책 전도가 지연됐던 것이다.

통화 정책 차원에서 볼 때, 주식시장의 격렬한 파동은 자본시장의 미시 주체에 비교적 심각한 타격을 가했다. 이 때문에 실물경제에 대한 금융의 지지율이 떨어지게 된 것이다.

정책 전도 메커니즘의 왜곡된 직접적인 부정적 영향은 투자 성장 폭에 계통적인 하락세가 나타나고 저조한 투자로 인해 효과적인 수요가 둔화되고 정책 실행 자체의 지연에 따른 정책 예상 효과가 제대로 발휘되지 못함으로 인하여 유효 수요의 위축 현상이 한층 악화된 데서 표현되었다. 비록 총 공급에 뚜렷한 양성 확장세가 나타났지만 수요관리의 위축현상을 헤징하기 어려웠기 때문에 한 해 동안의 거시적 경제 하행 압력이 커지고 통화긴축 리스크가 확대되는 국면이 초래된 것이다.

제1편

2016년 중국의 거시적 경제 전망

제2장
2016년 국제경제형세 전망

싱수광(邢曙光), 린장(林江)
(베이징대학 경제연구소 보조 연구원)

국제통화기금(IMF)과 블룸버그 조사를 받은 경제학자는 2016년 글로벌 경제형세가 2015년보다 약간 낮고, 장기적인 평균 성장수준과 비슷할 것이라고 표했다. 2016년 글로벌 경제 회복이 더디고 세계 경제성장률이 3.4% 수준에 머물 것이라고 내다봤다. 또 경제 회복이 취약하고 불균형적인 탓에 2가지 분화현상이 나타날 것이라고 전망했다.

첫째, 선진국 내부의 분화이다. 미국경제 회복이 유럽과 일본보다는 우월할 것이다. 미국경제는 지속적인 회복세를 이어나가는 반면, 유럽은 여전히 그리스 채무위기와 난민으로 인한 충격을 천천히 소화해야 하기 때문에 경제형세가 낙관적이지 못하다. 일본의 경우 경제가 '아베 경제학' 이전의 상승세를 이어가지 못하고 구조성 요인 청산이 여전히 지속될 것으로 보인다.

둘째, 선진국과 신흥시장국가 간의 분화이다. 브릭스 국가 가운데서 인도경제가 낙관적인 발전을 이어가고 있는 외에 기타 여러 나라의 경제성 장폭은 모두 하락세를 보이고 있다. 그중 브라질과 러시아경제가 받은 부정적인 충격이 비교적 뚜렷하다.

1. 미국

2015년 미국경제가 상대적인 안정세를 유지했다. 불변가에 따라 계산할 경우 실질 GDP 전월대비 연율 환산 평균치가 2%(제3분기를 전망치로 함)에 달해 2014년의 2.5%보다 다소 하락됐다.(도표2-1 참고) 하지만 기타 선진 경제체와 비교할 때 2%의 성장률은 여전히 양호한 편이다.

가격 차원에서 달러 강세 그리고 국제 대종 상품 가격이 대폭 하락된 영향을 받아 미국 CPI가 전반적으로 낮은 수준에 머물렀다. 핵심 CPI의 동기대비 성장률이 1.9%에 달했는데 이는 비교적 낮은 수준이다.(도표2-2 참고) 취업 규모가 지속적으로 확대됐다. 2015년 10월, 미국 실업률이 5%대로 떨어지고 당월 비농 취직자가 27만 1천 명으로 늘어나 취직 규모가 금융위기 전의 수준에 접근했다.

2016년 미국경제가 지속적인 회복세를 유지했다. IMF가 예측한 미국의 경제성장률은 2.84%이다. 이는 2015년보다 0.27%포인트 상승한 수준이다. 비록 경제 내생 성장 원동력이 안정적이지는 못하지만 기타 주요한 선진 경제체보다는 표현이 우월했다.

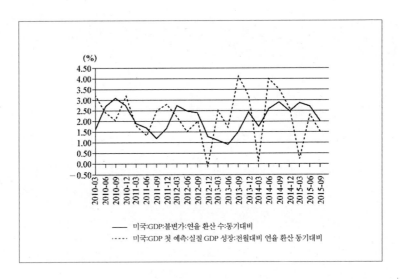

도표 2-1 미국 GDP 동기대비 성장률 추세

자료래원 : 베이징대학 경제연구소 Wind 정보 데이터를 바탕으로 정리함

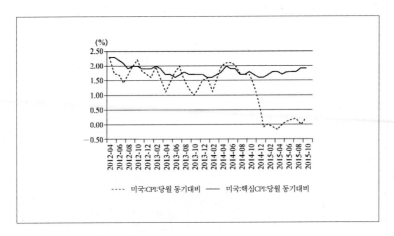

도표2-2 미국 CPI 동기대비 성장률 추세

자료래원 : 베이징대학 경제연구소 Wind 정보 데이터를 바탕으로 정리함

2. 유럽

유로존이 2014년 마이너스 성장에서 벗어난 후 2015년 계속해서 회복세를 유지했다. 2016년 계속해서 회복세를 유지해 GDP가 1.7%에 달할 것으로 예상된다. 유럽중앙은행에서 2015년 3월부터 실행한 양적 완화 정책의 효과가 뚜렷하게 나타나기 시작했지만 신흥시장의 수입이 불황을 겪으면서 회복이 예상보다 더뎠다. 2015년 GDP 성장률이 2014년보다 0.5%포인트 인상된 1.4%에 달하고 2016년에는 1.7%에 달할 것으로 예상된다.

유가 하락 영향을 받아 2015년 월별 소비자 물가지수(HICP) 예상치는 0.1%에 달할 것으로 보이는데 이는 2014년보다 0.3%포인트 하락된 수준이다. 유로의 평가절하에 따라 2016년 HICP가 다소 인상된 1.1%에 달할 것으로 예상된다. 만약 유가 요인을 제외한다면 HICP가 2015년에는 0.9%, 2016년에는 1.3%에 달할 것으로 예상된다. 2015년 실업률이 2014년의 11.6%보다 다소 하락된 11%에 달하고 2016년에는 10.6%로 하락될 것으로 보인다.

2015년 7월 23일, 그리스가 긴축방안을 받아들인 후 유럽 주권 채무위기가 잠시 일단락됐다. 그리스 경제규모가 적은 점을 고려할 때 채무위기가 다시 발발한다고 해도 그리스가 유로존에서 퇴출하지 않고 연쇄효과가 나타나기만 하면 유럽 경제에 대한 영향은 그리 크지 않을 것으로 예상된다.

주식시장, 채권시장의 반응을 근거로 볼 때 '11·13 파리 테러 습격'이 시장에 대한 영향이 극히 미미해 유럽 경제 회복세에 영향을 미치지는 않을 것이다. 신흥시장의 불확정성 때문에 유로존 경제가 직면한 하행압력은 여전하다. 유가 하락에 따른 주민의 가처분소득 그리고 기업 이윤의 증가는 개인의 소비와 투자를 추진할 수 있는 반면 통화긴축 리스크로도 이어질 수 있다. 경제의 지속적인 회복을 유지하기 위해 유럽중앙은행이 2015년 12월 양적 완화 정책 실시시간을 지연시켰다.

따라서 2016년 상반기 금리인하와 양적 완화정책 실시강도(도표2-1을 참고)를 한층 확대할 가능성을 배제하지 못한다.

도표2-1 유로존 경제 숫치 예측

유로 랜드	2013년	2014년	2015년	2016년
실질GDP(%)	-0.4	0.9	1.4	1.7
HICP(%)	1.4	0.4	0.1	1.1
실업률(%)	11.9	11.6	11.0	10.6
3월 EUIBOR (%)	0.2	0.2	0	0
10년 만기 채권 수익률(%)	2.9	2.0	1.3	1.6
당좌예금(GDP 점유율%)	2.0	2.1	3.0	2.9
USD/EUR(%)	1.33	1.33	1.11	1.10

자료래원 : 유럽중앙은행(FCB), 베이징대학 경제 연구소

3. 일본

전반적으로 볼 때, 일본의 경제성장이 비교적 낮은 수준을 유지했으며 오랫동안의 저조한 상황에서 벗어나려는 흔적조차 보이지 않았다. 2015년 1분기, 일본 GDP 성장률이 다소 상승하긴 했지만 이 같은 추세가 지속되지 못했는데 한해 동안의 경제성장률이 뚜렷한 상승세를 유지하지 못했다. 이는 일본 경제가 재차 쇠퇴기에 들어섰다는 점을 말해준다.

일본 정부가 강력한 태도로 추진한 통화긴축 정책과 경제성장을 다시 회복하려는 조치가 예상 효과를 거두지 못함으로 인해 일본 경제가 계속해서 저조한 상태를 유지한 것이다. 2015년 4월에 들어서면서 일본의 물가 성장률이 대폭 하락됐다. 이로써 일본은 또다시 통화긴축 주기에 들어섰다. 일본 정부가 가격수준 상승을 자극하기 위해 실시한 조치가 예상한 역할을 발휘하지 못했기 때문에 현재 CPI 동기대비 성장률이 2%의 목표치와는 아직도 거리가 멀다. 취업 분야에서는 실업률이 2014년과 거의 비슷한 수준을 유지했다.

일본 제조업 경제 수치가 다소 상승했다. 2015년 제4분기 제조업의 PMI전망치가 52.8%, CPI 동기대비 성장률이 0.3%로 상승한 반면, 실업률은 0.3%포인트 떨어졌다. 하지만 전반적으로 볼 때, 단기 내에 뚜렷하게 안정되고 상승하는 상황을 보기는 어려울 것이다.

원유 등 에너지 류 가격 하락과 최저 시급 조정 정책 등의 요인이 일본의 개인 소비 지출 상승을 일정하게 이끌 것으로 보인다. 동시에 엔화 약세는 무역 흑자가 양호한 태세를 유지하는데 도움이 될 것이다. 2016년 일본의 실질 GDP 성장률이 동기대비 1% 성정할 것으로 예상된다.

이는 2015년보다 0.3%포인트 높은 수준이지만 전반적인 경제 운행은 여전히 저조한 상황을 면치 못할 것으로 보인다.

4. 신흥시장 국가

1)브라질

2015년 브라질 경제가 2014년부터 지속된 스태그플레이션 국면을 이어갔다. 경제의 지속적인 마이너스 성장, 실업률의 빠른 상승, 인플레이션 율이 높은 수준에서 낮은 수준으로 떨어지는 등 다양한 문제에 직면했다. 2015년 브라질의 실질 GDP 성장률이 마이너스 3.85%에 달했는데 이는 브라질 1990년부터의 최저치이다. 광의의 소비자물가지수(IPCA)의 동기대비 연평균 성장률이 9.01%에 달했다. 6개 도시의 실업수준이 지속적으로 상승해 2015년에 실업률이 이미 6.83%에 달했다.

브라질 경제는 국내 구조성 모순과 국외 수요환경 하행이라는 이중 압력의 협공에 직면했다. 한편, 선진경제체의 회복이 상대적으로 완만한데다 수출상품 주요 수요국의 경제 하행으로 말미암아 수요가 떨어졌을 뿐만 아니라, 대종 상품 가격 약세 등의 요인도 수출에 불리했다. 다른 한편, 브라질 경제가 오랫동안 구조성 문제에 직면해왔다. 예를 들면, 정부 양로금 지출이 GDP 가운데서 차지하는 비율이 7%에 달했으며 현행 사회복리 체제가 경제성장에 상당한 부담으로 작용했다. 이밖에 브라질

산업 구조 중 제조업의 발전수준이 낮아 경제성장에 대한 추진 역할이 아주 미미했다.

2016년 브라질 경제가 스태그플레이션에서 벗어나는 정책효과에 불확정성이 많고 글로벌 경제 회복 전망이 낙관적이지 않아 브라질 경제에 버팀목 역할을 해주기 어려울 것으로 보인다. 브라질 경제가 여전히 준엄한 도전에 직면하게 되면서 경제성장률이 마이너스 1.0%에 달할 것으로 예상된다.

2) 러시아

러시아경제가 석유 가격의 지속적인 하락 그리고 구미 선진국 제재의 영향을 받아 2015년에 글로벌 금융위기 이후의 가장 심각한 하락세가 나타났다. 2015년 제1분기와 제2분기, 실질 GDP가 지속적인 마이너스 성장세를 유지했으며 하락폭이 확대돼 동기대비 성장폭이 각각 마이너스 2.24%와 마이너스 4.65%를 기록했다. 이밖에 루블이 평가절하 됨에 따라 러시아 2015년 인플레이션 율이 비교적 높은 수준에 머물렀다. 2015년 CPI 동기대비 상승률이 줄곧 15% 이상을 유지했다.

현재 정치적 요인으로 인한 러시아와 구미 간의 경제 겨룸에 완화세가 나타날 기미가 보이지 않고 있다. 여러 주요한 경제기구도 2016년 러시아경제성장 예상을 모두 하향 조절했다. 때문에 정치나 경제 차원에서 볼 때 2016년 러시아가 직면한 외부환경이 여전히 준엄해 경제성장률이 마이너스 0.6%에 달할 것으로 예상된다.

(3)인도

글로벌 경제 회복이 더딘 배경 하에 인도경제가 2015년에 상대적으로 눈에 띠게 발전해 비교적 높은 수준의 경제성장을 실현했다. 2015년 실질 GDP 연평균 성장률이 7.52%에 달해 2014년 동기대비 평균 성장률보다 0.39%포인트 높았다.

대종 상품 가격 하락과 글로벌 경제 약세의 영향을 받아 2015년 상반기 인도 인플레이션 율이 지속적인 하락세를 유지했으며 7월 CPI 동기대비 성장률이 3.69%까지 떨어졌다. 하지만 금리인하 등 확장 정책에 힘입어 하반기 인도경제가 점차 통화긴축에서 벗어나면서 CPI 성장폭이 동기보다 빠르게 상승했다. 브라질과 러시아의 준엄한 상태와 비교해 인도경제가 양호한 발전을 나타냈는데 2016년 경제성장률이 7.5%에 달할 것으로 예상된다.

제1편

2016년 중국의 거시적 경제 전망

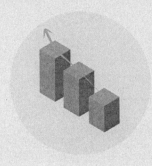

제3장
2016년 중국 총 수요의 자연형세 전망

차이한피안(蔡含篇), 후훼이민(胡慧敏), 리보(李波)

(베이징대학 경제 연구소 보조 연구원)

기존의 거시적 정책 국면과 강도의 배경 하에 한층 강화된 부양조치를 실시하지 않고 기타 요인이 바뀌지 않는다고 가정할 때, 우리는 총 수요 성장률이 한층 하락되는 자연적인 추세를 나타낼 것이라 판단했다.

1. 소비

1) 추진 요인

(1) 인터넷 소비 보급

최근 몇 년간 인터넷기술, 네트워크 인프라시설, 물류배송 등 보조기술, 시설의 발전을 보완함에 따라 인터넷 쇼핑이 새롭게 발전하기 시작해 소비를 이끄는 새로운 성장점으로 부상했다. 2015년 11월까지, 전국 인터넷 소매총액은 3조 4526억 위안으로, 누계 동기대비 성장률이 34.5%에 달해 사회소비품 소매액 누계 동기대비 성장률을 4%포인트 정도

끌어올렸다. 인터넷 소비가 편리하고 시간을 절약할 수 있는 등 우점에 힘입어 대중들의 일상 소비에서 자리를 잡게 되었으며 소비성장 상승에도 적극적인 영향을 미쳤다. 2013년 인터넷 소매총액이 전국 사회소비품 소매총액에서 차지하는 비율이 7.7%에 달하고 214년에는 그 비율이 10.6%로 늘어났다.

2015년 11월에는 비율이 13%까지 늘어났지만 성장폭이 다소 축소(2014년 인터넷 소매총액 점유율 성장폭이 2.9%, 2015년에는 약 2.4%였음)됐다. 2016년 인터넷 소비가 계속해서 소비성장을 이끌 것으로 예상되는 가운데 만약 2016년 인터넷 소비총액 점유율 성장폭이 2015년과 비슷할 경우 인터넷 소비가 사회소비품 소매총액 동기대비 성장에 대한 기여도가 4%포인트 안팎에 달할 것으로 보인다.

(2) 사회보장체계 보완

사회보장체계 건설은 소비의 전체적인 확대를 한층 이끌 것으로 보인다. 특히 빈곤지역, 도시 저소득 군체의 사회보장체계 보완 역할이 더욱 클 것으로 예상된다. 중국 공산당 제18차 전국대표대회 보고서는 2020년까지 도농 주민을 아우르는 사회보장체계 구축을 제기했다. 2012년 후샤오이(胡曉義) 인력자원과 사회보장 당국 부부장은 2011년 연말까지, 도시와 진 노동자 의료보험, 도시와 진 주민 의료보험, 신형농촌의료합작을 비롯한 기본의료보험을 실시함으로써 현재 13억 인구를 아우르고 있다고 밝혔다. 또 도농 주민 최저생활보장제도가 모든 성, 구, 시를 아우르고 있어 누구나 보장을 받을 수 있게 됐다.

마지막으로 가장 어려운 부분은 양로보험이다. 2015년 12월 하순 중앙경제회의에서는 2016년 기업을 도와 원가를 낮추고 사회보험금을 줄이는 외에 '5대 보험과 공적금(公積金)' 간소화 및 합병을 연구할 것을 제기했다. 종합적으로 볼 때, 중국 사회보장 체계가 이미 기본적으로 구축됐다. 2016년 이 같은 체계가 한층 완벽해지면서 소비 성장에 일정한 주도적인 역할을 할 것이다.

(3) 두 자녀 정책의 전면 개방

대략적인 통계에 따르면, 2016년 두 자녀 정책의 전면적인 개방은 최종 소비 0.12% 포인트를 끌어올릴 것으로 나타났다. 그중에는 주로 영·유아용품, 의료, 서비스 등 여러 분야를 통해 소비를 이끌었다.

2) 억제 요인

우리는 2016년 소비 성장폭의 성장을 억제하는 주요한 요인으로 한계소비경향의 점차적인 감소, 소득성장폭 하락, 예상수입과 취업 리스크 증가 등을 꼽았다.

(1) 한계소비경향의 점차적인 감소

케인스의 이론에 따르면, 수입이 증가함에 따라 소비 성장폭이 점차 줄어든다. 실질 사회소비품 소매총액 차원에서 볼 때, 2012년 성장률이 12.1%, 2013년 성장률이 11.5%, 2014년 성장률이 10.9%에 달했는데 2015년에는 성장률이 10.6% 안팎으로 늘어날 것으로 예상된다. 비록 해마다 줄어드는 성장폭에서 다른 영향 요인을 제거하기 어렵지만 한계소비경향의 점차적인 감소가 장기적인 소비추세에 영향을 미칠 것으로 보인다. 한계소비경향의 점차적인 감소가 소비 수요를 억제하고 있다는 점은 도표 3-1을 통해 진일보 입증할 수 있다. 2005년부터 도농 주민의 가처분 소득성장폭이 현저하게 늘어났고 소비성장폭의 상승을 이끌었다. 하지만 2011년 이후부터 소비 성장폭에 대한 소득성장폭의 영향이 점차 약화되었다.

도표3-1 1인당 가처분 소득과 사회 소비품 소매총액 실질 동기대비 성장률(%)

연도	도시 주민 가정:일인당 가처분 소득:실질 동기대비	사회 소비품 소매총액 실질 동기대비
2004년	7.70	10.21
2005년	9.60	12.00
2006년	10.40	12.62
2007년	12.20	12.48
2008년	8.40	14.83
2009년	9.80	16.95
2010년	7.80	14.77
2011년	8.40	11.60
2012년	9.60	12.10
2013년	7.00	11.50
2014년	6.80	10.90

자료래원 : 베이징대학 경제연구소 Wind 정보 데이트를 바탕으로 정리함.

(2) 소득성장폭 하락

경제성장폭 하락은 필연코 노임성장폭 하락으로 이어진다. 이는 또 소비성장폭에 부정적인 영향을 미치게 된다. 가정 소득성장폭 하락은 자동차, 가전제품 등 상품 소비에 영향을 미치고 마찬가지로 필수품에 대한 사회 전체의 소비를 끌어내릴 것으로 예상된다.

(3) 예상 소득과 취업 리스크 증가

일반적인 상황에서 경제성장과 실업률은 역 상관관계이다. 경제성장의 약세가 지속되면 취업 압력이 확대되고 실업 위험이 커진다. 실업 리스크 증가로 초래된 예상 수입 하락은 또 그 시기 소비 지출의 감소로 이어진다. 특히 사치품 소비지출 하락이 가장 뚜렷해질 것으로 예상된다.

2. 투자
1) 추진 요인

(1) 개혁 보너스 방출

구조성 세금감소 및 행정 심사비준 절차 가속화 등 다양한 조치로 인하여 기업 원가가 줄어들고 연구개발 투자가 늘어나게 될 것이다. 2016년 계속해서 지방 채무 교환을 실시해 지방 정부의 채무상환 압력을 완화할 예정이다. 이는 인프라건설 프로젝트 실행을 더욱 확실하게 보장할 수 있을 것으로 보인다.

2015년 연말, 정부가 융자 개혁과 관련해 2가지 조치를 내놓았다. 첫째, 중앙의 힘이 PPP프로젝트 추진에 개입되면서 중앙 차원의 PPP 융자 기금 플랫폼을 구축해 인프라건설 프로젝트 자금이 더욱 확실하게 보장받을 수 있게 되었다. 이 같은 조치가 투자에 대한 선도 역할이 2016년에 초보적으로 나타날 것이다.

둘째, '정부 투자 기금'을 설립해 기업 투자에서의 정부의 인도와 리스크 보장 역할을 발휘함으로써 혁신창업, 중소기업 발전, 산업 전환 업그레이드와 발전 및 인프라시설과 공공서비스 분야 투자를 지지한다. 2016년 정부 투자기금이 재정자금의 레버리지 효과를 발휘함으로써 기업과 사회자본 투자가 늘어날 것으로 예상된다.

(2) 투자제도 제한 완화

투자 프로젝트 자본금 비율을 한층 하향 조절해 인프라건설 및 관련 제조업 투자 성장률을 끌어올리는데 사용한다. 2015년 정부가 구조상으로 자본금 비율[5]을 재차 하향 조절해 투자의 선도역할을 발휘했다. 또 도시와 교통 인프라시설 프로젝트에 대한 자본금 비율을 5% 포인트 하향 조절하고 생산력과잉 업종과 전력 프로젝트는 현 상황을 유지했다. 뿐만

---

5   1996년 고정자산 투자 프로젝트 자본금 비율제도를 제정해서부터 2004년 2009년 2015년에 거쳐 총 3차례 조정했음. 2004년은 투자 과열을 대비해 자본금 비율을 보편적으로 상향 조절했음. 2009년에는 국제 금융위 기를 대응하고 투자를 추진하기 위해 자본금 비율을 하향 조절했음.

아니라 도시 지하 공동구, 도시 주차장 프로젝트 그리고 국무원 비준을 거친 원자력발전소 등 중대한 건설 프로젝트는 규정된 최저 자본금 비율의 기초 위에서 적당하게 하향 조정하는 걸 허락한다고 명확히 규정했다.

2) 억제 요인

(1) 실물경제에 양호한 투자기회 부족

2016년 중국 거시적 경제가 계속해서 하락세를 이어갈 것으로 보인다. 부동산 업종과 공업 분야는 여전히 재고 해소와 생산력 과잉 조정에 한창이다. 동시에 투자 수익률이 떨어지는 상황이 나타나 기업의 투자 의향이 줄어들었다.

① 부동산 재고 해소 압력

부동산 산업이 재고 해소 압력을 받으면서 부동산 개발 투자 의향이 떨어졌다. 비록 지속적으로 완화된 정책으로 인하여 부동산 판매상황이 다소 호전됐지만 부동산 개발 투자 선행 지표가 지속적으로 축소되면서 단기 내 부동산 개발 투자가 활성화 될 기미를 보이지 않고 있다.

중앙정치국회의 및 중앙경제업무회의에서 주택 개혁과 호적 개혁 방향을 명확히 하는 한편, 농민공의 시민화 발걸음을 촉구하는 것을 통해 유효 수요를 방출하고 부동산의 재고 압력을 해소했지만 부동산 주기에 따라 건설 투자부터 소화에 이르기까지 3년에서 5년은 걸린다. 여러 가지 정책 조정 하에 2016년 부동산 판매 상황이 계속해서 호전될 것으로 예상되지만 부동산 개발 투자 성장폭은 여전히 축소될 것으로 보인다.

현재 부동산시장은 조정기에 들어섰다. 부동산 산업의 정책 조정 핵심은 재고 해소이다. 2014년 부동산 판매에 마이너스 성장 국면이 나타났다. 그 후 부동산시장 완화 정책이 잇달아 발표됐다. 구체적으로는 부동산 거래 취득세 세율을 1%~2% 하향 조절하고 부동산 공적금 대출금액을 상향 조절함과 동시에 제한조건, 1가구 2주택의 선불금 비율을 낮추는 등 정책이 포함된다. 2015년 제3분기에 들어선 후로 부동산 판매상황이 호전을 가져왔다. 1~11월, 부동산 판매 면적과 판매액 누계 동기대비 성장률이 각각 7.4%와 15.6%에 달해 성장폭이 1~10월보다 각각 0.2%포인트, 0.7%포인트 상승했지만 부동산 재고 해소 임무는 여전히 과중했다.

부동산 업종의 주기성 조정 제한을 받아 부동산 업종의 판매 압력이 커졌다. 현재 부동산 투자 선행 지표가 하락세를 나타내고 있다. 2015년 1~11월, 부동산 개발 기업의 주택 공사면적, 신규 착공면적, 부동산 기업 토지 구입면적 등 지표가 꾸준히 축소되면서 바닥을 치고 있어 새로운 투자에 대한 버팀목 역할을 제대로 하지 못하고 있다. 2015년 1~11월, 주택 공사면적 성장폭이 한층 줄어들어 누계 동기대비 성장폭이 1.8%까지 떨어졌다.

주택 신규 착공면적의 하락폭이 한층 확대돼 누계 동기대비 성장폭이 마이너스 14.7%까지 하락됐다. 부동산 개발기업의 토지 구입면적도 누계 동기대비 33.1% 줄어들었다. 2016년 부동산 개발 투자 성장폭이 지속적인 하락세를 유지할 것으로 예상된다. 부동산 업종이 업스트림, 다운스트림과의 연관성이 크기 때문에 강철, 시멘트 등 업종의 경우 고정자산 투자에 대한 선도역할도 위축될 것으로 보인다.

②공업 분야 생산력 과잉

2016년 경제성장을 억제하는 요인 중 하나가 바로 생산력 과잉이다. 비록 중앙 이 정책을 통해 후진 생산력을 도태시키려는 결심과 강도가 거듭 확대되고 있고 기업이 후진 생산력을 줄이거나 도태시키도록 압박했지만 생산력 과잉 축적 문제가 여전히 심각하다. 또한 새로운 업종의 생산력 소화 문제도 꾸준히 형성·방출되고 있어, 공급과 수요 모순이 늘어나고 재고량 증가와 시장 가격이 하락됨으로 말미암아 생산력을 소화함에 있어 큰 압력을 받고 있다. 대규모 재고와 재투자, 재생산의 원가 상승으로 인하여 기업 이윤 공간이 한층 축소됐다. 따라서 기업의 투자의향이 떨어지면서 제조업의 투자 성장도 제한 받게 되었다.

중앙에서 감세 강도를 지속적으로 높이고 기업의 자금 압력을 해소하는 방식을 통해 이익창출 공간을 늘리는 한편, '혁신', '창조'를 격려해 산업 구조 업그레이드를 실현하려고 했다. 하지만 제조업 고정자산 투자 누계 동기대비 성장폭이 여전히 낮은 수준에 머물러 있는데다 반등의 힘을 잃고 계속해서 약세를 유지하고 있다. 뿐만 아니라 기업 투자에서 공업 이윤 상승이 중요한 요인으로 작용하고 있다. 이는 혁신력과 기술진보에 의해 정되는데 공업이윤이 단기 내에 큰 폭으로 역전하기는 어렵다. 때문에 생산력 해소, 재고 해소와 더불어 2016년 제조업 투자 성장률이 계속해서 낮은 수준에 머물러 있을 가능성이 높다.

(2) 재정수입 성장폭 완화

2016년 인프라건설 투자가 정부에서 성장을 안정시키는 주요한 방향이 됐다. 하지만 지방 재정수입 성장폭이 완화된 압력을 받아 지출능력이 부족했다. 지방 재정수입 성장폭이 떨어짐에 따라 인프라건설 투자에 대한 재정지출의 지지 강도를 제약했다. 새로운 예산법은 11가지 정부성 기금을 예산에 포함시킬 예정이다. 따라서 투자에서의 지방 정부 영활성이 떨어질 것으로 보인다.

2014년부터 부동산시장은 재고 해소라는 주기성 조정기에 들어서면서 토지 거래 활약도가 떨어지고 지방 정부 예산 외 수입인 국유 토지 사용권 양도 수입에 비교적 큰 폭의 위축 현상이 나타났다. 이에 따라 지방정부 재정 압력이 늘어나고 인프라건설 투자 자금이 부족한 상황이 초래됐다.

(3) 재정정책의 전도 메커니즘 전환의 불확정성

관리 심사 메커니즘의 전환으로 인하여 재정 정책 전도 메커니즘에 변화가 나타났다. 지방 정부 관리를 상대로 한 GDP 정치 실적 고찰 격려가 줄어들고 지방 정부 재정 경쟁 충동이 약화되었을 뿐만 아니라 지방 채무가 지방 관리 정치 업적을 고찰하는 지표로 적용됐다. 지방 정부 투자 운행 동력이 갈수록 제도 규범화의 제약을 많이 받게 됐다. 구체적으로는 아래와 같은 2가지 면에서 표현된다.

첫째, 지방 자금 원천 배치가 해결되지 않았다. 새 예산법의 영향을 받아 일부 정부성 기금을 예산에 포함시키면서 지방 정부성 기금 수익이 대폭 줄어들었다. 특히 토지 재정 위축 현상이 가장 심각했다. 토지 양도금 수입이 위축된 상황에서 지방 정부의 주체 세금 원천이 커버 포지션을 실현하지 못했다. 또 최근 부동산세제 개혁을 의사일정에 올림으로써 지방 정부가 수입 원천에서 교환과 보장을 얻을 수 있을 가능성도 있다. 하지만 부동산 재고 해소 압력이 이토록 심각한 상황에서 단기 내에 부동산세제 개혁이 실제로는 제대로 실행되지 못해 지방 재정 원천의 커버 포지션이 제한되어 있다고 본다.

둘째, 지방 융자 루트 전환이 원활하지 못하다. 비록 지방 재무 교환, 중앙의 ppp기금 플랫폼 구축 등의 조치를 통해 지방 정부의 자금 압력을 해소하고 인프라건설 프로젝트 실행에 더 넓은 자금 활동 공간을 마련했지만 재고량 채무 만기 상환액이 여전히 지방 정부가 새 프로젝트에 투자하는 자금을 점했다. 이밖에도 ppp 모델 하에 투자 프로젝트 또한 재산권 범위 확정 문제나 개혁 리스크 그리고 향후 이익창출 능력 불확정 등 다양한 문제에 직면하게 되는데 이런 것들이 모두 공사 합영 프로젝트가 사회 자본에 대한 선도 역할을 제약하게 될 것이다.

3. 대외무역

선진 경제체의 양호한 경제 회복세가 일정한 정도에서 수출 동기대비 성장폭의 하락을 완화할 수 있다. 국내 경제 하행 압력이 여전하고 수입 성장폭에 여전히 비교적 큰 압력을 가져다줬다. 그러나 대종 상품 가격 하락폭의 축소는 일정한 정도에서 수입성장폭의 진일보 하락을 막게 될 것으로 보인다.

1) 수입
(1) 추진 요인

대종 상품 가격이 낮은 수준에서 안정적인 상승세를 유지할 것으로 보인다. 이는 가격 차원에서 동기대비 수입성장폭의 진일보 하락을 막는데 유리하다. 한편, 2015년 대종 상품 가격 하락폭이 비교적 컸기 때문에 더 큰 폭으로 하락될 공간이 제한되어 있다. 다른 한편 구미의 주요한 경제체의 경제 회복이 일정한 정도에서 대종 상품 가격에 대해 기반 역할을 하게 될 것이다.

(2) 억제 요인

저조한 국내 수요가 계속해서 수입 성장률을 억제할 것으로 보인다. 현재 중국경제가 여전히 구조조정과 경제 구동력 전환 과정에 처해 있기 때문에 단기적으로 볼 때 후진 생산력을 소화하는데 여전히 시간이 필요할 뿐만 아니라 저효율로 인한 투자 부진으로 총 수요가 줄어드는 상황이 초래될 것으로 예상된다. 아울러 당면 재정 정책 전도 메커니즘이 여전히 원활하지 않은데다 지방 재정 속박이 비교적 큰 상황에서 '성장 안정' 정책이 빠르게 실행되기에는 여전히 일정한 난이도가 있다.

2) 수출

(1) 추진 요인

선진 경제체의 경제가 회복세를 보이면서 외부 수요 수축 태세가 일정한 정도에서 완화될 전망이다. 이는 2016년 수출 성장률을 적극 끌어올릴 것으로 보인다. 세계은행과 IMF 모두 2016년 세계 경제가 다소 회복될 것이라 예측했다. 그중 IMF는 글로벌 경제성장률을 3.4%로 예측했다. 미국경제 회복세가 점차 안정됨에 따라 2016년 경제성장률이 계속해서 소폭 성장할 것으로 예상된다. 유럽 경제는 유럽 채무위기에 따른 부정적인 효과를 소화하고 완만한 회복을 실현하기 위해 노력할 것이다. 이런 배경에서 중국경제가 직면한 외부환경이 전체적으로 호전세를 보일 것으로 예상되는데 이는 수출 성장률 하행 압력을 완화하는데 유리하다.

위안화 환율 수준에 하향 조절 공간이 있는데 이는 수출에 유리한 외부 경쟁 조건을 마련하는데 유리하다. 2015년 위안화 환율이 전체적으로 상승세를 나타냈다. 위안화 실효환율지수가 1월의 127.6에서 11월의 131.8로 상승했는데 상승률이 3.3%에 달했다. 12월, 미국이 금리인상 조정 단계에 들어서면서 일부 국제 자본이 미국에 유입되는 상황이 초래되고 위안화 평가 절하폭이 늘어났다. 이는 수출 상품의 경쟁 우세를 증강하고 수출 성장률 상승을 추진하는데 유리하다.

(2) 억제 요인

선진 국가 경제체의 회복 정책에는 여전히 리스크가 존재한다. 한편, 미국이 금리인상 주기에 들어서면서 자국 경제와 글로벌 경제에 상당한 불확정성을 가져다줬다. 다른 한편, 유럽과 일본 경제 회복 모두 도전에 직면하고 있다. 비록 당면 유럽 경제가 온화한 회복세를 나타내고 있지만 채무위기 후의 양적 완화(QE) 정책 실행 강도는 향후의 진일보 검증이 필요하다. 일본 경제는 개인 소비가 부진한 영향을 받아 회복이 더디기 때문에 조정과 자극을 통해 공고히 하는 과정이 필요한 상황이다.

신흥 경제체의 경제성장이 부진을 겪으면서 수출 성장률을 제약하게 될 것이다. 신흥 경제체의 경제 발전 추세에 분화 현상이 나타났다. 2015년 인도가 비교적 높은 경제성장률을 유지한 반면, 러시아와 브라질은 스태그플레이션 수렁에 빠졌다. 신흥 경제체의 경제 운행이 좋지 않아 글로벌 경제 회복을 억제할 가능이 있는 것은 물론, 중국의 수출 성장률에도 일정한 부정적인 영향을 미치게 될 것으로 보인다.

4. 종합적 판단

전반적으로 볼 때, 2016년 '3대 수요'성장의 억제요인이 총 수요에 대한 '긴축'효과가 '3대 수요' 성장 추진 요인이 총 수요에 대한 '확장' 효과를 넘어섬으로써 유효수요가 진일보 위축될 것으로 보인다. 소비 차원에서 볼 때, 비록 인터넷 소비가 전체 소비 성장률에 대해 일정한 버팀목 역할을 할 것이지만 경제 하행에 따른 예상 수익 성장률 하락이 소비 성장률에 대한 부정적인 충격은 더욱 직접적으로 나타날 것이다. 게다가 한계소비경향의 점차적인 감소 효과로 인해 소비가 상대적으로 안정적인 성장을 유지하고 소비 성장률이 뚜렷하게 상승할 가능성이 크지 않을 것이다.

투자 차원에서 볼 때, 경제의 생산력 해소와 재고 해소 과정이 지연되고 부동산과 공업 투자 성장률이 뚜렷하게 상승하기 어려운데다 재정 정책 전도 루트 복구효과가 제한적이기 때문에 계속해서 인프라건설 투자 성장률을 제약할 것으로 보인다. 이는 투자 성장률의 체계적인 하락으로 이어질 것으로 예상된다. 대외무역 차원에서 볼 때, 선진국 경제 회복이 외수 하행 압력을 완화하고 위안화 평가절하를 통해 수출상품의 가격 우세를 끌어올릴 수 있을 것으로 예상돼 마이너스 수출 성장률이 다소 완화될 것으로 보인다.

그러나 소비 성장률에 뚜렷한 상승세가 나타나기 어려운 상황에서 수출 성장률 상승을 통해 투자 성장률의 체계적인 하락에 따른 총 수요 성장률의 '위축'현상을 헤징하기는 어렵다. 때문에 2016년 중국경제는 여전히 총 수요가 위축되는 국면에서 벗어나기 어려울 것으로 예상된다.

제1편

2016년 중국의 거시적 경제 전망

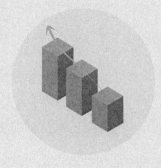

제4장
2016년 중국 총 공급의 자연 형세 전망

리보(李波) : 베이징대학 경제연구소 보조 연구원

2016년 중국경제 공급 측이 다소 확장될 전망이다. 개혁 보너스와 구조 보너스 방출이 여전히 총 공급 확장을 추진할 것으로 예상된다. 에너지 등 대종 상품 가격이 낮은 수준에 머물러(하락폭 제한되어 있음) 있는 것 또한 총 공급에 적극적인 영향을 미칠 것으로 보인다. 하지만 노동력 원가가 늘어나고 요인 가격체계 개혁과 환경 관리 강도 강화 등 문제가 두드러지면서 국민 경제 가운데서의 생산원가가 늘어나고 총 공급 확장에 대해서도 일정한 제약 역할을 할 것으로 예상된다.

1. 공급 확장 요인

1) 에너지 가격 하락세

글로벌 에너지 수입대국과 제조업대국으로서의 중국에 있어 국제 에너지 가격 하락은 제조업 원가를 낮추는데 유리하다. 2016년 원유, 천연가스 등 에너지 가격 하락세가 총 공급에 대한 영향이 뚜렷하게 나타났다.

향후 에너지 가격 추세를 판단하려면 여전히 공급과 수요 2가지 차원에서 분석해야 한다. 총급 차원에서 볼 때, 미국 원유 재고량이 계속해서 늘어나면서 공급 과잉 현상이 나타날 것으로 예상된다. OPEC에서도 생산량 상한선을 상향 조절할 것으로 예상되는데 이 때문에 글로벌 원유 공급 과잉 현상이 한층 악화될 것으로 보인다.

그러나 비록 최근 몇 년간 미국 혈암유(셰일가스)생산량 폭증 덕분에 현재 미국이 석유 자급 능력을 갖추게 되었다고는 하지만 일부 상규적인 지역의 개발, 생산량 등의 면에서 제한을 받고 있기 때문에 미국 석유 탐사정 개수가 5년 내 최저 수준으로 떨어지고 혈암유 생산량의 지속적인 하락이 일부 원유 공급 과잉현상을 완화할 가능성도 있다. 아울러 일부 OPEC 회원국의 석유 수출에 여전히 이윤공간이 있고 '생산량을 줄이지 않는' 상황을 여전히 이어나갈 수 있지만 복잡한 중동 정세가 유가 발전추세에 상당한 불확정성을 가져다 줄 것으로 예상된다. 수요 차원에서 볼 때, 2016년 글로벌 경제성장이 뚜렷한 회복세를 나타내기는 어렵다.

미국을 제외한 유럽과 신흥 경제체의 경우 2015년 경제 발전은 사람들에게 실망만 안겼다. 유럽연합은 신에너지와 재생 가능한 에너지 발전에 치중점을 둔데다 난민과 테러가 유럽연합 경제에 대한 부정적인 충격으로 말미암아 2016년 이 지역의 원유 수요가 계속해서 줄어들 것으로 예상된다. 아울러 중국, 브라질 등 신흥 경제체의 경제성장률이 둔화되고 에너지 수요도 약세를 유지할 것으로 보인다. 이밖에 국제 유가와 달러 지수는 역상관 관계를 갖고 있다.

2015년 12월 17일, FRS의 금리인상으로 달러 평가절상 예상이 증가됐고 원유 등 상품 가격 하락 압력이 늘어났다. 전반적으로 볼 때, 2016년 국제 원유가격이 계속해서 낮은 수준에 머물러 있을 것이며 유가 하락세가 뉴노멀 상태가 될 것으로 예상된다.

저유가로 국내 기업 원가가 계속해서 줄고 총 공급에 적극적인 영향을 미치게 될 것이다. 현재 유가가 계속해서 낮은 수준에 머물러 있기 때문에 2016년 유가 하락폭이 2015년보다 뚜렷하게 낮을 것으로 예상된다. 때문에 원유 등 대종 에너지 상품 가격 하락에 따른 총 공급 양성 충격폭도 뚜렷하게 약화될 것으로 보인다. 우리는 2016년 원유가격 하락이 총생산 원가, GDP성장률과 가격수준 상승률 영향에 대해 각각 정량 예측을 진행했다. 2016년 유가 하락이 총원가에 대한 영향을 추산하는 과정에 여전히 국민 소득 항등식과 거시적 데이터를 적용했다.

결과 만약 2016년 국제 원유가격 하락폭이 8%[6]에 달하면 총생산 원가가 0.2%[7] 포인트 줄어드는 것으로 나타났다. 총 공급과 총 수요 틀 내에서, 경제 계량방법을 적용해 2016년 국제 유가 하락이 GDP 성장률과 가격 상승률에 대한 영향을 상대로 정량 예측을 진행했다. 결과, 2015년 국제 유가 하

6 2016년 국제 원유가격 추세 판단 과정에 국제에너지기구(IEA)에서 발표한 「세계 에너지 전망2015」, 그리고 최근 여러 기구에서 발표한 국제 원유가격 추세 예측결과를 참고.

7 추산방법은 제1장에서 공급 확장 연구 때 사용한 방법과 동일함. 2016년 데이터는 사전추정치임. 국내 원유 현물(다칭) 연 평균가격이 배럴당 43달러, WIT 원유 현물 연 평균 가격은 배럴당 45달러에 달할 것으로 예상됨. 2016년 위안화 대 달러 환율이 6.9(제5장 제2절 「통화 금융 자연 추세」 참고)에 달하고 원유 대외 의존도가 2015년과 같은 60%에 달하며 표관 소비량의 동기대비 성장률이 5.5%에 달할 것으로 예상됨. 비에너지 원가 동기대비 성장률이 국내총생산액 동기대비 성장률과 거의 동일하다고 가정함과 동시에 국내생산총액 성장률 사전 추정치를 6.7%로 설정함.

락이 중국경제에 적극적인 영향을 미쳤으며 유가 하락이 국내 인플레이션율 하락과 GDP성장률 상승을 추진한 것으로 나타났다. 만약 2016년 국제유가가 8% 하락한다면 CPI 상승률이 약 0.1%포인트 떨어지고 GDP 성장률이 약 0.05%포인트 늘어날 것으로 예상된다. 2015년과 비교해 2016년 유가 하락에 따른 공급 확장 수준이 현저하게 감소될 것으로 보인다.

2) 구조 보너스

2016년 총 공급에 영향을 준 또 다른 추진 요인이 바로 구조 보너스이다. 자원배치 효율이 향상됨에 따라 요인의 효과적인 유동이 경제 구조가 꾸준히 최적화 될 수 있도록 추진했다. 또 생산요인이 낮은 기술 수준의 진보율 업종에서 높은 기술 수준의 진보율 업종으로 유동됨에 따라 경제 구조 업그레이드 및 업종 생산율과 기술 진보율 성장을 이끌었다. 경제 구조 최적화가 생산율 성장과 함께 공급 측 차원에서 경제에 적극적인 영향을 미치게 될 것이다.

중국경제가 '뉴노멀'상태에 들어서면서 경제 구조조정이 경제성장에 대한 추진 역할이 갈수록 두드러지고 있다. 현재 경제구조 최적화가 주로는 산업 구조 업그레이드 속도 향상에서 표현되고 있다. 2가지 전통 기둥산업(전통 제조업과 부동산업)이 과잉 생산력 해소와 부동산 재고 해소에 직면해 있기 때문에 2016년 일부 새로운 기둥산업이 빠르게 발전하면서 공급단(供給端) 차원에서 둔화된 중국경제에 새로운 원동력을 주입할 것으로 보인다. 생산성 서비스업은 산업 구조 최적화와 업그레이드를 이끄는 중요한 방식이다. 경제가 발전함에 따라 서비스업이 경제 발전을 이끄는 주도적인 역량으로 부상하고 있다. 이밖에 현대 제조업과 전략성 신흥 산업 등 혁신을 원동력으로 한 관련 산업의 비율 상승 또한 총 공급에 적극적인 영향을 미칠 것으로 보인다. 이로부터, 새로운 기둥산업의 굴기와 산업구조의 꾸준한 업그레이드를 실현함과 동시에 2016년 구조 보너스를 방출해 총 공급 확장을 지속적으로 자극함으로써 경제성장에 적극적인 추진역할을 할 것이라는 점을 알아낼 수 있다.

3) 개혁 보너스

경제체제 개혁은 성장 활력을 지속적으로 방출해 총 공급에 양성 충격을 가져다줌으로써 경제성장을 추진할 전망이다. 2016년 개혁 보너스 방출은 주요 아래와 같은 2가지 면에서 체현된다. 첫째, '쌍창'을 격려하고 구조성 감세와 가격, 재정세무 개혁 등 보조조치를 실시한 효과가 나타나기 시작했다. 이 부분의 개혁 보너스 방출은 영세기업의 원가를 직접적으로 낮추고 기업 활력을 불러일으키는 한편, 공급 측 확장을 지속적으로 추진할 수 있을 뿐만 아니라 경제 구조 업그레이드에도 유리하다.

이로써 구조 보너스 방출을 간접적으로 추진해 총 공급에 이중적인 양성 충격을 가져다줄 것으로 보인다. 둘째, 정부 체제개혁, 요인 가격 체제개혁 등 개혁 보너스 방출이 자원배치의 렌트 추구행위 공간을 지속적으로 축소하고 비공개 거래 원가를 낮추는 한편, 경제건설에서의 여러 요인이 활력을 불러일으킴으로써 총 공급의 양성 확장에 힘을 실어주고 경제성장을 지속적으로 추진할 것이다.

노동력 원가를 추산하는 과정에 국민 수입 항등식과 거시적 데이터를 결부시킨 추산방법을 적용했다.

추산 결과, 2015년 단위 노동력 원가 성장률이 약 0.6%에 달해 총생산 원가를 0.4%포인트 끌어올렸다. 2016년 노동력 원가 상승폭이 0.2%에 달해 총원가를 0.1%포인트 끌어올릴 것으로 예상된다.

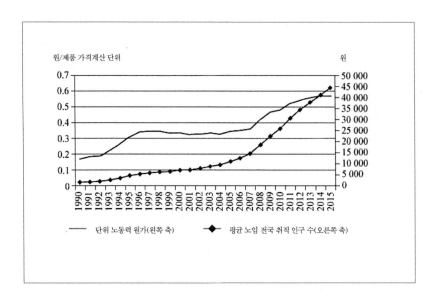

도표4-1 노동력 원가 및 평균 노임 추세
자료래원 : 베이징대학 경제연구소 Wind 정보 데이트를 바탕으로 정리함.

2) 요인 가격 체계 개혁

중국 요인 가격이 현재도 온전히 시장화를 실현하지 못했다. 오랫동안 국내 요인 가격이 낮은 수준에 머물러 있어 시장 공급과 수요 상황을 여실하게 반영하지 못했다. 토지를 비롯한 에너지와 노동력 가격 모두 진정으로 시장화 방식에 따라 가격을 정하지 못했던 것이다.

낮은 수준의 요인 가격으로 인해 요인 사용 효율이 비교적 낮은 상황이 초래되고 생산력 과잉현상이 심각해지면서 경제구조가 균형을 잃었다. 경제 구조 불균형을 완화하고 과잉된 생산력을 줄이기 위한 요인 가격 체제 개혁이 2016년 정부 개혁 중점이 될 전망이다.

역사적인 저(低) 요인 가격과 요인 공급 및 수요 현황에서 볼 때, 요인 가격의 관제 취소는 요인 가격 인상으로 이어진다. 또 요인 가격 인상 탓에 부득이하게 기업의 원가가 늘어나게 되기 때문에 기업들이 단기적으로 힘겨운 조정에 직면하게 된다. 요인 가격 관제를 풀면서 요인 가격이 국내에서 통일된 시장에 의해 결정될 것으로 보인다.

일물일가의 법칙에 따라 국내 요인 가격과 국제 가격이 점차 비슷해지고 단기 내 국내 요인 가격이 빠른 상승세를 나타낼 것으로 예상되는데 이는 기업 요인 원가 상승을 초래하게 될 것이다. 특히 경제 하행 압력이 비교적 큰 배경 하에 높은 수준에 머물러 있는 기업 원가가 이미 줄어든 영업 수입에 포함된 이윤을 한층 축소시킬 것으로 예상된다. 이러면 생산을 확대하고 자본을 지출하려는 기업의 근본적인 원동력을 떨어뜨리게 되는데 이는 또 미시 주체의 활력 저하로 이어진다.

이로부터 비록 요인 가격 체제 개혁이 장기적으로는 기업이 요인을 절약해 사용하고 생산율을 향상시키도록 압박함으로써 전반 경제체제가 보다 건강한 발전을 실현할 수 있도록 추진할 수 있다는 점을 알 수 있다. 반면 단기 내에는 요인 가격 체제 개혁으로 인해 요인 가격이 뚜렷하게 상승하게 되는데 이는 기업의 생산량 확대 적극성을 가라앉히고 공급 확장을 억제함으로써 공급 차원에서 경제에 부정적인 영향을 미치게 될 것이다.

3) 환경관리의 강도 강화

환경 관리 강도를 강화하고 환경 기준을 높임에 따라 기업에서 환경오염을 다스리는 원가가 상응하게 늘어났다. 오랫동안 중국의 자원 사용 효율이 낮은 수준에 머물러 있었고 환경오염 문제가 갈수록 심각해졌다. 이런 점을 감안해 정부 차원에서 일련의 환경 정책을 실시하고 에너지 절약과 소모 감소 그리고 오염배출 감소 등 구속지표를 제기하는 외에도 환경기준을 꾸준히 높였다. 특히 현재 공기 질이 지속적으로 악화되고 있는 배경 하에 스모그를 다스리는 것에 대한 환경 기준 향상은 기업에서 환경오염을 다스리는 원가를 늘리는 루트를 통해 경제에 비교적 큰 부정적인 영향을 미치게 될 것이다.

특히 강철, 시멘트, 코크스 등 업종에 대한 타격이 가장 클 것으로 예상된다. 환경기준의 향상은 에너지 사용 효율 증가를 요구한다. 이는 또 상대적으로 높은 가격대의 양질 에너지를 사용하거나 기술자금 투입을 늘리고 고원가의 설비로 교체해야 하는 등 2가지 루트를 거쳐야 하기 때문에 기업의 생산원가가 대폭 늘어날 것으로 보인다. 이런 부분들이 기업의 요인 원가 부담을 간접적으로 가중시킬 수 있기 때문에 기업이 생산력을 줄이고 공급 확장을 억제하도록 압박하는 요인이 되는 것이다.

2. 공급 억제 요인

1) 노동력 원가

인구 보너스가 점차 사라지고 그에 따른 노동력 원가 상승이 총 공급을 억제하는 주요한 요인이 될 것이다. 생산요인 원가 변화는 생산 요인 가격과 생산 요인의 한계 생산율에 의해 결정된다. 노동력 원가=노동력 가격/노동 생산율. 노임수준의 상승은 노동력 원가가 상승했다는 점을 온전히 설명할 수 없고 노동 생산율 변화와 결부시켜 판단해야 한다. 만약 노임 수준의 상승폭이 노동 생산율의 성장폭보다 적다면 노동력 원가가 상승하기는커녕 오히려 하락된 셈이다.

노임의 뚜렷한 하락세가 나타나지 않은 상황에서 만약 생산 효율의 상승폭이 노임의 상승폭보다 낮다면 단위 노동력 원가 상승 현상이 초래된다. '노령화'에 따른 노동력 공급 하락이 초래됨으로써 중국이 오랜 세월 의존해 온 노동력 원가 우세가 사라지게 될 것이다.

중국의 인력 자본 투자가 부족하고 노동 생산율 성장폭이 둔화된 데다 노임 성장률에 일정한 강성(剛性) 현상이 있었기 때문에 노동력 원가가 뚜렷한 상승세를 나타냈다. 도표 4-1에 표기한 바와 같이, 2008년부터 평균 노임이 꾸준히 상향 조절되면서 노동력 원가도 상응하게 늘어났다. 2016년 노동력 원가가 계속해서 성장세를 유지할 것으로 예상된다. 이런 상황에서 노동력 원가가 상승세를 유지할 것으로 보이는데 이는 기업의 원가 증가로 이어지게 된다. 이러면 결국에는 공급단이 경제성장을 추진하는데 불리하다. 우리는 또 단위 노동력 원가 상승이 총생산 원가 영향에 대해 추산했다. 노동력 원가가 총생산 원가의 일부분이기 때문에 총생산 원가 영향에 대한

3. 종합적 판단

총체적으로 볼 때, 2016년 총 공급에 여전히 양성 확장이 나타날 것이지만 확장폭이 2015년보다 뚜렷하게 줄어 약간의 확장세를 유지할 것으로 보인다. 비록 구조와 개혁 보너스 방출이 계속해서 총 공급에 적극적인 영향을 미칠 것이지만 노동력 원가 상승, 요인 가격 체제 개혁 그리고 환경관리 원가 증가 등 부정적인 영향에 의해 헤징 효과가 나타날 수 있다.

더욱 중요한건 2016년 에너지류 대종 상품 가격 하락폭이 뚜렷하게 줄어들면서 생산원가 하락에 따른 총 공급 확장 공간이 축소될 것이고 이로써 총 공급 확장 폭이 제한되는 경우가 초래되거나 중성에서 확장에 치우치는 추세가 나타날 가능성도 있다.

제1편

2016년 중국의 거시적 경제 전망

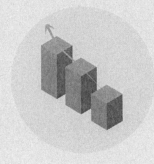

제5장 2016년 중국경제의 자연적인 추세 전망

1. 수요 긴축, 공급의 소폭 확장
2. 통화금융의 자연적 추세

제5장
2016년 중국경제의 자연적인 추세 전망

리보(李波), 싱수광(邢曙光)
(베이징대학 경제연구소 보조 연구원)

1. 수요 긴축, 공급의 소폭 확장

1) 경제형세 사전 판단

수요단과 공급단의 추진 요인과 억제요인을 통해 종합적으로 분석할 때, 2016년 중국경제형세가 수요 위축, 공급 확장 태세를 계속해서 유지할 것이지만 공급 측의 확장폭이 2015년보다 뚜렷하게 줄어들 것이라는 사전 판단을 내릴 수 있다. 때문에 2016년 인플레이션 율이 계속해서 낮은 수준에 머물러 있을 것으로 예상된다. 수요 위축과 공급 확장의 폭이 서로 상반되기 때문에 경제성장률에 불확정성이 존재한다고 본다.

수요 차원에서 볼 때, 2016년 수요 위축폭이 2015년보다 클 것으로 예상된다. 소비 성장률의 상대적인 안정세는 총 수요 성장률에 일정한 버팀목 역할을 하게 될 것이지만 총 수요가 만족스러운 속도로 성장할 것이라는 점은 보장할 수 없다. 국내의 과잉생산력 해소 과정이 지연되고 공업투자 성장률이 계속해서 낮은 수준에 머물러 있을 것으로 예상된다.

또 재고 해소 압력 하에 부동산 투자 성장률이 지속적으로 바닥을 치고 인프라건설 투자 '역주기'역할이 여전히 원활하지 못한 재정정책 전도 메커니즘의 저애를 받아 투자 성장률이 계속해서 체계적인 하락세를 나타낼 것으로 보인다. 대외무역 차원에서 볼 때, 미국이 금리인상 주기에 들어섬에 따라 2016년 위안화 평가절하와 오랜 세월을 거쳐 형성된 중국 산업사슬의 저렴한 원가 우세가 수출 성장률 상승을 끌어올릴 수 있을 전망이다.

공급 차원에서 볼 때 공급 확장폭이 뚜렷하게 줄어들고 총 공급이 기본적으로 중성에서 확장에 치우친 태세를 유지했다. 2016년 개혁 보너스 방출 수준이 2015년과 동일하다고 가정할 때 생산원가 차원에서 보면 비록 국제 대종 상품 가격의 지속적인 하락이 총 공급에 대해 양성 충격을 주긴 했지만 국제 유가의 하락폭이 줄어들면서 공급 성장률이 2015년보다 줄어들 것으로 예상된다.

전반적으로 볼 때, 2016년 수요 위축, 공급의 소폭 확장으로 인해 중국 거시적 경제가 지속적으로 하행 압력에 직면하게 될 것이다.

추산에 따르면, 수요와 공급의 자연 추세를 종합해 우리는 2016년 중국경제성장률의 자연 추세가 지속적으로 떨어질 것으로 예상했으며 정부 간섭이 계속해서 이어지는 상황에서 중국 GDP 성장률이 5.5%~6.0%로 떨어질 것으로 예측했다.

2) 취업 형세 사전 판단

2016년 중국경제 하행 압력이 여전하다. 과잉 생산력 해소 등 구조조정은 여전히 많은 어려움에 직면해 있고 국내의 유효 수요와 국외의 수요 모두 약세를 면치 못하면서 기업 경영에 어려움을 겪을 것으로 보인다. 아울러 국유기업 혼업 소유제 개혁 과정에 추진되는 합병, 재조합으로 새로운 정리실업과 감원 상황이 초래될 가능성도 있다. 이런 요인들이 취업의 걸림돌이 되고 있으며 새로운 실업 문제를 초래할 가능성도 배제하지 못한다.

첫째, 경제 하행 압력이 취업에 미치는 부정적인 충격에 지연성이 있어 가능하게 2016년에 점차 나타날 것으로 보인다. 현재 중국경제가 여전히 구조조정, 과잉 생산력 해소 단계에 처해 있기 때문에 국내 유효 수요 위축에 따른 경제 하행 압력이 여전히 비교적 크다. 2016년 경제성장률의 자연 추세가 계속해서 5.5%~6.0%까지 둔화돼 GDP 하락세를 이어나갈 것으로 보인다. 경제성장이 취업에 영향을 미치려면 일정한 시간이 필요하기 때문에 2016년 취업 압력이 비교적 두드러질 것으로 예상된다.

둘째, 외부 충격이 중국 취업에 뚜렷한 부정적인 영향을 미칠 가능성도 있다. 세계 경제 회복이 더딘 현 시점에 대외무역이 중국 취업에 간접적으로 영향을 미칠 것이다. 2016년 세계 경제 회복이 여전히 비관적이다. 비관적인 국제 경제형세가 중국의 대외무역에 부정적인 영향을 미침으로써 외향형 수출기업 발전이 어려움을 겪게 되고 취업자 수용력이 떨어질 것으로 보인다.

2015년 10월, IMF가 발표한 최신 보고서는 2016년 글로벌 경제성장률이 3.5%~3.7%에 달하고 국제 경제 회복 부진에 따라 외국 수요도 줄어들 것으로 내다봤다. 다른 한편, 중국경제 하행 압력이 늘어남에 따라 보다 많은 외자기업이 중국에서 퇴출하고 있는 실정이다. 이런 요인들이 모두 실업자가 늘어나는 원인으로 작용하면서 국내 취업의 안정과 성장에 영향을 미치게 될 것으로 보인다.

셋째, 새로운 국유기업 혼업 소유제 개혁이 곧 전면 가동될 예정이다. 이에 따라 기업 재조합 등 요인에 따른 실업자 폭증이 예상된다. 한편, 국유기업 개혁으로 가능하게 나타날 '정리실업 붐'은 현재 국유기업 경영 현황의 시초가 될 수 있다. 지난번 정리실업과 해고를 통해 국유기업 기구가 방대하고 인원수가 많은 등 문제를 해결하지 못한 점을 감안할 때 이번 혼업 소유제 개혁은 국유기업 경제이익을 극대화하는 경영방식에 치중점을 두고 능력이나 특장이 없는 자들은 이번 개혁을 통해 모두 해고할 것으로 보인다.

다른 한편, 경제 하행 압력 영향을 받아 국유 기업도 효율이 떨어지고 경영이 어려워지고 음성 실업이 크게 늘어나는 등 발전에 심각한 어려움을 겪고 있다. 이번 국유기업 개혁은 경제형세가 비교적 어려운 상황에서 진행되는 것이기 때문에 음성 실업자가 정리실업 '희생양'이 되어 실업자가 불가피하게 늘어날 것으로 보인다. 비록 기술진보와 산업 업그레이드로 보다 많은 취업 기회가 창출되었다고는 하지만 인재구조 모순이 두드러지면서 마찰 실업이 늘어날 것으로 보인다. 2015년부터 중국은 국가 차원에서 '쌍창'을 꾸준히 지지해왔으며 중소기업과 영세기업을 상대로 감세 수준을 확대하고 여러 가지 취업 정책을 점차 실시했다.

이는 일정한 정도에서 노동력 수용 공간 확대를 이끌었다. 하지만 현재 중국 인력자본 투자가 여전히 많이 부족한데다 첨단기술 인재가 모자라고 혁신형 기업들이 고기술 노동자와 고기능 인재를 받아들이는데 치우치고 있는 실정이다. 인재 구조 모순이 갈수록 불거짐에 따라 경제 사회가 노동력을 받아들이는 공간이 줄어들고 마찰 실업이 늘어날 것으로 보인다. 특히 경제 하행 배경 하에 다수 기업의 운영 효익이 떨어지면서 혁신형 중소기업과 영세기업의 노동력 수용력이 약화될 것으로 예상된다.

위의 분석을 바탕으로 2016년 중국은 취업에 어려움을 겪을 것으로 예상된다. 경제 하행 압력이 비교적 큰 상황에서 추진되는 국유기업 혼업제 개혁이 취직에 주는 부정적인 영향이 나타날 것으로 예상된다. 아울러 중국의 노동 적령 인구 비율이 떨어짐에 따라 해마다 해결해야 하는 신규 취업자가 점차 줄어들 것으로 보인다.

2016년 전국 도시 내 신규 취직 규모가 천만 명 내외를 유지할 것으로 예상되는데 이는 2015년의 1천 3백만 명보다 낮은 수준이다. 중국 취업자 성장률이 2015년보다 약 0.15% 포인트 떨어진 0.34%를 유지할 것으로 예상된다.

2. 통화금융의 자연적 추세

2016년 경제 하행 압력이 여전히 비교적 큰 상황에서 위안화 신탁은 뚜렷한 확장세를 나타내기 어렵다. 또 미국이 금리인상 주기에 들어선 점을 감안할 때 자본 유출로 인해 위안화 평가절하폭이 증가되고 외국환평형기금이 계속해서 줄어들면서 인프라 통화 투자를 제약할 가능성도 있다. 위안화 신탁과 외국환평형기금의 가능한 추세를 종합해 볼 때, 통화 공급량 성장률이 뚜렷하게 상승할 확률도 크지 않다.

1) 통화공급량

2016년 통화 공급량 성장률은 상승세를 나타내기 어렵다. 이유는 아래와 같다. 첫째, 인프라 통화 투자가 제한을 받고 있다. 미국경제가 호전됨에 따라 2015년 12월 중순 FRS에서 금리를 소폭 인상하면서 중국과 미국 간의 이익 격차가 줄어들었다. 아울러 중국이 SDR에 가입한 후 중국인민은행에서 환율안정을 유지하려는 원동력이 사라졌기 때문에 위안화 평가절하를 감당하는 능력이 커졌다. 뿐만 아니라 2016년 경제 하행 압력이 여전히 큰 상황에서 시장에 이미 완화된 통화 정책 예상이 형성되었고 위안화 환율이 지속적으로 평가절하 될 것으로 예상된다. 이런 상황에서 자본이 지속적으로 유출되고 외국환평형기금이 줄어듦으로써 본위화폐 투자를 제약하게 될 것으로 보인다.

둘째, 통화 승수에 뚜렷한 확장세가 나타나기 어렵다. 2016년 위안화 신탁이 확장을 실현하기 어려운 점을 고려할 때 신용창조 통화에도 뚜렷한 성장세가 나타나지 않을 것이다. 셋째, 시장구제 자금이 점차 빠지고 있다.

지식지수가 회복되고 주식시장 구제 자금이 조달됨에 따라 주식시장 구제 자금이 점차 빠지고 있다. 만약 주식시장 구제 자금이 전부 시장에서 퇴출될 경우 2016년 M2성장률이 0.5%포인트 떨어질 것으로 예상된다.

2) 위안화 신탁

현재 유동성은 강하다. 따라서 자금의 효과적인 실물경제 유입이 문제로 떠오르고 있다. 2016년 경제 하행 압력이 여전히 큰 상황에서 위안화 신탁에 대규모 확장이 나타나지 않을 것으로 예상된다.

주로 아래와 같은 2가지 이유에서이다. 첫째, 기업 차원에서 볼 때, 비록 명의 이율 수준이 아주 낮다고는 하지만 PPI 동기대비 성장률이 계속해서 떨어지고 있기 때문에 실질 융자 원가가 여전히 비교적 높은 수준을 유지하고 있다.

생산력 과잉 현상이 나타난 상황에서 투자 수익이 떨어지면 기업은 대출을 원하지 않는다. 이밖에, 단기 이율이 하락되었다고 해도 중장기 채권시장이 발달하지 못한 점은 단기에서 장기로의 이율 전도를 저해함으로써 중장기 융자 원가가 여전히 높은 수준에 머물러 있게 된다. 둘째, 은행 차원에서 볼 때, 경제 하행 압력이 커지면 기업의 위약 확률이 높아지고 이에 따라 은행의 불량 대출이 늘어나면서 결국 은행에서 대출을 해주려 하지 않는 상황이 초래될 것이다. 지방 정부, 대형 국유기업 등 일부 시장 주체가 보다 많은 금융자원을 점하고 있는 반면, 중소형 기업은 자금을 얻기 어렵다.

지방 채무 전환은 신탁에 영향을 주는 또 다른 요인이다. 지방 채무 전환이 신탁에 주는 위축 역할은 아래와 같은 2가지 루트를 통해 나타난다. 첫째, 정부에서 채권 발행을 통해 얻은 수익으로 대출을 갚아 신규 대출액을 줄인다. 둘째, 정부는 줄곧 거액 신탁자였다. 만약 정부가 채무 발행을 통해 수익을 얻는다면 대출할 필요성이 없게 되는 것이다. 정부가 지방 채무 전환을 통해 자금 원천을 얻게 된다면 지방정부가 은행에 대출을 적게 받아도 된다는 점을 의미한다.

재정 당국은 3년 내 지방 채무 15조 위안으로 전환할 계획을 내왔다. 2015년 지방 채무 전환액이 3조 2천억 위안에 달했는데 이는 하반기 신탁 위축에 아주 큰 역할을 일으켰다. 2016년 약 5조 위안의 지방 채무가 전환될 것으로 예상되는데 이는 신탁 위축에 큰 영향을 미칠 것으로 보인다.

위의 분석을 바탕으로 2016년 상반기 계절 조정 후의 신규 위안화 대출이 다소 위축될 것으로 예상된다. 2016년 재정정책이 보다 활성화될 것이며 정책 은행을 주로 하는 금융기구들이 대량의 금융 채권을 발행함으로써 인프라시설 건설에 융자를 제공할 것이다. 또한 금융 채권 관련 보조 대출을 실시하고 국무원 국유자산감독관리위원회가 '좀비기업'을 처리하는 속도를 다그치는 것 모두 신탁 확장에 유리할 것으로 보인다. 하반기 계절성 조정 후의 신규 위안화 대출이 소폭 상승할 것으로 예상된다.

3) 위안화 환율

2016년 중국경제 하행 압력이 지속되면서 위안화 평가절하로 이어질 것으로 예상되지만 '악의적인' 평가절하가 나타날 기반은 존재하지 않는다.

중국인민은행에서 간섭하지 않는 상황 하에 위안화 환율 추세는 중미 양국 간의 이율 격차에 의해 결정된다. 2016년 중국 통화정책은 여전히 안정적이고 적절한 영활성을 유지하면서 구조조정에 어울리는 통화금융환경을 마련할 것이다. 이는 중국인민은행에서 일정한 유동성을 유지할 뿐만 아니라 시장을 효과적으로 정리하는데 불리한 정책을 지나치게 발표하지 않을 것이라는 점을 말해준다. 아울러 현재 통화시장 이율이 비교적 낮은 상황에 처해 있는 점을 감안할 때 금리인하 공간은 제한되어 있다.

2016년 2차례의 금리인하가 예상되며 지급준비율을 1%로 하락시킬 것으로 보인다. 다른 한편 2016년 FRS에서 금리를 4차례 인상할 것으로 예상되며 금리인상폭이 1%에 달할 것으로 보인다. 때문에 2016년 중미 각의 이율 격차가 계속해서 줄어들고 위안화의 평가절하가 이어질 전망이다. 주목해야 할 부분이라면, 최근 몇 년간 중국경제가 지속적인 하락세를 유지하고 있지만 다른 나라와 비교할 때 전반적인 경제성장률은 여전히 상대적으로 높은 수준을 유지하고 있다는 점이다.

FDI가 지속적으로 유입되고 무역 흑자도 계속 유지될 것이다. 이는 위안화 수요가 여전히 아주 크고 위안화에 '악의적인' 평가절하 기반이 존재하지 않는다는 점을 말해준다. 이밖에 중국인민은행은 금융기구와 기업 대차 대조표 악화, 외자유치와 위안화 국제화 프로세스 등 여러 면에서 위안화 대폭 평가절하에 따른 부정적인 영향을 고려해 외화시장에 대한 간섭을 이어갈 것이다. 때문에 위안화 환율이 지속적으로 평가절하 될 것이지만 하락폭이 10%를 넘어서지는 않을 것으로 보인다. 2016년 위안화 대 달러 환율이 약 6% 평가절하 돼 환율 수준이 6.9% 대에 머물러 있을 것으로 예상된다.

제1편
2016년 중국의 거시적 경제 전망

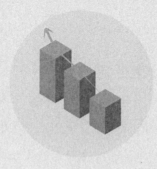

제6장 2016년 중국의 거시적 경제정책 전망
1. 거시적 조정이 직면한 문제
2. 정책 조합

제6장
2016년 중국의 거시적 경제정책 전망

리보(李波) 싱수광(邢曙光)
(베이징대학 경제연구소 보조 연구원)

1. 거시적 조정이 직면한 문제

중국경제 하행 압력이 크고 통화나 재정 정책 그리고 개혁 방향에
서든지를 막론하고 거시적 조정에 모두 일부 문제가 존재했다.

통화정책은 주로 한계효율의 점차적인 감소에서 표현된다. 주요한
원인은 아래와 같다. 첫째, 중장기 융자 원가가 여전히 비교적 높아
기업의 투자 의향이 떨어졌다. 둘째, 금융자원의 착오적인 배치로 인해
중소기업이 융자에서 어려움을 겪고 있다. 셋째, 환율파동공간이 작아
통화정책이 독립성을 유지하지 못하고 있다. 넷째, 수량형 통화정책
수단과 실물경제 연계가 갈수록 줄어들고 있다.

재정정책 면에서의 주요한 문제는 재정 전도 메커니즘이 원활하지
못하고 재정수입 성장률이 떨어짐으로 인해 재정 정책이 제한을 받고
있는 점이다. 이밖에 중앙정부에서 수요관리와 공급관리 정책에서 어떤
부분이 더 중요할지를 확정짓는 과정에 목표가 명확하지 않아 경제 주체
예상이 혼란해졌으며 예상의 불확정으로 인해 소비와 투자에 지연 현상이
나타났다.

1)통화 정책 한계 효율의 점차적인 감소

통화 정책을 이용해 거시적 조정을 실시하기 갈수록 어려워지고 있으며 통화정책의 한계 효율도 점차적으로 줄어들고 있다.

아래와 같은 4가지 이유에서이다.

(1) 중장기 융자 원가 여전히 비교적 높고 기업 투자 의향 저하

현재 유동성이 충분하고 통화시장 이율이 최근 몇 년간의 최저치에 처해 있지만 중장기 채권시장이 발달하지 못하기 때문에 이율이 단기에서 장기에서로의 전도를 방애하고 있어 중장기 융자 원가가 여전히 높은 수준에 머물러 있다. 게다가 경제 하행 압력이 크자 기업 위약 확률이 높아지고 은행 불량 대출이 늘어나면서 기업이 대출을 원해도 비교적 높은 리스크 프리미엄에 직면하는 상황이 초래됐다. 아울러 생산력이 남아도는 상황에서 투자 수익이 떨어짐에 따라 기업에서도 대출을 하려 하지 않고 있다. 이런 요인들로 인해 통화 자금이 실물 경제에 대한 지지도가 떨어지고 통화정책 효과가 예상보다 낮게 나타난 것이다.

(2) 금융자원의 착오적인 배치

지방 정부, 대형 국유기업 등에서 지나치게 금융자원을 점유하고 있어 중소기업이 융자를 얻기 어려워졌다. 수많은 '좀비기업'이 정부의 지지에 의지해 대량의 대출을 얻음으로 인해 금융자원이 효과적으로 이용되지 못하고 있다. '좀비기업'은 시장의 효과적인 정리를 방해했을 뿐만 아니라 금융자원의 착오적인 배치를 초래함으로써 통화정책의 역할을 억제했다.

(3) 통화 정책 독립성 부족

현재 위안화 환율제도는 관리 상태의 파동 환율제도이다. 독립적인 통화정책의 '삼위일체 불가능론(不可能三角)'에 따라 자본 유동을 허락하는 조건 하에 중국의 통화정책은 큰 제한을 받고 있다. 완화된 통화정책은 자본 유출과 위안화 평가절하 압력 증가로 이어질 것이다. 환율시장의 안정성을 유지하기 위해 중국인민은행은 간섭을 통해 외국환평형기금을 줄이고 유동성 수축을 실현함으로써 통화정책 실행 효과를 제한할 예정이다.

(4) 통화 공급량과 신탁을 통화 정책 중간 목표로 간주하기 어려워

통화 정책 중간 목표를 선택함에 있어 적용하는 3가지 기준은 가측성, 통제가능성과 관련성이다. 금융 혁신으로 인해 통화 층차가 모호해지고 통화 공급량을 감측하기 더욱 어려워졌다. 꾸준히 바뀌는 통화 수요, 통화 유통속도 그리고 외국환평형기금 등 요인으로 초래된 통화 공급량은 통제하기 어렵다.

통화 공급량과 경제성장 그리고 인플레이션 사이의 상관관계도 점차 줄어들고 있다. 중국 금융시장이 빠르게 발전함에 따라 새로운 융자수단이 대거 나타났고 직접 융자 비율이 꾸준히 높아지고 있는 한편, 금융기구 부외거래 융자업무가 꾸준히 확대되고 신탁 규모와 경제 변수의 관련성도 크게 줄어들었다. 이로부터 수량형 통화정책 중간 목표의 가측성, 통제가능성과 관련성 모두 약화되었고 이 때문에 통화정책의 유효성이 떨어졌다는 점을 알 수 있다.

2) 재정정책 전도 메커니즘 전환에 실패

경제 하행 압력 하에 재정 경쟁 약화 그리고 지방정부 관리의 '부작위(不作爲)'로 재정정책 전도 메커니즘이 원활하지 못한 상황이 초래됐다. 아울러 정부는 재정세무제도 전환, 재정수입 하락 등 상황에 직면하면서 재정지출이 제한을 받았다.

(1) 재정정책 전도 메커니즘 원활하지 못해

2016년 재정정책 방향이 '적극적인 데로' 치우칠 가능성이 있다. 또 재정 적자 규모를 적당하게 늘리고 지방정부 채무 전환을 실시할 것으로 보인다. 이밖에 정부와 기업의 기구를 간소화하고 권한을 하부 기관에 이양하는 강도를 높이고 심사비준 절차를 간소화 및 최적화 하는 외에도 이전 지불 구조를 보완하고 일반성 이전 지불 규모와 비율을 향상시킨다. 재정세무 제도, 지방정부 융자 모델 등 일련의 제도 전환 배경 하에 재정정책 개혁이 강력하게 추진되고 있지만 재정 경쟁 약화 그리고 지방정부 관리의 소극적이면서도 정치에 태만한 행위의 영향을 받아 재정정책 전도 메커니즘이 원활하지 못한 상황이 초래되었으며 인프라시설 투자에서도 정부는 마땅한 역할을 발휘하지 못했다.

(2) 재정수입 성장률 둔화, 재정지출 압력 비교적 커

재정수입 성장률이 둔화되면서 정부 지출도 큰 제한을 받게 되었으며 이로 재정정책이 제 역할을 발휘하는데도 영향을 미쳤다. 이는 지방재정 문제에서 유달리 뚜렷하게 나타나고 있다. 2015년 1~11월, 공공재정수입 성장폭이 위축되었을 뿐만 아니라 지방정부 재정수입의 누계 동기대비 성장률 하락폭도 상대적으로 컸다.

부동산시장의 영향으로 토지 양도수입이 줄어들면서 지방재정수입 성장 원동력도 떨어졌다. 2015년 토지 양도수입이 지속적으로 마이너스 성장세를 유지했는데 1~11월, 국유 토지 사용권 양도 수입이 2014년 동기보다 29.2% 떨어진 누계 2조 6천억 위안에 달했다. 지방재정수입이 줄어든 상황에서 새 예산법 실시는 지방 정부성 기금이 주기적 프로젝트에 대한 지출을 제한했으며 지방정부의 재정지출 압력도 비교적 컸다. 경제 약세가 지속되고 있는 상황에 반대 방향에서 부동산세제 개혁과 인프라 프로젝트 융자 모델 전환을 실시하도록 이끌었다.

3) 명확하지 못한 개혁 방향으로 예상 혼잡함 초래

개혁 방향이 명확하지 못함으로 인해 향후 경제형세와 정책 유도에 대한 대중들의 판단을 방해했다. 이에 따라 미시적 주체 예상의 혼란이 초래되고 투자와 소비가 지연됐다. 예전에 경제 하행 압력에 직면했을 때는 늘 수요단이 경제에 대한 선도 역할을 중시하고 공급단을 경시해왔다. 이 때문에 공급단에 대한 대중들의 이해가 부족한 상황이 초래됐다.

공급 측 개혁은 산업정책, 거시적 조정, 제정세무제도, 금융체제 등 차원에서 개혁해야 할 방향과 중전분야를 제시했다. 공급 측 개혁은 낡은 체제를 없애고 새로운 체제를 구축하는 외에도 생산력 과잉 업종을 점차적으로 조정하고 산업 업그레이드를 실현할 것을 요구했다.

지방정부가 정치 업적 경쟁을 하는 발전 모델을 바꾸도록 이끌고 재정수입과 지출이 예산외 자금에 대한 의뢰를 타파해야 한다. 또 기업의 융자환경을 개선하고 자금 공급의 안정성과 유효성을 증강해야 한다. 이밖에 공급 측 개혁 방안, 개혁 강도와 실시 순서에 대해서도 명확히 정하지 않았기 때문에 대중들의 예상이 혼잡해지는 상황이 초래되고 관망 분위기를 형성함으로써 공급 측 개혁의 보너스 방출에 영향을 미쳤다.

최근 개혁 동향으로부터 볼 때, 공급 측 개혁 방향이 명확하지 않고 정책 조정이 지연되어 투자 예상에 영향을 미쳤다. 한편, 과감하게 조치를 취해 기업의 융자환경을 개선하지 않고 기업의 융자원가를 줄이지 않아 기업이 대출을 원하지 않고 은행 또한 대출을 잘 해주려 하지 않는 상황이 초래됨으로써 기업 투자를 억제했다. 다른 한편, 지방 심사 메커니즘의 변화로 지방재정 경쟁력이 떨어지면서 지방정부가 관망 태세를 취하게 되었으며 이로 인해 정치에 게으르고 노동에 게으른 현상이 초래됨으로써 정부가 투자유치 과정에 적극적인 역할을 발휘하지 못했다.

기업 투자가 줄어든 상황에서 주민들의 예상 수입이 줄어들었고 소비를 억제했다. 2016년 거시적 정책 조정 면에서 개혁 방향을 명확히 해야 하는 외에 수요 관리와 공급관리를 마찬가지로 중시해야 함과 아울러 명확한 개혁 신호를 방출함으로써 대중들의 예상을 정확하게 이끌어야 한다.

2.정책 조합

2016년 중국경제가 직면한 수요 위축, 공급의 소폭 확장 국면을 고려할 때 거시적 조정 목표는 여전히 성장 안정이다. 조정정책은 수요관리만 진행하던 일위(一維)정책에서 수요관리와 공급관리를 동시적으로 진행하는 이위(二維)정책 체계로 업그레이드된다. 정책 조합은 공급확장을 주로 하는 수요와 공급 '양 확장(雙擴張)'을 선택할 것이며 공급 측 확장 강도도 수요측보다 클 것이다.

수요관리 정책 내부의 정책 조합 사고방향은 더욱 적극적인 재정정책과 안정적이고 건강하지만 영활도가 적절한 통화정책이 될 전망이다. 재정 정책 강도도 계속해서 확대될 것으로 보인다. 감세, 재정 적자율의 단계적인 향상을 통해 필요한 재정지출과 정부 투자를 적절하게 늘릴 것이다. 안정적이고 건강하지만 영활도가 적절한 통화정책을 실시하는 것은 구조조정으로 적합한 통화 금융환경을 마련하기 위해서이다.

이는 2016년 통화 총량 조정 정책에 대한 관심도가 줄어들고 더욱 중요하게는 구조조정을 실시할 것이라는 점을 의미한다. 중국인민은행은 광의적 화폐 M2의 성장을 유지하는 기초 위에서 적절한 조정을 하는 외에도 정향 지급준비율 하락 혹은 단기유동성지원창구(SLF), 단기유동성조작(SLO), 중기유동성지원창구(MLF), 담보보완대출(PSL) 등 정향 수단을 통해 유동성의 박약한 고리를 지지함과 동시에 이율, 환율 정책의 영활한 조정과 결부시켜 통화 정책의 영활성을 나타냈다. 이밖에 기타 거시적 조정조치도 속속 실시되어 수요를 자극할 것으로 보인다.

예를 들면 도시화, 호적관리제도 개혁, 주택 임대시장 발전, 개발업체의 가격 하락 지지, 시대에 뒤떨어진 제한성 조치를 취소하는 등 수단을 통해 주택 수요를 확대하고 부동산 재고량을 소화하는 한편, 효과적인 공급을 마련하는 것을 통해 소비수요를 확대하는 등이다.

공급 확장 정책 사고방향이 총체적으로는 확장세를 유지할 것이지만 확장 가운데서 긴축을 유지할 것이다. 공급 확장 정책으로는 다음과 같다. 첫째, 개혁을 통해 거래원가를 낮추고 기업 세금비용 부담을 줄이며 사회보장금 압력을 줄임으로써 기업이 원가를 낮출 수 있도록 힘을 실어준다. 둘째, 기업이 기술개조와 설비 갱신을 통해 새 산업을 육성하고 발전하도록 지지한다. 또 기술과 상품 업그레이드 발걸음을 다그치고 하드웨어와 소프트웨어 등 인프라시설 분야에서의 부족한 부분을 보완하는 외에 새로운 시장 환경에 대한 노동자의 적응력을 끌어올리는 등 방식을 통해 유효 공급을 확대한다. 셋째, 쌍창을 격려하고 자원배치를 개진하는 한편, 전 요인생산율을 향상시킨다. 동시에 합병, 재조합과 파산정리, 증량의 엄격한 통제 등 수단을 통해 공급 긴축 방식으로 과잉 생산력을 해소한다.

1) 수요관리 정책

2016년의 첫 임무는 여전히 '성장 안정'이다. 경제의 자연적인 추세에 따라, 2016년 통화 정책이 전체적으로는 중성 태세를 유지하고 재정 정책이 보다 활발하게 이뤄질 것으로 보인다. 통화 정책 면에서 안정적이고 건강한 통화 정책은 적절한 영활성을 실현함으로써 구조 조정에 적합한 통화 금융환경을 마련해야 한다. 중국인민은행은 한편 '지급준비율 인하'를 통해 외국환평형기금 감소와 주식시장 구제 자금의 시장 퇴출로 인한 유동성 위축 현상을 헤징하려 할 것이다.

다른 한편, 지나친 방해 정책을 발표해 시장의 효과적인 정리를 방해하지는 않을 것이다. 신탁 부진 상황을 겨냥해 중국인민은행은 정향 지급준비율 인하 혹은 SLF, SLO, MLF PSL 등 여러 가지 수단을 빌어 정향으로 활력을 불어넣음으로써 자금이 실물 경제에 유입되도록 인도할 것이다. 위안화 환율파동 공간을 지속적으로 확대하고 이율 회랑(走廊)을 계속해서 보완하는 과정을 통해 통화정책 전환을 위한 준비를 할 것이다. 재정정책 면에서 경제가 하락되고 기업 투자 의향이 떨어진 상황에서 정부가 적극적인 역할을 발휘할 것이다.

한편 정부 자체가 재정지출을 늘려 '불작위'현상을 단호하게 처리함으로써 재정 정책 전도 메커니즘을 개선할 예정이다. 다른 한편 정부가 감세 강도를 한층 높여 기업의 융자환경을 개선함으로써 기업의 투자를 이끌 예정이다.

(1) 통화 안정적이고 건강해야 하지만 영활도도 적절해야

전체적으로 2016년 통화 정책은 안정적이고 건강한 추세를 유지할 것이지만 다양한 방법을 영활하게 운용해 구조조정에 필요한 통화금융 조건을 보장할 것이다. 중국인민은행은 금융시장 유동성을 충분히 보장하고 정향 지급준비율 인하, 금리인하 혹은 SLF, SLO, MLF PSL 등 여러 가지 수단을 통해 정향 활력을 불어넣는 방법으로 신탁 부진에 대응할 것이다.

위안화 환율파동 공간을 확대해 통화 정책의 독립성이 부족한 부분을 대응하고 외국환평형기금이 통화 공급량에 대한 부정적인 충격을 줄일 가능성도 있다. 아울러 통화정책 개혁을 적극적으로 추진할 예정이다. 통화 공급량과 신탁을 통화 정책 중간 목표로 간주하기에는 적합하지 않은 점을 고려할 때 통화 정책 수단이 수량형에서 점차 가격형으로 전환될 것으로 보인다.

① 유동성의 정향 방출, 자금의 실물 경제 유입 인도

위안화가 SDR에 편입된 후 중국인민은행의 안정유지 동기가 약화되었다. 2016년 위안화 환율은 계속해서 평가절하 되고 외국 환평형기금도 지속적인 하락세를 유지할 것으로 보인다. IPO를 재가 동함에 따라 주식지수가 회복되고 주식시장 구제 자금이 완만하게 퇴출하고 있는 상황이다.

외국환평형기금의 위축과 주식시장 구제 자금 퇴출로 인한 유동성 감소 현상을 헤징하기 위해 중국인민은행에서 여러 차례 '지급준비율을 인하'할 가능성도 있다. 아울러 2016년 상반기 경제 하행 압력이 여전히 큰 점을 고려할 때 신탁 확장이 나타나기 어려울 것이다. 또 유동성이 충족한 상황에서 중국인민은행은 정향 지급준비율 인하 혹은 SLF, SLO, MLF PSL 등 여러 가지 수단을 통해 여러 차례 소규모로 정향 활력을 불어넣음으로써 자본이 실물경제에 유입될 수 있도록 이끌 것으로 보인다.

② 위안화 환율파동 공간 확대

자본 유동 자유화가 추세이다. 3원 패러독스에 따라 통화 정책의 독립성을 보장하기 위해 중국인민은행은 위안화 환율파동공간을 지속적으로 확대할 것으로 보인다. '8·11' 위안화 환율 중간 가격의 제시 가격 메커니즘 개혁은 위안화 환율파동이 한층 확대되었다는 점을 의미한다. 2015년 12월 11일, 중국 외환거래센터에서 CFETS 위안화 환율지수를 발표했다.

이는 위안화가 달러와 디커플링 될 것임을 암시했을 가능성도 있다. 주의해야 할 부분이라면 '삼위일체 불가능론'에 모서리에만 있는 것이 아니라 내부에도 있을 가능성이 있기 때문에 단기 내 중국은 자본 유동, 환율안정 그리고 통화정책 독립 가운데서 균형을 찾아 과도를 실현할 수 있다는 점이다. 이에 따라 중국인민은행이 외화시장에 대한 간섭을 온전히 포기하지는 않을 것이라는 부분에도 주목해야 한다.

③ 통화정책 수단 수량형에서 가격형로의 전환

통화 공급량과 신탁 및 경제지표와의 관계가 갈수록 약해지고 있어 더는 통화정책 중간 목표로 간주하기에 적합하지 않게 됐다. 수량형 중간 목표에 비해 이율을 더 쉽게 관찰하고 통제할 수 있으며 경제지표와의 연계도 보다 긴밀하다. 중국은 금리 회랑을 통한 지급준비율 통제가 적합하다. 공개적인 시장 조작보다는 금리 회랑 원가가 더 저렴하고 발달한 채권시장도 필요로 하지 않는다.

중국인민은행은 SLF를 금리 회랑 상한선으로 간주할 의향이 있지만

SLF의 기한이 1~3개월로, 금리 회랑에 있어서는 꽤 긴 시간이기 때문에 SLO를 고려할 수 있다. 금리 회랑 하한선은 정액초과 예금준비율 금리를 적용할 수 있지만 금리가 지나치게 낮기 때문에 금리 회랑이 지나치게 완화된 국면이 초래될 수 있어 향후 보다 합리한 수단을 취할 수 있다. 단기 기준이자율을 확정한 후 금융시장의 선진국은 단기 이율을 통해 장기 이율에 영향을 미칠 수 있다.

중국 금융시장의 단기와 중장기 이율 사이의 전도가 원활하지 않기 때문에 MLF, PSL 등 수단을 통해 중장기 이율을 이끌 수 있을 뿐만 아니라 중장기 채권시장도 적극적으로 육성할 수 있다. 2016년 중국인민은행은 금리 회랑 상한선을 꾸준히 조정해 금리 회랑의 수축을 실현함으로써 향후 통화정책 전환을 위한 준비를 할 것으로 보인다.

전반적으로 볼 때, 주식시장 구제 자금 요인을 제외하면 분기별 M2는 안정적인 성장을 유지했다. 2016년 위안화 평가절하와 외국환평형기금 감소가 지속될 것으로 보인다. IPO가 재가동됨에 따라 주식지수가 상승하고 주식시장 구제 자금이 천천히 퇴출될 전망이다. 외국환평형기금 위축과 주식시장 구제 자금 퇴출로 인한 유동성 감소 현상을 헤징하기 위해 2016년 가능하게 4~6차례의 '지급준비율을 인하' 조치를 취할 것으로 예상된다. 중국 금리가 시장화를 기본적으로 실현했을 뿐만 아니라 통화시장 이율도 이미 비교적 낮은 수준에 머물러 있기 때문에 '금리 인하'는 다만 정책적인 지도의의가 있을 뿐이다. 이밖에 FRS의 금리 인상 배경 하에 '금리 인하'가 자본의 빠른 유출을 가속화할 것으로 보인다. 2016년 2차례 정도 '금리 인하' 조치를 실행할 것으로 예상된다.

(3) 재정 확장

경제 하행이 지속되고 있는 가운데 정부는 계속해서 적극적인 재정정책을 실시하고 재정정책 강도를 높일 것으로 보인다. 재정지출 증가, 세금 절감 등 확장성 재정정책을 통해 총 수요를 자극함으로써 투자를 이끌고 투자 성장률의 체계적인 하락 상황을 완화할 전망이다. 아울러 필요한 시기에 재정 적자율을 단계적으로 끌어올리고 재정지출과 정책투자를 적당하게 늘림으로써 정부가 마땅한 지출 책임을 짊어질 수 있도록 보장할 예정이다.

① 정부 재정지출 확대

2016년 인프라투자가 정부의 '성장 안정' 조치의 주요한 방향이 될 것이지만 정부재정수입 성장률이 둔화된 압력 하에 재정지출 능력이 다소 떨어질 것으로 예상된다. 따라서 재정정책 전도 메커니즘 소통이 필연적인 추세가 될 것으로 보인다. 첫째, 지방 재정 융자 플랫폼을 하루빨리 보완한다. 한편, 지방 채무 전환 계획을 실행해 지방 채무 부담을 줄인다. 다른 한편, PPP기금 플랫폼 프로젝트 실시를 추진함으로써 지방 정부의 인프라건설 프로젝트 실시에 보다 많은 자금 활동 공간을 마련해주고 사회자본에 대한 정부지출의 인도와 선도 역할을 확대한다. 둘째, 지방 수입원을 보장한다. 토지재정에 의존하던 데서 점차 지속성을 띤 주체 세원으로 과도하도록 이끈다. 토지 양도 수입이 위축된 상황에서 부동산세 개혁이 의사일정에 올랐기 때문에 부동산 현유 단계에서의 세수 합병을 기반으로 일부 주택을 세금징수 범위에 포함시키는 것을 통해 부동산

세수 기준을 확대시킬 것으로 보인다. 이로써 지방정부가 수입 원천에서 일정하게 전환을 실현하고 보장을 받을 것으로 예상된다. 이밖에 지방정부 '불작위' 현상 처리 강도를 높임과 동시에 중앙은 잠자고 있는 재정자금을 정리해 바칠 것이다. 또 재정지출 구조 최적화를 통해 자금 사용 효율을 높이고 적극적인 재정정책 역할을 충분히 발휘할 예정이다.

② 감세로 기업투자 인도

2016년 영세기업과 중소기업에 대한 감세 강도를 높여 생산력 과잉, 수익 감소 그리고 비교적 높은 융자원가에 따른 기업 투자 원동력 부족을 완화할 예정이다. 구체적인 감세 조치는 도표 6-1에 표시한 바와 같다. 동시에 정부는 투자기금을 설립해 창업과 혁신, 중소기업 발전, 산업 전환 업그레이드와 발전 그리고 인프라시설과 공공서비스 분야를 지지할 예정이다.

③ 재정 적자율 제고

실물 경제투자 기회가 부족한 탓에 재정이 주도하는 인프라투자가 성장을 안정시키는 주요한 조정방향이 될 것이다. 그러나 지방정부 재정수입 성장률이 둔화되고 감세 정책에 따른 중앙과 지방 재정수입 감소 그리고 지방정부 세원 위축과 재정 전도 메커니즘의 성공적인 전환을 실현하지 못한 상황에서 적극적인 재정정책은 강도를 한층 높여야 할 필요성이 있다. 2016년 재정 적자율이 여러 차례에 거쳐 제고되면서 3%를 넘어서거나 심지어 이 수치보다 더 높아질 가능성도 있다.

도표 6-1 재정 세수 분야에서 가능하게 추진할 개혁 조치

재정 정책	2015년 재정정책의 기조가 적극적이지만 실행이 저애를 받았다. 재정수입 성장이 위축되고 예상외 수입(주로는 토지 양도금) 이 대폭 줄어든 데다 새 예산법이 실시되고 지방정부 채무가 전환되는 등 신구 메커니즘 전환으로 인해 지방정부 차원에서 재 정정 책 전도가 원활하지 않고 인프라 건설 프로젝트 실행이 더딘 상황이 나타났다. 2016년 정책방향이 보다 적극적이고 재정 적자(3% 이상)가 한 층 확대될 것으로 보인다. 재정수입이 줄어들고 정부가 새로운 메커니즘 구축을 시도함으로써 지방정부 채무 전환(향후 3년 약 15조 위안 전환액 실현)이 한층 확대되고 PPP 프로젝트 그리고 정부 투자금 등 혁신적인 융자방식이 역할을 발휘할 것으로 보인다. 현재 주요한 목표는 인프라시설 투자에서의 역주기 조절 역할을 발휘하고 재정지출 투자의 선도역할을 늘리는 것이다. 재원, 재력이 부족한 성을 상대로 이전 지불 강도를 한층 확대할 가능성도 있다.
구조성 감세	감세 범위를 확대할 가능성이 크지 않고 주로는 영세기업과 중소기업을 상대로 한 감세정책을 펼칠 것으로 보인다. 세금 징수 원가, 기업 재생산 압력 등 문제를 감안할 때 영세기업의 감세 폭이 한층 확대될 전망이다. 첫째, 2015년 10월 1일부터 2017 년 연말까지, 법에 따라 기업 소득세를 50% 감면해주는 영세기업의 경우 연간 마땅히 납부해야 하는 소득세액을 20만 위안 (20만 위안 포함)에서 30만 위안(30만 위안 포함) 이내로 확대한다. 둘째, 월 판매액이 2만 위안에서 3만 위안인 영세기업, 자영업자와 기타 개인을 상대로 한 부가가치세 면제, 영업세 우대 정책 집행 기한을 2015년 연말에서 2017년 연말까지 연장한다. 2017년 연말까지 금융기구와 소형, 영세기업이 체결한 대출 계약에 대해서도 인지세를 면제한다.
개인 소득세 개혁	전기 개혁 기초:2006~2011년 전국 인민대표대회에서는 입법을 통해 노임 소득 비용 삭감기준을 3차례 상향 조절했다. 즉 개인 소득세 징수기준을 상향 조절한 것이다. 개인이 마땅히 납부해야 하는 소득은 총 11가지 종류이다. 노임 소득, 자영업자 생산과 경영 소득, 기업과 사업단위에 대한 도급 경영 그리고 임대 경영 소득, 노무보수 소득, 보수 소득, 특허권 사용에 따른 소득, 이자와 주식 배당금, 보너스 소득, 재산 임대 소득, 재산 양도 소득, 우연한 소득, 국무원 재정부에서 세금 납부를 확정한 기타 소득 등이 포함된다.

개인 소득세 개혁	향후 개혁 방향은 개인 소득세 제도를 종합해 보다 공평하고 과학적이고 합리한 개 인소득세 제도를 건립하는 것이지 징수기준을 재차 향상시키는 것이 아니다. 종합 과 분류를 결합한 개인소득세 제도를 건립할 것이며 향후에는 가정을 단위로 징수 (깊이 연구할 필요는 없음)할 가능성도 있다.
환경 보호세	'환경보호세법'이 2016년 상반기에 통과돼 환경보호비가 환경보호세로 바뀔 전망이 다. 에너지 소모가 높고 오염이 큰 업종에 대한 영향이 비교적 클 것으로 예상된다. 기준이 오염 배출 비보다 높을 가능성이 있고 혼합 전환을 통해 접목할 수도 있다.
부동산세 제도 개혁	부동산세 제도 개혁 프로세스를 앞당긴다. 주로 지방정부에 믿음직하고 충족한 세 원을 제공하는 것으로 치우쳐 지방정부가 재정수입을 모으는 과정에서의 토지 양 도금의 역할을 대체할 수 있다. 부동산세와 도시 토지 사용세를 합병하고 부동산 관련 기타 세 수를 정합할 가능성도 있다. 현재 주택은 부동산세를 징수하지 않고 도시 토지 사용세는 면적에 따라 징수한다. 향후 일부 주택에 대해 부동산세를 징 수하고 과세기준을 확대할 가능성도 있다. 토지 부가가치세 징수 규정에 따라 전 체 개조 건설, 국유 부동산을 상대로 한 투자, 기업 합병, 기업 분설 등 4가지 상황에 대 해서는 잠시 세금을 징수하지 않는다. 이밖에 부동산 시장이 재고량을 소화할 수 있도록 추진하기 위해 2015년 취득세 세율을 소폭 하향 조절했다. 개인이 유일 한 일반 주택을 구입할 경우 90제곱미터에 한해서는 세율을 1%로, 90~144제곱미터 에 한해서는 세율을 2%로, 144제곱미터 이상에 한해서는 4%로 정했다. 일반 주택 이 아니고 2채 이상의 주택이나 투자성 부동산(상가, 사무 청사, 비즈니스 오피스텔 등)을 구입할 경우 모두 4% 기준에 따라 세금을 징수한다. 현재 일부 지방정부에서 는 위 기 초에서 또 50% 취득세를 보조해주는 우대 조치를 내놓고 소비자들의 주택 구입을 자극하고 있다. 재고량을 해소하기 위해 취득세 세율을 진일보 하향 조절하 고 우대 범위를 확대할 가능성이 있다. 토지 확권 제도 개혁에 따라 농촌 집체 용지 와 경작지 관련 세금을 조정할 수 있고 세율을 합리하게 상향 조절할 수도 있다.

차량 구입세	1.6L 이하는 세율을 50% 절감한 2.5%로 정한다. 자동차 재고량을 해소하고 기업 자본 회수를 추진하기 위해서이다.
관세	중한 자유무역협정이 2015년 12월 20일 발효된 후 단기 내에 두 차례 세금 인하 조치를 실시할 예정이다. 12월 20일 발효 당일 첫 번째 감세 조치를 실시하고 2016년 1월 1일 두 번째 감세 조치를 실시한다. 2016년 관세 조정방안: 생철 수출은 세금을 줄이고 인사 비료는 세금을 면제하는 등이다.
자원세	환경 보호세와 관련된 '환경보호세 법(의견수렴고)'이 이미 제정됐고 2016년에 징수될 전망이다. 석탄, 희토류, 텅스텐, 몰리브덴 등 관련 자원세에 대해 가격에 따른 세금 징수 개혁을 실현하는데 이어 2016년 가격에 따라 세금을 징수하는 범위를 확대할 것으로 보인다. 이런 조치가 채광 업과 제조업에 영향을 미쳐 산업구조조정을 가속화할 것으로 예상된다.

2) 공급관리 정책

단기 내에 중국 거시적 경제 운행은 내수와 외수 모두 약세를 유지하는 어려움에 직면하게 된다. 통화정책과 재정정책 전도 메커니즘이 저애를 받아 수요관리 정책의 한계 효용 체감 현상이 나타나고 효과가 예상보다 낮은 상황이 초래됐다. 거시적 조정 정책은 공급관리 차원에서 경제를 자극한다면 뚜렷한 효과를 볼 수 있을 것으로 기대된다. 중장기적인 안목으로 고려할 때 중국 경제가 중·고속 성장 단계에 들어선 현재 공급관리 정책을 통해 여러 가지 생산요인의 적극성을 불러일으킬 수 있다면 자원 배치를 최적화하고 산업 업그레이드를 추진하며 전 요인 생산율을 끌어올려 경제가 '중등 수입 함정'에서 빠져나오는데 도움이 된다.

2016년 중국 경제에 나타난 공급 소폭 확장, 수요 지속 위축 등 자연 추세를 감안할 때 거시적 조정 정책이 총수요를 적절하게 확대함과 동시에 공급 측의 구조성 조정을 강화하는데 주력할 것으로 예상된다. 공급관리 정책은 아래와 같은 2가지 부분에 치중점을 둘 것이다. 첫째, 원가를 낮추고 유효 공급을 확대하는외에도 혁신을 격려하는 등의 방법으로 총 공급 확장을 실현한다. 둘째, 합병 재조합과 파산 청산, 증가량의 엄격한 통제 등 수단을 통해 과잉 생산력을 소화하고 무효 공급을 제한한다. 구체적인 표현 은 아래와 같다.

(1) 기업 원가를 낮추고 미시적 주체의 경제 활력 자극

실물 경제 기업의 원가를 낮추기 위해서는 기업의 제도성 거래 원가, 세금 부담, 재무비용 등을 줄이는데 치중점을 둘 것이다. 동시에 기업이 납부하는 사회보험비 용을 줄이는데 주목할 예정이다. 가능하게 실시할 개혁 조치는 아래와 같다. 첫째, 비용 절감, 세금 감소 정책을 적절하게 실시하고 기업의 세금 부담을 줄임으로써 뉴노멀 상태에서의 원가 상승 리스크를 효과적으로 억제함과 동시에 창업자들에 대한 세금 감면 정책을 통해 창업을 추진한다. 둘째, 세수 체제 개혁을 중시한다. 기업의 부담을 줄이고 불합리한 수금을 줄이는 차원에서 고려해 정부직능을 전환하고 정부의 지나친 개입을 줄이며 전국적으로 통일된 시장체제 건립을 적극적으로 추진한다. 셋째, 세제개혁을 추진한다. 서비스업의 세수 부담을 줄이고 서비스업의 빠른 발전을 추진한다. 기업의 세금 부담을 줄이는 한편, 기업 행정 관련 사업성 수금을 청산하고 규범화한다. 또 기업의 생산 경영환경을 최적화해 보다 많은 취업 기회를 마련한다. 넷째, 금융 공급 구조와 융자 수요가 어울리지 않는 문제를 해결하고 자본시장의 직접적인 융자 기능을 끌어올린다.

또 기업의 융자 원가를 낮추고 실물 경제에 대한 금융의 지지를 늘린다.

(2) '유효 공급' 플랫폼 구축

구체적인 조치는 다음과 같다. 첫째, 제도에서의 걸림돌을 없애고 요인 저장량을 활성화시킴과 동시에 혁신, 창업, 창조의 잠재력과 원동력을 불러 일으킨다. 기업의 기술 개조와 설비 갱신을 지지해 제품의 최적화와 업그레이드를 추진하고 새 산업을 육성 및 발전시킴으로써 기술, 제품, 업태 등의 혁신을 추진한다. 둘째, 소프트웨어와 하드웨어 인프라 시설의 단점을 보완해 수입 분배, 기업 생산력, 소프트웨어 인프라 시설 등 부분에서 투자를 늘리고 미시적 주체의 적극성, 주동성, 창조성을 불러일으킨다. 새로운 시장 환경에 대한 노동자들의 적응력을 향상시켜 경제성장에 새 로운 원동력을 주입한다. 셋째, 고수준의 양방향 개방에 치중점을 두고 대외무역 발전방식을 전환한다. 제품 업그레이드를 통해 뛰어난 품질의 상품으로 외부 수요를 추진함으로써 현재 약화되어 있는 수출수요 현황을 바꾼다.

(3) '쌍창(雙創)' 격려, 자원배치의 개진과 전체 요인의 생산율 향상

생산요인 시장화 개혁을 통해 자원 배치에서의 시장의 결정적 역할을 발휘함으로써 자금, 에너지, 노동력 등 생산요인 가격이 사회 마지널 코스트를 충분히 반영할 수 있도록 한다. 기능을 상실한 시장을 바로잡는 역할을 충분히 발휘하고 부정적 외부 성의 내부화를 통해 총공급이 이성적인 생산 결책 하에 사회 전반적인 유효 수요 와의 일치성을 추진한다. 동시에 제도, 이론, 기술, 모식 등을 비롯한 전 방위적인 혁신을 통해 생산율을 향상시키고 산업 전환 업그레이드를 추진한다. 예를 들면 '중국제도 2025', '인터넷+' 등이다.

(4) 생산력 과잉 해소 무효 공급 억제

현재 생산력 과잉은 유효 공급 부족과 무효 공급 과잉 두 가지 부분에서 나타난다. 과잉 생산력을 해소하는 방법에는 여러 가지가 있는데 그중에서도 기업 파산과 합병 재조합 그리고 증가량 통제가 보편적이다. 시장화 합병, 재조합을 통해 '좀비 기업'을 도태시킴으로써 우세기업이 주도 역할을 발휘하도록 이끈다. 또 생산력 재 조합을 통해 산업 업그레이드를 추진하고 산업 전체의 공급 효율을 끌어올린다. 이 밖에도 증가량을 엄격히 통제해 새로운 생산력 과잉 현상을 방지한다.

2016년 공급관리 강도가 예년보다 뚜렷하게 높고 거시적 경제에 대해 양호한 공급 자극을 형성할 것이라는 점은 가히 예견할 수 있다. 또 단기 내에 공급관리 정책은 현재 중국이 직면한 생산력 과잉과 경제구조 불균형 문제를 해결하는데 도움이 되어 경제의 평온하고 빠른 성장을 실현하는데 기반을 다지게 될 것으로 보인다. 아울러 환경보호 기준을 향상시키고 요인 가격 시장화를 추진하는 등 거시적 경제에 대해 긴축성을 띤 개혁에도 양호한 기회와 상당한 공간을 마련해줄 것으로 예상된다.

제1편

2016년 중국의 거시적 경제 전망

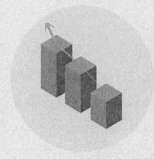

제7장 종합

제7장
종합

리보(李波), 차이한펜(蔡含篇)
(베이징대학 경제연구소 보조연구원)

2016년 중국 거시적 경제의 경제 하행 압력과 디플레이션 리스크가 여전할 것으로 예상된다. 총 수요 차원에서 볼 때, 고정자산 투자 성장폭의 지속적이고 계통적인 하락으로 인하여 유효 수요의 약세 압력이 계속해서 늘어날 것이다. 한계소비성향 감소 효과로 소비지출이 경제성장에 대한 선도역할이 제한되어 있다. 게다가 외부수요에 여전히 불확정성이 존재하기 때문에 총 수요 위축폭이 여전히 큰 편이다.

공급 차원에서 볼 때, 에너지류 대종 상품 가격 하락폭이 뚜렷하게 줄어들면서 생산원가 하락이 총 공급에 대한 양성 자극폭도 현저하게 줄어들 것이다. 때문에 경제의 자연 추세가 수요 긴축, 공급의 소폭 확장 국면에 직면하게 될 것으로 보인다. 경제 하행 압력이 여전히 지속될 수 있는 점을 고려해 정책 차원에서 새로운 조치를 취할 것으로 예상된다. 거시적 경제 정책 목표는 여전히 '성장 안정'을 최우선 위치에 놓을 것으로 보인다. 거시적 조정에서는 수요관리와 공급관리를 종합적으로 운용해 공급 측 확장을 주로 한 수요와 공급 확장 정책조합을 실시할 것이다. 수요 차원에서는 적절한 확장조치를 취할 것이고 공급 차원에서는 확장 강도를 강화할 것으로 예상된다. 수요관리 정책 내부의 정책조합은 보다 적극적인 재정정책에, 안정적이고 건강하지만 영활도가 적절한 통화정책을 배합할 예정이다. 재정정책 강도를 지속적으로 늘릴 예정이다. 안정적이고 건강하지만 영활도가 적절한 통화정책은 구조조정에 어울리는 통화 금융환경을 마련하기 위한 것에 취지를 두었다. 공급관리정책은 기업원가 절감, 효과적인 공급 확대, 혁신 격려, 합병 및 재조합과 파산정리 등을 통해 경제 공급력을 끌어올리고 경제 하행 압력을 완화하려는 것이다.

2015년 거시적 경제 자연 추세와 추가로 제정된 거시적 조정 정책을 결합해 내린 우리의 사전 판단은 (도표7-1을 참고)과 같다. 2016년 경제성장률이 2015년보다 0.2%포인트~0.3%포인트 낮고 GDP 성장률은 6.7%, CPI 성장률은 1.5%에 달할 것으로 예상된다. 실물 경제에서의 공업, 3대 수요의 월간 동기대비 성장률은 여전히 낮은 수준에 머물러 있을 것이며 역전 확률은 크지 않다. 공업 부가가치, 고정자산 투자, 사회소비품 소매총액, 수출과 수입의 전년 성장률은 각각 5.5%, 9.5%, 10.7%, 4.5%, 2.5%를 유지할 것으로 보인다. PPI는 여전히 마이너스 성장 국면에서 벗어나지 못하고 마이너스 3.5%의 성장률을 기록할 것으로 예상된다. 통화 공급량은 안정적인 성장을 유지해 M2가 12.6%에 달할 것으로 예상된다. 은행 체계 내에서 충족한 대출가능 자금이 신탁의 안정적인 성장을 뒷받침해줄 것으로 보인다. 따라서 위안화 대출 잔고 성장률이 14.0%를 유지하고 위안화 신규 대출 규모가 9억 7천만 위안에 달할 것으로 예상된다.

도표 7-1   2016년 거시적 경제지표 예측

	2015년	2016년 예측	2016년 제1분기	2016년 제2분기	2016년 제3분기	2016년 제4분기
경제성장						
GDP 분기별 동기대비(%)	6.9	6.7	6.7	6.7	6.6	6.8
공업부가가치 동기대비(%)	6.1	5.5	6.1	5.5	5.2	5.3
고정자산 투자 누계 동기대비(%)	10.0	9.5	10.4	10.1	9.8	9.5
사회소비품 소매총액 누계 동기대비(%)	10.7	10.7	10.2	10.4	10.6	10.7
수출 동기대비(%)	-2.9	4.5	3.0	4.4	5.5	5.7
수입 동기대비(%)	-14.2	2.5	1.2	2.5	3.0	3.4
무역차액(억 달러)	5930	6550	1350	1500	1800	1900
인플레이션						
CPI 동기대비(%)	1.4	1.5	1.4	1.5	1.2	1.8
PPI 동기대비(%)	-5.2	-3.5	-5.3	-4.2	-2.8	-1.7

	2015년	2016년 예측	2016년 제1분기	2016년 제2분기	2016년 제3분기	2016년 제4분기
통화 신탁						
M2 동기대비(%)	13.3	12.6	13.3	13.3	12.5	12.6
위안화 신탁 동기대비(%)	14.3	14.0	14.4	14.5	13.8	14.0
신규 위안화 대출 (조 위안)	11.7	9.7	2.8	2.4	2.3	2.2

자료래원 : 베이징대학 경제연구소

제2편

2016년 중국기업 추세 전망

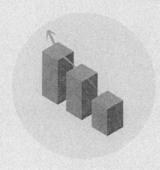

제8장 뉴노멀상태에 대한 주도적 적응으로 지속적인 전형과
업그레이드의 실현

제8장

뉴노멀상태에 대한 주도적 적응으로 지속적인 전형과
업그레이드의 실현

후츠(胡遲) : 국무원 국가자산감독관리위원회 연구센터 연구원

1. 2015년 중국경제성장 및 기업경영 회고

2015년은 '12차 5개년'계획의 마지막 해이자 중국경제가 지속적인
전환과 업그레이드를 실현하는 중요한 한 해이기도 하다. 중국의
경제성장은 여전히 복잡한 국내외 경제 환경과 꾸준히 확대되고 있는
하행압력에 직면해 있다. 또 '3가지 과도기'라는 특정단계에 처해 있는
중국경제가 '12차 5개년'부터 성장폭이 완만한 하락세를 이어나가고 있다.

상반기와 1/2/3분기, GDP 성장률은 지난해 동기보다 각각 0.4%포인트,
0.5%포인트 떨어진 7.0%와 6.9%에 달했다.

그중 제1분기와 제2분기, 제3분기의 성장률은 각각 7.0%, 7.0%와
6.9%에 달했다. 이밖에 상반기, 1/2/3분기 규모이상 공업 부가가치의
성장률은 지난해 동기보다 각각 2.5%포인트, 2.3%포인트 떨어진 6.3%와
6.2%에 달했다. 공업경제 하락폭이 거시적 경제 하락폭을 넘어섰다.
물가 성장률은 '1시대'에 들어섰으며 계속해서 온화한 인플레이션 수준을

유지했다. 상반기와 1/2/3분기, CPI는 지난해 동기보다 1.0%포인트, 0.7%포인트 떨어진 1.3%와 1.4%에 달했다. 아울러 중국경제가 줄곧 전환, 업그레이드 단계에 처해 있는 가운데 경제 구조가 꾸준히 최적화되고 있다. 1/2/3분기 데이터로 볼 때 주요한 표현은 아래와 같다.

첫째, 제3차 산업의 비율이 지속적으로 향상됐다. 제3차 산업의 증가치가 GDP 가운데서 차지하는 비율이 51.4%에 달했다. 이는 지난해 동기보다 2.3%포인트 대폭 상승한 수치이며 제2차 산업보다 10.8%포인트 높은 수준이다. 이로써 공업 주도에서 서비스 주도로의 전환 추세가 보다 뚜렷해졌다. 둘째, 공업 내부 개혁이 빠르게 추진되고 새 산업, 새 업태, 새 상품이 빠르게 육성되고 있다.

첨단기술 산업 증가치의 성장률이 10.4%에 달했다. 이는 규모이상 공업 성장률보다 4.2%포인트 높은 수준이다. IT, 의약, 기기와 측정기계를 대표로 하는 새 산업이 석탄, 강철, 유색, 시멘트 등 자원 밀집형 전통 산업을 점차 대체해 경제성장의 중요한 엔진으로 되고 있다. 소비 차원에서 볼 때, 1/2/3분기, 인터넷 소매액 성장률이 약 40%에 육박했다. 통신, 전자상무 등 정보소비가 계속해서 새로운 경제성장점 역할을 했다. 셋째, 에너지 절약과 소모 감소에서 새로운 성과를 거두었다.

자원 환경 원가 소모가 계속해서 줄어들고 상반기와 1/2/3분기, 단위 GDP 에너지 소모량이 각각 같은 기간보다 5.9%와 5.7% 하락됐으며 하락폭은 각각 지난해 동기보다 1.7%포인트와 1.1%포인트 확대됐다. 따라서 '12차 5개년' 계획에서 정한 에너지 절약과 배출 감소 목표를 실현할 수 있을 것으로 예상된다. 넷째, 양호한 취업 형세를 유지했다.

상반기와 1/2/3분기, 도시 신규 취업자가 각각 718만 명과 1066만 명에 달했다. 2014년처럼 1/2/3분기 신규 취업이 이미 한해 계획 목표를 초과 완성했다. 1/2/3분기, 중국 내 신규 등록 기업이 315만 9천 호에 달했다. 연말이 되자 국내외 다수 기구들은 2015년 중국경제성장률이 6.6%~6.9%의 합리적인 구간을 유지할 것으로 예상했다.

중국 기업가 조사 시스템이 최신 발표한 「2015 중국 기업 경영자 설문 추적조사 보고서」에 따르면, 기업 경영자들이 2015년 중국 GDP 성장률의 중앙치인 6.8%를 예상했다. 이는 지난해 동기보다 0.4%포인트 떨어진 수치이다. 그중 GDP 성장률 예상 비율은 각각 '6.5% 이하'가 27%, '6.5%~7%'가 62.2%, '7%~7.5%'가 7.6%, '7.5% 이상'이 3.2%였다. 전반적으로 볼 때, 2015년 중국경제가 여전히 성장률이 잠재적 수준으로 나아가고 물가 성장폭이 적절한 수준을 유지하며 신규 취직이 안정세를 유지하고 구조가 최적화 추세로 나아가는 뉴노멀 상태를 이어나갈 것으로 보인다.

기업 차원에서 볼 때, 경제성장 하행과 구조 전환이라는 배경 하에 진행된 관련 조사 결과, 기업의 생산량과 판매량이 지속적으로 줄어들고 가격이 계속해서 떨어졌으며 재고해소 압력도 여전한 것으로 나타났다. 하지만 원자재 원가 하락과 혁신 효과가 점차 뚜렷해지는 등 요인의 영향으로 기업의 수익이 기본적인 안정을 유지했다.

전반적으로 볼 때, 2015년부터 기업 경기가 온화하게 반락하고 구조 분화가 더욱 뚜렷해졌다. 「2015 중국 기업 경영자 설문 추적조사 보고서」에 따르면, 종합 경영상황이 '양호하다'고 주장한 기업 경영자가

23.6%, '보편적이다'고 주장한 경영자가 54.8%, '좋지 않다'고 주장한 경영자가 21.6%에 달했다. '양호하다'는 비율이 '좋지 않다'는 비율보다 2%포인트 더 높은데 이는 2013년과 2014년보다 약간 낮은 수치이다. 하지만 2009년 제1분기와 2014년 상반기의 조사결과보다는 나은 수준이다. 기업 경영에서 주로 아래와 같은 3가지 특점과 문제점이 나타났다.

첫째, 기업 이윤의 마이너스 성장. 1~10월, 전국 규모이상 공업 기업의 이윤 총액은 4조 8666억 위안으로, 동기대비 2% 하락됐다. 소유제별로 볼 때, 국유지주회사의 이윤총액이 동기대비 25% 떨어졌다. 업종별로 볼 때, 41개 공업 대류 업종 가운데서 30개 업종의 이윤 총액이 동기대비 늘어나고 11개 업종이 하락됐다. 교통, 전력, 전자, 경공업 등 업종의 동기대비 이윤 성장폭이 비교적 컸다. 석유화학, 석유, 건자재 등 업종의 이윤 하락폭이 비교적 컸고 강철, 석탄, 유색업종은 계속해서 결손 상태를 면치 못하고 있다. 「2015 중국 기업 경영자 설문 추적조사 보고서」에 따르면, '현재 기업 경영발전에서 부딪힌 가장 주요한 어려움'이란 문제에 대해 "기업 이윤율이 너무 낮다"고 답한 자가 40.8%를 차지해 4위에 올랐다.

둘째, 기업 원가의 지속적인 상승, 특히 인건비와 환경보호 지출이 많이 늘어나고 기업 세수부담과 세금 이외의 비용이 다소 늘어났다. 「2015 중국 기업 경영자 설문 추적조사 보고서」에 따르면, '현재 기업 경영발전에서 부딪힌 가장 주요한 어려움'에 대해 선택 비율이 가장 높은 2개 조항은 각각 '인건비 상승(71.9%)'과 '사회보험, 세금부담 과중(54.7%)'이었다. 그중 '인건비 상승'은 최근 몇 년간 총 19개 조항 가운데서 줄곧 1위를 차지했다.

2015년 위 문제의 선택 비율이 다소 떨어졌지만 여전히 70% 이상을 넘어섰고 '사회보험, 세금부담 과중'을 선택한 비율은 2014년보다 다소 늘어났다. 2011~2014년 최저 노임기준은 줄곧 두 자리 수의 상승폭을 유지했다. 2015년부터 이미 26개 성, 구, 시, 자치구에서 속속 최저 노임을 조정했다. 최저 노임 조정이 빨라짐에 따라 서부 일부 지역의 최저 노임기준이 심지어 동부의 일부 성을 넘어섰다.

셋째, 과잉 생산력 도태를 계속해서 추진하고 일부 업종의 생산력과잉 문제가 여전히 돌출했다. 조사 결과, 전력, 석탄, 제철, 제강 등 18개 업종에서 모두 2014년 후진 생산력과 과잉 생산력을 도태시키는 목표 임무를 완수한 것으로 나타났다. 2015년 정부 업무보고에서는 계속해서 과잉 생산력을 해소하고 강철, 시멘트 등 15개 중점 업종에서 후진 생산력을 도태시키는 연간 임무를 예정대로 완수했다고 언급했다.

공업과 정보화부는 2015년 9월, 2015년 도태시킬 중점 업종과 생산력과잉 기업 리스트를 발표했다. 하지만 일부 업종의 생산력 과잉 문제가 여전히 두드러졌다. 공업과 정보화부 관계자는 당면 경제 운행 과정에 생산력 과잉 문제가 상대적으로 두드러져 있다고 솔직하게 말했다. 경제 운행 과정에 존재하는 일부 어려운 문제들이 모두 생산력 과잉과 직접적으로 연관되어 있다.

　일부 업종의 생산력 과잉 현상이 심각해 상품가격의 지속적인 하락이 초래됐고 이는 기업 이익 감소로 이어졌다. 심지어 일부는 전반 업종이 결손을 보는 곤궁에 빠졌다.

　예를 들면 2015년 제3분기 강철업종의 판매 이윤율이 고작 0.05%에 달해 이윤 총액의 동기대비 하락폭이 97.5%에 달했으며 기업 결손 범위가 약 50%에 육박했다. 「2015 중국 기업 경영자 설문 추적조사 보고서」에 따르면 '전반 업종 생산력 과잉' 조항을 선택한 기업 경영자가 41.2%를 차지해 3위에 올랐다. 이는 약 5년간의 최고치이기도 하다. 이번 조사를 통해 현재 부동한 업종 기업의 생산력 과잉 상황을 정리했다. 조사 결과, 본 업종의 생산력 과잉이 '아주 심각하다'고 인정한 기업 경영자가 16.1%였고 '비교적 심각하다'를 선택한 경영자가 58.6%에 달했다. 양자의 합계 비율은 2014년보다 0.7%포인트 늘어나 4년래 최고치를 기록했다.

　이밖에 '기본적으로 존재하지 않는다'는 조항을 선택한 기업 경영자가 25.3%를 차지했다. 공업과 정보화부는 생산력 과잉 해소는 장기적이고 간고한 과정이라고 밝혔다. 현재부터 '13차 5개년 계획'을 비롯해 아래와 같은 5개 부분으로 부터 과잉 생산력을 적극적으로 해소해야 한다고 밝혔다. 첫째, 새로운 생산력을 엄격히 통제하고 둘째, 후진 생산력 도태를 가속화하고 셋째, 합병과 재조합을 견지하고 넷째, 국내의 효과적인 수요를 확대하고 다섯째, 주변 국가, 신흥 국가와의 협력을 추진하는 한편, 우세 기업의 '대외진출'을 격려한다.

2. 2016년 중국경제운행 및 기업추세 전망

2016년은 '13차 5개년' 계획이 시작되는 해이다. 2015년 12월 14일, 소집된 중앙정치국회의에서는 경제 발전의 뉴노멀 상태에 순응해 안정 속 발전을 추구하는 기조를 견지하고 경제 운행이 합리적인 구간에 머물 수 있도록 노력하는 한편, 구조조정을 적극적으로 추진할 것을 제기했다. 적극적인 요인으로 볼 때 2016년 중국경제가 장기적으로 좋은 방향으로 나아가는 펀더멘털((Fundamental, 국가나 기업의 경제 상태를 가늠할 수 있는 기초경제 여건 역자 주)에는 변화가 없을 전망이다. 전반적으로 중국은 여전히 발전하는 전략적 기회에 직면해 있다. 객관적으로 볼 때 발전의 강인성, 공간, 원동력은 경제의 중·고속 성장을 뒷받침해줄 수 있는 기본적인 잠재력과 조건을 갖추고 있다.

18기 3중 전회에서 확정한 여러 가지 전면 개혁 심화 조치가 점차 실행되고 발효된다면 경제의 내재적 성장 원동력이 뚜렷하게 방출되고 시장 주체 활력을 유력하게 활성화할 수 있을 것으로 예상된다. 불리한 요인 차원에서 볼 때 중국경제 운행 가운데서 주기성 요인과 구조성 모순이 여전히 불거져 있어 일부 업종의 생산력 해소와 결손 감소, 일부 기업의 재고 해소와 투자 증가, 일부 금융기구와 상장기업의 레버리지 해소 및 리스크 통제 등 면에서 여전히 임무가 아주 과중하다. 국제적으로 세계 경제가 여전히 온화한 저속 성장세를 유지하고 있는 가운데 국제 경제 환경이 여전히 복잡하고 다양한 변화가 도사리고 있다. IMF의 2015년 추계 보고서는 2015년 세계 경제성장률을 3.6%로 예상했다.

선진국은 온화한 회복세를 유지하고 있고 신흥국가와 개도국 경제체는 여전히 경제 하행 압력에 직면해 있다. 글로벌 무역 상황이 다소 바뀌기 시작했지만 성장폭은 여전히 낮은 수준을 면치 못하고 있다. 여러 가지 경제 요인과 비경제 요인이 서로 엉켜있는 외부 환경이 모두 중국경제 발전에 불리한 영향으로 크게 작용할 것이다. 「2015 중국 기업 경영자 설문 추적조사 보고서」에 따르면 기업 경영자들은 향후 중국경제성장 하행 압력이 비교적 크다고 예측한 것으로 나타났다.

2016년 중국 GDP 성장률의 중앙치가 6.5%가 될 것으로 예상돼 2015년보다 0.3%포인트 떨어질 것으로 보인다. 그중 GDP 성장률이 '6.5%이하'라고 주장한 자가 37.2%에 달하고 '6.5%~7%', '7%~7.5%', '7.5%이상'을 주장한 자가 각각 46.1%, 9.8%, 6.9%에 달했다. 2015년 12월, 국가정보센터는 2016년 중국경제성장이 점차 안정세를 되찾는 가운데 소폭 상승세를 유지해 GDP 성장률이 6.5% 이상에 달할 것으로 예상했다. 2015년 10월, IMF에서 발표한 「세계 경제 전망」 보고서는 2016년 중국경제성장률이 6.3%까지 둔화되면서 2015년보다 0.5% 하락할 것이라고 내다봤다.

기업에 있어 경제 뉴노멀 상태에서 2016년 기업 경영 과정에 노출된 다양한 환경 요인이 2014년 2015년과 거의 비슷했다.

「2015 중국 기업 경영자 설문 추적조사 보고서」에 따르면, 당면 기업 경영 발전 과정에 직면한 가장 주요한 어려움에 대해 기업 경영자가 선택한 비율이 가장 높은 8개 조항은 차례로 '인건비 상승'(71.9%), '사회보장, 세금 부담 과중'(54.7%), '전반 업종 생산력 과잉'(41.2%), '기업 이윤율 저하'(40.8%), '자금 부족'(37.9%), '인재 결핍'(32.8%), '국내 수요 부족'(29.4%)과 '향후 기업 발전에 영향을 주는 미확정 요인 많음'(22.7%) 등 순이었다. 2014년과 비교해 '인건비 상승' 선택 비율이 4.1%포인트 하락하고 '사회보장, 세금 부담 과중' 선택 비율은 0.2%포인트 늘어났다.

'전반 업종 생산력 과잉'선택 비율은 0.2%포인트 줄어들었지만 여전히 최근 5년간의 최고치 범위에 속했다. 이밖에 '기업 이윤율 저하' 선택 비율은 같은 기간과 비교해 비슷한 수준을 유지했다. 앞 4위에 오른 선택 조항은 중국기업 현 단계의 성장 추세를 고스란히 보여주고 있다. 구조조정의 최적화와 전환 및 업그레이드 추진은 여전히 중국기업의 중요한 전략적 선택이다. 2016년 기업경영 추세는 아래와 같은 6가지 특징을 나타낼 것으로 보인다.

1) 기업경영 상황 안정 속 소폭 하락

'3가지 과도기'의 뉴노멀 상태에서 기업 경영 추세는 2016년 거시적 경제 추세와 밀접하게 연관되며 2014년과 2015년의 기업 추세를 기본적으로 따라갈 것으로 예상된다. 성장률은 안정 속 소폭 하락을 유지할 것이지만 여전히 합리적인 구간에 머물 것으로 보인다. '13차 5개년'계획이 시작되는 해인 2016년 계획 중인 중대한 건설 프로젝트가 점차 가동되면서 기업에 다양한 투자기회를 가져다 줄 것으로 예상된다.

투자 확대에 유리한 요인으로는 다음과 같다. 첫째, 전문 건설 기금을 투입할 예정이다. 프로젝트에 직접 투자하는 방식을 통해 중대한 교통, 수리 등 인프라시설 프로젝트 건설을 지지한다. 둘째, 고정자산 감가상각 가속화 우대범위를 확대해 경공업, 방직, 기계, 자동차 등 4개 분야의 중점 업종에 대한 투자 의향을 늘린다. 셋째, 국가에서 기업채권 발행 문턱을 낮추는 한편, 신규 대출과 기존 대출금 환급을 허락하며 심사비준 절차를 간소화하고 기업 채권 융자 규모를 확대한다.

시장 차원에서 볼 때 시장화 개혁이 꾸준히 심화됨에 따라 정부와 기업의 기구를 간소화하고 권한을 하부 기관에 이양하며 감독관리를 강화하고 서비스를 최적화하는 한편 개혁 보너스를 꾸준히 방출한다면 정부의 서비스 원가를 낮추고 시장에 활력을 불어넣음으로써 정부가 기업의 경영 활동에 유효 서비스를 제공하도록 이끌 것으로 보인다. 이밖에 기업에 투자 의향이 충분하지 못한 상황이 존재한다. 첫째 국내외 시장 수요가 부진하고 일부 업종의 생산력 과잉 현상이 심각한 한편, 각종 요인 원가가 꾸준히 늘어나고 환경보호 단속 압력이 점차 확대되며 공업상품 가격의 지속적인 하락세 등 요인의 영향을 받아 기업의 수입 창출 능력이 많이 떨어졌다. 둘째, 실물경제 신탁 투입이 여전히 저하되어 있다. 불량 대출이 늘어나고 양호한 투자 프로젝트가 적은 영향을 받아 은행은 대출에 보다 신중한 태도를 취하고 있다. 특히 중소기업 융자 원가가 높은 문제가 여전히 근본적으로 해결되지 못했다.

「2015 중국 기업 경영자 설문 추적조사 보고서」에 따르면, 기업 경영자들이 기업의 향후 종합 경영 상황에 대해 신중하면서도 낙관적인 태도를 취하고 있는 것으로 나타났다. 2016년에 대한 기업 경영자들의 예상치가 2015년 제4분기의 예상치보다 낙관적이었다. 조사결과, 2016년 경영 상황이 '호전'을 선택한 기업 경영자가 37.4%를 차지하고 '변화 없음'을 선택한 자가 47.2%, '악화'를 선택한 자가 15.4%를 차지한 것으로 나타났다. '호전'을 예상한 경영자가 '악화'보다 22%포인트 높았다. 이는 제4분기 예상치보다 8.5%포인트 높은 수준이다. 지역별로 볼 때 중부지역 기업이 '악화'보다 '호전'을 예상한 자가 30.8%포인트 더 많아 동부와 서부지역 기업보다 높았다. 규모별로 볼 때 중소기업들이 2016년에 보다 낙관적인 태도를 보였다. 경제 유형별로 볼 때 민영기업이 '악화'보다 '호전'을 예상한 경영자가 22.5%포인트 높아 상대적으로 낙관적인 추세를 보였다. 업종별로 볼 때, 정보 전송 소프트웨어와 정보기술 서비스업, 숙박과 요식업 그리고 음식 제조업 등 분야가 2016년에 대해 비교적 낙관적인 태도를 취했다.

'악화'보다 '호전'을 예상한 경영자가 40%포인트 더 높은 것으로 나타났다. 반면 의류, 화학섬유, 고무플라스틱, 강철, 금속제품, 통용설비와 자동차 등 업종은 상황이 좋지 않을 것으로 예상했다. 조사를 통해 '13차 5개년 계획'기간 기업 경영자들이 발전전망이 가장 밝다고 여긴 업종도 알아냈다. 조사결과, 기업 경영자들이 발전전망을 밝게 본 6개 업종은 차례로 '양로'(50.3%), '관광레저'(43.1%), '인터넷 및 IT서비스'(37.2%), '의약'(33.7%), '신에너지'(33.1%), '환경보호'(32.8%)였다.

2) 혁신발전 궤도 진입

현재 새로운 과학기술 혁명과 산업혁명이 육성·흥기되고 있다. 중국경제가 기존에 저렴한 원가요인 우세와 기술설비 인입을 통해 발전하던 시대는 이미 지나갔다. 경제 뉴노멀 상태의 중요한 특징은 성장 동력 메커니즘이 요인 확장에서 전 요인생산율 추진으로 전환된 것이다. 이를 위해서는 반드시 기술 진보에 의존해 혁신으로 발전을 추진하는 성장의 길을 걸어야 한다. 사실상 최근 몇 년간 중국 기업의 성장 원동력 메커니즘에 많은 적극적인 변화가 발생했다. 공업이 구조조정과 전환업그레이드에서 거둔 적극적인 진보에서 그 변화가 고스란히 보여지고 있다. 2015년부터 기업의 혁신 원동력이 빠르게 육성됐다. 첫째, 새로운 창업 혁신 포인트가 다양해졌다.

쌍창을 적극적으로 추진하는 여러 가지 정책 조치가 점차 실행되고 '인터넷+'이 더 넓은 분야로 확장되었으며 전국적으로 새로 등록한 기업이 일평균 1만개를 넘어섰다. 둘째, 신흥업종이 빠르게 발전했다. 전략적 신흥 산업 기업 수입과 이윤이 빠른 성장을 실현했다. 신에너지자동차, 공업, 스마트TV, 궤도교통설비 등 상품의 생산량이 두 자리 수를 기록하거나 배로 성장했다. 셋째, 혁신에 따른 추진 역할이 갈수록 증강됐다. 국내 발명 특허 수여수가 빠르게 늘어나고 연구개발 경비가 차지하는 비율이 한층 많아진 한편, 기업 혁신 주체 지위가 갈수록 증강되었다.

「2015 중국 기업 경영자 설문 추적조사 보고서」에 따르면 기업 경영자들이 기업 혁신 효과가 이미 나타나기 시작했다고 여긴 것으로 나타났다. 그중 기업 경영자들은 혁신이 기업의 '상품 혹은 서비스 질 향상'과 '건강과 안전에 대한 영향 증가'에 대한 작용이 가장 돌출했다고 여겼다. '기업의 더 나은 발전을 위해 향후 1년간 마땅히 취해야 할 조치'에 대한 조사 결과 '혁신 투입 증가'조항(58.4%)이 2위에 오르고 '인재 유치'조항(50%)이 3위, '설비 개조'조항(33.1%)이 5위에 올랐다.

그중 '혁신 투입 증가', '인재 유치'와 '기술 개조'조항은 기업의 혁신

의향을 보여주고 있다. 이는 현재 기업이 발전 가운데서 직면한 어려움과 도전에 맞서 혁신강화를 통해 적극적으로 대응하겠다는 의지를 표명한다. 향후 혁신 투자 계획에 대한 조사결과 2016년 전반 혁신 투자에서 '대폭 증가'를 계획하는 기업 경영자가 26.7%를 차지하고 '소폭 증가'와 '불변'이 각각 28.4%, 39.8%를 차지했으며 '소폭 삭감'혹은 '대폭 삭감'을 계획하는 경영자는 고작 5.1%에 불과했다. 2016년 혁신투자를 대폭 늘릴 계획을 세운 기업을 보면 동부지역 기업, 주장삼각주와 징진지(베이징-톈진-허베이)지역의 기업, 대형 기업과 국유기업과 국유 주식회사들의 투자 비율이 상대적으로 높은 것으로 나타났다.

3) 전환 · 업그레이드 발걸음 가속화

중국경제가 전환 · 업그레이드를 실현하고 있는 가운데 기업 구조조정도 가속화되고 있다. 일부 선진기업은 이미 공업의 4.0사고방식을 참고로 해 '지혜 공장'이념을 응용함으로써 전환, 업그레이드에서 우선적으로 발전하고 스마트제조, 정보 네트워크 기술 그리고 상업 모식 혁신 등에서 기회를 선점했다. 산업 경제에서 볼 때 2015년부터 기업 전환 · 업그레이드 성과는 첨단 제조업이 빠르게 성장하고 전통 산업 전환 · 업그레이드가 꾸준히 축적 및 공고해진데 나타났다. 첫째, 에너지 다소비 업종의 성장이 둔화되고 산업 경제 운행 품질이 꾸준히 향상되었다.

1~6월, 6개 에너지 다소비 업종의 투자 성장폭이 모든 투자에 비해 3.7%포인트 낮은 것으로 나타났다. 이로써 모든 투자 비율 가운데서 차지하는 비중이 같은 기간보다 0.5%포인트 떨어졌다. 둘째, 제조업

기업 생산 경영이 점차 안정을 되찾고 수익이 전반 공업보다 양호했다. 1~5월, 제조업 기업 이윤은 동기대비 6.5% 상승해 공업 이윤 성장폭보다 7.3%포인트 높았다. 셋째, 신에너지자동차, 공업로봇 등 산업 전환업 그레이드 방향을 대표하는 신상품이 빠르게 성장했다.

2015년 5월, 국무원은 '중국제조 2025'를 발표했다. 계획에서 제기한 전략 목표는 10년을 이용해 제조업 강국 행렬에 들어서는 것이다. 때문에 2016년 그리고 그 후로 중국 기업은 필연코 전환·업그레이드 발걸음을 가속화할 것이며 아래와 같은 특징을 나타낼 것으로 보인다. 첫째, 인터넷이 빠르게 제조업에 침투되면서 제조업의 인터넷화 추세가 상품에까지 확대될 전망이다. 향후 상품의 물리적 속성이 점차 약화되고 네트워크 접목 혹은 정보 채집과 운송 역할을 더 많이 하게 될 것이다.

상품은 사물인터넷, 클라우드 컴퓨팅, 빅데이터, 모바일 등 네트워크 기술을 통해 가상 세계와 현실 세계 융합을 실현할 것이다. 둘째, 4.0이 전통 기업이 스마트 공장을 구축하는 본보기로 될 것이며 공업 4.0이 기업의 생산효율 향상과 원가 절약 그리고 유연성 생산에서의 관건이 될 것이다. 공업 4.0개념은 용두기업에서 중소기업으로, 첨단 제조업에서 전통 제조업으로 빠르게 전파될 것으로 보인다.

중국 제조기업은 공업 4.0을 본보기로 해 업종 특징과 기업 자체 특점에 어울리는 지능 공장을 구축할 예정이다. 셋째, 제조업 서비스화가 기업 전환·업그레이드의 주요한 추세가 될 것이며 전환·업그레이드와 '정보화와 산업화 융합'의 배경 하에 중국 기업들은 저급 가치사슬에 따른 가격경쟁에서 벗어날 시도를 하면서 가치사슬의 양끝으로 확장하기 위해 노력하고 있다. 연구개발, 디자인, 마케팅, 애프터서비스, 브랜드관리와 지적 소유권 관리 등에 대한 투자가 갈수록 늘어나고 있다. 향후 제조업과 서비스업의 계선이 갈수록 모호해지고 양자 간의 상호 융합과 의존도가 전통 제조업이 서비스형 제조업으로의 전환을 추진할 것으로 보인다.

중국 제조기업은 서비스 이념을 가치사슬의 매 고리에 융합시켜 고객 수요를 중심으로 고객들에게 단(端)에서 단(端)로의 서비스를 제공함으로써 사용자 체험을 향상시키고 충분한 가치를 창조해야 한다. 넷째, 소형화, 전문화가 제조기업 발전의 새로운 특징이 될 전망이다. 현재 중국 기업의 관리 모식은 주로 업무를 방향으로 하고 집중생산과 규모생산을 통해 기업의 가격협상 능력을 끌어올림으로써 규모 효익을 실현하고 기업 운영 원가를 줄이고 있다. 그러나 방대한 규모가 기업의 영활성과 반응 속도를 제한했고 수시로 변하는 시장 환경에서 기업은 늘 적시적으로 개혁을 추진하지 못했기 때문에 기업 리스크가 늘어나고 시장 기회를 놓치곤 했다. 작고 빠르고 영활함을 추구하는 외에도 전념과 극치야말로 향후 중국 제조기업이 생존하고 발전할 수 있는 출로이다.

4) 국유기업 개혁 깊이 있게 추진

2015년은 국유기업 개혁의 최고층 설계의 해로 국유기업이 장족의 발전을 거두었다. 9월부터 「국유기업 개혁을 심화할 데 관한 중공중앙, 국무원의 지도의견」, 「국유기업 혼합 소유제 경제 발전에 관한 국무원의 의견」, 「국유자산관리 체제 개혁과 보완에 관한 국무원의 약간의 의견」 등 일련의 배합 개혁방안을 속속 발표했고 1+N 최고층 설계가 점차 모형을 갖추었다. 국유기업 개혁은 경제제도 차원에서 요인 배치를 개선할 수 있다. 혼합소유제가 거시적 경제의 활력과 효율을 효과적으로 향상시킬 수 있다. 국유기업과 민영기업은 적절한 업종에서 혼합소유제를 운용해 서로 의탁하고 서로 빌리고 우세를 보완함으로써 조합에 따른 플러스 효익을 발휘해 경제의 유효 공급을 늘릴 것이다. 2016년은 국유기업 개혁정책을 실행하는 한 해가 될 것이다. 국유기업 개혁 중점은 아래와 같은 분야에서 이뤄질 전망이다.

(1) 중앙기업 차원의 전체적인 상장에 진전을 가져올 전망이다.

「국유기업 개혁을 심화할 데 관한 중공중앙, 국무원의 지도의견」은 그룹 차원의 회사제 개혁 강도를 높이고 여러 유형의 투자자를 적극적으로 유치해 주주권 다원화를 실현하는 한편, 국유기업이 구조조정을 거쳐 상장하는 것을 적극적으로 추진하고 그룹회사 전체의 상장을 실현할 수 있도록 조건을 마련할 것을 제기했다. 2016년 중앙기업 차원의 전체적인 상장에 비교적 큰 진전을 가져올 전망이다.

자본시장 차원에서 볼 때 등록제와 시장 공급이 국유기업의 전체적인 상장에 조건을 마련해 줄 것으로 보인다. 지방 국유기업 차원에서 볼 때 IPO 리부팅과 등록제 개혁을 추진하고 상장 문턱을 낮춤에 따라 국유자산 증권화 프로세스가 계속해서 가속화될 것이다. 중앙기업 차원에서 볼 때 상당한 규모의 자금이 점차 접근하고 있다. 다수의 중앙기업 증권화 공간이 크다.

자산 증권율이 비교적 높은 중국우주공업그룹의 8천 억 위안 자원에서도 고작 60%만 상장을 실현했고 아직도 3천 2백억 규모가 상장을 실현할 수 있는 공간이 있다.

(2) 중앙기업의 합병과 재조합이 계속해서 진행되고 있다.

2015년부터 이미 재조합을 실현한 중앙기업으로는 난처(南車)와 베이처(北車)를 합병한 중처(中車), 중국전력투자(中電投)와 국가원자력기술회사(國核技)를 합병한 국가전략투자(國電投)이다.

이외에도 중원(中遠)그룹과 중해운(中海運)그룹이 재조합을 실현했다.

중앙기업을 100개 이내로 정합하는 목표에 아직 이르지 못했기 때문에 2016년 중앙기업의 합병, 재조합이 계속해서 이어질 것이지만 합병 속도가 예상보다 느릴 것으로 보인다. 중앙은 중앙기업의 정합, 재조합을 지지할 의향이 명확하고 여러 업종의 중앙기업도 다양한 합병 방안을 제출했다. 그러나 난처와 베이처를 비롯한 기존 사례로부터 볼 때 중앙기업 재조합 효과가 이상적이지는 못하다. 주요한 문제라면 통합했지만 합쳐지지 못했고 일부는 양자의 보완성이 강하지 않기 때문이고 또 일부는 경영능력과 문화의 격차 때문이다. 따라서 중앙기업의 다음 단계 합병도 조심에 또 조심을 가해야 한다.

(3) 지방 국유기업 개혁 중점은 혼합소유제에 있고 주로는 양질 자산을 소유하고 있는 발달한 지역에서 이뤄질 전망이다. 현재 중앙기업은 주식제 개혁과 상장을 통해 다수의 혼합소유제 개혁 업무를 완수했다. 혼합소유제 개혁 중점은 지방 국유기업에 있는데 특히 광동(廣東), 상하이(上海),

총칭(重慶) 등 국유기업 자산이 발달한 지역에 있다. 첫째, 지방 국유기업 수가 10만 개를 넘어섰고 다수 기업은 상장하기 어려운 실정이다. 따라서 전략 투자자 유치, 직원의 주식 소유, PPP 등 방식을 통해 혼합소유제 개혁을 추진하는 것이야말로 실현가능한 개혁 방안이다. 둘째, 지방 정부가 적극적으로 추진한다. 지방 국유기업 혼합소유제 개혁 발걸음이 중앙기업보다 빠르다.

국유기업 개혁 최고층 문서를 발표하기 전에 이미 20여 개 성, 시에서 개혁방안을 발표하고 적극적인 호합소유제 개혁목표를 제기했다. 상당한 규모의 자산은 지방정부의 수중에서 제 역할을 제대로 발휘하지 못하고 있는데, 이를 시장에 투입하면 스톡 자산을 활성화함으로써 지방정부의 부담을 줄일 수 있다.

5) 합병과 수매 여전히 인기

'12차 5개년 계획'을 실시해서부터 중국 기업들은 합병과 재조합을 통해 자산배치를 최적화하고 기업규모를 확대하는 한편 전략적 전환과 산업 구조조정을 실현했다. 칭커(清科)연구센터의 데이터에 따르면, 2014년 국내의 재조합 사례가 같은 기간과 비교해 56.6% 늘어난 1929건에 달했다. 그중 1815건 합병과 관련된 거래금액이 동기대비 27.1% 늘어난 1184억 9천만 달러에 달했다. 거래 수와 금액이 2013년에 이어 나란히 역사 기록을 돌파했다.

2015년 역시 중국기업 합병과 거래가 기록을 세운 한해였다. 주식시장 폭등, 업종 정합 그리고 국유기업 제도 개혁 등 요인에 힘입어 2015년 상반기 중국의 인수합병 거래가 또다시 사상 최고치를 기록하고 경내 인수합병과 해외 매입 그리고 유럽 해외 인수합병 총액 모두 새로운 기록을 세웠다. 통계에 따르면, 2015년 상반기, 중국 내 인수합병 거래 총액이 지난해 같은 기간과 비교해 67.8% 늘어난 2,327억 달러에 달했다.

이는 상반기 인수합병 거래액의 사상 최고 기록이다. 제2분기 중국 내 인수합병 거래총액이 전월대비 95% 상승한 1,538억 달러에 달해 사상 최고 수준을 기록했으며 이는 같은 기간과 비교해 62% 늘어난 수준이다. 첨단기술 업종의 경내 인수합병 거래액은 2014년 상반기보다 212.3% 늘어난 536억 달러에 달했는데 이는 경내 인수합병 총액의 23%를 차지한다. 금융, 부동산과 소매업을 제외한 중국 다수 업종의 상반기 국내 인수합병 거래총액은 같은 기간과 비교해 모두 성장을 실현했다.

위 3개 업종의 거래액 하락폭은 각각 41.5%, 2.5%와 1.9%였다. 자본시장이 불안정한 영향을 받아 2015년 하반기 기업 인수합병 거래 성장세가 약간 둔화되었지만 인수합병 시장은 여전히 활발한 양상을 보였다. 제3분기, 중국 기업의 국내 인수합병 활약도와 인수합병 총액이 상승한 가운데 인수합병 활약도는 단일 분기의 최고 기록을 이뤘다. 그 분기의 국내 인수합병은 총 302건으로, 전해 같은 기간의 218건보다 38.5% 성장했으며 특히 전월대비 성장폭은 65.9%에 달했다.

2016년 경제가 '뉴노멀'상태에 들어선 배경 하에 경제 구조조정 과정이 산업 배치를 바꾸고 있다. 아울러 국가 혼합소유제 개혁, 다차원 자본시장 체계의 보완 그리고 '일대일로'전략의 실시는 인수합병 시장에 요인과 원동력을 제공해줬다. 따라서 현재 중국은 인수합병, 재조합의 활기찬 시대에 들어서고 있다. 2016년 국유기업 개혁의 전면적인 추진은 국내기업 간의 인수합병을 한층 이끌 것으로 보인다. 국유기업이 개혁을 추진해 상장하기 전의 자산 재조합, 상장회사가 그룹회사가 통제하는 비상장회사와의 업무를 통한 자산 배치, 상장회사의 업무 전환, 국유기업 간의 합병 거래 등은 모두 인수합병과 재조합을 추진할 수 있다. 국유기업 개혁은 새로운 기업인수합병 열풍을 불러일으킬 것으로 보인다.

6) '일대일로'전략, 기업 '대외진출' 가속화 추진

최근 몇 년간, 갈수록 많은 중국 기업이 '대외 진출'을 선택했다. 금융위기와 유럽채무 위기가 중국 기업에 '대외로 진출'할 수 있는 새로운 기회를 가져다주었다. 중국 기업의 국제화 경영은 가속화되는 추세를 나타내고 있다. 데이터에 따르면 2014년 중국 대외 직접 투자가 동기대비 14.2% 늘어난 1231억 2천만 달러의 역사 사상 최고치를 기록했다. 2003년 중국에서 연도 대외 직접 투자 통계 데이터를 발표해서부터 연속 12년간 플러스 성장을 실현했다.

2014년 중국 대외 직접 투자와 중국의 외자유치 격차가 고작 53억 8천만 달러에 달해 양방향 투자가 처음으로 균형 수준에 접근했다. 상무부 통계 결과, 2015년 중국 대외투자가 계속해서 두 자리 수의 비교적 높은 성장을 실현했다. 1~10월, 중국 내 투자자들이 전 세계 152개 국가와 지역의 5,553개 해외 기업을 상대로 비금융류 직접 투자를 진행했는데 대외 투자액은 동기대비 16.3% 늘어난 누계 5,892억 위안에 달했다. 중국 해외 기업 경영상황도 전체적으로 양호한 수준이었다.

2014년 해외 투자기업 연도 회계제표가 이익을 창출했거나 비슷한 수준을 유지한 해외기업이 77.2%, 결손을 본 기업이 22.8%를 차지했다. 중앙기업의 2천 개 해외기업 가운데서 수익을 창출했거나 비슷한 수준을 유지한 해외기업이 74.4%, 결손을 본 기업이 25.6%를 차지했다.

중국 기업의 해외 투자 성장세로 볼 때 2016년 중국 기업의 '대외진출'이 가속화되고 해외투자가 지속적으로 늘어날 전망이다. 상무부는 2016년 중국 대외투자가 여전히 두 자리 수의 높은 성장률을 유지할 것으로 예측했다. 향후 5년간 중국의 해외투자가 1조 달러의 규모에 달할 것으로 보인다. 정책 차원에서 볼 때 상무부 등 관련 당국은 체제와 메커니즘 개혁을 꾸준히 심화하고 투자 편리화 프로세스를 가속화하기 위한 조치로 일련의 정책 조치를 내놓았다. 첫째, 해외 투자 관리 개혁을 꾸준히 심화해 중국 기업의 대외투자에 편리한 환경을 마련했다. 둘째, 계획인도를 강화하고 대외투자 협력과 관련된 여러 유형의 중장기 발전 계획을 제정해 기업이 '대외진출'의 지속가능한 발전을 실현할 수 있도록 지도한다. 셋째, 정부의 공공 서비스를 강화했다. 「대외투자 협력 국별(지역)지남」과 「중국 대외투자 협력 발전 보고서」를 정기적으로 새롭게 고쳐 발표하고 다양한 서비스 플랫폼을 구축함으로써 '대외진출'기업에 정보 서비스를 제공한다.

현재 중국 기업의 '대외진출'을 추진하는 중요한 원동력은 '일대일로'전략 실시이다. '일대일로'의 다수 연선국가들이 아직은 공업화 초기단계에 처해 있고 적잖은 국가의 경제가 에너지, 광산 등 자원형 업종에 많이 의존하고 있다. 그러나 중국은 이런 국가들에 여러 가지 기계와 교통운수

설비 등을 제공할 능력이 있으며 산업사슬에서 상대적으로 높은 지점에 위치해 있다. '일대일로'건설 가운데서 중국은 연선 국가를 상대로 에너지, 자원, 시장이 모두 중국 대륙에만 있는 산업을 발전시켜 상품, 설비와 노무수출을 이끌 것이다. 이는 중국 생산력의 외향 투입을 효과적으로 실현할 수 있을 뿐만 아니라 외국 신흥시장의 빠른 발전도 추진할 수 있다. 중국 기업은 '일대일로' 기회를 타고 '대외진출' 전략을 더 효과적으로 실시할 것으로 예상된다. 기업은 국제화 경영의 하드파워와 소프트파워를 동시에 구축해야 한다. 실행 가능한 해외 경영 전략 제정을 비롯해 여러 가지 내부와 외부 리스크를 식별하고 피함으로써 국제 프로젝트에 따르는 리스크를 방지하는 조치를 잘 취하고 프로젝트 관리를 강화하며 리스크 계획을 잘 추진하는 외에도 프로젝트 리스크 관리 지식 등을 착실하게 학습하고 장악해야 한다.

참고문헌

1. 「리커창, 중국 제조 2025년에 초점, 제조업 전환・업그레이드 지지」, 소후(搜狐)닷컴, 2015년 12월

2. 「2016년 경제형세 예측, 2016년 경제 점차 안정세 회복 소폭 상승」, 국가정보센터 경제형세 연구팀, 2015년 12월

3. 「기업 경영자가 거시적 형세 및 기업 경영상황에 대한 판단, 문제와 건의-2015 중국기업 경영자 추적 설문조사 보고서」, 중국 기업가 조사시스템, 2015년 11월

4. 「2015 중국 제조업 발전 4대 추세 공업 4.0 본보기로」, 중국선반상무넷, 2015년 10월

5. 「2015년 중국 공업 경제형세 분석 하계 보고서」, 중국사회과학원 공업경제연구소 공업경제형세 분석 연구팀, 2015년 8월

제3편
개혁과 중국경제의 건강한 발전

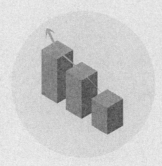

제9장
새로운 역사적 기점에서의 전면적인 개혁 심화[8]

류웨이(劉偉) : 중국인민대학 교장, 『경제참고보』 주임기자

광예(方燁) : 거시적 경제보도팀 팀장

현재 중국의 사회경제 발전은 새로운 수준에 이르렀고 '13차 5개년 계획'단계에 들어서기 시작했다. 새로운 역사적 기점에서 우리가 가능하게 직면할 수 있는 형세는 아래와 같다. 국민경제가 전통적인 핵심 경쟁력을 점차 잃으면서 거시적 경제 불균형을 초래했던 장본인이 이제는 수요 부족으로 전환되었다. 이는 전면적인 개혁 심화에 새로운 역사적 요구를 제기한 것이다. 새로운 역사적 기점에서 반드시 전면적으로 개혁을 심화해야 하고 전면적 개혁 심화의 총체 목표를 명확히 해야 한다. 또한 개혁 임무를 전방위적으로 배치하고 사회주의 시장경제 방향을 견지하며 시장경쟁 질서도 보완해야 한다. 아울러 기업의 재산권제도 개혁과 가격제도 가운데서 먼저 추진해야 할 개혁을 명확히 하는 것도 필요하다.

---

8 자료래원 : 『경제참고보』, 2015년 11월 7일

1. 경제발전의 중심을 규모에서 구조로 전환

중국공산당 제18기 3중 전회에서는 새로운 역사적 기점에서 반드시 개혁을 전면적으로 심화해야 한다고 제기했다. 우리는 아래와 같은 2가지 차원에서 '새로운 역사적 기점'을 이해할 수 있다.

첫째, 사회경제 발전이 새로운 수준에 이르렀다. 경제 규모에서 볼 때 30여 년간 중국의 GDP 연평균 성장폭이 약 10%에 달했으며 GDP총량이 개혁 초기보다 24배(불변가에 따름)이상 늘어났다. 환율법에 따라 계산한 GDP는 2010년부터 일본을 넘어서 세계 2위에 올라섰으며 전 세계에서 차지하는 비율도 개혁 초기의 1.8%에서 11%까지 상승했다. 일인당 수준을 놓고 볼 때, 30여 년간 중국의 일인당 GDP 연간 성장폭이 약 9%에 달해 개혁 초기보다 17배(불변가에 따름) 이상 늘어났다. 1978년 중국은 대표적인 저소득 빈곤국이었다. 1998년 중국의 일인당 GDP가 현대 중·하등 소득 국가 수준에 이르렀고 2010년에는 현대 중·상등 소득 국가(세계은행에서 획분한 기준에 따름)에 이르렀다.

경제구조(형태)의 변화발전 차원에서 볼 때, 신형 공업화, 농업 현대화, 도시화와 정보화가 모두 실질적인 발전을 가져왔다. 현대 기준 공업화 국가와 비교할 경우 중국은 1978년의 공업화 초기 단계에서 현 단계의 공업화 중후기 단계로 진입하면서 공업화 목표를 약 70% 실현해 공업화를 기본적으로 실현하는 목표와는 멀지 않았다. 농업 현대화는 이미 저소득 빈곤국 수준에서 현대 중·상등 소득 국가 수준으로 제고되었으며 농업 노동력 취업 비율은 1978년의 70.5%(현대 저소득 국가 평균치가 72%임)에서 36%(현대 중·상등 소득 국가 수준이 30%임)로 줄어들었다.

도시화 수준은 1978년의 20%이하에서 현재의 52.6%(국제 일반 방식에 따른 수치임, 만약 호적에 따르면 비율은 35%임)로 제고되었다. 또한 신형 공업화, 농업 현대화, 도시화 발전으로 말미암아 정보화 특히는 현대 정보기술을 기반으로 한 현대 서비스업이 뚜렷하게 성장했다.

둘째, 사회경제 발전 조건에 새로운 변화가 나타났다. 한편, 새로운 경제성장 단계에서 정치, 경제, 문화, 사회, 생태 등 여러 면에서의 제약조건에 심각한 변화가 발생하면서 일련의 새로운 모순이 형성됐다. 경제 자연 성장률은 연간 10% 내외에서 단계적으로 7%(이 수치보다 더 낮을 가능성도 있음)안팎으로 떨어졌다. 다른 한편, 사회경제 발전을 놓고 볼 때 공업이나 수요에 본질적인 변화가 나타났다. 공급 차원에서 볼 때 기존에 생산요인 원가가 낮았던 우세가 절대적으로나 상대적으로 줄어들었고 국민경제의 전통적인 핵심 경쟁력을 점차 잃게 되었다.

여기에는 노동력원가 상승, 루이스 변곡점 임박, 인구 보너스 약화, 토지가격 상승, 도시화와 공업화 가운데서의 토지자원 희소도 상승, 생태환경 원가 증가 등 요인 외에도 정부가 규제와 시장 메커니즘을 통해 기업 원가와 국민경제 원가에 더 깊숙이 개입하는 등이 포함된다.

이에 따라 요인 투입량 확대를 통해 경제 규모 확장을 이끌던 전통적인 성장방식에 심각하게 적응하지 못하는 상황이 나타났다. 그리하여 반드시 요인 투입량에 의존하던 데서 요인과 전 요인생산율 향상에 의존해 경제성장을 이끄는 데로 전화해야 한다. 그렇지 않으면 경제성장이 단기 내에 균형을 실현할 수 없는 것은 물론 장기적으로도 보아도 지속가능한 발전을 이어가기 어렵다.

수요 차원에서 볼 때, 기존의 경제 부족 국면을 기본적인 차원에서 바로잡고 시장 메커니즘 역할이 강화함에 따라 국민 경제 불균형의 정상적인 상태가 더는 수요 팽창이 아니다. 거시적 경제의 불균형을 초래한 주요한 위협 요인이 수요부족으로 바뀌었다.

우선은 내수의 부진이다. 투자 수요가 독자 연구개발과 혁신력이 떨어져 있는 탓에 새로운 투자 기회를 찾기 못하고 수요 부진으로 이어질 수 있다. 비록 새로운 단계에서 국민 소득 수준이 전보다 뚜렷하게 늘어나고 예금 규모도 확대되었지만 시장 효율 기준에 따를 경우 예금이 투자로 전환되기 어렵다. 이런 상황에서 만약 기존 기술과 제품구조를 기반으로 투자를 확대한다면 심각한 중복현상이 나타나 생산력 과잉 '거품'이 초래될 것이다.

소비수요가 국민 소득분배 차원에서의 외곡으로 말미암아 미시적으로 주민 내부 소득 분배 격차 확대를 초래하고 사회 소비 경향을 떨어뜨리는 상황을 야기시킬 수 있다. 거시적으로는 정부, 기업, 주민 3자의 소득성장률과 비중이 균형을 잃고 주민 소득이 국민경제 가운데서 차지하는 비율이 지속적으로 떨어짐으로써 소비 성장과 국민 경제성장 사이에 균형을 잃는 국면이 초래될 것이다. 때문에 정부의 거시적 조정은 부족한 경제를 대응하던 데서 과잉 경제를 대응하는 데로 방향을 바꾸고 기업의 미시적 운행도 수요 팽창에 적응하던 데서 수요 약세에 적응하든 데로 전환되어야 한다.

이처럼 공급과 수요 차원에서의 변화는 경제 발전이 주목하는 중심을 규모 확장에서 구조조정으로 전환할 것을 요구한다. 기술 혁신을 바탕으로 국민 경제의 요인 투입과 산출구조를 바꾸고 제도 혁신을 바탕으로 국민 경제의 투자와 소비구조를 조정하고 경제발전과 함께 국민 소득 분배 구조를 조정하기 위해 노력하는 한편, 독자 혁신을 바탕으로 산업구조 업그레이드 수준을 끌어올리고 사회발전 프로세스 가운데서 도농 이차원 구조 격차를 줄여야만 총량 성장의 상대적인 균형과 발전을 이어나갈 수 있다.

새로운 역사적 기점은 필연적으로 전면적인 개혁 심화에 새로운 역사적 요구를 제기하기 마련이다. 새로운 역사적 기점에 올라선 전면적인 개혁 심화에는 사회주의 시장 경제 방향, 개혁 순서와 경중 등 2가지 부분의 8조항의 내용이 포함된다.

2. 사회주의 시장경제 방향의 견지

1) 전면적인 개혁 심화 총체 목표 한층 명확히 해야

다시 말해, '중국 특색 사회주의제도를 보완하고 발전시키며 국가 관리체계와 관리 능력 현대화를 추진하는 것이다.' 경제 개혁의 목표는 총체 목표 중의 한개 자목표에 불과하다. 경제제도와 체제는 국가 관리 체제 중의 일부분이고 국가 관리체제는 경제, 정치, 문화, 사회, 생태문명 등 제반 분야의 체제와 메커니즘이 포함된다. 국가 관리체제의 현대화는 제도나 체제 차원에서 여러 분야 그리고 서로 간에 권력, 책임, 이익 메커니즘에서의 상호 통일, 조율을 실현함으로써 권력에 상응한 책임 제한이나 이익 자극이 있게 해야 한다.

국가관리능력은 관리체제를 적용하는 수준을 말한다. 새로운 역사적 기점에서 현대화 목표의 실현은 경제 개혁을 반드시 전면적인 개혁 심화 총체 목표의 유기적인 구성부분으로 간주할 것을 요구한다. 또 경제, 정치, 문화, 사회, 생태문명 등 분야에서 전면적이고 체계적이고 조율적인 개혁을 추진해야만 효과를 거둘 수 있다.

아울러 개혁 성적을 판단하고 점검함에 있어 가난한 시기에 생산 분야 효율과 물질생활 개선을 중시하던 것을 점차 풍부히 해야 한다. 또한 효율 목표를 강조함과 아울러 배분 분야의 공평성이나 광범한 대중들의 진정한 공평, 개혁에 따른 발전 보너스를 충분히 누리는데 보다 주목해야 한다. 그리고 대중들의 물질생활 수준을 꾸준히 향상시킴과 동시에 더 높은 차원의 고상한 물질과 정신생활을 추구하는데 주목해야 한다. 따라서 개혁이 추구하는 총체 목표는 필연적으로 체계적이고 전면적이어야 하며 보다 풍부한 역사적 추구를 포함해야 한다.

2) 전 방위적인 개혁 임무 배치 필요

'긴밀히 에워싸야 하는 6가지'에는 경제, 정치, 문화, 사회, 생태문명과 당 건설 등 분야의 개혁 중점이 포함된다. 동시에 제반 분야에서의 개혁에서 반드시 '경제체제 개혁을 중점으로 경제체제 개혁의 인도역할을 발휘해야 한다'는 점을 강조했다.

현재 사회주의 초급 단계에 처해 있는 중국은 사회의 주요한 모순뿐만 아니라 '발전이 확고한 도리이고 경제건설을 중심으로 해야 한다'는 역사적 요구 또한 바뀌지 않았기 때문에 경제 개혁은 총체 개혁을 기반으로 해야 하고 경제 개혁으로 총체 개혁을 이끌어야 한다.

3) 경제개혁을 중점과 견인으로 간주해 사회주의 시장경제 방향을 견지해야

이 방향을 견지함에 있어 핵심문제는 정부와 시장관계를 잘 처리하는 한편, 시장이 자원배치에서 일으키는 결정적인 역할을 둘러싸고 개혁을 심화함과 동시에 정부의 역할도 더 잘 발휘하는 것이다. 다시 말해, 미시적 차원(자원 배치가 본질적으로는 미관 명제임)에서 시장이 결정적 역할을 할 수 있도록 노력해야 한다. 자원배치에서도 시장이 결정적 역할을 발휘하게끔 하려면 시장의 미시적 주제인 업체와 소비자의 행위가 시장 규칙의 단속을 받도록 해야 한다. 시장 규칙의 본질은 다음과 같다. 첫째, 사전 공평 원칙에서 출발하고 시장 주체의 모든 기회는 균등해야 하며 제도 차별화와 특권이 있어서는 안 된다. 둘째, 효율을 시장 경쟁의 목표나 귀속으로 해야 한다. 거시적 차원에서 볼 때 정부가 자원배치에서의 시장의 결정적 역할을 충분히 존중하는 기초 위에서 더 충분히 그리고 더 효과적으로 역할을 발휘해야 한다. 특히 시장의 통제력 상실과 국한을 극복하는 역할을 발휘해야 한다. 자원배치에서 시장의 역할이 충분히 발휘될 수 있도록 시장의 통제력 상실과 국한성이 보다 명확해지고 따라서 시장의 통제력 상실을 겨냥해 효과적이고 과학적으로 정부 차원에서 조절을 해야 할 필요성이 있다. 때문에 시장이 자원배치에서 결정적 역할에 발휘함에 있어 보다 관건적인 요인은 정부 직능의 전환과 상응한 체제 개혁이라 할 수 있다.

4) 자원배치에서 시장의 결정적 역할을 보장하려면

개혁에서 가장 어려운 부분이 시장 역할의 공간 확장에서 시장 경쟁의 공평성과 시장 효과성의 상승으로 전환되고 있다. 비록 전통 계획 메커니즘과 행정 역량이 자원배치에 대한 직접적인 간섭을 꾸준히 극복해야 하지만 이보다 더 중요한 부분은 시장 경쟁 질서를 보완하고 개혁에서 가장 어려운 부분이 시장 역할 규모 확장에서 시장 품질 향상으로 점차 전환되고 있다는 점이다. 때문에 시장질서(시장 경쟁을 포함한 내재 질서와 외부 질서)보완이 보다 절박해졌다.

내재 질서에는 경쟁 상태의 주체 질서가 포함되는데 바로 기업의 재산권 제도이다. 시장에 진입할 자가 누구인지, 경쟁하고 있는 자가 누구인지 등 문제에 답한다. 경쟁 상태의 거래질서는 가격 결정제도로, 거래조건을 어떻게 확정하고 거래문제를 어떻게 실현하는지를 답한다. 위 두 가지 제도 배치가 이른바 시장 내재 경제 메커니즘을 형성했다. 외부 질서에 주로 포함된 시장 경제의 법치 질서는 즉 시장 경제 내재 메커니즘에 대한 법제 확인을 말한다. 시장 경제의 도덕 질서는 시장 경쟁 내재 질서의 정신적 고양을 말한다. 사회주의 시장 경제 개혁 프로세스 난점은 시장 규모 확장에서 시장질서 완벽화로 전환하는 것이며 개혁 자체는 경제, 정치, 문화, 사회 그리고 생태문명제도 등 여러 면에서 체계적으로 추진할 것을 요구한다.

3. 재산권과 가격개혁의 선후 순서는?

1) 시장경쟁의 주체 질서와 거래질서의 공동 추진

시장 경쟁의 내재 메커니즘에 포함된 주체 질서(기업재산권제도)와 거래 질서(가격결정제도) 개혁 간의 상호관계에 변화가 나타났다. 따라서 단계별로 선후 순서를 나눠 추진해야 하던 데서 통일적으로 함께 추진해야 하는 상황이 초래됐다.

기업 재산권제도 개혁과 가격제도 개혁의 선후 순서는 개혁 과정에서 오랜 세월동안 논쟁해온 명제이다. 실천 과정에 시기별로 치중점이 서로 달랐다. 1992년(중국공산당제14차 대표대회 소집)되기 전의 개혁 중점은 분배와 유통 분야에 집중되었고 기업 재산권에는 거의 미치지 못했다. 비록 국유기업에 대해 정부기구를 간소화하고 권한을 하부기관에 이양하는 외에도 양도와 도급 관련 제도 등 개혁을 추진했지만 모두 분배관계를 조정하는데 중점을 뒀다.(국유기업 도급 경영제와 농촌가정 공동생산 도급책임제의 본질적인 차이점은 기업은 납부하는 이윤과 세금 지표를 도급 맡고 농촌가정은 토지 사용권을 도급 맡는 것이다. 하나는 배분관계의 조정이고 하나는 재산권관계의 변화이다.) 때문에 도시 경제 개혁 초기의 가격 개혁과 조정이 보다 활약적인 모습을 보였다.

중국공산당 제14차 전국대표대회에서는 사회주의 시장경제를 목표 방향으로 할 것을 명확히 하고 제14기 3중 전회에서는 현대화 기업제도 건립을 제기했다. 특히 1997년의 중국공산당 제15차 전국대표대회가 소집된 후로 주식제를 명확히 긍정하고 나서야 중국의 기업 개혁 중점이 진정으로 외부 가격 질서 개혁에서 기업 재산권 개혁으로 전환되었다. 현재에 이르러서는 이 부분에 심각한 변화가 나타났다. 한편, 사회 소유제 구조 차원에서 볼 때 국유제가 절대적인 우세를 차지하던 데서 혼합 소유제 구조로 전환되었다. 보편적인 조사 수치에 따르면, 규모이상 공업기업의 납입자본 가운데서 국가자본이 19.6%, 집체자본이 2.1%, 법인자본이 30.5%, 개인자본이 23.9%, 외자가 23.9%를 차지했다. 다른 한편, 기업의 재산권 주체가 점차 다원화로 나아가고 있다. 규모이상 국유 지주회사 가운데서 국가자본이 50.6%, 집체자본이 0.4%, 법인자본이 42.3%, 개인자본이 2.7%, 외자가 4%를 차지했다. 사영 공업 기업의 납입자본 가운데서 개인자본 비율은 67%일뿐 그 외는 법인자본이나 집체, 국유자본이었다. 외자기업 가운데서 외상자본이 76%를 차지하고 그 외는 법인 혹은 집체, 국가, 개인자본이었다.

다시 말해, 현 단계 중국 소유제 구조의 혼합화와 기업 재산권 주체의 다원화가 뚜렷한 발전을 가져왔다. 중국은 시장 주체 질서 개혁을 심화함에 있어 아래와 같은 3가지 모순에 직면했다. 첫째, 국유기업의 산업기구 문제. 국유기업의 분포구조와 반독점이 포함되는데 다시 말해 기업과 시장의 관계이다. 둘째, 국유기업의 관리구조 문제. 정부와 기업의 분리 그리고 권력, 책임, 이익 간의 상호 제약에 따른 균형 실현이 포함되는데 바로 국유기업과 정부관계 그리고 내부 권력 간의 상호 제약에 따른 균형 실현 관계이다. 셋째, 더 중요한 부분은 제도 차원에서 다양한 경제 성질을 띤 기업이 시장 경제에서의 공평성을 끌어올리도록 하는 것이다.

따라서 거래질서 개혁은 공평하고 경쟁성을 띤 가격 결정 메커니즘 육성과 보완이다. 이는 주체 질서 개혁과 통일적이고 서로 의존하는 총체를 이루었다. 시장 규칙의 제약을 진정으로 받지 않는 기업에는 공정하고 경쟁성을 띤 가격이 있을 수 없다. 또 거래 주체(재산권)가 거래 조건(가격)을 결정하지만 공평하게 경쟁하는 거래 질서가 없다면 어떠한 시장 주체도 충분한 공평 경쟁을 펼칠 수 없을 것이다.

2) 요인 시장화로의 전환

시장체제 육성에서는 상품시장 체제 구축을 중점으로 해야 한다. 투자품과 소비품의 시장화 중점에서 요인 시장화 중점으로 점차 전환되어야 한다. 30여 년의 개혁을 거쳐 중국의 상품시장화가 이미 기본적으로 실현됐고 투자품이나 소비품 모두 개혁 초기의 90% 이상을 정부에서 가격을 매기던 형식에서 90% 이상을 시장에서 가격을 정하는 형식으로 전환되었다. 비록 경쟁에 공평하지 못한 상황이 존재했지만 거래와 정가방식은 이미 계획메커니즘에서 시장메커니즘으로 전환되었다. 시장을 심화하는데 있어서의 걸림돌은 노동력, 토지, 자본, 특허 등을 비롯한 요인 시장화이다.

사실상 시장이 자원 배치에서 결정적 역할을 발휘함에 있어서의 관건은 요인의 시장화이다. 자원배치의 효율을 향상시키고 공평성을 보장함에 있어서의 관건은 요인의 시장화이다. 노동력, 토지, 자본, 특허 등 요인 시장화를 깊이 있게 추진하고 보완하지 않고서는 중국이 직면한 일련의 자원배치에서의 심층차원의 모순과 사회경제 발전의 걸림돌을 해결하기 어려울 것으로 보인다.

3) 도농 통합으로 나아가는 개혁 새 시기

이중 경제 상태에서의 도농 개혁은 시기별로 전개하던 추진방식을 점차 도농통합으로 전환시켜야 하며 도농 간에 통일되고 서로 연계되는 개혁 발전 총체를 형성해야 한다. 현 단계에서 도농 간에 고립적으로 개혁을 추진해서는 안 된다. 중국의 사회 경제 발전으로 말미암아 도농 이중 경제에 심각한 변화가 나타났다. 비록 이중 경제 상태가 여전히 뚜렷한 상황이고 특히 도농 간의 이중 체제 격차가 여전히 뚜렷하지만 중국의 현대화 프로세스는 근본적인 차원에서 이중 경제 상태를 극복해야 하는 관건적인 역사적 단계에까지 발전했다. 뿐만 아니라 이 같은 이중 경제 상태에서 근본적으로 문제를 극복하려면 중대한 제도 혁신이 뒷받침되어야 한다.

한편, 경제 개혁을 놓고 볼 때 반드시 요인 시장화에 의존해야 한다. 여기에는 농촌 노동력 시장화 보완, 농촌 토지 확권과 시장 유동, 통일된 도농 건설용지시장 건립, 금융시장 체제(특히는 농촌 금융시장 육성해야 함) 육성과 보완, 자본시장화 추진 등이 포함된다. 다른 한편, 총체 개혁을 놓고 볼 때 도농 경제체제 개혁과 정치, 문화, 사회, 생태문명 건설 등 여러 분야의 체제 개혁을 하나의 총체로 통일시켜야 한다. 이중 경제 상태에서의 근본적인 문제 극복은 사회 여러 분야와 연관되는 근본적인 역사적 변화이다.

4) 개혁 추진 탐구방식의 전환

개혁 추진 방식에서 '돌을 더듬으며 강을 건너던' 주요한 탐구방식에서 최고층 설계와 '돌을 더듬으며 강을 건너는' 방식을 서로 결부시키는 데로 전환해야 한다. 다시 말해, 총체 목표, 전반적인 방향과 기본적인 개혁 임무 및 명제 그리고 개혁의 역사적 논리와 프로세스에서 최고층이 통일적으로 설계한 후 명제를 제기해야 하지만 구체적인 실천에서는 '돌을 더듬으며 강을 건너는' 방식을 적용해 점차적으로 탐구하고 있다.

한편, 개혁의 체계성과 여러 분야의 조율성 그리고 모순의 심각한 복잡성을 전면적으로 심화하려면 반드시 개혁 방식에서 최고층 설계와 '돌을 더듬으며 강을 건너는' 방식을 서로 결부시켜야 한다. 다른 한편, 30여 년의 개혁 실천을 거쳐 우리가 쌓은 경험과 직면한 새로운 어려움으로 말미암아 양자를 통일시켜야 할 필요성과 그럴만한 자신감도 생겼다.

제3편

개혁과 중국경제의 건강한 발전

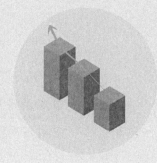

제10장 중국경제의 장기적이고 건강한 발전을
보장하는 필연적인 길 - 전면 개혁

1. 양질 수요의 장기적인 성장은 지속적이고 건강한 경제발전을 보장하는 열쇠
2. 중국 양질 소비의 원천
3. 중국 양질 투자의 원천
4. 양질 수요의 보장과 전제는 개혁
5. 중국경제의 장기적이고 건강한 발전에 필요한 조건은 개혁

제10장
중국경제의 장기적이고 건강한 발전을 보장하는 필연적인 길 – 전면 개혁[8]

쑤젠(蘇劍) : 베이징대학 경제학원 교수, 경제연구소 상무부소장

최근 몇 년간 중국경제의 지속 성장 여부에 대해 국내외 학술계와 사회 각계가 열렬한 토론을 펼쳤다. 특히 중국경제가 '뉴노멀 상태'에 진입했다는 공동인식을 달성한 후로 중국경제가 하락될 것이라는 관점이 갈수록 유행되고 있다. 하지만 이런 토론은 기본적으로 공급 차원에서 진행되었다. 다시 말해, 잠재적인 성장률 변화를 두고 토론을 전개했다는 뜻이다. 사실상 향후 중국의 잠재적인 성장률이 어떤 수준에 달하든지를 막론하고 중국이 향후 매년 생산력 과잉 문제에 직면하게 될 것이다. 때문에 중국경제성장을 제약하는 요인은 주로 자아 수요측에서 온다. 따라서 본 장에서는 수요측 차원에서 중국경제의 향후 발전 전망을 논하고자 한다.

8　『개방도보(開放導報)』, 2015(6)

본 장은 경제의 장기적이고 건강한 발전은 총 공급과 총 수요의 동시적인 성장이 필요하다고 주장한다. 때문에 양질 수요의 성장은 바로 경제가 장기적이고 건강하게 발전할 수 있는 기반이다. 이른바 '양질 수요'란 한계효용 혹은 한계수익률이 비교적 높은 소비와 투자 수요를 가리킨다. 본 장은 중국 향후 양질 소비수요 및 양질 투자수요의 잠재적인 내원과 규모를 분석하고 나서 마지막에 개혁이 이런 잠재적인 양질 수요를 현실로 전환시킬 수 있는 필연적인 길이라는 점을 제기했다.

1. 양질 수요의 장기적인 성장은 경제의 지속적이고 건강한 발전을 보장하는 열쇠

현재의 거시적 경제학 이론은 단기 틀 내에서 수요를 고려했을 뿐 장기적으로는 거의 고려하지 않았다. 현재의 이른바 '장기적인 경제성장 이론'이란 실은 '생산력' 혹은 '잠재력 산출'의 장기적인 성장에 관한 이론이고 수요의 장기적인 성장에 관해서는 거의 언급하지 않았다. 가령 일부 경제성장 모델이 수요와 연관이 있다고 해도 장기 내에 공급과 수요가 전반적으로 균형을 실현할 것이라는 가설을 기반으로 하기 때문에 수요의 장기적인 성장에 대해서는 깊이 토론하지 않는다. 하지만 경제의 장기적인 성장은 수요와 공급의 동시적인 성장을 필요로 한다. 만약 수요 성장이 공급 성장을 따라가지 못한다면 생산력 과잉 위기가 나타나고 반대로 만약 공급 성장이 수요 성장을 따라가지 못한다면 인플레이션이나 상품부족 위기가 나타날 것이다.

따라서 장기적인 안목으로 볼 때 수요는 반드시 성장을 실현해야 한다. 하지만 경제가 장기적이고 건강하게 발전하려면 수요가 양질 수요여야 한다. 이른바 '양질 수요'란 소비자들에게 비교적 높은 한계효용이나 투자자에게 비교적 높은 예상 투자수익을 가져다 줄 수 있는 수요를 말한다. 예를 들면, 경제에서 소비수요 성장은 새 제품이 나타남으로 인해 새로운 소비 이슈를 이끈 것이기 때문에 이런 새 제품의 소비 한계효용이 일반적으로 높은 편이다. 따라서 양질 소비에 속한다.

혹은 경제에서 투자 성장은 더 나은 투자기회가 있음으로 인하여 나타난 것이기 때문에 더 높은 예상 투자 수익률을 얻을 수 있다. 이런 투자를 양질 투자라고 한다.

반대로 현재 유행되고 있는 케인스주의 통화정책과 재정 정책 모두 소비의 한계효용(만약 정책이 소비를 겨냥할 경우)과 투자 예상 수익률을 낮추는 방식을 통해 수요를 자극한다. 따라서 이런 자극에 따른 수요는 저질 수요에 속한다. 통화정책을 예로 들어본다. 통화정책은 이율 하락을 통해 투자를 자극한다. 하지만 이율이 떨어짐에 따라 예상 수익률이 더 낮은 프로젝트가 채용될 것이기 때문에 투자 질도 점점 떨어지게 된다. 마지막으로 만약 모종 이유로 이율이 상승한다면 이런 프로젝트는 결손을 보게 되고 관련 대출도 부량대출로 이어질 것이다. 특히 규모가 클 경우 금융위기로 번질 수도 있다.

그렇다면 장기적인 안목으로 볼 때 중국에 잠재적인 양질 수요가 존재하는 걸까? 그 규모가 중국경제의 장기적인 성장을 보장할 수 있을까? 수요측 차원에서 볼 때 중국에 양질 수요가 부족하지 않다고 생각한다.

아래 소비와 투자 차원에서 분석해본다.

2. 중국 양질 소비의 원천

글로벌 경제 차원에서 볼 때 양질 소비 내원은 전에 없던 새 상품 개발이다. 글로벌 과학기술 최전방에 위치한 발달한 경제 특히 미국경제에 있어서는 결코 회피할 수 없는 부분이다. 하지만 현재 중국경제가 처한 단계가 중국이 세계 선진 과학기술 최전방에 속하지 않고 현재 요인의 천연적인 구조가 과학연구 능력에서나 재력에서나 중국이 대규모로 이런 새 상품 개발에 종사할 수 없다는 점을 결정했다. 현재 상황에서 중국의 양질 소비 내원에는 주로 인구 정책 조정, 소비 업그레이드, 대내외 개방과 효과적인 공급 등 4가지가 포함된다.

1) 인구정책 조정

인구정책 조정은 양질 소비를 창출할 수 있다. 앞으로 중국이 심각한 노동력 부족과 노령화 문제에 직면하면서 사회보장체계에 심각한 압력을 가져다줄 것으로 보인다. 증가된 출산이 위 문제를 완화할 수 있을 것으로 기대된다. 신생아는 바로 소비 증가로 이어질 수 있지만 20년 후에야 노동력 공급이 늘어날 수 있다. 때문에 출산 정책 조정이 단기 내에는 수요를 자극하고 장기적으로는 공급 자극한다고 본다.

현재 중국은 이미 한 가구 두 자녀 정책을 추진하고 있다. 향후 중국 인구 정책이 지속적으로 완화될 것으로 보인다. 노령화와 사회보장 압력

하에 출산을 장려하는 정책을 취하지 않으면 안 될 상황에 놓였다. 비록 중국이 곧바로 계획출산 정책을 철저하게 취소하고 출산을 격려해야 한다고 생각하지만 현재 중국의 현실을 감안할 때 인구정책 조정은 장기적인 과정이 될 것으로 예상된다. 때문에 장기적으로 중국 소비에 영향을 미칠 것으로 보인다.

2) 소비의 업그레이드

중국은 인구가 변하지 않는 상황에서 소비 업그레이드를 통해 양질 소비를 창출할 수 있다. 중국과 미국 국민들의 생활수준 격차를 대조하면 알 수 있다시피 이런 격차는 중국과 미국의 소비 격차에서 나타나는데 이런 소비 격차가 바로 향후 중국이 소비 업그레이드를 실현하는 방향 이다.

현재 중국의 일인당 GDP를 구매력 패리티에 따라 계산하면 약 미국의 4분의 1에 해당된다. 만약 중국인의 생활수준이 미국을 따라잡는다면 중국경제가 4배 상승할 공간이 있다는 점을 의미한다. 다시 말해 7%의 속도로 20년간 발전할 수 있다는 뜻이다. 중국 국민들의 생활수준이 영원히 미국을 따라잡을 수 없다고 가정하지 않는 한 이런 공간은 명확하고 실질적인 것이라고 생각한다.

중국과 미국의 경제를 관찰해보면 양국 소비 격차가 주로 첨단 서비스업에서 나타나고 있다는 점을 발견할 수 있다. 실물 상품 소비에서 양국의 격차가 크지 않지만 첨단 서비스 소비에는 상당한 격차를 보이고 있다. 첨단 서비스업에는 의료 보건, 교육, 법률, 문화오락, 관광, 연구개발,

금융, 정부 서비스 등이 포함된다. 현재 위 상품에 대한 중국 국민들의 소비가 많이 뒤떨어져 있는 상황이다.

(3) 대내외에 대한 개방

개방은 소비품 종류를 늘릴 수 있다. 국가별로, 지리별로 혹은 문화별로 늘 서로 다른 생활방식과 소비품을 만들어내기 마련이다. 예를 들면 쓰촨(四川) 사람은 촨차이(川菜, 쓰촨 요리)를 만들어내고 산시(陝西) 사람은 면 요리에 뛰어나다. 만약 위 두 성이 서로 봉쇄하고 교류하지 않는다면 자체의 특색 음식만 맛볼 수 있을 뿐이다. 산시 사람은 촨차이를 맛볼 수 없거나 혹은 그런 요리 자체가 있는 것조차 모를 것이다. 그러니 쓰촨 사람도 마찬가지이다. 하지만 서로 개방한다면 다른 풍격의 요리를 맛볼 수 있는데 대중들의 소비품 종류를 늘린 것과 다름없다.

관광도 마찬가지이다. 누군가 "관광이란 자신이 너무 오래 지내 싫증이 난 곳에서 남들이 싫증난 곳으로 가보는 것이라고" 말했다. '자신이 너무 오래 지내 싫증이 난 곳'의 여러 가지 풍경이나 음식 등 소비품의 효용이 당신에게는 이미 아주 낮아졌다. 또 '싫증'이 났다는 것은 한계효용이 0이 되었다는 점을 의미한다. 하지만 '남이 오래 지내 싫증이 난 곳'은 체험해보지 못했기 때문에 한계효용이 아주 높기 때문에 관광이 관광객의 효용과 복리를 끌어올렸다고 볼 수 있다. 그러니 개방 자체로 인해 다양한 풍경이나 음식, 문화, 풍정을 체험할 수 있는데 이는 소비품 종류 증가에 속하며 사람들에게도 고효용의 소비품을 가져다준다.

4) 효과적인 공급 추진

위에서 언급한 요인을 고려하지 않는다고 해도 중국의 소비 확대에는 상당한 공간이 있다. 중국 소비자들이 해외에서의 소비상황을 보면 이들의 소비 잠재력이 어느 정도인지 알 수 있다. 중국 소비자들이 일본에서 일본산 변기 뚜껑을 싹쓸이하고 유럽에는 사치품을 모조리 사들이고 중국 홍콩에서는 홍콩인들조차 사지 못하는 분유를 사고 캐나다와 호주에서는 현지인들조차 구입하지 못하고 있는 주택을 척척 구입한다. 이런 부분은 중국 국민들에게 수요가 아닌 유효 공급이 부족하다는 점을 말해준다.

중국 소비자들은 믿을만한 품질의 상품을 수요로 한다. 하지만 중국산 제품에 대한 자국민들의 자신감이 많이 떨어져 있는 상태이다.

중국 아이들은 분유가 필요하고 중국의 분유 생산력도 부족하지는 않다. 그러나 문제는 국산 분유를 아이에게 감히 주지 못하고 있는 것이 실정이다. 그러니 생활수준이 괜찮은 가정에서는 모두 분유를 수입하고 있지 않은가. 똑같은 상품, 똑같은 중국산일지라도 외국에 수출한 상품 질이 국내보다 좋고 가격도 저렴하다. 만약 중국 기업들이 자국 소비자들이 믿을만한 상품을 생산해내거나 혹은 국제시장에 수출하는 상품처럼 정성껏 만들어 국내시장 수요를 만족시킨다면 중국 소비자들의 수입품에 대한 일부 수요를 국내 상품에 대한 수요로 전환시킬 수 있다. 이 또한 양질 수요이다. 이런 가상을 해보자. 대중들이 외국에서 구입한 상품이 어찌 저질 수요가 될 수 있고 어찌 한계효용이 비교적 낮은 수요가 될 수 있단 말인가?

3. 중국 양질 투자의 원천

양질 투자는 투자자에게 비교적 높은 예상 수익률을 가져다줄 수 있는 투자이다. 경제의 장기적이고 건강한 발전을 보장하려면 투자를 확대할 때 반드시 투자 품질을 보장해야 한다. 케인스주의 재정정책과 통화정책은 투자를 자극함과 동시에 투자원가 하락을 통해 이뤄지기 때문에 이런 자극을 통해 얻어진 투자는 필연코 저질 투자이다. 이는 결코 우리가 원하는 투자가 아니다.

양질 투자를 자극하려면 기업에 보다 많고 양호한 투자기회를 마련해줘야 한다. 현재 중국경제를 놓고 볼 때 양호한 투자기회를 얻을 수 있는 루트는 자주 혁신, 산업 업그레이드와 생태문명 건설 등 3가지이다.

1) 자주 혁신

자주 혁신의 도리는 말하지 않아도 다 알고 있을 것이고 많은 사람들이 제창하는 바이기도 하다. 하지만 현재 중국이 세계의 선진적인 최전방 과학기술과는 거리가 비교적 멀다고 생각한다.

아울러 과학연구 실력과 재력을 놓고 보아도 아직은 국제 경쟁력을 갖추지 못했다고 본다. 하지만 현재 국제 경쟁력을 갖추지 못하였다고는 하나 자주 혁신에 대한 투입은 마땅한 것이라고 생각한다. 자연히 일부 분야에서 세계적으로도 선두적인 성과를 거뒀을 수 있다. 하지만 이에 의존해 경제에 충족한 양질 투자기회를 마련해주려면 세계의 선진적인 최전방 과학기술수준에 이르기 전까지는 그 어떤 희망도 품지 말아야 한다. 가령 있다고 해도 자연스럽게 얻어야지 억지로 노력해서는 안 되는 일이라고 생각한다.

2) 산업 업그레이드

첨단산업이 중국로의 이전을 통해 산업 업그레이드를 실현하면 경제에 양질 투자기회를 마련해줄 수 있다. 그 도리는 굳이 언급하지 않아도 알기 때문에 여기서 더 구체적으로 논의하지 않겠다. 그 중의 투자 규모도 자연히 아주 방대할 것이다.

3) 생태문명의 건설

투자 차원에서 볼 때 현재 중국의 투자 공간이 급격히 줄어들고 있다. 앞서 20여 년간 부동산 투자가 중국경제를 이끄는 과정에 큰 역할을 발휘했다. 지난 20여 년간 중국의 발전이 부동산 투자에 지나치게 의존했다며 부동산 투자를 비난하는 자들도 있다.

사실 이런 관점은 그릇된 것이다. 이유가 무엇일까? 부동산 투자는 자체의 내재적 논리가 있다. 특히 2, 30년 전 중국 국민들의 생활수준과 주택거주 상황이 아주 후진 상황에서 주택수요가 중국 국민들의 가장 절박한 수요였다. 그래서 그때 주택이 중국 백성들에 대한 한계효용이 아주 컸기 때문에 그때의 부동산 투자는 양질 투자였고 부동산산업을 적극적으로 발전시키는 것 또한 당시 국민들의 수요에 어울리는 조치였다. 연간 부동산 투자율이 중국 GDP에서 차지하는 비율이 12% 수준에 달한 적도 있다.

이는 상당한 규모가 아닐 수 없다. 현재 오랜 세월 동안 지속된 대규모 부동산 개발로 인해 중국 부동산시장이 기본적으로 포화상태에 들어섰다.

아울러 현재 중국의 인구상황과 인구 향후 추세 변동이라는 배경으로 말미암아 부동산 투자 전망이 갈수록 암담해지고 있다. 인프라투자도 마찬가지이다. 중국의 여러 가지 인프라시설이 갈수록 많아지면서 투자 규모도 점차 줄어들고 있는 상황이다. 현재까지는 전망이 있긴 하지만 인프라 투자성장폭의 완만한 하락세는 결코 부인할 수 없는 명확한 사실이다.

때문에 중국이 투자를 자극하려면 품질이나 수량 차원에서 예전의 부동산 투자를 대체할만한 프로젝트를 모색해야 한다. 중국에 이런 프로 젝트가 있다고 본다. 바로 생태문명건설이며 그중 사막 퇴치가 가장 대표적이다. 사막 퇴치는 중국이 조만간 해야 할 일이고 또 국가에 이익만 있고 해가 없는 일이다. 중국에는 170여만 제곱킬로미터에 달하는 사막이 있어 사막 퇴치에 대규모 투자가 필요하다. 170여 만 제곱킬로미터의 사막을 다스리려면 적어도 20년이 걸려야 하고 투자규모도 어마어마하다.

수요측 차원에서 볼 때 이 프로젝트만 중국경제의 20년간 고속성장을 이끌 수 있다. 문제는 이런 투자를 양질 투자가 될 수 있도록 어떻게 보장 하냐는 것이다. 그럼 투자를 어떻게 해결해야 할까? 정부에 손을 내밀 어서는 안 된다. 정부에 의존하면 정부채무 문제가 뒤따르게 된다. 그러니 정부투자에 의존해 사막을 다스리면 저질 투자가 될 수 있다. 따라서 더 중요한 것은 민간투자를 유치하는 것이다. 이럴 려면 민간자본이 사막을 다스리는데 투입될 수 있도록 비교적 높은 수익률을 보장해야 한다. 이러기 위해서는 양호한 격려 메커니즘을 구축해 민간자본의 투자 의향을 불러일으켜야 한다.

　그래서 토지로 투자를 바꿀 것을 건의하는 바이다. 다시 말해, 사막의 장기적인 사용권이나 심지어 소유권을 내세워 민간자본이 이 분야로 유입되게 하는 것이다. 그 구역의 사막을 다스리는 자에게 수 백 년의 사용권이나 직접 소유권을 준다는 얘기다.

　만약 이런 상황에서도 격려 강도가 높지 않다고 생각한다면 어떻게 할 것인가? 이때는 정부에서 보조금을 지원해야 한다. 이러면 정부에서 최소한의 자금을 지출하는 상황에서 민간자본에 비교적 높은 수익률을 제공할 수 있기 때문에 민간자본 투자를 유치할 수 있고 양질 투자를 형성할 수 있다.

　왜 양질 투자라 할까? 국가 차원에서 볼 때 사막이 기름진 밭이나 이용 가능한 기타 형식의 토지로 되었다. 민간자본 차원에서 볼 때 현재 유동성 과잉이 지속되고 있는 상황에서 이는 아주 좋은 투자기회로 높은 수익을 창출할 수 있다. 정부에서 내놓은 건 기존부터 별로 쓸모가 없던 사막이고 돌아오는 건 잘 다스린 토지와 양질의 생태환경이다. 동시에 현재의 과잉 생산력도 해소할 수 있다. 현재 중국의 과잉 생산력은 강철, 시멘트 등 업종에 집중되어 있는데 사막 퇴치 과정에 이런 제품을 대량으로 필요하기 때문에 마침 중국의 현재 과잉 생산력을 제대로 활용할 수 있다. 이른바 '과잉 생산력'은 수요를 상대적인 기준으로 해 말하는 것이고 적절한 수요를 찾으면 더는 '과잉 생산력'이 아니다.

4. 양질 수요의 보장과 전제는 개혁

소비와 투자 잠재력 차원에서 볼 때 중국경제는 앞으로도 거대한 성장 공간이 있다. 단순히 수요만 보아도 중국경제의 고속성장이 20년간은 지속할 수 있을 것으로 예상된다. 하지만 이런 잠재력을 현실로 전환하려면 중국은 전면적으로 개혁을 심화해야 한다.

1) 양질의 소비 확대를 개혁해야 한다

(1) 인구정책의 조정은 개혁과 함께 추진해야 한다

인구 정책 조정이 수요 성장을 이끌지만 단순히 인구 조정만 있어서도 안 된다.사회의 여러 부분, 고리마다 사람을 위해 봉사해야 하기 때문에 새로 태어나는 인구는 필연적으로 사회, 정치, 경제 등 여러 부분, 고리와 연관이 발생하기 마련이다. 때문에 관련 분야의 개혁이 따라가야 한다.

향후 중국이 출산을 격려하려면 현재의 도시화와 호적관리제도 하에서 인구관리체제, 교육체제(의무교육과 고등교육 체제 포함), 의료체제, 도농주택제도 그리고 사회보장체제 등 여러 면의 개혁을 종합적으로 추진해야 한다. 그렇지 않고서는 출산 격려 정책도 예상 효과를 거두기 어려울 것으로 보인다.

(2) 첨단 서비스업의 발전개혁

위에서 서술한 바와 같이 첨단 서비스업은 중국 향후 발전의 주요한 방향이다. 하지만 서비스 소비와 상품 소비에는 큰 차이점이 있다.

첫째, 서비스 품질에는 객관적인 기준이 없고 소비자의 주관적인 판단에 달려 있기 때문에 서비스 품질의 좋고 나쁨은 단지 소비자의 만족도 여부에 의해 좌우된다. 이는 실물 상품의 소비와는 전혀 다르다. 실물 상품 소비에는 객관적인 기준이 있다. 육안 구별이 불가능하면 기기로 검측하면 된다. 하지만 서비스 품질의 좋고 나쁨은 단순히 소비자의 주관적인 판단에 의해 결정된다. 둘째, 서비스의 생산과 소비에 심각한 정보 비대칭 현상이 존재한다. 예를 들면 의료서비스 분야의 경우 의사라면 환자보다 정보를 더 많이 알기 마련이다.

서비스 생산과 소비에 위와 같은 2가지 특점이 있기 때문에 서비스 생산과 소비에 상당한 분규가 나타날 가능성이 있다. 의료 서비스를 예로 들어보자. 현재 중국에서 환자가 내원하면서 가장 먼저 고민하게 되는 부분이 바로 과도한 진료이다. 그리고 환자는 병원에서 의사를 만나기만 해도 두려워하며 혹여나 의사가 자신에게 해를 주지 않을까 생각한다. 의사와 환자 사이의 불신으로 인해 이들 사이에 분규가 많이 일어나고 있는 것이다.

이는 첨단 서비스업을 발전시키려면 양호한 분규 해결 메커니즘을 제공하거나 혹은 분규가 무형의 문화체제와 도덕체제 속에서 사라지게 해야 한다는 점을 말해준다. 예를 들면 양호한 국가관리 체계가 필요하다. 만약 의료 분규 등이 발생했을 경우 양호한 법률체제를 통해 문제를 해결할 수 있다. 또 정부에서는 공평, 정의, 안전, 질서 등 다양한 양질 서비스를 제공해야 한다. 현재의 상황을 보면 의료 분규가 생기면 정부는 우선 안정 유지에 힘쓴다. 이러기 위해서는 늘 병원과 의사에게 '무릎을

꿇을 것'을 요구한다. 가령 환자 가족이 의사를 폭행하고 병원을 때려 부서도 괜찮다는 것이다.

이는 정부 서비스 품질을 한층 제고해야 한다는 점을 의미한다. 양호한 국가관리 체제 외에 양호한 문화와 도덕체제도 필요하다. 예를 들면 직업도덕이 바로 그러하다. 만약 환자나 그 가족이 의사가 최선을 다했다고 믿는다면 그들은 사단을 만들지 않을 것이다. 중국 현 단계에서 첨단 서비스업 발전이 이미 다음 단계의 가장 주요한 발전방향으로 되었을 때 이런 인프라시설에 대한 수요가 갈수록 커진다. 이는 국가 차원에서 경제발전에 이러한 부분을 제공할 것을 요구한다.

(3) 대내외 개방도 개혁

대내 개방의 목적은 통일된 국내시장을 마련해 국내 총 수요를 늘리는 것이다. 이렇게 하려면 호적관리제도, 교육제도, 인구관리제도, 주택제도, 사회보장제도 등 다양한 분야에서의 전면적인 개혁이 이뤄져야 한다. 아울러 대중들의 타 지역 소비 안전과 공평성도 보장해줘야 한다. 관광을 예로 들어보자. '칭다오(靑島) 대하'사건은 바로 명확한 사기행위일 뿐만 아니라 소비자의 인신안전이 위협을 받았지만 경찰이 관련된 서비스를 제공하지 않은 경우다. 이런 체제 하에 양질 소비수요가 최대한 실현될 수 없기 때문에 소비 확대 효과도 자연히 미미하기 마련이다.

대외개방도 마찬가지이다. 대외개방을 통해 양질 수요를 확대할 수 있는 주요한 루트는 바로 관광과 수출이다. 관광 분야에서 양질 소비를 최대한 확대하려면 국내시장을 전면적으로 개혁해 여러 가지 사기행위를 단속하고 사회치안을 강화함으로써 관광객들의 소비안전과 인신안전을 보장해야 한다. 이는 자국 관광객을 대우할 때와 같다. 동시에 정부에서 출입경과 세금환급 수속을 될수록 간소화해 국제 소비자들에게 다양한 편리를 도모해줘야 한다. 수출을 자극함에 있어서도 중국산 상품의 품질과 소비안전을 보장하는 외에도 수출 관련 수속을 최대한 간소화해야 한다.

(4) 유효 공급의 추진 개혁

유효 공급을 추진하려면 우선 법률체제를 개혁해야 한다. 유제품 업종을 예로 들어보자. 품질이 국내 소비자들의 인정을 받지 못하면서 국내 유제품의 상당한 공급량이 무효 공급으로 되고 있다. 이런 무효 공급을 유효 공급으로 전환하려면 반드시 감독관리와 입법을 강화하는 외에도 처벌강도를 높여 국내 유제품의 품질과 국내 소비자의 소비안전을 보장해야 한다. 아울러 세금제도도 개혁해야 한다.

이래야만 국내 소비자들도 외국 소비자들과 마찬가지로 양질 제품을 향수할 수 있다. 이렇게 된다면 적어도 국산품이 국내외에서의 품질과 가격이 동일함으로써 국산품의 국제가격이 국내가격보다 낮은 상황이 나타나지는 않을 것이다.

2) 양질의 투자 확대를 개혁해야

(1) 자주혁신개혁

상품 혁신은 양질 수요를 확대하는 중요한 루트이다. 비록 현재 자주 혁신이 중국 혁신의 주류로 될 수는 없지만 현재도 혁신이 있고 앞으로는 점차 많아질 것이라는 점을 예견할 수 있다. 때문에 자주 혁신을 격려하려면 지적소유권보호를 강화해야 하는데 이럴 려면 또 중국이 지적소유권 보호와 관련해 입법, 사법, 집법 등에서 개혁을 심화해 지적소유권 보호 강도를 높여야 한다. 동시에 자주 혁신을 격려하기 위해 과학기술체제, 특히는 과학기술 성과와 과학기술인재 평가 메커니즘에 대해 전면적이고도 깊이 있게 개혁해야 한다.

투유유(屠呦呦)의 노벨상 수상이 바로 대표적인 사례이다. 중국에서 원사에조차 선정되지 못한 '3무' 과학자가 국제에서 큰 상을 받았다. 이는 중국의 과학기술 평가 체제에 심각한 문제가 존재한다는 점을 충분히 말해준다. 이는 과학연구 인재와 관련된 격려 메커니즘을 왜곡할 수 있고 과학기술 자원배치 효율을 떨어뜨리게 된다. 이밖에 교육체제도 개혁해 혁신형 인재를 육성하는 수요에 적응해야 한다.

(2) 산업 업그레이드에 대한 개혁

소비 업그레이드와 산업 업그레이드는 서로 대응되는 부분이다. 소비 업그레이드에 필요한 개혁이라면 산업 업그레이드에서도 마찬가지로 필요하다. 당연히 소비 업그레이드에 필요한 개혁 외에도 꾸준히 업그레이드되고 있는 산업구조에 직면해 생산 조직방식, 정부와 시장 관계, 관련 시장에 대한 정부의 감독관리 등 분야에서의 개혁도 필요하다.

(3) 생태문명의 건설 개혁

위에서 서술한 바와 같이 중국의 수요를 확대함에 있어 사막 퇴치 자체가 수량이나 품질로나 모두 부동산 투자를 대체할 수 있다. 하지만 이런 정책을 실행할 수 있는 전제 조건은 무엇일까? 민간투자를 사막 퇴치에 유치하려면 강력한 격려가 뒷받침되어야 하고 장기간의 토지 사용권 혹은 토지소유권을 내주면서 민간자본 투자를 이끌어야 한다.

이러면 또 새로운 문제에 부딪히게 된다. 바로 토지제도 개혁이다. 최소한 사막토지제도는 반드시 개혁해야 하고 지적소유권보호제도도 보완해야 한다. 아울러 국가 사막퇴치 책임자와 기구체제도 개혁해야 하고 심지어 행정구역 개혁도 추진해야 한다.

5. 중국경제의 장기적이고 건강한 발전에 필요한 조건은 개혁

위에서 서술한 바와 같이 양질 소비를 자극하든지 아니면 양질 투자를 자극하든지를 막론하고 중국은 모두 거대한 발전 공간이 있다. 따라서 중국경제의 장기적이고 건강하고 빠른 발전을 보장할 수 있는 것이다.

소비 차원에서 볼 때 중국 국민들의 생활수준이 미국 등 선진국과는 상당히 떨어져 있는 상황이다. 때문에 소비 확대에서 중국은 거대한 공간을 창출할 수 있다. 동시에 인구정책 조정, 대내와 대외개방은 효과적인 공급을 추진하고 중국의 양질 소비수요를 자극하는데도 유리하다. 투자 차원에서 볼 때 자주 혁신, 산업 업그레이드, 생태문명 건설은 모두 양질 투자를 이끌 수 있는 거대한 공간이 있다.

하지만 이를 충분히 이용하려면 중국은 반드시 전면적인 개혁을 심화해야 한다. 경제체제 개혁뿐만 아니라 인구정책, 토지제도. 과학기술체제, 교육체제, 주택제도, 사회보장제도, 호적관리제도 등 면에서 골고루 개혁해야 한다. 아울러 국가관리체제의 현대화 및 문화체제의 개혁과 도덕체제 건설도 함께 추진해야 한다. 따라서 전면적인 개혁 심화가 중국경제의 장기적이고 건강한 발전을 보장하는 전제조건이라 하겠다.

제3편

개혁과 중국경제의 건강한 발전

제11장

자녀의 원동력 : 단독 두 자녀에서 전면적인
두 자녀 정책에 이르기까지[9]

이푸시앤(易富賢) : 미국 위스콘신주대학 연구원

쑤젠 : 베이징대학 경제학원 교수 겸 경제연구소 상무부소장

1. 인구정책의 실천을 통해 본 준엄한 인구형세

1) 단독 두 자녀 실천 출산 의향의 변화를 반영

18기 3중 전회 이후로 인구 정책은 획기적인 한 걸음을 내디뎠다. 바로 단독 두 자녀 정책을 실시한 것이다. 먼저 독자 두 자녀 상황을 알아보자. 상하이 호적인구 가운데서 200여 만 가구 독자 두 자녀 가정이 있는데 그중 둘째 출산 의향을 가진 가정이 40~50%를 차지했다. 하지만 2008년 독자 두 자녀 정책을 실시해서부터 5년간 1만 5천 건의 신청을 접수했고 실시로 태어난 둘째 아이는 고작 7천여 명에 불과했다.

---

9   본 장은 작자 두 분의 「전면 두 자녀 정책이 중국경제와 사회에 미치는 영향」
    (『원푸』에 등재, 2015(8)), 「자녀 원동력:중국경제에 새로운 활력 주입」
    (『사회과학보』에 등재, 2015년 3월 12일 제002판)을 종합했 고 약간 조절했음.

허난(河南)은 2011년에 전국적으로 가장 마지막에 독자 두 자녀 정책을 실시했다. 당시 매년 1만 8천 명이 태어날 것이라 예측했지만 2년간 둘째를 출산한 가정은 600여 가구뿐이었다.

이어서 단독 두 자녀 정책 실시 상황을 알아보자. 2014년 1월 17일부터 각 성은 속속 단독 두 자녀 정책을 실시했다. 2014년 9월 30일 신청한 데이터를 바탕으로 단독 두 자녀 정책 실시 후 이듬해에 54만 명이 더 태어나고 수 년 간에 총 135만 명이 더 태어날 것이라는 추측 결과를 내놓았다. 하지만 지금 보면 그때의 예측이 지나치게 낙관적이었다는 생각이 든다. 산둥(山東)성의 신청이 다수가 물거품이었기 때문이다. 산둥의 경우 지난 2014년 5월 30일에야 단독 두 자녀 정책을 실시하기 시작했고 하이난성을 제외한 기타 성보다도 실시 시간이 늦었다. 하지만 2014년 10월 31일까지 전국적으로 허락한 83만 8천 건 신청 가운데서 산둥성이 20만 7천 3백 건을 차지했다.

2014년 12월 말까지 전국적으로 92만 건의 신청을 허락했을 뿐이다. 2014년 10월 31일 이후 산둥성의 신청에 물거품이 없다고 가정할 때 전국적으로는 76만 7천 2백건을 허락함 셈이다. 일부 기층 계획출산 종사자는 단독 두 자녀 신청 절차가 간편하기 때문에 두 자녀를 출산할 수 있는 다른 조건에 부합되고 단독 두 자녀 조건에도 부합되는 가정에서 모두 단독 두 자녀 기준으로 신청한 탓에 단독 두 자녀 신청 수가 지나치게 높아졌다고 말했다. 단독 두 자녀 출산을 신청하는 실제 인수가 이토록 적은 것은 젊은 세대들의 출산관념에 큰 변화가 나타났고 앞으로 출산을 격려하는 임무가 아주 간고하고도 과중하다는 점을 말해준다.

앞서 실시된 단독 두 자녀 정책을 놓고 볼 때 2015년 중국의 출산율은 고작 1.2내외였다. 전면적인 두 자녀 정책을 실시해도 최고치 출산율이 1.5내외(1.7을 넘어서지 못함)밖에 안 되고 출생자가 1600만 명(1800만 명을 초과하기 어려움) 내외에 달할 것으로 보인다. 계획출산을 중지해도 최고치 출산율이 1.7내외(1.9 초과하지 못함)에 달하고 출생자가 1800만 명(2000만 명 초과하지 않음) 내외에 달해 중국 1986~1990년(인도 최근 몇 년간)의 2500만 명 규모를 밑돌고 1962-1965년의 2800만 명의 규모보다 더 낮을 것이다.

2) 전면 두 자녀 시대의 도래, 중국인구 출생률의 하락세, 상승은 어려워

18기 5중 전회 이후로 인구 정책은 획기적인 한 걸음을 내디뎠다. 바로 한 부부에게 두 자녀 출산을 허락하는 정책을 전면적으로 실시한 것이다. 이는 30여 년간 지속되어 오던 독신자녀 정책이 역사 무대에서 퇴출했다는 점을 의미한다. 이 정책이 중국 사회의 여러 부분에 심각한 영향을 미칠 것으로 예상된다.

국가보건과계획출산위원회는 전면적인 두 자녀 정책을 실시한 후로 한해 최고 출생자가 2000만 명을 넘어서고 2030년에는 총 인구 수가 14억 5천 만 명에 달할 것으로 예측했다. 국가보건과계획출산위원회의 예측은 아래와 같은 가설을 바탕으로 이뤄졌다. 출산율이 최근 몇 년 간의 1.55내외에서 2017년의 2.0으로 상승했다가 2030년에는 1.8로 떨어질 것이다. 이런 예측에 따르면 매년 400만~500만 명이 더 태어나고 '13차

5개년 계획'기간에 총 9600만 명이 태어나 '12차 5개년 계획'기간보다 1300여 만 명이 더 태어날 것이다. 중국경제에는 강심제나 다름없다.

국가보건과계획출산위원회의 예측을 무작정 따를 수는 없다. 2010년 인구 보편적 조사 및 연도 표본조사 결과 2010년 2011년 2012년 2013년의 출산율이 각각 1.18, 1.04, 1.26, 1.24였다. 국가보건과계획출산위원회에서 객관적으로 조사한 출산율 숫자를 부정하고 출산 신청 누락을 이유로 출산율을 1.5로 수정했다. 사실 첫째 아이는 합법적으로 출산했기 때문에 신청 누락현상이 존재하지 않는다. 중국에서 첫째 아이의 출산율이 1990년의 1.01에서 2000년의 0.867, 2010년의 0.728로 떨어졌다. 이는 사람들의 출산 관념에 큰 변화가 나타났다는 점을 말해준다.

이런 추세대로라면 2015년의 첫째 아이 출산율이 고작 0.66이내에 달할 것이다. 중국 타이완, 한국, 일본의 첫째 아이 출산율과 총 출산율 관계에 따라 추산할 경우 가령 계획 출산을 하지 않는다고 해도 2015년 중국의 총 출산율은 1.5에 이르기 어렵다. 중국 윈난(雲南), 구이저우(貴州)와 발전 수준이 비슷한 인도 일부 지역의 현재 출산율은 1.7이다.

중국의 단독 두 자녀 정책에 힘입어 출산율이 1.5%에 달했다. 한국과 중국 타이완지역의 사회경제 수준이 각각 중국 대륙보다 21년 23년 앞섰다. 출산을 격려하는 상황에서도 2001~2013년의 평균 출산율이 고작 1.20, 1.14였다. 전면적인 두 자녀 정책을 실시한 상황에서 중국 대륙의 2030년 생산율이 여전히 1.8이상을 유지할 수 있을까?

객관적 조사를 통해 얻은 1.2내외의 출산율이 믿을만하다고 생각한다. 전면적인 두 자녀 정책을 실시한 후인 2017년 200여 만 명이 더 태어나

출산율이 약 1.5에 달할 것이고 이에 따라 출산율도 꾸준히 떨어질 것이다. 3분의 2 아이들은 20~29세 황금 연령대의 가임 연령 여성들이 낳은 것인데 이 연령대의 여성이 2015년의 1조 1157만 명에서 2020년의 8260만 명으로 줄어들 것으로 보인다. 때문에 전면적인 두 자녀 정책을 실시해도 '13차 5개년 계획'기간 총 7060만 명이 더 태어날 것으로 예상된다. 이는 '12차 5개년 계획'기간보다 400여 만 명이 더 많은 수준으로, 성장률은 약 7%이다.

2. 현재와 미래의 출산율 판단

인구의 지속가능한 발전은 사회가 지속가능하게 발전할 수 있는 전제조건이다. 인구 세대의 교체(지난 세대와 비교해 늘어나지 않고 줄어들지도 않음)를 보장하려면 선진국의 경우 여성마다 2.1명의 아이를 출산해야 한다. 중국은 영·유아 사망률과 출생 성별 비율 모두 선진국보다 높기 때문에 세대교체 수준의 출산율은 2.3에 가깝다. 독신주의, 출산장애 그리고 출산을 거부하는 등 사람들이 있기 때문에 주류 가정에서는 아이 셋을 출산하고 일부 가정은 1명, 2명 ,4~5명 혹은 더 많이 출산해야 한다. 중국의 출산율은 1990년대 이후로 줄곧 교체수준을 밑돌았으며 2000년 2010년 인구 보편적 조사 결과 각각 1.22. 1.18에 달하는 것으로 나타났다. 표본 조사 결과 2011년 2012년 2013년의 출산율이 각각 1.04, 1.26, 1.24였다. 공안 당국의 호적수에 따라 출산율을 추측해도 정확하지는 않다. 현재 호적과 연계가 있는 개인 권리가 20여

개에 달한다. 사람들은 여러 개 호적을 얻어야 하는 강력한 원동력이 있으며 '부동산 언니', '부동산 여동생'현상이 아주 보편적이다.

산시성을 예로 들어보자. 통계 공보에 따르면 2013년 37만 6천 2백 명이 태어나고 23만 1천 1백 명이 사망해 10만 6천 1백 명이 새로 늘어났다. 하지만 2014년 1월부터 7월까지 말소된 중복 호적이 4만 2460개에 달했고 사망했지만 말소하지 않았던 호적 10만 5천개를 말소했다.

초등학교 모집 수치의 거품은 더욱 컸다. 농촌 의무교육 경비는 중앙과 지방에서 비율에 따라 부담한다. 현재 서부지역은 8:2이고 중부지역은 6:4이며 동부지역은 재정상황에 따라 성별로 부담 비율을 확정한다. 학교와 지방정부는 학생 수를 허위보고해 더 많은 경비를 얻으려는 원동력이 충분하다.

2013년 교육부는 주민등록번호를 바탕으로 하고 전국적으로 네트워크화를 실현한 초등학생과 중학생 통일 전자 학적을 실행하기로 결정했다. 현재 일부지역에서만 전자학적 데이터를 공개한 상황이다. 이로부터 기존에 공개했던 초등학생 모집 수에 상당한 거품이 있다는 점을 보아낼 수 있다. 출산 의향과 현실 출산율에도 큰 격차가 있다. 다양한 조사 결과 현재 중국은 가구당 원하는 아이 수가 1.86명인데 이는 전 세계적으로 가장 낮은 수치인 것으로 나타났다.

이로 미뤄볼 때 가령 계획출산을 실시하지 않는다고 해도 출산율은 1.5에 이르기 어렵다. 사실 사회가 발전할수록 교육수준과 양육 원가가 늘어나고 출산의향이 저하되기 마련이다. 결혼 연령, 출산 연령이 늦어질수록 불임률이 높아지고 딩크, 독신 군체의 비율이 상응하게 높아지기 때문에 출산율도 더 낮다. 인류발전지수(HDI, 유엔에서 줄곧 사용하고 있는 사회발전 수준을 반영하는 종합지수임), 일인당 GDP 모두 출산율과 직선 역상관 관계를 형성하고 있다.

위에서 서술한 바와 같이 만약 계획출산을 실시하지 않았다면 2010년의 총 출산율은 1.6내외에 달했을 것이다. 보상성 출산 이후로 출산율 하락 속도가 그해 중국 타이완지역과 한국보다도 빨랐다. 중국은 출산율 상승이 어렵고 가임연령 여성 수가 빠르게 줄어들고 있는 2가지 문제에 직면해 있다. 중국에서 15~49세의 가임연령 여성과 20~29세 황금 연령대의 가임연령 여성(현재 3분의 2 아이는 이 연령대 여성들이 출산했음)수가 2012년부터 줄곧 마이너스 성장세를 유지하고 있다.

그 중 전자는 2011년의 3억 8천 3백 만 명에서 2030년의 2억 9천 3백 만 명으로 줄어들고 후자는 2011년의 1억 1천 5백 만 명에서 2035년의 6천 6백 만 명으로 줄어들 것으로 보인다. 계획출산을 중지하고 출산을 격려한다고 해도 인구 최고치가 14억 명에 달하기 어렵다. 향후 우리는 인구의 급격한 감소 국면에 직면하게 된다. 가임연령 여성 감소와 노인인구의 대폭 증가로 말미암아 출산율을 2.1로 안정시킬 수 있다고 해도 인구 마이너스 성장은 막기 어려울 것으로 보인다.

3. 인구 구조를 통해 중국경제 추세의 관찰

총 양육 비율이란 비 노동 연령인구(0~9세, 65세 이상 노인)와 노동 연령인구(20~64세)의 비율을 가리킨다. 여기에는 아동 양육 비율(0~19세

아동과 노동인구 비율)과 노년 양육 비율(65세 이상 노인과 노동인구 비율)도 포함됐다.

중국은 엄격한 계획출산 정책을 실시해왔기 때문에 아동 양육 비율, 총 양육 비율이 빠르게 떨어졌고 이에 따라 총 노동력이 감소되는 상황이 나타났는데 이는 또 노년 양육 비율의 대폭 상승으로 이어졌다. 총 양육 비율이 지난 2014년부터 반등하기 했는데 이는 경제성장폭이 지속적으로 완화되고 있음을 의미한다. 향후 중국의 노년 양육 비율과 총 양육 비율이 미국과 인도를 훨씬 넘어설 것으로 예상된다.

누군가 중국의 총 양육 비율이 소폭 증가된다고 해도 기타 국가에 비해서는 여전히 낮은 수준이고 향후 수십 년 간 경제의 고속 성장을 뒷받침할 수 있다고 말했다.

사실 경제성장을 저해하는 걸림돌은 총 양육 비율이 아니라 그중에 포함된 노년 양육 비율이다. 뿐만 아니라 총 양육 비율이 낮을수록 좋은 것이 아니라 70%~80% 수준에 머물렀을 때 경제 발전, 취업과 사회 안정(지나치게 낮으면 인구 양육으로 인해 내수 부족현상이 나타나고 '놀고먹는' 자가 많아지며 실업 압력도 커짐)에 가장 유리하다. 미국과 선진국(전체)의 총 양육 비율은 장기간 70%~80%의 수준을 유지했다. 인도의 경우 출산율이 완만하게 떨어지면서 총 양육 비율이 장기간 70%내외를 유지했다. 인도도 미국처럼 내수에만 의존해도 취업 수요를 가히 충족시킬 수 있다.

중국경제문제에서의 핵심을 단기적으로 볼 때는 총 양육 비율(아동 양육 비율이 지나치게 낮음)이 지나치게 낮고 내수가 부족한 것이다.

장기적으로 보면 총 양육 비율(노인 양육 비율이 지나치게 높음)이 너무 높고 노동력이 부족하며 노령화 현상이 심각한 것이다. 중국은 2015년에 전환점에 이르렀으며 노동력 하락 속도가 일본을 넘어섰다. 일본, 독일과 달리 중국의 총 양육 비율은 아주 낮고 방대한 '과잉'노동력이 존재한다. 때문에 중국은 노동력이 심각하게 부족한 외에 실업률이 꾸준히 늘어나고 노동 참여율(잠재적 실업)도 떨어지는 상황에 직면하게 된다. '노동력 부족'과 '취업난'이 장기적으로 병존하고 '취업 보장'이 향후 중국의 장기간에 걸쳐 실현할 정치적 임무가 될 것이다.

노동력은 경제발전을 이끄는 원동력이고 노령화는 경제발전을 저해하는 걸림돌이다. 일본, 미국, 한국과 중국 타이완 지역의 상황에 따라 우리는 아래와 같은 관찰 결과를 얻어냈다. 노동력/노인 비율이 7.5를 넘어설 경우 경제가 8%이상의 고속 성장을 유지할 수 있는 반면, 노동력/노인 비율이 7.5미만일 경우 경제는 4% 안팎의 중등수준의 성장을 유지했다. 특히 노동력/노인 비율이 4.8보다 낮을 경우에는 경제성장 속도가 더 떨어졌다. 그중의 경제적 논리는 아직 진일보의 연구가 필요한 상황이다.

태어나서부터 20세가 되기까지 노동력은 20년의 정체기간이 있기 때문에 2015년 인구 정책 조정은 2035년 이후의 노동력/노인 비율에만 영향을 미치게 될 것이다. 2035년 중국의 노동력/노인 비율이 2.5로 떨어지고 미국보다도 낮아지면 경제 활력도 미국에 뒤떨어질 것이다. 그러나 경제성장에 영향을 미치는 요인은 아주 많다. 인구 구조 변화가 그중 하나(가장 중요한 요인)이다. 인구 구조와 경제성장 관계는 아주 복잡해 각국별로 상황이 서로 다르다. 그래서 인구 구조만을 기준으로 중국의 향후 경제성장을 정확하게 예측하기 어렵다.

하지만 가히 대체로 판단할 수 있는 부분이라면 향후 수십 년 간 중국 경제의 꾸준한 하락세는 '뉴노멀'상태가 될 것이라는 점이다. 2010년 노인 한명에 대응하는 노동력은 7.5에 달했으며 양로에 이미 문제가 나타났다. 향후 노인 한명에 대응하는 노동력이 1~2명에 달할 것으로 보이는데 이로부터 양로 압력을 가히 상상할 수 있다. 양로금 부족이 향후 각계 정부가 직면한 난제가 될 전망이다.

중간 연령은 전체 인구를 연령의 다소에 따라 배열한 후 중간에 위치 한 자의 연령을 말한다. 경제 활동에서 젊은이가 많을수록 경제 혁신 활 력이 강하기 때문에 중간 연령은 사실상 경제의 혁신 활동을 반영하고 경제의 기술 진보 더 나아가 경제 잠재적 성장률에 영향을 미친다.

'후발(後發)'이라고 해서 꼭 '우세'가 있는 것만은 아니다. 미국은 절대 멈추고 남을 기다리지 않는다. 미국과의 격차를 줄이려면 반드시 속도로 미국을 초월해야 한다. 연령 우세는 일본, 한국이 미국과의 소득 격차를 줄일 수 있었던 원인 중 하나이다.

후발 후세는 초월할 수 있는 가능성과 공간을 마련해준 것뿐이다. 만약 후발 우세를 성공적으로 활용해 경제성장을 실현하려면 상당한 수량의 노동력 지지가 뒷받침되어야 한다. 중국 대륙은 그 당시의 일본, 중국, 타이완, 한국처럼 그렇게 양호한 인구조건을 갖추지 못했다.

중간 연령을 보면 중국은 2008년의 35세에서 2015년의 38세로 늘어나 미국을 넘어서기 시작했다. 2030년에는 중국이 44세지만 미국은 39세이다. 2040년에는 중국이 50세를 넘어서지만 미국은 고작 40세 밖에 안 된다.

때문에 린이푸(林毅夫) 교수가 제기한 성장 가능성을 실현하려면 중국 인구와 노동력 차원의 열세를 어떻게 보완할 것인지를 고민해 봐야 한다.

인구 구조로 분석해보면 중국의 인구 위기가 발발하기 시작했다. 계획출산을 중지하고 출산을 격려한다 해도 출산율을 교체수준에까지 끌어올릴 수 없고 중국경제의 하락세를 억제할 수 없지만 현행 정책 차원에서는 영아 붐이 나타나 경제성장에 새로운 활력소를 주입하게 될 것으로 보인다. 제2차 세계대전 후의 영아 붐은 선진국의 경제가 수십 년간 번영할 수 있는 기반을 다지게 됐다. 미국을 예로 들어보자.

1950년대와 1960년대, 영아 붐을 통해 장난감, 애니메이션, 유행음악의 발전을 이끌었다. 1970년대와 1980년대에는 결혼 활약기에 들어선 영아 붐 시기의 인구가 부동산, 자동차 업종의 발전을 이끌었다. 1990년대에는 이들이 소비 황금기에 들어서면서 개인 인터넷과 네트워크 발전을 이끌었다.

우리는 하루빨리 계획출산을 중지함과 아울러 인구 발전에 유리한 정책을 내놓을 것을 건의해야 한다. 출산율을 2.1이상으로 끌어올리고 안정시켜야만 최근의 내수와 취업 구조를 개선하고 향후의 노령화와 노동력 부족 현상을 완화함으로써 중국 인구와 경제가 지속적인 발전의 길로 나아가도록 이끌 수 있다.

4. 전면적인 두 자녀 정책이 중국에 미치는 영향

제1부분의 예측에 따르면 전면 두 자녀 정책을 실시함에 따라 '13차

5개년 계획'기간 400여 만 명의 신생아 태어날 것으로 보인다. 400여 만 명의 신생아가 향후 식품, 장난감, 영·유아 의료, 아동의류 등 관련 업종을 발전을 이끌 것으로 예상된다. 하지만 중국의 전체 인구구조가 꾸준히 악화되고 있는 가운데 중간 연령이 2015년의 38세에서 2020년의 40세로 늘어날 뿐만 아니라 20~64세 노동력과 65세 이상 노인 비율(경제 활력 대표함)이 2015년의 6.46에서 2020년의 4.97로 떨어지게 될 것으로 보인다. 때문에 '13차 5개년 계획'기간 경제 하행 압력이 여전히 꾸준히 확대될 것으로 예상되는데 7% 늘어난 아이들의 여린 어깨로는 경제 하행 압력을 감당할 수 없다. 인구구조로 판단할 때 '13차 5개년 계획'기간 6.35%의 경제 연평균 성장률 임무를 완수해야 하는데 이를 실현하는데 어려움이 아주 크다.

'13차 5개년 계획'기간 가장 큰 수확이라면 경제가 아닌 '사람'이 될 것이다. '사람'의 의미는 전면적이다. 인구 위기는 경제쇠락, 양로위기, 솔로위기에 국한되어 있는 것이 아니라 인류위기, 인문위기, 인권위기, 인도위기도 포함되어 있기 때문에…… 인구정책 조정의 가장 큰 의미는 '사람', 즉 생명, 인성, 희망, 인류, 혈육 간의 정, 권리와 자유, 사회와 경제의 활력을 뜻한다. '13차 5개년 계획'기간 사람들이 '지폐'에서의 수확이 예상에 미치지 못하겠지만 더 즐겁고 행복할 것이다.

'자녀'를 얻음으로 인해 생활 동력이 생기고 자녀들이 가족과 국가의 불멸의 희망을 세세대대 이어갈 것이기 때문이다. 『역(易)』은 "꾸준히 새 것을 창조하고 혁신해야만 고상한 품성이라 할 수 있다"고 말했다. 인구 정책의 '새로운 변화'가 수많은 가정의 운명을 바꾸고 향후 수십 년 간, 수백

년 간의 국가 운명에 영향을 미치기 때문에 이것이야말로 진정한 '고상한 품성'이 아니겠는가! 그러니 아무리 찬양하고 칭송해도 과하지 않는다고 생각한다.

18기 5중 전회 공보는 '인구의 균형적인 발전을 추진하고 계획출산과 기본국책을 견지하는 외에 인구발전 전략을 보완하고 한 쌍의 부부가 두 자녀를 출산할 수 있는 정책을 전면적으로 실시하며 인구 노령화에 적극적으로 대응하자'고 제기했다. 하지만 현재로써는 전면 두 자녀 정책이 출산율을 잠시 1.5로 끌어올릴 수 있겠지만 향후 한국과 중국 타이완의 뒤를 이어 2030년에는 1.0내외로 떨어져 '인구의 균형적인 발전을 추진'할 수 없을 것으로 보인다.

전면 두 자녀 정책이 출산율을 효과적으로 끌어올리지 못한다면 '인구 노령화도 효과적으로 대응하지'못하게 된다. 때문에 18기 5중 전회에서 제기한 위 전략 목표를 실현하려면 '13차 5개년 계획'기간 계속해서 '인구 발전 전략 보완' 발걸음을 다그치고 인구 정책도 전면 두 자녀에만 그쳐서는 안 된다.

제4편

공급 측 개혁과 중국의 거시적 경제

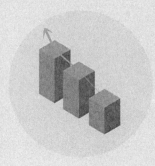

제12장 중국의 거시적 조정체제의 업그레이드

- 공급관리의 역사적 근원과 논리적 맥락도 논함 -

1. 공급관리, 단기 거시적 조정에 적용할 수 있는 이유는?
2. 공급관리 및 그 정책수단
3. 오랜 기간 공급관리가 경시당한 이유는?
4. 수요관리와 공급관리의 근원
5. 공급관리와 수요관리의 상호 결합
6. 현재 중국에서 공급관리가 제기된 이유는?
7. 공급관리 운용에 있어서 계획경제유형에 빠져드는 것을 방지해야 한다

제12장
중국의 거시적 조정체제의 업그레이드

- 공급관리의 역사적 근원과 논리적 맥락도 논함 - [10]

쑤젠 : 베이징대학 경제학원 교수 겸 경제연구소 상무부소장

거시적 경제 정책하면 수요관리 정책과 동일시하곤 한다. 공급관리 정책이 거시적 경제 정책의 구성부분이고 경제 실천에서도 적용되곤 하지만 늘 경시당하는 존재였다. 1980년에 우담화처럼 잠깐 나타났다가 바로 사라져 버린 것을 제외하고는 공급관리에 대해 물어보는 자가 거의 없었고 거시적 경제학 교과서에서도 소개하지 않았다. 그러나 경제 조정 부분에서 공급관리 정책은 독특한 우세가 있다. 중국이 공급관리를 중시할 것을 제기하고 구조조정과 경제성장에서 공급 측 개혁이 깊이 있게 추진됨에 따라 공급관리가 거시적 경제 조정 정책에서의 중요성도 갈수록 두드러지고 있다. 산업구조를 꾸준히 조정하고 경제 글로벌화가 꾸준히 추진되면서 공급관리 정책이 거시적 조정에서의 역할도 점차 확대될 전망이다.

10　본 장은 쑤젠 교수의 「공급관리의 역사적 근원과 논리 맥락」(『중국경제보고』에 등재, 2016(1))과 「일차 원 공간'에서 '이차원 공간'에 이르기 까지:거시적 조정 체제의 업그레이드」(『광명일보』등재, 2015년 12월 13일 07판)등 2편의 논물을 종합해 약간 조절했음.

1. 공급관리, 단기 거시적 조정에 적용할 수 있는 이유는?

다수는 총 공급이 경제의 사용가능한 자원 총량과 기술수준에 의해 결정된다고 여기고 있다. 경제의 사용가능한 자원 총량과 기술수준은 저장량으로, 단기 내에는 큰 변화가 나타나기 어렵다. 때문에 다수는 공급관리를 경제성장 추진 등 장기적인 조정에만 적용할 수 있다고 여기는 것이다. 사실 이런 생각은 옳지 않다.

경제의 사용가능한 자원 총량과 기술수준이 단기 내에 큰 변화가 나타나기 어렵기 때문에 단기 조정의 변량으로 간주할 수 없다는 생각에는 문제가 없다. 그러나 경제의 사용가능한 자원 총량과 기술수준의 이용률 및 이용효율은 단기 내에 큰 변화가 생길 수 있으며 정부 정책을 통해 조정할 수 있다. 경제의 사용가능한 자원 총량과 기술수준의 이용률 및 이용효율은 경제 활동 참여자가 직면한 격려 메커니즘에 의해 결정된다.

경제의 자본, 노동력, 자연자원, 기술 등에는 단기 내에 큰 변화가 나타나기 어렵지만 생산자에 대한 격려제도는 수시로 변화를 줄 수 있다. 공급학파 대표자 래퍼는 "격려제도에 변화가 생기면 사람들의 행위도 따라서 바뀔 것이다. 적극적인 격려는 사람들이 일을 할 수 있도록 이끌 것이고 부정적인 격려는 사람들이 일을 하려는 욕망을 말살할 것이다. 이때 정부의 역할은 격려 메커니즘을 바꿔 사회 행위에 영향을 미치는 것이다"고 말했다. 때문에 생산자에 대한 격려 메커니즘을 조절하는 것이 단기 내 공급관리 정책의 핵심이라 하겠다.

계획경제에서 시장경제로 전환하고 있는 개도국으로써의 중국은 거시적 경제 운행에서의 격려 역할에 대해 깊이 깨달은 바가 있다. 사실상 새 중국 설립이후로 무릇 중국의 큰 경제 파동 뒷면에서 모두 격려 변동의 그림자를 볼 수 있었다. 1959~1962년 먹고 살기 어려운 상황이 나타난 것은 인민공사제가 농민들의 생산 적극성을 떨어뜨렸기 때문이다. 그 후 '문화대혁명'기간 '유일한 생산력 논'에 대한 비판으로 인해 많은 사람들이 경제 발전에 대해서는 뒷걸음질을 쳤다.

국유기업에서 성행했던 평균 분배 현상도 노동자의 노동 적극성을 떨어뜨렸다. 1980년대 초기의 농촌개혁은 사실상 격려 메커니즘 개혁이었다. 이로 농민들의 생산 적극성이 크게 향상되었고 의식문제를 해결하는 기반을 마련했을 뿐만 아니라 여러 차례에 걸친 양곡 가격 인상도 농민들의 경작 적극성을 불러일으켰다. 중국의 농촌개혁은 가장 성공적인 공급관리 실천이라 할 수 있다. 그 후의 국유기업 개혁, 금융체제 개혁, 재정세무체제 개혁 등은 모두 경제 활동 참여자의 적극성을 불러일으키는데 취지를 뒀다. 때문에 이론적으로나 실천적으로나 경제 활동 참여자에 대한 격려는 빠르게 변화할 수 있고 이로 총 공급의 빠른 변화를 초래할 수 있다.

2. 공급관리 및 그 정책수단

이른바 공급관리란 정부가 상품과 서비스공급 조정 과정에 동원하는 다양한 수단(가격수단은 제외함)을 말한다. 공급관리 정책 수단에는 아래와 같은 몇 가지가 포함된다.

-기술 진보. 기술 진보는 오랜 시간을 거쳐야만 실현되는 것이기 때문에 단기 거시적 조정에는 도움이 되지 않는다고 주장하는 사람들이 많다. 사실상 일부 특정 국가에 있어 기술진보는 아주 빠를 수 있다. 예를 들면 기술이 비교적 후진 경제체의 경우 학습과 모방을 통해 빠르게 기술수준을 끌어올려 단기 내에 거시적 경제 운행에 영향을 미칠 수 있다. 하지만 미국처럼 세계 과학기술 최전방에 위치한 국가의 경우 기술진보가 단기 내에서의 역할이 완만할 수 있다. 하지만 현재 실질 경제주간 이론 등을 비롯한 일부 거시적 경제학 이론은 기술이 단기 내에 변화가 발생할 수 있고 경제 파동을 초래할 수 있다고 주장하고 있다.

-제도 변화. 마찬가지로 제도가 비교적 성숙되어 있거나 제도 변화가 어려운 다수 나라에 있어 제도는 더딘 변수이다. 하지만 중국처럼 전환기에 처해있는데다 정부가 개혁에 치우친 나라의 경우 특정 분야의 개혁이 아주 빨라 단기 내에 경제에 영향을 미칠 수 있다. 예를 들면 1980년대 초기 농촌에서 실시한 가족 단위 농업 생산 책임제가 바로 그러하다.

-세수 조정. 세수 조정은 기업의 생산원가 조정과 같다. 이는 생산자의 격려 메커니즘에 영향을 미치기 때문에 단기 조정에 사용할 수 있다.

-요인 원가 조정. 과학기술 진보를 통해 새로운 원재료나 에너지를 유치하거나 혹은 대외개방을 통해 외국자원을 끌어들인다면 관련

요인 가격을 낮춰 요인 원가를 줄일 수 있다. 자원세 혹은 기타 형식의 세수를 통해서는 관련 자원의 사용 원가를 조정할 수 있다. 이런 것이 모두 단기 내 총 공급에 영향을 미치게 된다.

-제품 혁신 격려. 새 제품 출시는 경제에 새로운 공급을 제공할 수 있을 뿐만 아니라 새로운 수요도 창출할 수 있다. 따라서 이는 공급관리 정책이자 수요관리 정책이기도 하다. 새 상품이 방금 출시되었을 때 소비자에 대한 한계효용이 아주 크기 때문에 수요량이 많은데 이에 상응한 공급도 따라서 유효 공급이 되는 것이다.

3. 오랜 기간 공급관리가 경시당한 이유는?

공급관리가 오랜 시간동안 경시당한 주요한 이유는 다음과 같다.

첫째, 서방 거시적 경제학이 공급에 대한 이해가 충분하지 못해서이다. 현재까지도 비록 서방 거시적 경제학이 총 공급 모델 수준으로 발전했지만 거시적 경제학이 공급에 대한 이해는 여전히 만족스럽지 못한 상황이다. 따라서 거시적 경제학에 서로 다른 유파가 나타난 것이기도 하다. 현재 여러 거시적 경제학 유파의 주요한 분기가 총 공급에 대한 이해에 있다고 할 수 있다.

서방 거시적 경제학에 이런 국면이 나타난 것은 서방 경제 특히는 미국경제를 기반으로 형성된 이론이기 때문이다. 서방 선진 경제체가 직면한 주요한 문제는 생산력 과잉이다. 생산력 과잉은 생산력 감소와 수요 확대 2가지 해결 루트 밖에 없다. 정부 정책을 통해 생산력을 줄이기는 어렵다. 특히 생산력 감소로 실업이 초래될 때는 더욱 그러하다. 때문에 서방 거시적 경제학에서 과잉 생산력에 대응하는 방법은 오로지 수요를 확대하는 것뿐이다. 이렇게 되면 수요관리가 서방 거시적 조정의 주요한 수단으로 된다. 서방이 공급부족 문제에 직면하지 않았기 때문에 총 공급에 대한 연구도 깊이 있게 추진되지 못했다.

하지만 중국과 같은 개도국, 특히는 계획경제를 실시했던 나라라면 전에 심각한 상품부족 문제에 시달렸고 일부 나라에는 심지어 심각한 의식부족 현상도 나타났었다. 따라서 공급 추진 방법이 이들 국가들이 거시적 조정을 실시하는 주요한 목표가 되었다. 이들 국가들이 총 공급에 대한 이해가 아주 깊고 공급 추진에 대해서도 독특한 경력과 경험이 있다. 따라서 총 공급을 이해하려면 이들 국가들로부터 착수해야 한다.

둘째, 서방 선진 경제체에 적합한 공급관리 정책 수단이 없다. 서방 선진 경제체의 각항 제도는 성숙되고 안정적이기 때문에 단기 내에는 제도 변화 공간이 없다. 기술적으로도 세계 과학기술 최전방에 위치해 있어 기타 나라를 따라 배우고 모방할 수 있는 공간이 아주 좁다. 따라서 독자 연구개발을 통해 기술진보를 실현해야 하기 때문에 기술 진보와 제품 혁신을 단기 정책 수단으로 간주할 수 없다. 보편적으로 이들 경제체의 개방도가 비교적 높고 원재료와 에너지도 기본적으로 국제 정가를 실시하기 때문에 정부에서는 조정할 수 없다.

감세가 서방 국에서는 아주 중요한 부분이다. 관련 제안이 제출되어 통과되기까지는 아주 오랜 시간이 걸리는데다 난이도가 아주 크기에 자주 사용할 수 없다. 위에서 서술한 이유를 종합할 때 자주 사용할 수 있는 정책수단이 없는 것이 공급관리가 오랜 시간 경시당한 두 번째 이유이다.

셋째, 거시적 경제학 기원이 그 이유일 가능성이 있다. 거시적 경제학 창시자인 케언스는 수요관리를 제기하고 또 이를 아주 중시했다. 이 때문에 공급관리를 경시하는 상황이 초래된 것이다.

4. 수요관리와 공급관리의 근원

수요관리와 공급관리 모두 거시적 조정 수단이다. 양자는 역사가 유구하지만 역사 시기별로 거시적 조정이 양자에 대한 치중점이 서로 달랐다. 고대의 경우 생산력이 떨어지고 물자가 부족해 생산 증가와 공급 추진이 그 당시의 주요한 임무였기 때문에 공급관리가 고대에서 주요한 거시적 조정수단으로 되었다. 하지만 수요관리가 고대에서 경시 당하지는 않았다. 그때 물자가 부족했기 때문에 고대 수요관리의 중점은 수요를 억제하는 것이었다. '근검절약으로 가정을 꾸리자'의 중국 전통은 사실상 수요관리와 공급관리를 골고루 고려했다. '근검'의 목적은 생산을 추진하기 위한 것으로 확장성 공급관리 정책에 속한다.

'절약'의 목적은 소비를 낮추고 특히 낭비를 없애기 위한 것으로 긴축성 수요관리 정책에 속한다. '근검절약으로 가정을 꾸리자'가 가정을 상대로

한 말이기는 하지만 사실상 고대의 치국 이념을 반영한 것이기도 하다. 따라서 '근검절약'이란 공급 확장, 수요 긴축의 거시적 경제 정책 조합을 뜻한다.

중국 고대 역사에서 공급관리의 성공적인 사례 중 하나가 바로 춘추 전국시기 관중(管仲)이 제(齊)나라를 다스린 것이다. 제나라의 부강을 실현하고 제환공(齊桓公)이 패업을 이룩하는데 힘을 실어주기 위해 관중은 대규모의 공급관리 조치를 실시했다. 『관중 · 대광(管子 · 大匡)』에 따르면 "환공이 등극한 19년간 관세와 상업세를 2%로 낮춘다. 세금과 녹봉은 쌀로 계산하고 토지면적에 따라 세금을 징수한다. 2년에 한번 씩 세금을 징수하고 풍년에는 세금을 30%, 수확이 중등정도이면 20%, 수확이 좋지 않으면 10%를 징수하고 흉년이면 세금을 면제한다." 뜻인즉 제환공 제위 19년간 관세율과 상업세율을 2%로 낮추고 농업세는 토지면적에 따라 징수했으며 2년에 한번 씩 징수하기로 했다.

풍년에는 세금을 30%, 수확이 중등정도이면 20%, 수확이 좋지 않으면 10%를 징수하고 흉년이면 농업세를 면제한다는 것이다. 이런 수준의 세금이 그 당시 기타 제후국에 비해서는 아주 적은 편이었고 이런 확장성 공급관리 정책이 제나라 경제 발전을 유력하게 추진함으로써 제나라의 신속한 굴기에 경제 기반을 마련해주게 되었다. 이 때문에 제환공은 '춘추오패'의 으뜸으로 꼽혔다.

근대에 들어서 자본주의 경제가 발전하고 인류 생산력이 비약적으로 발전함에 따라 생산력 과잉 현상이 나타났다. 현재 중국을 비롯한 다수 국가에 모두 생산력 과잉 현상이 존재하기 때문에 수요관리 중요성도 갈수록 커지고 있다.

5. 공급관리와 수요관리의 상호 결합

위에서 서술한 바와 같이 서방 국이 총 수요에 대해 잘 이해했고 중국 등 개도국은 총 수요에 대해 잘 이해한 편이다. 그래서 우리는 서방 선진 경제체의 실천으로부터 총 수요를 이해하고 개도국 실천을 통해 총 공급을 이해한 후 양자를 서로 결부시켰다.

또 각자의 특이성을 뽑아낸 후 통일된 총 공급 모델과 일련의 완벽하고 보편성을 띤 거시적 경제 이론을 내올 수 있다. 이는 거시적 경제학의 발전에 방향을 제시해준 것이나 다름없다. 서방국의 수요관리와 중국의 공급관리 경험을 서로 결부시켜 수요관리와 공급관리를 포함한 새로운 거시적 조정 체계를 구축함으로써 거시적 조정이 수요관리만 있던 일차원 공간에서 수요관리와 공급관리를 결합해 사용하는 이차원 공간로의 전환을 실현할 수 있다. 때문에 공급관리 인입은 수요관리를 포기하려는 것이 아니고 수요관리는 여전히 거시적 조정의 중요한 수단이다.

공급관리 인입은 단지 새로운 거시적 조정 방식을 인입했을 뿐이고 양자를 결부시키면 현실 세계에 존재하는 수많은 문제를 해결하고 동시에 여러 목표 관리를 실현할 수 있다.

다양한 정책 목표에 직면한 상황에서 공급관리 정책과 수요관리 정책 배합은 아주 필요하다. 필립스 곡선이 거시적 경제 정책 이론에서 아주 중요한 지위를 차지한다. 필립스 곡선은 정부의 목표가 낮은 실업율과 높은 인플레이션 그리고 높은 실업율과 낮은 인플레이션 사이에서 선택이 가능하다고 제기했다. 예상을 고려한 상황에서 이런 선택은 실행될 수 없다. 공급관리 정책을 인입한 후로 상황에 변화가 생겼다. 이론적으로 볼 때 공급관리 정책과 수요관리 정책을 배합하면 실업과 인플레이션을 임의의 수준에 안정시킬 수 있다.

예를 들면 저 실업율과 저 인플레이션 율을 실현하고 확장성 수요관리 정책만 적용한다면 인플레이션 율을 끌어올릴 수 있다. 이럴 때에는 확장성 공급관리 정책을 통해 인플레이션을 억제할 수 있다. 만약 확장성 공급관리 정책만 적용한다면 물가 하락이 초래되고 물가 하락은 또 소비자 가격 예상에 영향을 미쳐 관망현상을 초래함으로써 소비수요가 저하될 수 있다. 이때 확장성 수요관리 정책을 통해 물가를 안정시킬 수 있다.

때문에 공급관리 정책 인입은 수요관리 정책만 실행했을 때에 직면하게 되는 필립스 곡선과 같은 피동적인 국면에서 벗어날 수 있다. 기술 진보를 특징으로 하는 새로운 경제가 도래되고 새 제품이 꾸준히 출시됨에 따라 모든 경제 산업구조가 꾸준히 조정되고 있다.

중국에 있어 경제의 신속한 발전은 산업구조의 빠른 조정과 업그레이드를 필요로 한다. 때문에 적당한 산업 정책 설계와 실기가 중국경제 정책의 중점중 하나가 되었다. 거의 모든 산업정책 모두 공급 관리 정책에 속하기 때문에 공급관리 정책이 향후 중국에서 중요한 역할을 하게 될 것이다.

지역경제 정책은 공급관리 정책의 또 다른 중요한 구성부분이다. 주권국가의 일부분으로써의 한 지역의 정부에는 주권국가 정부와 같은 경제정책 수단이 없다. 예를 들면 한 지역에서 통화정책을 실행할 수 없는 것 등이다.

　재정정책을 통해 총 수요를 늘린다면 그 지역 주민의 총 수요만을 늘릴 뿐이다. 본 지역 주민의 총 수요 가운데서 극소부분만이 본 지역 상품에 대한 수요일 가능성이 있기 때문에 본 지역 경제에 대한 자극역할이 제한되어 있다. 그 결과는 한 지방정부가 투자해 기타 지역의 경제발전을 추진하는 꼴이 되고 만다. 따라서 수요관리 정책을 지역에서 실행하기는 적합하지 않기 때문에 공급관리 정책이 유일한 선택으로 되었다.

　경제 글로벌화가 추진되면서 국가와 지역이 갈수록 주권국가가 관할하는 지역처럼 되어 가고 있다. 각국의 경제 정책이 더는 독립되어 있지 않다. 상품시장, 자본시장이 점차 개방됨에 따라 수요관리 정책 효과가 갈수록 떨어지고 있으며 한 국가 정부가 수요관리 정책을 통해 자극한 총 수요가 가능하게 본국 상품에 대한 총 수요가 아닐 수도 있다. 하지만 공급관리 정책은 다르다. 공급관리 정책의 직접적인 수혜자는 본국 주권 범위 내의 관련 기업들이기 때문에 최대 수혜자는 본국 기업이다. 기타 국가의 주민들도 본국 공급관리 정책의 좋은 점을 향수할 수 있지만 이는 우선이 아닌 그 다음이다. 때문에 경제 조정 부분에서 공급관리 정책은 독특한 우세가 있다. 산업 구조를 꾸준히 조정하고 경제 글로벌화가 꾸준히 가속화되면서 공급관리 정책이 거시적 조정에서의 역할이 갈수록 커지고 있고 응용범위가 갈수록 넓어지고 있어 점차 정책 제정자의 중시를 받게 될 것으로 보인다.

6. 현재 중국에서 공급관리가 제기된 이유는?

중국이 현재 공급관리를 제기한데는 아래와 같은 2가지 이유에서이다. 첫째, 공급관리 정책 수단과 경험을 갖췄기 때문이다. 둘째, 중국경제의 현재 발전단계와 제도, 기술 환경 등 요구에 대해 공급 측 구조 조정을 진행했기 때문이다.

우선, 공급관리에 효과적인 공급을 마련해 소비를 확대해야 한다. 현재 중국은 생산력과잉 국면에 직면했다. 수요확대 특히 소비수요 확대가 가장 중요한 임무로 되었다. 중국 소비자들의 해외 구매력은 중국이 거대한 소비수요가 있지만 상응한 유효 공급이 없다는 점을 말해주고 있다. 일부 상품에 대해서 중국은 충족한 생산력을 갖췄지만 생산업체의 직업도덕 문제로 자국민들이 국산품을 믿지 못하거나 국내 가격이 지나치게 높거나 아니면 일부 국산품의 국내 가격이 국제 가격보다 높은 현상으로 인하여 소비자들이 해외소비를 선호하는 국면이 초래되었다.

이밖에 중국 소비 업그레이드도 공급 측에 대해 조정할 것을 요구한다. 중국은 이미 중·상등 소득 국가 행렬에 들어섰다. 경제가 발전되고 국민들의 소득이 늘어나면서 소비자들이 상품 질에 대한 요구가 높아졌다. 만약 국내 상품이 이런 유형의 소비수요를 만족시킬 수 있다면 소비자들은 해외에서 상품을 구입할 필요가 없다.

다음 30여 년간의 고속 성장을 거쳐 중국 요인의 구조에 큰 변화가 나타났다. 노동력이 충족하고 자본이 빈약한 나라에서 노동력이 모자라고 자본이 상대적으로 충족한 나라로 탈바꿈했으며 기술 수준도 크게 향상되었다. 이런 부분은 기술, 상품구조, 제도 등을 비롯한 공급 측에 대해 조정할 것을 요구하고 있다.

이밖에 일부 과잉 생산력도 도태해야 한다. 생산력 과잉 문제는 수요확대를 통해 해결하거나 공급 감소로 대응할 수 있다. 전에 중국은 생산력 제한, 생산규모 축소 정책을 통해 방직업의 저급 과잉 생산력을 줄였다. 현재는 강철, 시멘트, 석탄 등 업종의 생산력 축소를 고민해야 할 시기이다.

하지만 공급관리를 통해 후진 생산력을 도태시킬 때 될수록 행정수단을 동원하지 말아야 한다. 환경기준, 품질기준, 생산 안전기준 등을 향상시키는 방식을 통해 후진 생산력을 도태시킴으로써 인위적인 요인의 간섭을 최대한 통제하고 렌츠추구공간을 없애는 한편, '악화가 양화를 구축하는' 현상이 나타나는 것을 막아야 한다.

마지막으로 현재 중국은 수요 수량에서 수요 품질을 주목하는 데로 전환해야 한다. 전통적인 케인스주의 정책은 수요 수량에만 주목하고 수요 품질은 경시했다. 통화정책을 놓고 볼 때 전통적인 통화정책은 이율 하락을 통해 투자를 자극했다. 그 결과 이율 하락에 따라 투자 예상 수익이 갈수록 낮아졌고 투자 품질도 점점 떨어지는 상황이 초래됐다. 만약 그 후 이율이 갑자기 상승한다고 가정할 때 관련 정책 자극으로 이뤄진 저질 투자는 결손을 보게 되고 관련 대출도 회수하지 못하는 대금으로 되고 만다. 회수하지 못하는 대금 규모가 방대해지면 자연히 금융위기로 이어진다. 사실상 이번 미국 금융위기가 바로 이런 이유에서 발발한 것이다. 공급 측 조정은 소비자에게 기존부터 있었지만 중국의 공급으로 만족을 얻지 못한 수요를 겨냥한 것이다.

이런 수요 자체가 양질 수요이고 이런 수요가 늘어나면 경제의 장기적으로 건강한 발전에 유리하다.

7. 공급관리 운용에 있어서 계획경제유형에 빠져드는 것을 방지해야 한다

공급관리 정책은 생산자를 겨냥했다. 따라서 정부 정책이 국민의 경제생산의 미시적 단위까지 직접적으로 영향을 미치게 되고 정책 간섭의 깊이와 구체적인 수준이 수요관리 정책보다 높은 상황이 나타나게 되는 것이다. 이로 인해 사람들은 시스템의 공급관리가 결국에는 계획경제로 나아갈까 두려워하고 있다. 때문에 공급관리를 운용할 때 반드시 시장의 결정적 역할을 발휘하는데 치중점을 두고 공급관리 정책 운용을 충분한 시장 경쟁 기초 위에 건립해야 한다는 점을 특별히 강조해야 한다.

한편 시장체제가 건전하고 완벽해야만 체제적으로 경쟁을 격려할 수 있고 이로 기술혁신을 추진해 효율을 격려할 수 있다. 다른 한편 생산자의 시장 권리와 책임을 충분히 존중해야만 생산자가 충분한 경쟁 원동력과 압력을 형성할 수 있도록 이끌 수 있고 체제적으로 생산자를 충분히 자극하고 효과적으로 단속할 수 있다. 공급관리 정책 역할의 핵심은 생산자를 효과적으로 격려하고 단속해 효율을 자극하는 것이다. 때문에 경쟁성 시장 메커니즘은 공급관리 정책이 효과를 발휘할 수 있는 기본적인 제도 전제이다. 시장 메커니즘을 벗어난 생산자에 대한 행정 간섭은 자원배치 방식의 행정화를 초래할 가능성이 있고 시장에 대한 정부의 교체 그리고 생산자 경쟁력 원동력과 압력 감소를 초래함으로써 공급관리 정책 효율 목표를 실현하기 어려운 상황이 나타날 것으로 예상된다.

다시 말해, 공급관리 정책은 정부가 시장 경쟁 메커니즘을 인정하고 존중한 기초 위에서 시장의 생산자가 직면한 격려와 단속조건에 대해 조정하는 것이지 시장에 대한 부정이 아니며 시장경쟁에서의 생산자 권리와 책임에 대한 부정은 더더욱 아니다. 공급관리 정책 효율 목표 실현을 강조할수록 시장 경쟁의 자유와 충분함을 더 강조해야 한다고 본다.

제4편

공급 측 개혁과 중국의 거시적 경제

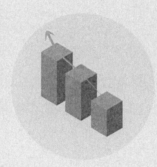

제13장
공급 측의 구조적 개혁과 경제학습

야오위둥(姚余楝) : 중국인민은행 금융연구소 소장

1. 공급 측 구조조정의 필요성

중국경제가 '침체상태로부터 발전하는' 시기에 처해 있어 공급 측 구조성 개혁을 진행할 수 있는 최적 시기를 맞이했다. 현재 중국경제 상황은 1985년 전후 일본 경제 상황과 비교해 여러 모로 비슷한 부분이 많다.

인구 구조나 노령화 수준 그리고 일인당 GDP수준(약 1만 달러) 등 여러 부분에서 아주 흡사하다. 일본은 제2차 세계대전 이후로 빠르게 발전했고 1970년대에는 두 자리 수의 성장률을 기록했다. 1980년에 이르러서는 일본 경제가 5%이하로 급속하게 떨어졌다. 현재 중국의 GDP 성장폭이 그 당시 일본 GDP 성장폭보다 약간 높은 수준이다.

1985년 일본이 '플라자협의'를 체결했다. '플라자협의'의 체결은 일본 대장성(2천 년 전 일본 정부에서 금융재정을 주관하던 부서)의 적극적인 지지를 얻었다. 당시 일본 경제 발전이 과열되어 있는 상황이었고 엔의 평가절상은 일본이 해외시장을 확충해 독자 혹은 합자기업을 설립하는데 도움을 줄 수 있었다.

'플라자협의'가 체결된 후 엔이 대폭 평가절상 되었고 국내 거품이 급격히 확대되었으며 그 후 일본 중앙은행의 금리인상으로 인해 1991년 일본 거품이 붕괴됐다. 다수 연구학자들은 모두 이토록 방대한 경제체에 갑자기 거품이 형성될 것이라는 점을 예견하지 못했다. 그 후 일본 경제는 침체 상태에 빠졌다. 1987년 은행이 파산되면서 일본 대형 은행에 금융위기가 발발했다.

그 후 일본은 재정을 통해 은행을 지원했으며 2000년 최초로 양적 질적 완화(QQE)정책을 추진했다. 이어 엔이 평가절하 되기 시작했다. 하지만 일본 경제가 큰 호전세를 보이지는 못했다. 2008년 금융위기가 발발한 후 일본은 '아베 경제학'과 QQE를 추진하기 시작했다. 1차적으로 추진한 QQE정책은 비교적 성공적이었다. 하지만 소비세를 늘린 후로 일본 경제가 급속도로 하락됐다. 현재 일본 중앙은행은 이미 자국시장의 60% 채권을 구입한 상황이어서 더 구입할 채권이 충분하지 않다. 하지만 경제가 여전히 쇠락 단계에 처해 있고 CPI 성장률이 2%에 이를 수 없기 때문에 경제가 재차 침체와 통화긴축 변두리에 놓이게 됐다.

유로존도 장기적인 경제 침체와 통화긴축 국면에 처할 것으로 보인다. 유럽 경제가 일본화로 나아가고 있는 가운데 일본 경제는 희망이 없다. 자연히 이런 나라들의 경제가 비교적 높은 수준의 구간(일인당 GDP 4만 달러)에 머물러 있을 것으로 보인다. 경제 침체 현상이 생기는 이유는 무엇일까? 높은 채무수준과 노령화사회가 주요한 원인이다. 현재 일본의 채무수준이 이미 500%에 달했기 때문에 소비세를 늘리지 않으면 아예 통제가 불가능한 실정이다.

마지막으로 중앙은행의 대차 대조표를 적극 확대하는 정책을 실행한다. 만약 이런 조치들이 모두 효과를 보지 못한다면 더는 방법이 없다. 이와 비교해 미국은 대차 대조표를 확대하고 레버리지를 하락시켰다. 유럽은 대차 대조표를 확대했지만 레버리지를 하락시키지 못했다. 일본도 이와 같은 도리이다. 만약 우리도 일본과 유럽처럼 된다면 중국경제가 2, 30년 후에 침체와 통화긴축 현상이 나타나지 않을까? 때문에 중국경제는 '침체상태로부터 발전으로 나아가려면' 공급 측 구조조정 조치를 취해야 하는데 이는 아주 중요한 부분이라고 생각된다.

1980년대 이후의 일본 경제의 발전 루트를 총화하면 아래와 같다. 1980년대 경제학을 발전시킬 때에는 자산 거품에 대해 알지 못했다.

1991년 거품이 파멸된 후 '좀비' 기업을 제때에 청산하지 않은 탓에 1997년에 이르러서는 은행에 큰 문제가 생겼다. 그 후 양적(QE)완화 정책을 실시하기 시작했고 QE정책을 실행하는 과정에 이끌어 주지 않고 오직 채권만 구입했다. 2008년에 이르러 '아베 경제학'을 실시했지만 구조조정 강도가 아주 미미했다.

QQE정책을 실시하는 과정에 또 소비세를 늘림으로 인해 QQE정책이 큰 효과를 거두지 못했다. 그 후 대종 상품 가격 폭락을 겪어 줄곧 경제를 통화긴축 상황에서 빠져나오도록 이끌지 못했다. 때문에 중국의 공급 측 개혁은 단기내의 고통을 감내하고 힘겨운 싸움을 할 마음의 준비를 해야 한다. 힘겨운 싸움을 하려면 대가를 치러야 하고 공급 측 구조조정 관련 정책을 관건적인 부분에서 실행될 수 있도록 해야 한다. 1991년 일본 경제 거품이 파멸된 후 반복적인 재정 자극과 완화된 통화정책으로

'버텨내려' 했기 때문에 '온수로 개구리를 삶는' 꼴이 되고 공급 측 구조조정 진전도 크지 않았다. 그러니 2008년 이후 '아베 경제학'을 실시할 때는 이미 늦었다. 일본의 경험 교훈이라면 잠깐의 아픔이 두려워 큰 수술을 하지 않으면 근본적인 문제를 해결하기 어렵다는 점이다. 공급 측 구조성 개혁은 중국경제가 '일본의 장기간 침체 숙명'을 피해갈 수 있는 유일한 전략적 선택이다.

2. 신 공급 경제학의 정책적 주장

현재 거시적 경제 모델은 채무 레버리지의 지속가능한 문제를 경시했다. 케인스가 경제학 문제를 연구할 때에는 계통적인 대차 대조표라는 개념이 없었다. 1930년에 이르러서야 회계 업종을 비롯해 기업 대차 대조표가 발전하기 시작했다. 당시의 대차 대조표는 흐름표로 작성되어 아주 간단했다. 케인스가 말한 유효 수요는 흐름을 가리킨다.

그가 창설한 거시적 경제학은 대차 대조표를 경시했다. 침체 현상이 나타난 후 유독 프리드만이 '이성 예상' 개념을 제기했다. 통화 공급학파가 거시적 경제정책에 큰 영향을 미쳤다. 이 학파는 케인스의 거시적 경제 분석에 미시적 기초가 없다고 비난했다. 1980년대에 이르렀을 때 신 케인스주의가 비완전 경쟁시장 모델을 미시적 기초로 하고 일부 수요 요인을 더해 각국 특히는 중앙은행의 동태 임의의 일반적인 균형 모델을 주도로 하는 국면을 형성했으며 이로 테일러규칙을 발전시킴으로써 공급 곡선도 위 분석 틀에 속하게 됐다. 하지만 이런 이론 모델에 대차 대조표를 고려하지 않았다. 솔로의 경제성장 모델에서 자산은 직접 투자로 바뀌었다. 만약 은행을 통해 투자로 바뀐다면 기업이 은행에 대한 부채이고 중간에 어떻게 전환되었는지를 강조하지 않은 것이다.

만약 전부 주주권으로 전환되었다면 문제가 없겠지만 만약 모두 채권이라면 어떨까? 경제성장이 꾸준히 둔화되면서 투자 수익이 꾸준히 줄어들고 채무가 꾸준히 늘어나면서 한 구간에서 침체상태에 처할 것이다. 신고전주의에서 신 케언스주의에 이르고 또 이성 예상주의로 발전하기까지 거의 모두 대차 대조표를 경시했는데 이는 절대 경시해서는 안 되는 부분이다. 현실생활과 같은 도리이다. 만약 계속 돈을 빌린다고 하자. 처음에는 빌릴 수 있겠지만 채무가 공개된 후에는 친척이나 친구 모두 돈을 빌려주지 않을 것이다. 나라도 마찬가지이다.

채무의 지속성을 유지해야 한다. 현재 중국의 레버리지율이 금융체계으로 통합되지 않았고 금융자산 모델을 비롯해 통합하려면 1, 20년의 시간이 필요한데 이는 우리의 큰 결함이다. 따라서 중국경제학계는 현재 주류 경제학이 어떤 부분을 경시했는가 하는 점을 인식해야 한다. 만약 계속 경제를 자극해 레버리지율을 끌어올리고 나면 누가 관리할 것인지, 문제가 생기면 누가 책임을 질 것인 등 문제를 고려해야 한다.

2013년부터 신 공급 경제학 학자들이 주류 경제이론에 대해 반성했다, 첫째, 주류 경제학 이론 인지 구조의 비대칭성이다. 고전 경제학, 신 고전 경제학과 케언스주의 경제학은 이론 구조 내에서 공급환경을 가설했고 수요단(需求端), 수요측의 심층 분석과 이 부분에서 형성된 정책 주장만 강조했을 뿐 공급단(供給端), 공급 측을 경시하는 공동한 문제가 있었다. 둘째, 경제학 주류 교과서와 대표적인 실천에서 '언행 불일치' 문제가 존재했다. 경제위기가 발발한 후 미국 정부는 자동차업종에 거액을 투자했는데 이는 시장의 재고정리 원칙에 부합되지 않는다. 오바마 대통령은 이 이론에 따라 구조 정책을 실시하지 않았다. 아울러 미국국제그룹(AIG)을 구조하는 과정에 미국은 우선주를 대량 사용했는데 이는 시장 재고정리가 아니다. 셋째, 정부산업 정책 등 공급 측 문제가 주류 경제학연구에서 박약하고 침체된 상황에 처해 있다.

이런 상황을 감안해 신 공급 경제학은 경제학 이론 혁신에 관한 4가지 방향을 제시했다. 첫째, 경제학 기본 틀에서 공급 측에 대한 분석과 인지를 강조해야 한다. 둘째, 현실을 정시하고 강조하며 경제 기본 이론 지점의 효과성과 겨냥성을 강화해야 한다. 예를 들면 비완전 경쟁을 심층 연구의 전제 조건으로 확립해야 한다. 이는 자원배치에서의 진실한 환경으로 상당한 공급 측 문제와 연관이 있기 때문이다. 셋째, 시장, 정부, 비영리 기구가 각자의 일을 착실히 해나갈 것을 강조해야 한다. 이는 자원배치를 최적화함에 있어서의 객관적인 요구이다. 넷째, 제도 공급이 공급 측 분석을 충분히 인입할 것을 강조해 유기적으로 연결된 하나의 인식 체계를 형성해야 한다.

정책 건의에서 '8개 2가지, 5개 중시'를 제기했다. '쌍창'은 혁신형 나라의 길로 나아가고 창업을 적극적으로 격려하는 것을 가리킨다. 현재 창업 붐이 일기 시작했고 2014년 증가된 신규기업이 1천 3백만 개에 달했고 2015년에는 1천 2백만 개에 달할 것으로 예상된다.

'쌍화(雙化)'란 신형 도시화와 산업 최적화 추진을 뜻한다. 소도시가 대도시를 확고하게 추진해야 한다. 소도시는 중국 실정에 어울리지 않는다. 수년 이후 중국 인구가 현재처럼 많지 않을 것이고 우리는 인프라시설을 자손후대에 물려줘야 한다. 산업 최적화도 아주 중요하고 제조업 강국이라는 타이틀도 중국에 아주 중요하다.

'쌍젠(雙減)'이란 구조성 감세와 행정심사비준 대폭 감소를 뜻한다. 그중 구조성 감세는 이미 추진되고 있는 상황이다. 재정부와 세무총국에서 기업의 소득세 50% 절감하는 이윤 한도를 30만 위안으로 끌어올려 인상폭은 상당하다. 현재 '5대 보험, 공적금(公積金)' 문제도 하루빨리 해결해야 한다. 출산보험을 의료보험범위에 포함시켜야 한다. 현재 출산보험이 중국 여성 직장인을 아우르는 비율이 너무 낮다.

그리고 행정심사비준도 대폭 간소화해야 한다. 중국 공산당 제18차 대표대회이후로 새로운 정부는 행정 심사비준 간소화에 관련해 많은 업무를 추진했고 잘하고 있지만 아직도 한층 더 간소화해야 한다. '쌍퍼(雙破)'란 아시아, 아프리카, 라틴아메리카에 대한 중국의 개방과 융합을 확대하는 것을 말한다. 현재의 '일대일로'를 추진하는 과정에 품질과 구조 효과를 바탕으로 하는 투자규모를 적당하게 늘리는 것이다.

신 공급이 투자를 강조하지 않는 것이 아니라 유효 투자와 똑똑한 투자를 해야 한다는 뜻이다. 예를 들면 '일대일로'와 도시 경제권의 인프라시설에 투자해야 한다. 현재 고속철이 개통되어 국민들에게 큰 편리를 가져다주고 있지만 우리는 인프라시설을 한 단계 업그레이드해야 한다. 예를 들면 베이징에서 톈진까지 2차 코일을 건설할 수 있다. 이런 고속철과 도시 간 철도시설에 모두 투자할 수 있다. 종합 교통 중추항

건설에 대해서는 현재 마침 소비 수요를 만족시킬 수 있는 인프라시설 수준에 만족해서는 안 된다. 아직 선진국과 거리가 멀다는 점을 꼭 인식해야 한다.

'쌍촨(雙轉)'이란 중국 인구정책을 실시하는 과정에 도농 체제 내의 '한 자녀 출산' 완화 정책을 실시하고 국유자산 수익과 저장량이 사회보장과 공공서비스 분야로의 이전을 추진해야 한다. 현재 여성들의 출산 의향이 아주 낮아 총 출산율이 1.2%내외까지 떨어졌는데 이는 아주 위험한 수준이다. 18기 5중 전회에서 전면 두 자녀 정책 실시를 발표했다.

출산율을 0.5%포인트 끌어올려 1.7%내외에 달할 수 있기를 희망했다. 이밖에 출산보험을 사회 격려와 한데 결부시켜야 한다. 18기 5중 전회에서 국유 자산 수익과 저장량을 사회보험과 공공서비스 분야로 이전할 것을 제기했다. 추산에 따르면 적어도 절반이상 지방 국유자산을 구분하여 귀속시켜야 한다. 100여 개 국유기업이 국가 전략성 기업에 속하기 때문에 원칙대로라면 손을 대서는 안 된다. 그러나 지방의 경우 2008년 이후에 이루어진 4조 위안 투자로 상당한 자산을 누적했는데 이는 사회보장으로 이전되는 주요한 부분이 될 것이다.

현재 다수 지역에서 사회보험을 발급하지 못하고 있기 때문에 지방의 고유 자산을 구분하여 귀속시키는 것이 아주 중요해졌다. 우리는 재정, 양로, 의료를 서로 분리시키는 정책을 실시해야 한다. 재정은 다양한 기능이 있다. 예를 들면 교육, 과학기술을 발전시키는 등이다. 양로와 의료가 재정의 발목을 잡게 해서는 안 된다. 일본이 바로 이런 상황이다. 1970년대 재정에서 일부 양로금을 지불했다. 30여년을 거쳐 재정지출이 방대해졌고 어떤 당파가 정권을 잡든지를 막론하고 모두 쉽게 삭감하지 못하고 있다. 현재 일본의 재정을 보면 3분의 1로 노인을 공양하고 3분의 1로 노임을 발급하고 3분의 1로 이자를 환급한다. 현재 중국 재정은 해마다 사회보장부서에 4천억 위안을 조달하고 있다.

우리의 아버지 세대에는 사회보험이란 개념 자체가 없었기 때문에 전국 사회보장에 자금을 조달하는 조치는 정확한 것이지만 앞으로 점차 퇴출되어야 한다. 재정이 퇴출한 후 5대 보험, 공적금을 납부하고 지방 국유자산으로 구분하여 귀속시키는 방법을 통해 사회보장 결구를 해결해야 한다. 재정은 반드시 그의 지속가능성을 보장해야 한다. 만약 양로금으로 인해 재정이 소진된다면 앞으로 큰 논쟁이 생길 것이고 문제도 해결할 수 없게 된다. 의료와 양로도 분리해야 한다. 오바마가 이임 전의 마지막 기자회견에서 미국의 신규 의료보험 참가자가 500만 명에 달했다고 말했다. 오바마가 의료개혁에서는 기본적으로 성공했고 의료보험 경쟁력을 끌어올렸기 때문에 우리가 주목하고 본받을 만 하다고 생각한다.

'쌍진(雙進)'이란 국유, 비국유 경제가 각자 우세를 발휘해 함께 발전하고 공동으로 진보하는 것을 말한다. 그중에는 혼합 소유제도 포함됐다.

'2가지 요구 수준 도달(雙到位)'이란 정부, 시장 모두 요구 수준에 도달할 수 있도록 추진하는 것을 말한다. 시장은 반드시 주체 역할을 발휘해야 하고 정부는 감독관리 역할을 더 훌륭히 발휘해야 한다. 양자 가운데서 하나라도 없어서는 안 된다. 인터넷 금융은 인성의 미친 본성을 체현했다. 우리는 꾸준히 한계를 언급하고 있는데 진정한 도망자들은 모두 한계를 신경 쓰지 않는 자들이다. 시장 발전에 적응함과 동시에 정부의 감독과 인도가 따라가야 한다.

'2가지 배합(雙配套)'이란 '가격, 세금, 재정'의 배합 개혁을 추진하는 것을 말한다. 예를 들면 부동산세가 바로 그러하다. 1998년의 부동산 개혁은 전반적으로 볼 때 비교적 성공적이라 할 수 있다. 그때 일인당 주택면적이 아주 작았지만 현재는 이미 과잉현상이 나타났는데 사실 이는 뜻밖의 결과이다. 그때 거시적으로 면밀하고 세심하게 추진했기 때문에 현재 부동산에 따른 은행업 위기가 발발하지 않은 것이다. 하지만 우리는 부동산세를 누락했다. 부동산세를 받지 못하는 것은 주요한 세금 종류가 없어서이다. 그럼 부동산세를 어떻게 추진해야 할까? 주택가격이 떨어질 때 부동산세를 추진할수록 재고해결이 더 어렵다. 이것이 바로 신 공급 패러독스이다.

'5가지 중시(五並重)'란 5년 계획과 40년 계획, 법치경제와 문화경제, 해상 실크로드와 육지 실크로드, 국제 통화체제 개혁의 적극적인 추진과 위안화 국제화 소극적인 추진을 중시하는 외에 '환태평양 경제동반자 협약'(TPP) 영활성 있게 참여하고 경제 협력을 독립적으로 전개하는 것을 함께 중시하는 것을 말한다. TPP도 아주 중요하다. 중국도 앞으로는 영활성 있게 참여해야 하고 이는 개혁개방의 다음 단계 목표이다. TPP가 국유기업에 대한 요구가 예상처럼 그리 높지 않지만 참여하려면 일정한 과정이 필요하다. 동시에 우리는 자유무역구 등 제반 분야를 모두 잘 이끌어 나가야 한다.

3. 학습경제

10년 전 필자가 '학습형 경제'란 책을 쓴 적 있는데 주로 과학혁명 분야의 문제를 연구했다. 생산력이 점진성 개혁-돌발성 혁명-점진성 개혁 루트를 따라 발전한다고 주장했다. 생산력에 필연코 혁명이 발생할 것이고 이는 언제든지 일어날 수 있는 일이다. 게다가 이런 혁명을 오늘에는 가히 상상할 수 없는 부분이다. 당시의 공업 혁명을 누군가 상상이나 했을까? 현재 인터넷도 점차 유행을 지나 블랙체인이 형성될 것으로 보인다. 과학은 꾸준히 앞으로 발전해 기술혁명을 초래하고 공급곡선도 갑자기 오른쪽으로 이전할 가능성이 있다. 이런 상황에서 한 경제체가 적응하기 어렵기 때문에 반드시 학습형 경제를 발전시켜야 한다.

첫째, 상품시장에서의 반독점을 중시하고 완전한 경쟁과 과두(寡頭) 경쟁을 허락해야 한다. 둘째, 노동력시장을 중시해야 한다.

18기 5중 전회에서 통과된 '국민경제, 사회발전과 관련된 제13차 5개년 계획을 제정할 데 관한 중공중앙의 건의'에서는 노동력시장의 영활성 향상을 언급했는데 이는 아주 중요한 부분이다. 중국의 우세는 인재에 있다. 우리는 신근하고 용감하고 개방적이고 포용적인 우수한 전통을 갖고 있다. 인재의 역할을 최대한 발휘시키고 한 경제체에서 반드시 취업기회를 마련해야 하는데 이는 유럽 경제와 일본 경제와 비교해 중국경제만이 할 수 있는 부분이다. 누구나 모두 일자리가 있어야 한다. '노동계약법'을 재평가해 노동력시장의 영활성을 증강해야 한다.

현재 노동력시장이 양호한 편이지만 교착상태에 빠지게 놔둬서는 안

된다. 예를 들면 농민공이 타 지역에서의 취직 가능 여부가 영활성을 보여주는 부분이다. 이 또한 우리가 장기적으로 발전시켜야 하는 핵심 부분이기도 하다.

자본시장이 반드시 주도역할을 해야 한다. 그렇다면 왜 은행은 아닐까? 이는 필자가 10여 년 전에 쓴 글이다. 오늘의 금융위기를 보자. 무릇 은행 간접 융자를 주로한 시장이라면 혁신이라는 내재적 원동력이 없다. 유럽과 일본도 모두 이런 상황에 처해 있다. 중국은 줄곧 직접 융자의 길을 걷고 있으며 앞으로는 반드시 자본시장을 주도로 할 것이다. 현재 시장 구조가 2,8 구조인데 8할이 은행 융자이다. 은행에 회수하지 못하는 대금이 생기기 마련인데 온전히 은행의 책임만은 아니다. 실물경제에 많은 리스크가 있기 때문에 그 리스크를 자본시장으로 평균 분담하게 해야만 향후 한 경제체가 리스크를 합당하게 분산시키도록 보장할 수 있으며 이래야만 혁신을 실현할 수 있다.

공급 측 개혁은 단기간의 고통을 견뎌내고 힘겨운 싸움을 할 준비를 해야 한다. 레버리지를 없앤다는 것은 우선주를 이용해 대량의 채권을 우선주로 전환시키는 것을 말한다. 당시 일본 은행은 상당한 일반주를 보유하고 있었다. 은행은 기업을 관리할 수 없다. 그렇다면 기업의 채무는 어떻게 해야 할 것인가? 사실 우선주로 전환하면 된다. 부동산 재고정리 과정에서 공유 재산권을 시행할 수 있다.

향후 4억~5억 명의 농민공의 도시진출을 감안해 공유 재산권 추진을 건의한다. 지방 정부 혹은 개발업체에서 50% 소유권을 갖고 있고 50%는 농민공이 구입하거나 임대하는 방식을 취하는 것이다. 현재 평균 주택가격을 농민공의 장기적인 수입과 비교해보면 아직도 아주 높은 편이다. 공유 재산권을 추진해야만 농민공이 주택을 구입해 대출을 물 내재적 원동력이 생기는 것이다. 생산력 해소를 건축업의 기준을 제때에 수정하는 것과 서로 결부시켜 고려할 수 있다. 도시계획, 건축 강철사용량 등 기준 변화를 통해 일부 생산력 해소 목표를 실현할 수 있다.

원가 하락에서는 대출을 채권으로 전환시키는 걸 고려할 수 있다. 현재 보편적으로 대출 이율이 6%~7%이다. 만약 채권으로 전환하면 이율은 4%로 되는데 10조 위안이면 1년에 2천 억 위안을 절약할 수 있다. 5대 보험과 공적금(公積金)을 하루빨리 하향조절 해야 한다.

선전(深圳)의 양로금 납부비율이 가장 낮고 상하이가 가장 높으며 베이징이 중간 수준이다. 전국적인 기업은 상하이에서 노동력을 구하려 하지 않는 가운데 상하이에는 노인 인구가 많다. 현재 지불, 현재 수령 제도를 실시하고 있기 때문에 양로금 중임이 젊은이들에게 전가되었고 기업의 부담도 막중하다.

선전의 경우 젊은이들이 많은데 비해 노인이 상대적으로 적기 때문에 양로금을 아주 적게 내고 있다. 이 또한 선전이 갈수록 발전하고 기타 노령화도시가 갈수록 상황이 악화되고 있는 주요한 이유이다. 단기적인 경제 하행 문제를 장기적인 안목으로 내다보고 해결해야 한다.

양로금은 하향조절 할 필요가 없다. 적어도 현 단계에는 아직 결구가 나타나지 않았다. 경제총량이 높아지면 결국에는 바쳐야 한다. 경제가 호전됨에 따라 국제 경험을 바탕으로 우선주는 회수가 가능하다. 공유 재산권 차원에서 볼 때 농민공이 도시로 진출하고 주택가격이 상승만한하면 자연히 재산권을 사들일 것이다. 때문에 우리는 중국이 단기 내에 직면한 문제를 장기적인 안목으로 내다보고 고려해야 한다.

제4편

공급 측 개혁과 중국의 거시적 경제

제14장 공급 측의 구조적 개혁에 초점을 맞춰 '13차 5개년 계획' 의 시작에 적합한 새 원동력을 구축해야 한다

1. 글로벌 거시적 경제형세에 대한 전망
2. 2016년 중국의 거시적 경제형세에 대한 전망

제14장

공급 측의 구조적 개혁에 초점을 맞춰 '13차 5개년 계획'의 시작에 적합한 새 원동력을 구축해야 한다

황젠훼이(黃劍輝) : 민생(民生)은행 연구원 원장
잉시원(應習文) : 민생은행 연구원 거시적 연구센터 부주임

2015년 글로벌 경제가 굴곡적이고 어려운 국면에서 발전했다. 통화 완화 등 수요관리 정책에 대한 지나친 의존도와 지연정치의 충돌 업그레이드 모두 경제 회복의 취약성을 가속화했다. 중국경제성장은 7시대와 작별했다. 한해 성장폭이 6.9%를 기록하고 소비, 투자와 수출 모두 하락세를 나타냈으며 주민소비가격이 낮은 수준을 유지했을 뿐만 아니라 공업 분야 통화긴축 압력도 커졌다. 하지만 경제 구조를 빠르게 조정하고 최적화하면서 새 산업, 새 업태가 꾸준히 생겨나고 취업 상황이 호전됐다.

2016년 글로벌 경제가 곤궁에서 깨끗이 벗어나려면 반드시 공급 측 구조조정을 추진하는데 주력해야 할 것이다.

중국경제가 18기 5중 전회 사상의 지도하에 '13차 5개년 계획'을 전면적으로 가동함과 동시에 신형 거시적 조정 정책의 틀인 '개혁개방 혁신+재정통화 정책'을 추진할 것이다. 그 핵심은 공급체계 품질과 효율을 향상시키는 것을 통해 경제발전의 신형 구동력을 구축하는 것이다.

새 원동력이 꾸준히 나타남에 따라 2016년 중국경제가 하행 추세에서 벗어나 점차 안정세를 되찾을 것으로 보이며 6.7%의 성장률을 실현해 중등발전수준의 사회를 전면적으로 구축하는 목표를 향해 한걸음 더 다가갈 것으로 예상된다.

1. 글로벌 거시적 경제형세에 대한 전망

2016년은 글로벌 경제위기를 겪은 후 여덟 번째 되는 해이다. 세계 경제는 여전히 위기에 발목이 잡혀 회복이 어렵고 굴곡적이며 글로벌 경제가 이미 심층 차원의 구조 조정단계에 들어섰다. 비록 미국을 제외한 주요한 선진국들에서 여전히 대규모의 수요 자극 정책을 펼치고 있지만 정책 효력이 점차 약화되고 있는 상황이다.

공급 측 구조 조정, 기술 혁신이 아직은 경제를 저조한 국면에서 벗어날 수 있도록 이끄는 주도적인 힘으로 작용하지 못한 가운데 저성장, 저인플레이션과 고실업, 고부채가 여전히 글로벌 경제 회복의 걸림돌로 되고 있다. 경제 글로벌화가 조정 단계에 들어서면서 각 주요 경제체의 경제성장폭과 거시적 정책 모두 분화 추세를 나타냈다.

1) 글로벌 경제 계속해서 심층 구조조정 특징 나타내

글로벌 수요 부족 현상은 공급 측의 불균형 때문이다. 겉으로는 국제 대종 상품 가격의 폭락 현상이 글로벌 수요 부족으로 보이지만 사실 그 실질은 선진국과 개도국 간 공급 측의 구조성 불균형이 원인이다.

자본 차원에서 볼 때 위기 후유증이 여전히 남아있어 글로벌 경제가 여전히 고성장 궤도로 회복하기는 어렵다. 2016년은 글로벌 금융위기와 경제위기를 겪은 후의 여덟 번째 되는 해이다. 하지만 글로벌 경제는 여전히 성장 부진을 겪고 있고 금융위기 후유증에서 깨끗이 벗어나지는 못했다. 한편 금융위기 후의 생산자본 투자가 빠르게 회복되기 어렵고 신탁정책은 장기적인 헤지 선호로 치우치면서 보다 엄격해졌다. 다른 한편 금융위기의 구조 작업이 공공부서의 채무수준을 뚜렷하게 끌어올렸다. 이로 인해 장기적인 재정정책 긴축과 보다 엄격한 정부지출이 초래된 것이다.

　　노동력 차원에서 볼 때 인구 노령화와 글로벌 경제 불균형은 효과적인 공급 부족 상황을 악화시켰다. 한편 고소득 국가가 '저 출산 함정'에 빠진 반면, 고 출산 국가는 '저소득 함정'에 빠졌다. 다른 한편, 금융위기에 심층 쇠락과 장기간의 실업이 동반되면서 노동자들이 일자리를 찾으려는 의욕을 저지함과 아울러 그들이 노동력시장에서 퇴출하도록 압박했기 때문에 장기간 노동력 참여율이 저하되어 있는 상황이 초래되었다.

　　전 요인생산율로 볼 때 글로벌 기술, 제도에 따른 보너스가 줄어드는 추세가 나타났다. 비록 최근 몇 년간 인터넷기술, 제3차 공업혁명 그리고 신에너지기술이 상당한 발전을 가져왔지만 이런 발전이 모두 선진국에 집중되었고 재산업화 전략으로 인해 글로벌 기술 이전이 제한을 받았다. 게다가 몇 년 전 개도국이 자본 유입과 자원 수출 '함정'에 빠지면서 기술 분야에서 선진국과의 격차가 더 벌어졌다. 동시에 대량의 지연정치 충돌로 인해 개도국 제도 개혁 진전이 더디거나 심지어 후퇴했다.

때문에 이런 글로벌 수요를 형성한 배후의 이유는 공급 측이다. 그러니 단순히 수요 자극 조치(완화된 통화정책)로는 해결이 불가능하다. 그러나 당면 글로벌 각국이 수요측 관련 경제 자극 정책을 제정함에 있어 모두 상황에 맞는 해결책을 내놓지 못했기 때문에 자연히 근본적인 문제를 해결하지 못하고 있는 상황이다. 글로벌 경제가 이번 곤궁에서 깨끗하게 벗어나려면 공급 측 구조조정을 적극적으로 추진해야 한다.

2) 여러 나라의 보편적 어려움
- 통화정책의 비동시적 문제와 채무문제

각국의 회복 프로세스가 여전히 2가지 분화현상을 나타낼 것으로 보인다. 첫째, 개도국과 신흥시장 국가 간의 분화이다. 선진국의 경제 회복 프로세스가 계속해서 신흥시장 국가를 초월할 것으로 예상된다. 둘째, 선진국 내부와 신흥국가 내부가 계속해서 분화될 것으로 보인다. 선진국을 보면 현재 미국경제의 회복세가 양호한 편이나 유로존과 일본의 회복 프로세스는 여전히 어려운 상황이다. 신흥시장 국가의 경우 인도, 베트남, 인도네시아 등 국가의 성장이 빠른데 비해 브라질, 러시아 등 국가는 여전히 쇠락 추세에서 벗어나지 못하고 있다.

글로벌 통화정책의 비동시적인 현상도 긴 시간 동안 지속될 것으로 보인다. 이는 글로벌 경제 불균형 문제를 가속화할 것으로 예상된다. 현재 유럽, 일본 등 주요한 선진국은 앞으로 여전히 긴 시간동안 완화된 통화정책을 실시하거나 심지어 향후 더 완화할 가능성도 있다. 미국은 회복 프로세스가 비교적 빠른 편이라 우선적으로 금리를 인상할 것으로 보인다. 이로써 글로벌 자본 역류 현상이 초래되어 글로벌 유동성 수축과 레버리지 축소가 뒤따를 가능성도 있다. 일부 자본 수출형 신흥시장 국가의 경우 고인플레이션 가운데서 긴축 통화 정책을 실시함으로 인하여 스태그플레이션 리스크에 노출될 것으로 보인다.

고채무 문제가 여전히 각국의 발목을 잡을 것으로 보인다. 정부의 위기 구조 그리고 양호한 복지정책으로 인해 상당한 국가의 주권 채무 압력이 늘어나고 그리스,일본 등 국가의 채무율이 높은 수준을 유지할 것이다. 특히 그리스의 경우 2016년 여전히 채무 만기 문제에 시달리게 될 것으로 예상된다. '레버리지 축소, 채무 축소, 복리화 축소' 프로세스가 아직은 수년간 지속될 것으로 보인다. 이런 부분들이 이들 국가의 경제성장에는 걸림돌이 될 것으로 예상된다.

3) 글로벌 무역규칙 리모델링과 지연정치의 충격 및 회복 프로세스에 대한 영향은 여전하다

글로벌 무역 규칙 리모델링으로 인해 글로벌 무역과 투자 자유화가 도전에 직면했다. WTO 등 글로벌 무역 투자 규칙을 제외하고 현재 해당국에서는 구역화 무역 투자 체계를 적극적으로 구축하고 있다.

이런 체계들이 새로운 경쟁 구도를 형성해 글로벌 무역과 투자 자유화에 도전을 가져다줄 것으로 예상된다. 비교적 일찍 설립된 아세안, 유럽연합, 북미, 아시아태평양경제협력기구 등 역내 무역 기구 외에도 '환태평양 파트너관계 협정'(TPP), '환대서양 무역과 투자 파트너관계 협정'(TTIP), 역내 포괄적 경제 동반자 협정(RCEP), '중일한자유무역구',

'유럽-일본자유무역구' 그리고 '중국-유럽 자유무역구' 등 새로운 무역 투자 체계가 충분한 준비를 마치고 대기상태에 있으며 기존의 세계무역기구(WTO), 아시아태평양경제협력기구(APEC) 등 플랫폼을 점차 대체하려 하고 있다. 이런 역내 무역 투자 협정의 경쟁이 치열해지고 있는 국면으로 말미암아 향후 국제 무역 혹은 투자 충돌이 발발할 가능성이 더욱 두드러졌다.

지연(地緣)정치의 충돌로 인해 불안정한 요인이 나타날 전망이다. 신흥국가 경제가 빠르게 발전하면서 글로벌 경제와 전략 자원이 점차 동쪽으로 이동하고 국제 권력 구조에 심각한 재조합 현상이 나타나고 있다. 또 동·서방 충돌과 종교 충돌이 여전히 장기적으로 존재함으로 인해 지연정치 충돌과 분쟁이 갈수록 늘어나고 복잡해지는 상황이 초래되었다. 이 때문에 세계경제 구도에 대한 영향이 점차 두드러지고 있으며 지연정치 변화 그리고 재 균형 리스크가 세계 경제성장에 많은 불안정 요인을 가져다줬다.

4) 주요한 국가의 2016년 경제추세에 대한 전망

미국경제가 지속적으로 온화한 회복세를 보이고 있지만 금리인상 프로세스가 극히 완만해질 것으로 보인다. 미국경제가 위기를 겪은 후 심각한 구조 조정을 거치면서 가장 먼저 위기에서 회복세를 보이기 시작했다. 그러나 회복세가 글로벌 경제 환경의 부정적인 영향을 꾸준히 받고 있다. 글로벌 최대 경제체로서 장기적인 안목으로 볼 때 미국경제가 글로벌 환경에서 벗어나 '홀로 뛰어난' 국면을 지속하기는 어렵다. 미국경제가 고속 궤도에 진입했다고 가정할 때 달러 환율 상승은 수출에 심각한 타격을 안길 것이고 본토 제조업의 귀환에 걸림돌로 되어 경제 회복을 방해할 것으로 예상된다. FRS에서 금리인상 프로세스에 진입했다고 해도 프로세스 추진이 극히 완만할 것으로 예상된다. 전반적으로 볼 때 2016년 미국의 경제성장률은 2015년보다 약간 높은 2.7%에 달할 것으로 예상된다.

유로존이 여전히 낮은 성장구간에서 오르내릴 것으로 보인다. 유로존의 회복 기반이 든든하지 못한데 경제구조 조정이 충분하지 않고 회복이 주로 미국경제성장의 외수 자극과 QE정책의 내수 자극에 의존한 것이 그 이유이다. 2016년 유로존 회복이 여전히 3가지 도전에 직면해 있다. 첫째, 그리스 채무문제를 여전히 깨끗이 해결하지 못해 경제 회복세에 영향을 미치고 있다. 둘째, 지연정치에 따른 문제점들이 여전히 존재한다. 예를 들면 난민 문제, 러시아-우크라이나 충돌, 테러주의 등 요인이다. 셋째, 노령화, 국가 간 경제 융합 등 구조성 문제가 여전히 불거지고 있다. 2016년 유로존 경제성장률은 2015년보다 소폭 상승한 1.6%에 달할 것으로 예상된다. 영국 경제성장이 하락세에 직면했다. 영국 경제 회복이 부동산, 금융, 관광 등 산업에 의존하고 제조업이 경제에서 차지하는 비율이 점차 줄어들고 있어 실물 경제 경쟁력이 미국에 뒤졌다.

2016년 영국 경제성장은 다소 완만해지고 영국 중앙은행의 금리인상 결정도 지연될 것으로 보인다. 2016년 영국의 경제성장률은 2015년보다 다소 떨어진 2.2%에 달할 것으로 예상된다. 일본 경제도 취약한 회복과 퇴보 중에서 오르내릴 것으로 보인다.

아베의 '낡은 세 자루의 화살'이 점차 효과를 잃어가고 있는데 비해 '새로운 세 자루의 화살'(첫 번째 화살은 희망이 넘치는 강대한 경제 육성, 두 번째 화살은 이상적인 육아 지원 구축, 세 번째 화살은 근심 없는 사회보장 마련)이 사회 차원에서 출발해 일본의 장기적인 성장 구조문제(특히는 인구문제)를 해결하는데 주력하고 있다. 현재 상황으로 미루어 볼 때, 아베가 웅대한 목표를 실현하려면 아직도 3개 벽을 넘어야 한다. 첫째는 거대한 재정압력, 둘째는 외부환경에서 오는 압력, 셋째는 구조조정이 단기적으로는 효력을 보기 어려운 문제이다. 2016년 일본 경제가 2015년보다는 다소 호전되지만 여전히 1.0%의 취약한 성장세를 유지할 것으로 예상된다.

'브릭스국가'가 지속적으로 분화될 것으로 보인다. 인도가 여전히 빠른 성장세를 유지할 것으로 보이지만 FRS의 금리인상 조치에 따라 일정한 자본유출 압력에 직면할 것으로 예상된다. 따라서 2016년 인도경제성장률은 2015년보다 약간 낮은 7.0%에 달할 것으로 예상된다.

러시아와 브라질의 경제 쇠락도 다소 완화될 전망이다. 국제 에너지 가격 하락 공간이 제한되어 있어 2015년은 러시아와 브라질 경제가 가장 비관적인 한 해가 될 가능성도 있다. 2016년 러시아경제가 0.5% 위축될 것이지만 2015년보다는 상황이 호전될 것으로 보인다.

브라질 리우에서의 올림픽 개최는 경제발전을 일정하게 자극할 것으로 예상된다. 따라서 2016년 브라질의 경제가 1.0%정도 위축되어 2015년보다는 호전세를 보일 것으로 예상된다. 남아프리카는 저성장을 이어갈 것으로 보인다. 전력부족과 인프라시설 낙후가 남아프리카의 경제

발전을 제약하는 걸림돌이 될 것이다. 2016년 남아프리카 경제성장률은 2015년과 비슷한 1.3%에 달할 것으로 예상된다.

2. 2016년 중국의 거시적 경제 형세에 대한 전망

2016년은 '13차 5개년'계획을 시작하는 첫 해이다. 전반적으로 볼 때 경제형세가 여전히 준엄하다. 하지만 성장 원동력이 꾸준히 방출됨에 따라 하행세에서 벗어나 점차 성장세로 돌아설 전망이다.

거시적 조정은 공급단과 수요단으로부터 착수해 강화하고 '중서의 결합, 근본과 지엽을 함께 다스리며' '개혁개방 혁신+재정 통화 정책'을 공동으로 추진한다. 중장기적인 안목으로 판단할 때 중국경제의 발전 공간은 여전히 무궁무진하다. '개혁개방 심화와 실행', '혁신 구동으로의 전환 가속화'가 중국경제가 빠른 시일 내에 국제 경쟁력을 갖추도록 이끌고 품질 효과를 뚜렷하게 향상시키고 경제구조를 꾸준히 최적화하고 생태민생을 지속적으로 개선함에 있어 '새로운 성장', '새로운 발전'의 핵심으로 될 것이다. 중국경제가 '7'시대와 잠깐 이별한 배경 하에 '13차 5개년'계획은 기필코 중국경제의 새로운 미래를 만들어낼 수 있을 것으로 기대된다.

1) 경제 바닥치고 점차 안정세 회복, 성장 원동력 점차 창출

2016년 성장 원동력이 꾸준히 창출됨에 따라 중국경제가 하행세에서 벗어나 점차 성장세를 회복할 전망이다. 2012년부터 중국경제가 '전환기'에 들어서면서 경제성장이 '3개 과도기'의 압력에 노출됐다. 이 때문에

GDP가 11개 분기 연속 하락세를 나타냈다. 따라서 2016년에 이르러 이 같은 하행 압력에 필연코 일정한 관성이 존재하기 마련이다. 하지만 적극적인 요인으로 볼 때, 중국경제 구조조정과 산업구조 업그레이드가 점차 추진되는 외에도 신형 산업화, 정보화, 도시화와 농업 현대화가 서로 융합되고 깊이 있게 추진될 것으로 보인다.

한편, 내수와 공급 잠재력도 무궁무진하다. 신형 도시화 발전 전략을 실시하고 대중 창업, 만인 혁신의 새로운 분위기가 점차 조성되고 있는 가운데 신흥 산업 발전이 가속화되고 새로운 성장 원동력이 점차 육성되고 있다. 또 개혁개방 전면 심화에 따라 보다 많은 제도 보너스가 창출되고 혁신구동력이 갈수록 증강되고 있다. 이외에도 취업 형세가 안정되고 부동산 업종의 하행세가 둔화되고 인프라투자가 계속해서 빨라지고 있다. '성장 안정'의 정책조치의 누적 효과와 협력 역할이 지속적으로 나타나고 있으며 기업 생산경영 원가가 줄어들고 시장에 적응하기 위한 자아조정 발걸음이 빨라지고 있다.

특히 18기 5중 전회에서는 향후 5년간의 중국경제 사회발전 로드맵을 제시하고 새로운 목표요구와 발전이념 그리고 중대한 조치를 명확히 했는데 이는 시장의 자신감과 사회 활력을 불러일으키는데 이롭다. 종합적으로 볼 때 중국경제는 여전히 중■고속 발전을 실현할 수 있는 조건과 잠재력을 갖추었다. 따라서 2016년 GDP성장이 하행세로부터 점차 성장세로 돌아서면서 한 해 동안의 성장률이 6.7%에 달할 수 있을 것으로 예상된다.

공급 측 차원에서 볼 때 신형 제조업과 서비스업의 빠른 발전을 이끄는 대중 창업과 만인 혁신이 경제성장의 새로운 원동력이 되었다. '국민경제와 사회발전 제13차 5개년 계획을 제정할 데 관한 중공중앙의 건의'(이하 '건의'로 약함)에서는 혁신이 발전을 이끄는 첫 번째 원동력이기 때문에 '혁신 발전'을 새로운 5대 발전 이념의 첫 자리에 올려야 강조하면서 대중 창업, 만인 혁신이 중국 대지에서 활기차게 흥기하고 있다고 언급했다. 향후 '쌍창'이 신형 제조업과 서비스업을 위해 중점적으로 서비스할 것으로 보인다. 그 중 서비스업 분야는 혁신에 인터넷 요인을 융합시켜 방대한 생명력을 방출했으며 혁신을 핵심 경쟁력으로 하는 기업이 꾸준히 생겨났다. 심지어 적잖은 혁신기업들이 정부에서 제도개혁(예를 들면 전문차량 등)을 하도록 이끌고 있다. 2016년 한 해 공업 부가가치가 같은 기간과 비교해 5.7% 성장할 것으로 예상된다. 그 중 신형 제조업 성장폭이 전체 공업수준을 훨씬 넘어설 것으로 예상되는 가운데 서비스업 성장폭은 8.6%에 달할 것으로 보인다.

수요측 차원에서 볼 때, 소비 업그레이드와 지혜 투자가 경제성장을 이끄는 새로운 원동력이 될 전망이다. 아름다운 생활에 대한 국민들의 동경은 사회수요의 근원이자 향후 국민들의 전통적인 의식주행 등 기본 수요가 점차 아름다운 환경, 문화오락, 고등교육 등 높은 수준으로 업그레이드되는 기반이기 때문에 거대한 수요 성장 원동력이 포함되어 있다. 아울러 이런 새로운 수요의 유효 공급을 겨냥하려면 반드시 '지혜 투자'를 격려하고 '유소위 유소불위(有所爲有所不爲)'의 구조성 인도와 '시장이 충분한 역할을 발휘할 수 있도록 하는' 배치 메커니즘과 다원화 주체의 협력 제약 하에 조심성 있고 지혜롭게 프로젝트와 과학적인 결책을 서로 융합시켜야 한다. 2016년 한 해 사회 소매품 소비총액 성장률이 11% 증가되고 고정자산 투자 성장률은 9.5%에 달할 것으로 예상된다.

'일대일로' 전략 조치를 바탕으로 한 중국 대외개방 새 국면 구축이 경제성장을 이끄는 새로운 원동력이 될 전망이다. '일대일로'전략과 자유무역 시범구 시험 범위 확대로 인해 중국 대외개방 수준이 전면적으로 향상되고 개방을 추진하며 개혁을 추진하도록 이끌 것이다.

'일대일로'전략은 중국과 주변 국가 간의 교통 인프라시설의 상호연결 수준을 향상시키고 역내 교통 운송 일체화를 실현하며 자원요인의 효과적인 유동을 추진할 것으로 예상된다. 이밖에 '일대일로'연선 국가의 경우 국내 수요나 향후 역내 경제 협력을 막론하고 인프라시설 건설에 대한 수요가 비교적 왕성할 것으로 보인다.

'일대일로'전략을 실시한 후 연선 지역 인프라 수요량이 매년 1조 5백억 달러 규모 늘어날 것으로 예상된다. 이밖에 '일대일로'전략은 에너지협력, 통상문화, 정보산업과 자유 무역구 건설 분야에서 중국과 연선국가의 경제를 이끄는 역할을 하게 될 것이다. 2016년 중국 수출 규모가 동기대비 5% 늘어나는 반면, 수입은 동기대비 5% 줄어들 것으로 예상된다.

2) 가격 성장세, 통화 완화세, 재정 적극 지원으로 기업의 미시적 환경 점차 개선

가격요인으로 볼 때 2016년 중국이 직면한 통화긴축 압력이 다소 완화될 전망이다. 한 편으로, 주요한 글로벌 대종 상품 가격이 한층 떨어질 공간이 제한되어 있어 낮은 수준에서 성장세로 돌아설 것으로 예상되고 있는데 이로써 중국의 수출성 가격 하행 압력이 줄어들 것으로 보인다. 다른 한편, 전반 경제가 바닥을 친 후 점차 성장세를 되찾고 완화된 통화정책 효과가 나타남에 따라 기업의 다운 스트림 수요가 호전될 전망이다. 2016년 PPI 한해 동기대비 하락폭이 2%에 달해 2015년 보다 하락폭이 줄어드는 반면, CPI의 한해 성장폭은 2015년보다 소폭 상승한 1.7%에 달할 것으로 예상된다. 통화정책은 여전히 온건한 기조 하에 적당한 완화세를 유지할 것으로 전망된다.

첫째, 실물 경제 융자가 어렵고 융자가 귀한 문제가 여전히 존재하는 가운데 상대적으로 충족한 유동성을 통해 실물 기업의 융자 원가를 낮춰야 한다. 둘째, 사회 총 수요가 여전히 둔화되어 있어 수요측 차원에서 일정하게 자극해야 한다. 셋째, 지방정부 채무 발행에 유리한 이율 환경을 마련해 주는 한편 스톡 채무 압력을 줄여 가능하게 발생할 계약 위반 리스크를 방지해야 한다. 넷째, 금리인상 후 FRS에서 자본 유출에 대응하려면 충족한 유동성을 제공해야 한다. 이런 상황에서 2016년 통화정책은 온건한 기조를 이어나가는 가운데 적당한 완화세를 유지해 '성장 안정'을 실현할 수 있도록 보장해줄 것으로 예상된다. 2016년 한 차례 금리인하와 여러 차례의 지급준비율 하향조정 공간이 있을 전망이다. 또 M2 동기대비 성장폭은 13%내외를 유지하고 1년 기한 예금 이율 수준은 1% 이하로 하락될 가능성은 크지 않을 것으로 예상된다.

재정정책은 계속해서 성장을 안정시키고 구조를 조정하며 민생을 위하는 역할을 발휘할 것이다. 첫째, 재정 적자가 '성장 안정'을 더욱 적극적으로 지지할 것으로 예상된다. 2016년 공공 재정 적자 1조 8천만 위안을 배치할 예정이므로 예산 적자율이 2015년의 2.3%에서 2.5%로 늘어날 전망이다. 둘째, 수입과 지출 모순이 돌출한 상황에서 재정지출 구조를 조정하고 보완하며 스톡 역할을 발휘하는 한편 구조성 감세 정책을 적절하게 실시해야 한다. 셋째, 정부와 사회 자본 협력(PPP)을 적극적으로 추진하고 규범화해 정부가 법치를 중시하고 업무가 투명하며 신용을 중히 여기는 환경을 마련함으로써 PPP융자 지지 기금이 하루빨리 운행될 수 있도록 추진한다. 넷째, 재정세무 체제 개혁을 계속해서 추진하고 '영업세의 부가가치세 전환'개혁 임무를 전면적으로 완성하는 외에도 예산 관리제도 개혁을 심화하고 정부의 채무 관리를 강화한다.

가격이 안정세를 회복하고 통화와 재정 정책이 이중으로 작용하는 유리한 환경에 힘입어 2016년 실물 기업의 경영환경이 다소 개선되고 융자가 어렵고 융자가 귀한 문제도 다소 완화될 것으로 보인다.

또한 기업이 정부와 기업의 기구를 간소화하고 권한을 하부 기관에 이양하며 기업의 압력과 부담을 줄임으로 인해 가져다준 실질 적인 혜택을 향수함으로써 실물 경제가 안정적인 상승세를 유지할 전망이다.

(3) 공급 측 구조개혁 추진해 거시적 정책의 주기조로 간주

당의 18기 5중 전회에서는 '13차 5개년'계획에 관한 '건의'를 심의 통과하고 '혁신, 조율, 친환경, 개방, 공유'란 5대 신 개념을 제기했다. 이는 중국의 전면적인 중등수준 사회 발전에 새로운 여정을 개척해준 셈이다. 2015년 11월 10일, 시진핑 총서기가 중앙재정영도소조 제11차 회의에서 처음으로 "총 수요를 적당하게 확대함과 동시에 공급 측 구조조정에 힘쓸 것을" 제기했다. 이런 새로운 언급은 중국의 거시적 관리 사고방향의 큰 변화를 말해주고 다음 단계 경제발전의 신형 구동력을 구축할 것이라는 점을 의미한다. 2016년 공급 측 구조조정이 거시적 정책의 주기조로 되고 경제의 장기적으로 지속적인 발전에 든든한 기반을 다지게 될 것이다. 경제 하락세를 되돌리는 과정에 아래와 같은 면에 중점을 둘 예정이다. 5중 전회 정신을 실행하고 '13차 5개년'계획을 가동함과 아울러 신형 거시적 조정정책 틀-'개혁개방 혁신+재정 통화 정책'구축을 가속화함으로써 근본과 지엽적인 것을 함께 다스리고 장점과 단점을 결부시킬 계획이다. 핵심은 공급 체계 품질과 효율 향상을 통해 경제를 발전시킬 수 있는 신형 구동력을 구축하는 것이다. 이로써 경제구조의 전환·업그레이드와 지속적이고 건강한 발전을 추진하는 한편, 생태, 민생을 계속해서 개선해 중등발전 수준의 나라를 건설하는 목표를 전면적으로 실현한다.

구체적인 조치는 이러하다. 첫째 시장 경제제도를 보완하고 제도 공급을 추진한다. 가격 통제를 풀어 시장과 투자자들에게 진실하고 믿음직한 가격 정보를 제공한다. 생산요인 시장화 개혁을 적극적으로 추진하고 현대 재산권 제도를 건전히 한다. 또 평등하게 경쟁하는 법률 환경을 최적화하고 기업의 파산퇴출 제도를 보완한다. 그리고 정부와 기업의 기구를 간소화하고 권한을 하부 기관에 이양하는 강도를 한층 높이고 시장 조절 기능을 강화한다.

둘째, 노동력 유동성과 그 소질을 향상시킨다. 둘째 아이 정책을 전면적으로 실행하는 상황에서 노동력 품질과 구조 향상에 주의를 돌려 '인구 보너스'를 '인력 자본 보너스'로 전환시킴으로써 노동력 요인 차원에서 공급 업그레이드를 실현한다.

셋째, 토지제도개혁을 추진한다. 국유와 집체 토지의 가옥 징발과 보상에 관한 규정을 하루빨리 수정해 투자 프로젝트가 실행될 수 있도록 힘을 실어줘야 한다. '토지주식제도' 등 토지제도 변혁 실천을 탐구하는 외에도 국제 경험을 본받아 농업 발전 모식을 최적화함으로써 농업 현대화를 추진하고 농촌과 농민 현대화를 이끈다.

넷째, 금융체제 개혁을 적극적으로 추진하고 금융 공급을 늘린다. 위안화 환율 시장화 개혁과 지급준비율 이율 형성 메커니즘 개혁을 추진한다. 규모별로, 다원화된 경영기구 건립을 모색해 영세기업의 융자난 문제를 해결한다. 다차원 자본시장 체제를 보완하고 직접 융자를 적극적으로 발전시킨다.

다섯째, 국유기업 개혁을 적극적으로 추진한다. 현대 기업 제도를 보완 및 규범화 하고 자본관리를 주로 해 국유자산 감독관리를 강화한다. 기업의 인수합병, 재조합과 혼합 소유제 발전을 추진하고 '좀비'기업을 하루빨리 처리한다. 또 국유자본 배치와 운행 효율을 향상시키고 국유기업 활력과 경쟁력을 증강시킨다.

여섯째, 산업의 새로운 체제를 구축한다. 공업 인프라시설과 스마트 제조, 친환경 제조, 서비스형 제조의 중점 시범과 산업화 지지 강도를 늘린다.

일곱 번째, 과학기술 혁신을 지지하고 ' 창'을 추진하며 기업가 정신을 고양한다. 기업이 연구개발 투자를 확대할 수 있도록 격려하고 대학교, 과학연구원과 연구소의 성과 전환 처리 권한을 늘리는 외에도 대중 창업, 만인 혁신을 추진하고 지식재산권에 대한 보호를 강화한다.

여덟 번째, 에너지 절약과 환경보호를 강화해 아름다운 중국을 건설한다. 대기, 물, 토양 오염에 대한 예방퇴치를 강화하고 농촌 환경 종합 정리정돈 등에 대한 투입 강도를 확대하는 외에 에너지 사용권, 물 사용권, 오염물배출권, 탄소배출권에 관한 초기 분배 제도를 건립한다. 환경 우호 기술 및 상품 보급을 추진하고 친환경 저탄소 순환의 산업발전 체계 건립을 지지하며 친환경 발전과 아름다운 중국 건설을 추진한다.

제5편
2016년 중국 부동산시장에 대한 전망

제15장 중국의 중 • 단기 부동산가격 : 추세와 영향 요인

1. 2016년 부동산가격에 대한 예측 : 추세
2. 2016년 부동산가격에 대한 영향 요인 분석
3. 중 · 장기 부동산시장 가격 추세 및 영향 요인 분석
4. 결론

제15장
중국의 중·단기 부동산가격 : 추세와 영향 요인

저우쓰녠(鄒士年) : 국가정보센터 경제 예측부 연구원

부동산 예측은 일정한 전제조건을 바탕으로 이뤄지지만 조정정책에
변화가 있는 한 예측도 따라서 변한다. 필자는 예측시간 간격에 따라
2016년을 단기와 중장기 2개 부분으로 나눠 예측하고 나서 향후
부동산가격 추세와 영향 요인을 각각 분석했다.

1. 2016년 부동산가격 예측: 추세

우선 전반적으로 볼 때 2016년 부동산 가격이 상승세에 있을 것으로
예상된다. 당연히 상승폭이 크지 않고 가격이 먼저 상승했다가 다시
하락하는 추세를 나타낼 것으로 보인다. 다음 2016년 부동산 가격에서의
구역 격차가 계속해서 지속되고 또 확대될 가능성도 있다. 특히 1, 2선
도시에 거래량과 가격이 동시에 상승하는 반면, 3, 4선 도시에는 거래량이
늘어나고 가격이 안정세를 유지하는 상황이 나타날 것으로 보인다.

그 다음 유형별 부동산 격차가 계속해서 확대되고 구역 간 격차와

비교해 유형별 토지자산 간의 격차가 더 벌어질 전망이다. 특히 주택, 비즈니스 빌딩, 상업가게의 격차가 클 것으로 보인다. 비즈니스 빌딩과 상업가게 중 특히 상업 가게가 인터넷 상업의 충격을 크게 많을 것으로 예상된다. 기존에는 '가게 하나면 3대를 먹여 살렸다'는 말이 있었지만 현재는 '가게 3개로 한 대를 먹여 살리기도' 아주 어렵게 되었다. 이는 상업 가게가 아주 큰 영향을 받고 있음을 설명해주는 대목이다. 비즈니스 빌딩 부분에서 IT 혹은 첨단기술 산업 등 신흥 산업이 주요하게 버팀목을 역할을 할 것이다. 베이징의 비즈니스 빌딩은 여전히 인기가 높다. 일부 중소도시에는 이런 비즈니스 빌딩이 불경기에 처해 있을 수도 있다.

이밖에 주의해야 할 부분이라면 바로 학군이 좋은 지역에 있는 주택 이른바 쉐취팡(學區房)이다. 쉐취팡은 이미 상당한 리스크를 나타내고 있다. 교육자원이 균등화됨에 따라 쉐취팡 가격도 상승세를 멈추고 하락세를 보일 것임이 틀림없다. 이는 이미 현실에서 이미 증명된 바다. 현재까지 베이징시 다수 구역의 부동산가격은 여전히 상승세를 이어가고 있다. 하지만 중관춘(中關村)의 쉐취팡을 구입해서부터 현재까지 가격이 줄곧 상승하지 않았다고 말하는 자들도 있는데 이는 정상적인 현상이다.

최근 교육부에서 발표한 문서에서는 교육의 균등화가 이미 장기적인 추세로 되었고 앞으로는 쉐취팡을 구입하였다 해도 학군에서 수준이 차한 중학교일 수 있고 쉐취팡을 구입하지 않았다 할지라도 좋은 중학교에 다닐 수 있다고 언급했기 때문에 쉐취팡 개념이 더는 마케팅에 이용될 수 없을 것으로 보인다.

2. 2016년 부동산가격에 대한 영향 요인 분석

여기에서 2016년 부동산가격에 영향을 주는 요인을 분석한다. 가격 영향 요인이라 하면 경제학자들은 아주 간단한 공급과 수요 문제라는 점을 잘 알고 있을 것이다. 현재 공급 분야를 많이 언급할 필요는 없고 재고가 여전히 아주 많기 때문에 여기서는 수요에 영향을 주는 요인을 집중적으로 분석할 예정이다. 첫 번째 영향요인은 바로 정책이다.

본기 정부는 부동산시장에 대해 줄곧 비교적 조심스러운 태도를 보였다. 전기에 총체적으로는 억제조치를 취하고 중점적으로 주택 보장을 언급했다. 하지만 2015년 정부업무보고를 보면 부동산에 대한 정기적인 조정이 상대적으로 평온해지고 적극적인 방향으로 바뀌었다. 예를 들면 주택 소비 안정, 새 중고주책이 보장성 주택로의 전환, 주택 공적금 개혁 추진, 위험주택의 판자촌 개조 프로젝트 포함, 신탁자산 증권화 추진 등이다. 2015년 제정한 일련의 완화정책은 부동산에 대한 중앙의 태도가 바뀌었음을 더욱 뚜렷하게 나타내고 있다.

결론적으로 중앙경제업무회의에서는 재고량 해소를 2016년 구조조정 5대 임무중 하나로 정했다. 따라서 많은 사람들이 부동산문제에 대한 중앙의 관심은 부동산에 확실히 문제가 생겼다는 점을 설명한다고 추측했다. 또 최소한 단기 내에서는 생각했던 것처럼 그렇게 좋지도 나쁘지도 않을 것이라고 생각했다. 현재 부동산에서 가장 큰 문제는 바로 재고량 해소이다. 그렇다면 재고량을 어떻게 해소해야 할까? 현재 농민들의 주택 구입을 추진하는 것이 비교적 합리적이라고 본다. 그러나 '이상과 현실은 차이가 큰 법이다.' 여기에서 2가지 의문이 생긴다. 첫째,

농민의 자금이 어디서 올까? 구입할 능력이 있는 농민들은 이미 구입했다. 이는 소득분배 차원의 문제이기 때문에 여기서 더 언급하지는 않겠다. 둘째, 도시에서 주택을 구입하는 농민공에게 충분한 취업 기회를 마련해 줄 수 있을까? 상주인구 조사에서 2억 7천 만 명의 농민공 중 주택 구입능력이 있고 또 그럴 의향이 있는 농민공 비율이 1%미만인 것으로 나타났다. 때문에 농민들의 주택구입을 통한 부동산 재고 해소 정책을 실시하기에는 어려움이 많다. 누군가 또 지적소유권 공유 방식을 제기하기도 했다. 일부 지역에서 이미 시범적으로 실시하기 시작했고 그에 따른 문제점도 적지 않다. 평가절상 혹은 평가절하 후에는 모두 분할에 어려움을 겪게 될 것이다, 재고량 소화에 대한 2015년 중앙의 정책 강도는 이미 상당했다. 예를 들면 지급준비율을 5차례 하향조절하고 5차례 금리를 인하하고 두 번째 주택구입 정책을 완화하는 등등이다. 하지만 중앙은 이미 재고량을 해소하기로 결심했기 때문에 2016년 상당한 정책 공간이 있을 것으로 보인다.

첫째, 정책이 한층 더 완화될 예정이다. 예를 들면 첫 주택 선불금 하향 조절, 일반 주택 기준 조정, 세금 개혁, 호적제도 완화 등이다. 당연히 호적제도 의미가 크지 않겠지만 이 정책은 비축 정책 내에 있을 것으로 보인다. 현재 대도시의 호적제도를 쉽사리 완화할 가능성이 없고 재고량이 많은 지역의 경우 호적제도를 완화해도 역할은 그리 크지 않을 것이다.

둘째, 2016년 부동산가격을 직접적으로 추진할 수 있는 가장 뚜렷한 요인이 바로 지방정책일 것으로 예상된다. 지방정책이 주는 우대조치는 주택구매자들이 실제로 볼 수 있다. 예를 들면 2015년부터 우후(蕪湖)에서는 부동산 취득세 50%를 보조해주고 있고 광시(廣西) 베이하이(北海)의 경우 주택 구입금의 1% 비율에 따라 보조금을 지불해주고 있다. 이밖에 저장(浙江) 푸양(富陽)구에서는 일차적으로 최고 80만 위안의 보조금을 지불하는 조치를 실행하고 있다. 베이징에서라도 보조금 80만 위안은 아주 높은 수준이라고 본다. 당연히 푸양에서 주는 80만 위안의 보조금은 일반인이 받을 수 있는 것이 아니고 반드시 일정한 인재조건에 부합되는 부류여야 가능한 일이다. 2016년 여러 지방정부의 정책강도가 한층 확대될 것이 분명하다. 중앙에서 이미 허락했기 때문이다. 토지재정이 있는 한 지방정부에서 주택수요를 자극하는 원동력은 계속 존재한다. 이는 2016년 주택 거래량 상승을 추진하고 가격 안정을 유지할 수 있는 아주 중요한 요인이다.

셋째, 인구요인이다. 도표 15-1은 최근 5년간 1, 2선 도시의 인구 유동상황을 열거했다. 이 지표는 부동산 투자에서의 참고로 간주할 수 있으며 도표에서 반영된 1, 2선 도시는 향후 여전히 일정한 공간이 있다. 2009~2014년까지 상하이 인구의 순유입 규모는 504만 명, 베이징, 톈진, 광저우는 각각 396만 명, 288만 명, 275만 명에 달했다. 궁극적으로 주택은 인구 규모를 보아야 한다. 이는 주택 소유를 뒷받침할 수 있는 가장 현실적인 요인이다. 특히 현재처럼 주택 투자 기능이 약화된 시점에 인구 규모의 역할이 더욱 중요해졌다.

도표15-1 일부 1, 2선 도시 인구 유동 상황(2009~2014년) 단위:만명

도시	2009년 인구	2014년 인구	유입인구	도시	2009년 인구	2014년 인구	유입인구
상하이	1921	2425	504	난창	464	524	60
베이징	1755	2151	396	푸저우	684	743	59
톈진	1228	1516	288	구이양	396	455	59
광저우	1033	1308	275	칭다오	850	904	54
둥관	635	834	199	다롄	617	669	52
선전	891	1077	186	난징	771	821	50
정주우	752	937	185	닝보	719	767	48
청두	1286	1442	156	선양	786	828	42
포산	599	735	136	지난	670	706	36
충칭	2859	2991	132	우시	615	650	35
샤먼	252	381	129	후허하오터	268	303	35
쑤저우	936	1059	123	쿤밍	628	662	34
우한	910	1033	123	허페이	735	769	34
원저우	807	906	99	창저우	445	469	24
항저우	810	889	79	스자좡	1038	1061	23
창사	664	731	67	난닝	666	685	19

넷째, 수급 비율이란 바로 공급과 수요 비율이다. 표 15-2는 중국 35개 도시의 수급 비율이다. 이 또한 선전의 주택 가격이 왜 지속적으로 상승세를 유지하고 있는지를 증명해줄 수 있다. 수급 비율은 주택공급 면적과 수요 면적의 비율이다.

수요는 몇 년 전 균형화된 수요량에 따라 계산한 것이다. 일반적으로 수급 비율이 1.1보다 낮으면 수급관계가 합리한 구간에 처해 있다는 점을 말해준다. 만약 1.1~2 사이에 있으면 상대적으로 균형화된 구간에 처해 있고 그 비율이 2.0이면 수급 불균형 상태에 속하는 것임을 말한다. 수급 비율이 1.1 미만이고 합리한 구간에 처해 있는 도시가 고작 7개뿐이다. 그중 주택가격이 가장 높은 선전의 수급 비율이 0.57로 최소치였다. 수급 비율이 낮은 도시는 향후 주택가격이 상승할 가능성이 있다. 그리고 다수 도시의 수급 비율이 아주 높아 향후 재고량 해소 효과가 우려된다.

도표15-2   35개 대중도시 부동산 수급 비율

도시	수급 비율	순위	도시	수급 비율	순위	도시	수급 비율	순위
선전	0.57	1	시안	1.55	13	지난	2.25	25
푸저우	0.86	2	하이커우	1.60	14	쿤밍	2.39	26
상하이	0.91	3	난징	1.63	15	하얼빈	2.39	26
허페이	0.91	3	닝보	1.63	16	타이위안	2.80	28
스자좡	0.94	5	창사	1.70	17	후허하오터	2.81	29
광저우	1.00	6	정저우	1.73	18	칭다오	3.07	30
베이징	1.04	7	시닝	1.73	18	창춘	3.27	31
청두	1.17	8	우한	1.89	20	란저우	3.70	32
샤먼	1.28	9	인촨	1.99	21	선양	4.32	33
톈진	1.33	10	난닝	2.03	22	구이양	5.33	34
항저우	1.38	11	충칭	2.03	22	다롄	7.18	35
난창	1.48	12	우시	2.22	24			

이상은 본 장에서 2016년 부동산 가격을 뒷받침해주는 요인에 대한 판단이다. 특히 지방의 정책 추진, 중국에 여전히 존재하는 강성 수요, 일부 80년대 생과 70년대 생 인구 절정의 수요단계가 있다는 점을 열거했다.

3. 중 · 장기 부동산시장 가격 추세 및 영향 요인 분석

(1) 중 · 장기 부동산가격 추세

중 · 장기적인 안목으로 볼 때 1선 도시, 중점도시, 징진지(베이징-텐진-허페이)배치 및 베이징 주변 도시과 같은 국가전략 배치 지역, 그리고 하이난(海南), 산야(三亞) 등 기후환경 조건이 비교적 좋은 지역을 비롯한 일부 관광도시의 부동산가격은 아직도 상승 기회가 있다. 그리고 일부 신흥도시와 연안의 일부 항구도시, 예를 들면 '일대일로'와 서남지역에 고속철도로 서로 교통이 연결된 국경도시의 부동산가격은 아직도 일정한 상승공간이 있다. 하지만 다수 2선 도시 부동산가격 상승공간은 아주 제한되어 있고 3, 4선 도시 부동산가격은 하락될 것으로 예상된다. 상업 부동산에 대한 신흥 업무 경영 방식의 충격이 가속될 것으로 보인다. 양로 부동산과 관광 부동산 가격은 아직도 계속해서 상승세를 이어갈 가능성이 있다.

(2) 중 · 장기 부동산가격 영향 요인

장기적으로 부동산가격을 뒷받침해온 첫 번째 요인이 바로 도시화율이다. 통계 숫자에 따르면, 2014년 연말 중국의 도시화율이 고작 54.77%에 달한 반면, 일반 선진국은 70%~80%에 달했다. 중국의 도시화율에 상당한 상승공간이 있는 것처럼 보이지만 본 장의 관점은 좀 다르다. 중국의 국정을 감안할 때 도시화율이 단기 내에 70%~80%에 달하기 어렵다. 따라서 향후 주택 수요를 끌어올림에 있어 도시화율의 역할을 너무 낙관적으로 예측하지 말아야 한다.

두 번째 요인은 신규 증가 인구이다. 이는 공동으로 주목하는 요인이다. 2015년 이후로 즉 '13차 5개년', '14차 5개년'계획 기간 부동산의 주요한 수요자는 누구일까? 현재 관련 데이터가 많이 부족하지만 놀랄만한 추산결과가 나왔다. 이론에 따르면 주택 수요는 주택구입 연령을 고려해야 한다. 누군가 중국 주택구매자들의 연령대가 젊다면서 미국인보다 한 세대 정도 앞섰다고 말했다. 모 기구 분석에 따르면 중국 평균 주택구입 연령은 27살이다. 우리의 직관으로는 25~40세 사이로 판단된다. 그렇다면 향후 5~10년 주택구입 주력은 1990년에 태어난 자가 될 것이다.

그러나 중국의 경우 1990년대 생이 1980년대 생보다 4806만 명 적다. 이는 상당히 놀랄만한 수치이다. 그러나 1980년대 생은1970년대 생보다 1억여 명 정도 많고 2000~2009년생은 1990년대 생보다 또 1300만 명 적다. 이는 중국이 오랜 세월 실행한 출산정책과 관계된다. 2013년의 출산율은 1.24인 반면, 세계 평균 출산율은 2.5였다. 중국 출산율은 세계의 절반에도 미치지 못해 상황이 비교적 심각하다.

현재 계획출산 정책을 전면적으로 완화한다 해도 이미 늦었다. 현재 추진 중인 둘째 아이 출산 격려 정책도 그렇게 낙관적이지는 않다. 체제

제한을 받는 직원이 아닌 한 둘째 아이를 이미 출산했기 때문에 기존에 체제 제한을 받았던 자들이 출산한 둘째 아이만이 부동산 수요에 영향을 미칠 수 있다. 이들의 노임 수준이 비교적 낮기 때문에 둘째 아이 출산 정책을 완화한다고 해도 출산을 선택하는 자들이 많지 않다. 따라서 둘째 아이 정책이 인구에 대한 영향을 생각하는 것처럼 그렇게 크지는 않다. 본 장은 중국이 출산을 제한하던 데서 출산을 격려하기까지의 시간 간격이 아주 짧고 인구 계획출산정책이 중국의 미래에 대한 영향이 아주 크기 때문에 주택 수요에만 국한되지 않을 것이라는 대담한 예측을 제기한다.

셋째, 공급 차원에서 볼 때 주요한 영향 요인은 여전히 기존주택이다. 하지만 사실상 기존주택과 관련되는 수치에 대해서는 현재까지 누구도 정확히 계산해내지 못했다고 본다. 대량의 소소유권 주택 등 정확하게 통계할 수 없는 기존주택이 많기 때문이다. 앞으로의 10년 중국은 이미 기존주택 시대에 들어서면서 중고주택 거래가 점차 신규 주택을 넘어설 것이다. 부동산 재고량 판매에서 부동사개발업체가 가장 민감하게 반응할 것이다. 그들은 이미 '오리가 먼저 아는'상황에 처했다. 2015년 판매 회복, 투자 하락 현상과 비교해 개발권 취득도 동시적으로 낭떠러지식 하락이 나타났는바 한 해 동안 줄곧 마이너스 30%여의 하락폭을 유지했다. 무릇 지표는 상승이든지 하락이든지를 막론하고 지속성이 있어야 한다. 현재의 낭떠러지식 하락은 향후에도 영향을 미칠 것이다.

넷째, 향후 통화 증가속도도 주택가격을 뒷받침할 것이다. 외국 환평형기금 감소는 통화 성장에 비교적 큰 하행 압력을 가져다 줄 것이다. 현재 중국의 외국환평형기금이 점차 줄어들고 있는 가운데 향후 통화 공급

기수가 비교적 높다면 통화 성장폭 완화는 정상적인 상태일 것이다. 통화 차원에서 볼 때 향후 높은 주택가격에 대한 지탱역할은 없어질 것이다.

4.결론

장기적으로 볼 때 부동산가격은 우려를 자아낸다. 하행이 언젠가는 나타날 추세이기 때문이다. 하지만 부동산 연구자로서 부동산 소비자들이 문제를 보는 각도와는 조금 다르다. 비록 현재 상당한 전문가들이 부동산 개발업체에 부동산가격 하락을 제안하고 있고 소비자들도 주택가격 하락을 희망하고 있지만 연구자로서 이렇게 생각한다는 건 그릇되었다고 본다. 만약 개발업체에서 부동산가격을 낮춘다고 하자. 구입하려는 사람들이 과연 있을까? 알다시피 이는 주식 구입처럼 상승할 때 사들이고 하락할 때 사들이지 않는 도리와 같다. 따라서 사회 대중들에게 가장 좋은 재고량 해소 방식은 주택가격에 비교적 큰 하락폭이 나타나지 않는 상황에서 판매량을 끌어올려 재고량을 하루빨리 해소하는 것이다.

제5편

2016년 중국 부동산시장에 대한 전망

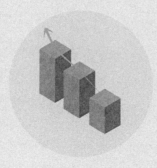

제16장 부동산시장 분화의 원인 및

재고량 해소 조정의 논리적 모순

1. 부동산가격에 영향을 주는 요인
2. 시장의 분화에서 발견한 부동산가격의 영향 요인 : 주가
3. 재고량 해소 조정의 논리적 모순

제16장
부동산시장 분화의 원인 및
재고량 해소 조정의 논리적 모순

인중리(尹中立) : 중국사회과학원 금융연구소
금융시장연구실 부주임 및 연구원

부동산시장 하면 모두 같은 고민이 있을 것이라 생각한다. 필자는 10년 전부터 부동산시장을 연구하기 시작했다. 그때 베이징 주택가격은 제곱미터당 1만 위안 정도였던 반면 필자의 노임은 고작 2천 위안이어서 주머니 사정이 좋지 않았다. 현실 수요 때문에 이 문제에 대해 관찰하고 분석할 취미가 생겼던 것이다. 처음에는 부동산 투기 행위를 많이 주목했고 저장성 원저우(溫州)의 주택투기자들로 인해 베이징 주택가격이 상승했다고 생각했다. 필자는 전에 이와 관련해 비난 글을 발표한 적도 있는데 핵심은 정부에서 원저우 주택투기자들의 행위를 단속해야 한다는 내용이다. 하지만 이제 와서 되돌아보니 그 당시의 관점은 결코 타당하지 않다는 점을 깨달았다.

1. 부동산가격에 영향을 주는 요인

깊은 연구를 통해 주택가격과 인구구조의 연관 관계를 알아냈다. 인구구조 차원에서 볼 때 1960~1970년대는 중국의 '영아 붐'시대였다. 이 시기에 태어난 60년 대 생과 70년대 생이 3억여 명에 달한다. 이들이 1998년 전후로 마침 30여 세가 되는데 이때는 가정을 이루고 주택을 구입해야 하는 단계이다. 따라서 그때 중국은 주택수요 절정에 들어섰다.

주택제조 개혁은 1998년부터 돌파성적인 진전을 가져왔는데 이 또한 주택수요 압력과 연관이 있다고 본다. 정부는 1981년부터 주택 문제에 주목하기 시작했다. 덩샤오핑(鄧小平)이 명확한 비시를 내린 후 1981년부터 1998년까지, 계획은 방대했지만 실행이 어려웠다. '사소한 것이 대세에 큰 영향을 미치는' 일이었기 때문에 사회 리스크를 가늠하기 어려웠기 때문이다. 그렇다면 1998년 왜 이런 조치를 취해야 했을까? 아시아 금융위기 압력 외에 또 다른 내생 압력은 바로 수많은 60년대 생들이 그 시기에 주택구입이 필요했고 기존의 실물 분배제도를 유지하기 어려워 반드시 부동산시장을 완화해야 했던 것이다.

인구구조 차원에서 볼 때 2016년은 중국 주택 수요의 전환점이 될 것으로 보인다. 이 부분은 일본의 인구구조와 주택가격 간의 관계와 비교해볼 수 있다. 일본의 경우 노동인구가 총 인구에서 차지하는 비율이 1990년에 정점을 찍었다가 그 후에 점차 하락된 반면, 중국의 최고치는 2015년에 나타났다. 인구구조 차원에서 볼 때 향후 부동산문제가 비교적 심각해질 것으로 예상된다.

부동산가격을 통화정책 차원에서 연구할 수도 있다. 통화정책 확장은 필연코 주택가격 상승으로 이어진다. 반대로 통화정책이 위축되면 주택가격은 약세를 보인다. 2001년 이후 위안화가 평가절상 압력에 노출되었고 대량의 국제자본이 중국으로 유입된 데다 비교적 큰 규모의 대외무역 흑자가 생기면서 외국환평형기금이 빠르게 늘어나고 중국에 유동성 과잉 현상이 나타났다. 2005년 전후로 나타난 부동산가격 상승은 이와 밀접한 연관이 있다.

2. 시장의 분화에서 발견한 부동산가격의 영향 요인: 주가

만약 2015년 부동산가격 추세를 본다면 인구구조와 통화정책 등의 요인과는 관계가 크지 않은 듯하다. 2015년에 양극분화가 생겼고 그 수준이 아주 심각했기 때문이다. 우선, 1선 도시와 3, 4선 도시에 뚜렷한 분화 현상이 생겼는데 이는 기존의 부동산시장에 나타나지 않았던 현상이다. 2000년부터 2010년까지 주택가격에 주기적인 파동 현상이 나타날 때마다 1선 도시, 3, 4선 도시는 함께 가격이 상승했다가 또 함께 하락하곤 했다. 비록 도시별 주택가격 변동폭이 서로 달랐지만 파동 방향은 일치했다. 그러나 이번에는 뚜렷한 분화현상이 생겼다. 1선 도시의 주택가격이 평균 20% 내외 인상된 가운데 선전은 45% 상승했다. 그러나 3, 4선 도시의 경우 다수가 가격이 하락되었고 최고로 5% 이상 하락된 지역도 있었다. 이런 분화는 전에 한 번도 나타나지 않았다.

또 다른 특점이라면 1선 도시 자체에도 분화 현상이 존재한다는 점이다. 전국적으로 선전의 주택가격이 가장 높았던 적은 없었다. 기존에 주택가격 상승이 가장 빠른 지역은 베이징이나 상하이였고 광저우나 선전은 이름을 올리지 못했다. 그러나 이번에 선전의 주택가격 성장폭이 다른 도시를 크게 따돌리고 45%를 기록했다. 이에 비해 베이징의 신규주택가격은 9%, 중고주택가격은 10% 상승했다. 상하이는 12%, 광저우는 8% 정도 상승했다. 이로부터 도시 간 상승폭 격차가 아주 크다는 점을 보아낼 수 있다. 선전 주택가격의 엄청난 상승폭은 인구구조와 큰 연관이 없다는 것을 말해준다. 그렇다면 선전과 1선도시의 분화 현상을 어떻게 이해해야 할까? '3·30'정책의 자극을 받았기 때문이라고 주장하는 사람들이 많다. 2015년 3월 30일 국무원은 일련의 부동산 자극정책을 발표했다. 문제는 전에도 이와 유사한 정책이 발표됐지만 자극을 받을 경우 마찬가지로 상승세를 타거나 아니면 나란히 현 수준을 유지하는 상황이 나타났다. 그런데 이번의 경우 1선 도시의 주택가격이 상승한 반면 왜 3, 4선도시의 부동산시장에는 별 영향을 미치지 못한 것일까? 이것이 첫 번째 의문이다.

선전의 주택가격 상승폭이 지나치게 빠른 이유가 바로 선전의 토지가 희소하기 때문이라고 주장하는 자도 있다. 선전에 1천만 여 명의 상주인구가 살고 있지만 해마다 늘어나는 선전의 주택공급량이 대체로 5백만 제곱미터뿐이라는 것이다. 그러나 베이징과 상하이의 경우 그 규모는 2천만 제곱미터에 달한다.

선전의 인구가 많은 반면, 주택공급이 모자라는 건 확실하다. 그러나 문제는 선전의 주택 공급 규모가 줄곧 이 수준을 유지해왔고 2015년 인구구조에도 특별한 변화가 나타나지 않았는데 왜 2015년에 와서야 주택가격이 대폭 상승했냐는 것이다. 그러니 인구와 토지모순 문제도 선전의 주택가격이 2015년에 대폭 상승한 원인이 아니다. 이밖에 2015년 '대중 창업, 만인 혁신'을 추진했기 때문이라고 주장하는 자들도 있다. 선전은 과학기술 혁신이나 신흥 산업 발전 분야에서 선두적인 지위를 차지하고 있다. 하지만 선전이 줄곧 이 분야에서 두각을 나타냈고 2015년에도 특별한 변화가 나타나지 않은데다 선전의 GDP가 전국 수준과 같고 2015년은 몇 년 전보다 뒤졌다는 것이다. 만약 경제구조 차원에서 볼 때 이로 선전의 주택가격 그리고 1선 도시 주택가격과 3, 4선 도시 주택가격이 위배되는 현상을 해석하기에는 부족함이 있다.

필자의 관찰 결과, 선전의 주택가격은 2014년 12월부터 상승하기 시작했고 상승폭이 가장 빨랐던 시간대는 2015년 5월과 6월인 것으로 나타났다. 또 7월 이후 선전의 주택가격 전월 대비 성장폭이 기본적으로 하락됐다. 선전의 주택가격 상승 상황이 2015년의 주식시장과 거의 비슷했다. 선전과 1선 도시의 2015년 부동산시장 분화 추세는 주로 주식시장에 의해 초래된 것이다.

선전 주식시장에 중소판(中小板)과 차이넥스트(創業板)시장이 있는 것이 가장 특별한 부분으로 꼽힌다. 현재 중소판에 800개 상장회사가 있고 차스닥에 약 500개 회사가 있어 이를 합치면 총 1200여 개 상장회사가 있다. 상장회사를 어느 거래소에서 개업해 상장했으면 그 도시에서 계좌를 개설하고 판사처를 설립하는 외에도 주식에 투자하고 모든 자연인 주주와 법인 주주계좌 관리를 모두 그 도시에서 진행하는 특점이 있다. 선전에는 수많은 중소판과 차이넥스트 발기자와 창시자들의 계좌가 집중돼 있다.

주식 거래가격이 상승하는 과정에 이들의 재산이 빠르게 늘어났다.

중소판과 차이넥스트가 비록 2015년 주식 재난을 겪었지만 2014년 연말부터 현재까지 차이넥스트 지수 평균 가격이 여전히 90% 상승하고 중소판은 50% 이상 상승했다. 새로 늘어난 재부가 어디에 집중됐을까? 주로 선전에 집중되었고 베이징과 연관은 있지만 관계가 그렇지 밀접하지는 않다. 베이징 중관춘(中關村)의 다수 회사들도 중소판과 차이넥스트에 상장했지만 그 수량과 규모가 선전과는 비교가 안 된다.

상하이는 장내 시장이기 때문에 혁신류 기업 주택 거래가격 상승이 없다. 따라서 상하이는 상대적으로 영향을 적게 받는다. 만약 이 논리가 성립된다면 상하이 전략 신흥산업판(新興産業板)이 곧 개설될 것이고 마찬가지로 과학기술 신흥기업 등 민영 지주회사들이 상하이에서 상장하게 될 것이다. 만약 불 마켓이 나타나고 또 지속된다면 향후 계좌 재부가 상하이에 미치는 영향이 선전과 비슷할 것이다. 앞으로 상하이에서 주택을 구입할 의향이 있다면 이 부분에 주목해야 한다.

3.재고량 해소 조정의 논리적 모순

현재 국무원은 재고량 해소 문제를 제기했다. 재고량 해소 사고방향의 실행가능성이 크지 않다. 농민들에게 보조금을 지불하는 방식을 통해 그들이 도시에 주택을 구입하도록 하는 방법의 실행가능성은 얼마나 될까? 해마다 국가통계국에서 농민공 감측 보고서를 작성하곤 한다. 2014년 농민공 감측 보고서에 따르면 2억 6천 9백만 명의 농민공 가운데서 도시에 주택을 구입할만한 능력을 갖춘 농민공 비율이 고작 0.7%에 불과했다.

이 부분은 쉽게 이해가 간다. 농민공의 매달 노임은 2천 6백 위안, 1년 총 수입은 3만 위안이다. 여기에 출장비와 식사비용으로 들어가는 부분을 삭감하면 얼마 남지 않으니 주택을 구입한다는 건 어림도 없는 일이다. 하물며 도시의 고급 화이트컬러도 지불능력이 없는데 힘든 대중들이 부동산 재고량을 해소하는데 일조하기를 희망한다는 것 자체가 현실적이지 않다.

향후 대도시 주변의 3, 4선 도시 부동산시장이 이번 재고량 해소 과정에 우선적으로 혜택을 보는 현상이 나타날 가능성도 있다. 혜택을 볼 수 있는 이유는 무엇일까? 세금감면과 보조금 정책 그리고 더 중요한 공적금 타 지역 사용이다. 예를 들면 베이징의 화이트컬러들은 공적금이 있지만 베이징에서 주택을 구입할 능력이 되지 않는다. 현재 베이징의 공적금으로 허베이의 모든 도시에서 주택을 구입할 수 있다는 규정이 발표됐다. 따라서 이 부류 젊은이들이 베이징의 공적금으로 허베이에서 주택을 구입할 수 있게 되었다. 현재 이 정책이 실행된 지 두 달도 채 되지 않았지만 이미 9천여 명의 베이징 화이트컬러들이 베이징 공적금으로 베이징 주변이나 허베이에서 주택을 구입했다. 베이징에서 출근하고 있는 80년대 생과 90년대 생들에게 이는 실행가능성이 있는 정책이다.

현재 70%의 부동산 재고는 3, 4선 도시에 있다. 정부에서 7백만 채 신규 보장성 주택을 통화화하는 방식으로 구입하고 새로 건축하지 않는 방식을 취하지 않고서는 향후 이들 도시의 부동산 재고가 큰 문제로 되고 소화하기도 어려울 것이다. 2015년 연 초 필자가 내부참고자료를 작성하면서 이런 건의를 제기했다. 7백만 채 보장성 주택을 건축하지 말고 보장성 주택 건설에 투입할 자금으로 이미 건축한 주택을 구입해야 한다고 말이다. 정부에서 구입 과정에 부동사개발업체와의 협상을 통해 가격을 낮춰줄 것을 요구하고 그 주택을 보장이 필요한 저소득 군체에 배분해 주는 것이다.

하지만 문제는 중앙에서 부동산 재고 해소 문제를 제기한 것은 부동산 투자를 안정시키기 위한 것이라는데 있다. 만약 이 7백만 채 주택을 건축하지 않는다면 부동산 투자가 마이너스 성장을 기록할 것인데 이는 받아들이기 어려운 부분이다.만약 단순히 재고량 해소가 목표라면 이는 아주 간단하다. 2015년 한 해 동안 우리가 팔아야 할 주택은 총 13억 제곱미터인데 이를 주택 수로 환산하면 1천여 만 채에 달한다. 정부에서 보장성 주택 건설을 중지하고 2년 혹은 3년의 시간을 들여 재고량을 해소한다면 상대적으로 문제가 쉽게 해결된다. 하지만 투자는 또 어떻게 해야 될까? 이것이 난제이다.

제5편

2016년 중국 부동산시장에 대한 전망

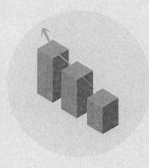

제17장 부동산 투자 도시 선택 책략에 영향을 주는 요인

제17장
부동산 투자 도시 선택 책략에 영향을 주는 요인

샤린(夏林) : 쿤룬(昆侖)신탁유한책임회사 부동산 업무부 사장

본 장에서는 부동산 업종의 실제 실행 업무에 대한 연구조사를 바탕으로 부동산 업종이 거시적 경제에 대한 특수한 영향을 연구했다. 투자자 차원에서 그 당시의 부동산시장과 투자 책략 등을 자세히 살펴보았다. 본 장에서는 2015년 부동산시장 상황(1/2/3분기)을 종합서술하고 도시 선택 책략을 제시한 외에도 부동산 투자 책략에서의 중점 고려 요인을 언급했다. 특히 고속철도망 분포가 도시 선택 책략에 미치는 잠재적인 중장기 영향을 제기했다.

1.부동산시장 상황

전국 부동산 현황을 볼 때 기쁨과 우려가 반반이라고 생각한다. 낙관적인 각도에서 보면 전국 누계 상품주택 판매면적이 마이너스 성장세에서 벗어나 2015년 1/2/3분기 누계 판매면적이 동기대비 7.52% 늘어난 8억 2천 9백억 제곱미터에 달했다. 판매 차원에서 볼 때 6월부터

플러스 성장으로 돌아서고 가격과 판매량 모두 늘어났다. 누계 거래액이 동기대비 15.3% 늘어난 5조 6천 7백억 위안에 달하고 성장폭은 한층 상승하는 단계에 있다.

도시 주택가격 지수가 뚜렷한 상승세를 나타냈고 평균 거래가격도 이미 2014년의 동기수준을 회복했다. 그러나 자세히 관찰하면 1, 2, 3선 도시 간에 뚜렷한 분화 현상이 생겼다는 점을 보아낼 수 있다. 1선 도시가 지속적인 상승세를 유지하고 2, 3선 도시는 상대적으로 비슷한 수준을 유지했다. 1선 도시는 전통적인 베이징, 상하이, 광저우, 선전이고 2선 도시에는 중앙 직속 중점 개발도시, 일부 성회도시가 포함되지만 이는 대체적인 구분이다.

1선 도시의 실제 최신 판매상황을 보면 베이징, 상하이, 선전의 표현이 돌출하고 광저우는 1선 도시에서 순위가 상대적으로 하락됐다. 2선 도시에서 동북지역의 몇몇 도시 변동이 가장 컸다. 여기에는 중앙 직속 중점 개발도시인 다롄(大連)도 포함됐다.

부동산개발 자금 내원으로부터 볼 때 한편 2015년 시장의 판매환경이 뚜렷하게 호전되었고 다른 한편는 부동산기업들이 서로 기업채권을 발행했다. 현재 채권시장 자금이 완화되어 다수 부동산기업들이 주권 채무보다 약간 높은 액면초과가로 5년 심지어 10년 기한의 거액 융자를 얻어냄으로써 자금상황이 뚜렷하게 완화되었기 때문이다. 1~9월 누계 개발자금 내원이 약 9조 7백만 위안에 달해 2014년 동기와 비슷한 수준을 유지했다. 이는 부동산 업종에 좋은 소식이 아닐 수 없다.

개발자금 내원의 몇 개 구성 부분을 자세히 관찰해보자. 우선 국내 대출에서의 통계 방식은 주로 부동산개발 대출을 말한다. 상업은행과 비은행 금융기구를 비롯한 누계 대출액이 1조 5천 7백억 위안에 달해 점유율이 17.32%에 이르렀다. 도표 17-1을 보면 실제로 뚜렷한 하락세를 나타내고 있다. 최근 관리층이 부동산 융자에 대한 조절통제를 강화하고 있고 여러 금융기구들이 부동산업종의 경영상황에 대해 우려를 표하고 있으며 연이은 긴축이 부동산 융자 루트에 대해 영향을 미쳤다는 것을 말해준다. 그러나 기타 자금 내원 비중이 늘어나고 있다. 1~9월 누계 3조 8천 4백억 위안에 달해 점유율이 42.4%에 이르렀다.

그중에서 두 가지 중요한 부분이 있다. 첫째는 계약금과 선수금이다. 상품주택 구입 관례를 보면 우선 성의금, 계약금을 지불해야 한다. 심지어 건축공사 기업에서 자금을 잠시 대신 지불하는 방식을 비롯해 다양한 명분으로 일정한 금액의 자금을 지불하는데 그 액수가 동기대비 4.6% 늘어난 약 2조 2천 5백억 위안에 달했다. 둘째는 개인 주택담보 대출이다. 이 부분은 동기대비 18.1% 늘어난 약 1조 1천 6백억 위안에 달했다. 주택담보 대출은 개발업체 자금 내원에서 가장 중요한 비율을 차지할 뿐만 아니라 이 부분의 자금은 개발대출의 하락을 보충했다.

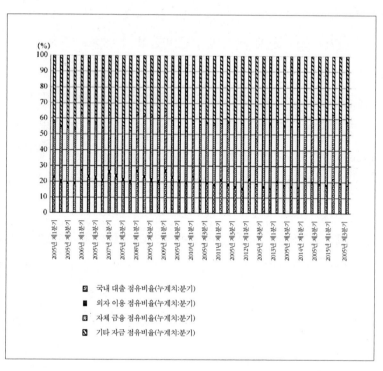

도표17-1 부동산 개발 자금 내원
자료래원 : Wind 정보

도표 17-1에서 아주 재미있는 현상을 보아낼 수 있다. 비록 판매면적이
늘어나고 판매가격도 안정세로 돌아서 상승세를 나타내긴 했지만
전반적으로 볼 때 개발업체의 자기자산 비율이 기본적으로 안정을
유지했다는 점이다. 이는 판매로 얻은 자금을 은행대출 상환에 거의
사용했다는 점을 말해준다. 자연히 여기에도 차이점은 있다.

예를 들면 신탁 혹은 기타 비은행 금융기구가 주주권 형식으로 개발업체에 주주권 융자를 준다면 이도 자기자산으로 통계되는 것이다. 하지만 전반적으로 볼 때 최근 몇 년간 비율이 약 40%로, 대체적으로는 안정을 유지했다.

비관적으로 볼 때 부동산개발 투자 완성액이 지속적으로 하락됐다. 9월말까지 부동산 개발 투자액이 지난해 같은 기간과 비교해 2.47% 상승한 7조 5백억 위안에 달했다. 알다시피 부동산 개발 투자가 고정자산 투자가운데서 차지하는 비율의 영향이 아주 크다. 고정자산 투자는 또 경제성장을 이끄는 '3대 마차'가운데서 가장 중요한 부분이다. 경제가 좋은 방향으로 나아가고 있을 때 일반적으로 고정자산 투자 성장폭이 GDP 성장폭보다 높다. 그 중 부동산개발 투자 성장폭이 고정자산 투자 성장폭을 넘어섰기 때문에 번마다 거시적 조정의 핵심은 부동산 조정이었다. 도표 17-2로부터 볼 때 실제로 부동산 투자 성장폭이 계속해서 하락되었다.

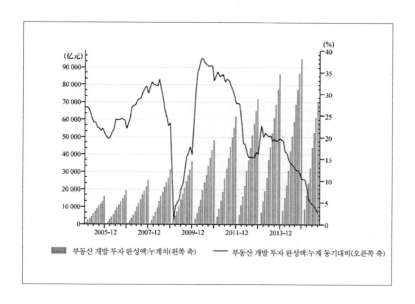

(亿元)
90 000
80 000
70 000
60 000
50 000
40 000
30 000
20 000
10 000
0

(%)
40
35
30
25
20
15
10
5
0

2005-12   2007-12   2009-12   2011-12   2013-12

■ 부동산 개발 투자 완성액:누계치(왼쪽 축)   ── 부동산 개발 투자 완성액:누계 동기대비(오른쪽 축)

도표17-2 부동산 개발 투자 완성액
자료래원 : Wind 정보

부동산 신규 착공과 완공 면적으로부터 볼 때 성장폭 지표가 여전히 낮은 수준에 머물러 있다. 이는 부동산기업이 보편적으로 신중한 태도를 취하고 있고 핵심은 재고량 해소라는 점을 말해준다. 9월의 통계 숫자로부터 볼 때 누계 가옥 공사면적은 동기대비 3% 늘어난 약 70억 제곱미터에 달한다. 하지만 누계 신규 착공 면적과 누계 완공 면적 모두 하락되고 있는데다 지속적인 하락세를 유지하고 있다. 사실상 동업계의 조사연구를 비롯해 우리의 조사연구를 바탕으로 개발업체들이 개발속도를 보편적으로 늦췄음을 알아냈다. 이미 따낸 프로젝트는 전처럼 쉽게 몇 년

씩 비축했다가 한 번에 폭리를 챙길 수 없게 되었기 때문이다.

현재 국토자원부에서 여러 지방정부를 상대로 책임을 묻기 시작하고 토지를 따낸 후 오랫동안 방치하지 말 것을 요구하고 있다. 따라서 현재 반드시 개발해야 하지만 속도가 다소 완화될 전망이다.

가장 중요한 선두적인 지표는 바로 토지 구입이다. 현재 평균수준으로부터 볼 때 한 부동산 프로젝트의 최다 원가는 사실상 토지구입 원가이다. 베이징과 같은 1선 도시의 경우 토지구입 원가가 건물가격의 50% 혹은 이보다 더 높은 비율을 차지할 수도 있다. 2, 3선 도시의 경우 보편적으로 3분의 1이상은 차지한다. 현 상황으로부터 볼 때 1~9월, 토지개발권 획득 규모 하락폭이 한층 확대되고 있는 가운데 누계 토지구입면적이 동기대비 33.8% 하락된 1억 6천만 제곱미터에 달했다. 재정 당국에서 발표한 데이터에 따르면 상반기 토지 양도수입이 계속해서 38.3% 대폭 하락된 것으로 나타났다.

이는 전 경제 주기와 유사하다. 2009년에도 유사한 상황이 나타났지만 훗날 부동산가격이 폭등했다. 자체에 개발건설 주기가 있는데 토지개발권을 획득해서부터 건설하기까지 2~3년의 주기가 있다. 현재 요즘에는 토지개발권을 획득하는데 조심스러운 태도를 보이지만 앞으로 2, 3년 후에는 부동산 가격 상승세가 나타날 것이라며 낙관적인 태도를 보이는 자들도 있다. 그래도 조심스러운 태도를 취하는 것이 정확하다고 본다. 일정한 선두적인 예측 의미를 지니지만 역사가 간단한 중복이 아니기 때문이다. 부동산 판매대기 면적이 바로 그 증거이다.

부동산 판매대기 면적이 지속적으로 높은 수준을 유지하고 있는 가운데

9월까지 전국 부동산 판매대기 면적이 동기대비 16.4% 늘어난 6억 6천 5백만 제곱미터에 달했다. 이는 재고량 해소 압력이 여전히 아주 크다는 점을 말해준다.

위에서 서술한 바와 같이 2015년 상품주택 판매면적이 8억 여 제곱미터에 달했다. 현재의 판매와 진도를 이어나간다 해도 나쁘지는 않은 듯하다. 그러나 자세히 분석해보면 지역과 유형이 어울리지 않는 상황이 나타났다. 판매가 양호한 지역은 1선 도시인데 주요한 재고는 사실상 2, 3선 도시에 분포되어 있다. 따라서 1선 도시에 '토지왕'이 꾸준히 나타나는 반면, 2, 3선 도시는 안정 속 하락세를 이어가고 있는 것이다.

때문에 비록 여러 부위에서 공개적으로 언급하지는 않았지만 다양한 지지정책을 내오기 시작했다. 우리는 통화, 신탁, 재정세무 정책을 비롯해 2009년과 2015년 정책을 서로 비교했다. 통화정책에는 예금과 대출 이율 하향조절 그리고 지급준비율 하락이 포함된다. 2015년에 위 2가지 이율을 또 한 차례 하락했다. 신탁정책의 경우 2009년 첫 주택의 선불금 비율이 20%였지만 현재는 25%로 상향 조절됐다. 관련 결책자들이 부동산시장의 지속적인 하락으로 수요 부족이 초래되고 정책자극으로 2009년과 같은 대폭 반등 현상이 나타날 경우 수습하지 못할까봐 우려하고 있다고 생각된다. 재정세무 정책에는 다양한 제한이 많다. 1선 도시 주택구입자들에 대한 호구 제한을 아직도 완화하지 않았다. 하지만 사실상 호적 제한 관련 정책은 점차 완화될 것으로 보인다.

2015년 1/2/3분기 시장상황은 이렇다. 데이터로 볼 때 전체 판매 상황이 회복세를 나타냈다. 특히 정책이 적극적인 추진역할을 발휘하기 시작했고 1선 도시의 표현이 더욱 두드러졌다. 하지만 이런 배경 하에 부동산기업들은 토지개발권을 획득함에 있어 조심스러운 태도를 취하고 있다. 융자환경이 개선됨에 따라 1선 도시의 재고량이 줄어들고 있다.

특히 수중에 양질 재고량을 장악하고 있는 부동산개발업체들의 투자의향이 다소 안정되는 추세를 보이기 시작했다. 규모가 큰 부동산개발업체들이 배치를 조정하기 시작했고 2, 3선 도시에서의 배치 조정도 고려하고 있다. 연구 결과 만약 2, 3선 도시에서 대형 아파트단지를 건설한다고 가정할 때 5~8년의 시간이 걸려야 재고를 해소할 수 있기 때문에 오히려 1선 도시에서 중등 규모의 아파트단지를 건설해 3년 내 빨리 매진하는 것이 더 나은 것으로 나타났다.

전반 업종을 볼 때 재고량 해소 강도를 높이는 것이 전반적인 추세이다. 때문에 개발업체의 투자가 갈수록 조심스러워지고 부동산개발 속도와 신규 착공 면적이 꾸준히 줄어드는 반면 실제로는 재고 총량이 늘어나 전반 업종이 여전히 재고량 해소 압력에 직면해 있다. 현재 아주 재미있는 현상은 바로 구조 분화이다. 1선 도시에는 판매시장이 있지만 토지공급이 부족하다. 베이징, 상하이의 경우 의식적으로 신규 토지 개발을 통제하고 인구 총량을 제한하고 있다. 이는 주택가격 상승과 '토지왕'이 꾸준히 나타나는 현상으로 이어졌다. 금융기구를 비롯한 융자가 현재 1선 도시의 양질 프로젝트에 집중되어 있다. 즉 1선 도시 개발업체들의 1선 도시 프로젝트, 특히 주택 프로젝트에 집중되어 있는 상황이다. 2, 3선 도시의 일부 중소형 개발업체들은 현재 자금을 얻기 아주 어려운 실정이다. 3, 4선 도시는 토지가 있는 반면 판매량이 없다. 사실상 현재 재고량은 주로 이런 곳에 집중되어 있으며 가격이 지속적으로 낮은 수준에 머물러 있다. 향후 브랜드 주택개발업체들이 책략을 조정함에 따라 1선 도시의 판매 비율이 지속적으로 상승되고 시장의 집중도도 따라서 향상됨으로써 부동산 업체가 점차적으로 집중되는 정합과정을 마무리할 것으로 예상된다.

2. 부동산 투자 도시 선택 책략

본 장에서는 도시 선택 책략을 소개한다. 다시 말해, 실제 추진 과정에 어떤 도시에 전망이 있다고 보고 어떻게 이들 도시의 프로젝트를 선택해 진입할 것인지를 중점적으로 다룰 예정이다. 투자 책략에서 우리는 상당한 주관성과 동태성을 갖고 있기 때문에 책략 제정 과정에 일부 단기, 중기와 장기 지표를 서로 결부시켜야 한다.

단기적으로 우리는 상품주택의 거화(去化)주기에 주목했다. 구체적인 지표는 주택의 판매 가능한 면적에서 전 6개월의 월 평균 판매면적을 삭감한 것을 적용했다. 거화주기가 짧을수록 현지 시장의 소화력이 더 뛰어나다는 점을 말해준다. 우리가 조사한 27개 도시의 경우 2015년 8월까지 베이징, 상하이, 광저우, 선전 등 이른바 1선 도시의 지표가 모두 앞자리를 차지했고 허페이(合肥), 난징(南京), 쑤저우(蘇州)의 거화주기도 아주 짧았다.

허페이는 아주 전형적인 대표로 2선 도시에 속하지만 표현이 아주 훌륭했다. 이와 대응되는 극단적인 도시는 톈진이다. 비록 톈진이 직할시이지만 얼마 전의 톈진항(天津港) 폭발사건의 영향을 받아 다수의 부동산기업과 금융기구들이 모두 톈진시장을 재평가하고 있다. 실제 실행(操作) 과정에 우리는 이런 보조적인 요인도 결합시켜 종합적으로 판단하고 분석해야 한다.

중기로 볼 때 우리가 주목하는 지표는 저장량 주택의 거화시간이다. 실제로는 이미 양도한 주택용지 계획 건축면적에서 같은 기간의 주택판매 면적을 덜어낸 후 예전 몇 년간의 평균 주택판매 면적을 제했다. 국토자원부의 정책에 따라 토지를 양도한 후 개발업체가 토지 양도금을 지불하고 나면 마땅히 2년 내에 개발건설에 들어가야 한다. 만약 별다른 이유 없이 방치하거나 개발건설하지 않는다면 현지 정부는 다시 회수할 수 있는 권한이 있다. 사실상 기존에 다시 회수한 사례가 극히 드물다.

현지 정부와 개발업체 간의 문제가 연루되기 때문에 일부 토지를 방치한 시간이 오래 지나도 다시 회수하지 않았고 일부 프로젝트는 지방정부 계획조정 차원에서 생긴 원인으로 추진되지 못하기도 했다. 전반적으로 볼 때 이번 기 정부에서 기존보다 더 엄격하게 실행했기 때문에 지방정부의 실행 공간도 따라서 축소되었다. 따라서 이 지표로 향후 중기 토지 양도금 액수와 주택 규모를 가늠하는 것이 비교적 믿음성이 있다고 본다. 27개 통계 도시에서 베이징, 상하이, 광저우, 선전은 1~5년간의 상황이 그래도 괜찮다. 하이커우(海口)와 샤먼(廈門)의 거화시간이 가장 짧고 톈진, 청두(成都), 하얼빈(哈爾濱), 충칭(重慶), 다롄(大連)의 거화시간이 가장 길다. 주목해야 할 부분은 다롄의 순위가 맨 마지막이라는 점이다.

개별 도시의 관련 지표가 마이너스 수치를 나타냈고 2008년부터

2015년까지 선택시간 간격이 비교적 길었다. 따라서 일부 토지의 경우 양도로 얻은 시간은 2008년 이전이다. 이런 행위로 인해 판매 가능한 주택 용지가 같은 기간의 양도용지 계획 규모를 넘어서는 상황이 초래됐다. 따라서 개별 지표가 실제와 어긋나고 마이너스 수치를 낸 것이다. 우리에게 있어 이런 상대적인 의의가 절대적인 가치가 있는 숫자보다 더 효과적일 수 있다.

장기적으로 볼 때 5년 이상 시간을 바탕으로 연구해본 결과 인구성장 지표에 더 주목해야 한다. 도시 부동산시장의 장기적인 공급을 결정하는 핵심은 인구 특히는 상주인구이다. 호적인구는 그저 일부분일 뿐이고 선전의 경우 70% 이상이 유동인구에 속한다. 하지만 이들도 현지에서 장기적으로 거주하고 있다. 상주인구 성장을 볼 때 광저우, 샤먼(廈門), 인촨(銀川), 베이징 등 도시의 상주인구가 비교적 빠른 성장세를 이어가고 있다. 베이징, 상하이, 광저우, 선전은 인구가 유입되는 중점도시이다. 푸저우(福州), 진장(晉江), 지닝(濟寧), 푸톈(莆田) 등 도시의 상주인구 성장폭이 비교적 더디다. 이 지표가 위에서 언급한 지표와 모순되는 부분이 없을까? 실제 실행 과정에 또 다른 지표인 초등학생 수의 성장이 더 지도적 의미가 있다는 점을 발견했다. 상주인구 성장 수치는 지방정부에서 발표하기 때문에 취업률 지표처럼 실제와 조금 어긋날 수도 있다. 실제로 취업률에 대한 분석에 대체 관찰지표가 있는데 바로 새로 졸업하는 대학생들의 취업률이다.

중국은 일반적으로 10년에 한번 씩 인구 보편적 조사를 진행하고 정기적으로 표본추출을 통해 인구수를 추측한다. 초등학생의 재교인수는 정확한 수치를 얻을 수 있다. 현재 초등학생 수 성장을 통해 관찰하고 모의해 본 결과 부동산의 장기적인 시장 추세에 대해 지표적인 의의가 있을 것이라는 점을 발견했다. 2008~2014년 48개 중점도시 초등학생 수를 통계한 결과 고속도 성장, 중속도 성장, 저속도 성장과 마이너스 성장을 기록한 것으로 나타났다.

고속도 성장을 실현한 도시에는 베이징, 상하이, 선전 등 1선 도시 외에 샤먼, 낭팡(廊坊), 둥관(東莞), 정저우(鄭州), 창사(長沙), 난징(南京) 등 도시도 포함됐다. 위에서 서술한 바와 같이 산야(三亞)의 상주인구 비율이 아주 높지만 사실상 상당한 규모의 철새 군체 영향을 받고 있다. 만약 초등학생 수의 성장률에 따라 통계한다면 이 부분의 요인을 효과적으로 배제할 수 있다. 저ㆍ중속도 성장은 기본적으로 모든 2선 도시를 아울렀다. 주목해야 할 부분은 광저우가 저속도 성장구간에 속했다는 것인데 이는 향후 발전 잠재력이 부족하다는 점을 말해준다.

경각성을 높여야 할 부분은 일부 마이너스 성장을 낸 지역들이 기존에는 행정구획을 중시해 일부 마이너스 성장 도시를 2선 도시에 포함시키고 동일한 부동산 융자 신용 공여 기준을 적용했다는 점인데 이로 이른바 함정 프로젝트가 생기기 쉽다. 마이너스 성장을 낸 도시로는 동북의 다롄, 하얼빈과 창춘(長春), 화북 지역의 타이위안(太原), 서북지역의 시닝(西寧)과 란저우(蘭州) 그리고 서남지역의 쿤밍(昆明)과 구이양(貴陽) 등이 포함된다. 특히 가장 심각한 도시로는 다롄이었는데 2008~2014년 초등학생 수의 마이너스 하락폭이 16%에 달했다.

3. 도시 선택 책략에 영향을 주는 요인

인구 유입과 유출에 영향을 주는 배후 요인은 무엇일까? 일부 더 상세한 지표 체계 외에 필자는 여기서 일부 사고방향과 방법만 제시한다. 만약 향후 학자들이 이와 관련해 더 세분화된 성과를 얻는다면 우리에게 보다 많은 건의를 제공할 수 있을 것이라 생각한다. 본 장에서 고려하는 부분은 아래와 같다. 우선은 도시의 산업 구조 선택이고 다음은 기존 도시의 인프라시설 상황이며 맨 나중에야 중국 도시의 행정 등급이다. 행정 등급만 고려할 경우 비교적 큰 편차가 생길 것이기 때문에 피해 갈 수 없는 중요한 요인임이 확실하다.

산업구조로 볼 때 산업 업그레이드는 보다 많은 취업기회를 제공하고 유입된 인구를 받아들일 수 있다. 또 부동산시장 수요를 늘이는 외에 구입수준을 효과적으로 향상시키고 주택가격 상승공간을 끌어올릴 수 있다. 산업구조 차원에서 도시를 분류할 경우 2가지 유형으로 나눌 수 있다. 한 부류는 자원성 중공업 발전도시이다.

대표적인 공·광업도시 다칭(大慶), 탕산(唐山), 안산(鞍山), 다퉁(大同) 등 즉 동북, 서북, 서남의 이런 도시들이 이 유형에 속한다. 이런 도시들은 상대적으로 비교적 높은 마이너스 영향 요인을 나타냈다. 반면 정면적인 리스트에 이름을 올린 또 다른 한 부류는 신흥공업 추진형 도시이다. 예를 들면 쑤저우, 우시(無錫), 둥관이 여기에 속한다. 그리고 이른바 1선 스타도시인 베이징, 상하이, 선전 모두 현대 서비스업을 통해 발전을 실현하는 도시들이다. 대표성을 띤 탕산, 쑤저우, 선전 등 3개 도시를 선택한다. 위 3개 도시의 기둥산업 그리고 현재의 전반적인 수치를 기반으로 인구 영향을 분석했다. 2000년 탕산의 총 인구가 7백 만 명이었고 2014년에는 774만 명에 달했으며 호적 인구가 상주인구 가운데서 차지하는 비율이 97%에 달했다. 이는 유동인구 규모가 아주 적다는 점을 말해준다. 쑤저우의 경우 679만 명에서 1059만 명으로 늘어났고 외지인구 점유율이 38%에 달했다. 선전의 경우 그 상황이 더욱 심각했다.

비록 인구 성장률을 놓고 볼 때 선전이 쑤저우와 상황이 비슷하지만 실제로 선전의 상주인구 가운데서 70% 안팎이 외지인구이다. 게다가 연령 구조로 볼 때 20~39세 연령대에서 선전의 인구가 탕산과 쑤저우를 넘어섰다. 쑤저우는 주로 20~49세 연령대에 분포되어 있다. 주택구입 연령대를 볼 때 주택구입 욕구가 강한 연령대는 20~39세이다. 따라서 선전에 주택구입 수요가 많은 중소형 주택이 특히 많은 뚜렷한 현상이 존재했다. 이밖에 천만 위안 이상의 호화 별장을 주로 하는 아파트 매물도 있다. 개선형 수요가 쑤저우에서는 비교적 균형적인 편이다. 쑤저우에는 주택 구입 욕구가 강한 주택 유형뿐만 아니라 개선형 매물도 있다. 쑤저우 인구 연령 구조가 비교적 풍부한 가운데 중년 군체가 차지하는 비율도 상대적으로 균형화 되어 있다. 이와 관련해 재미있는 사례도 있다.

화이안(淮安)이 전통적으로는 3선 도시에 속한다. 산업 이전 덕분에 현재 쑤베이(蘇北)에서 새롭게 떠오르고 있는 스타 도시로 되었다. 따라서 우리도 이 도시 구역에서 일부 프로젝트를 선택하기 시작했다.

에너지, 배수, 급수, 교통운수 시스템, 통신, 환경보호, 안전재해방지 등 인프라시설의 완벽 수준 여부도 인구 유입을 이끄는 중요한 요인으로 작용하고 있다. 우리는 도시 행정 등급을 마지막 순위로 열거했다.

4. 도시 선택 책략에 대한 고속철도의 영향

마지막으로 고속철도가 향후 도시 선택 책략에 주는 영향을 서술해본다. 일본 신칸센과 프랑스 TGV에 이어 고속철도가 중국에서 전에 없는 속도로 설치되고 있다. 이에 따라 연선 지역 경제 발전에 영향을 주고 중심도시에 성장극(增長極)이 형성되는 외에도 도시의 일체화로 인해 구역 내 부동산시장 발전에 영향을 미치고 있다. 향후 도시 선택에 대한 연구 결과 고속철도가 종횡으로 설치됨에 따라 중국 동부, 중부, 서부가 하나의 네트워크화 형태를 이룰 전망이다. 이는 기존의 이른바 3개 성장극이었던 징진지(베이징-톈진-허베이), 창장삼각주(長三角)와 주장삼각주(珠三角)를 대체할 것으로 보인다.

고속철도 연선 도시에 인구와 산업이 갈수록 집중될 것으로 예상된다. 상대적으로 고속철도와 멀리 떨어져 있는 도시의 인구가 점차 유실될 것으로 보인다. 예를 들면 전반 동북 지역이 바로 그러한데 이가 이른바 스트로효과이다. 기존의 연구는 동북에 유일하게 투자가치가 있는 도시가 다롄이라고 언급했다.

이 각도로부터 논증한다면 사실상 현재 다롄은 이미 점차 대오에서 뒤떨어지고 있는 상황이다. 고속철도가 점차 집중되어 형태를 이루면서 한 시간 도시 생활권이 구축되고 있다. 사실상 고속철도 연선 도시 간에도 치열한 경쟁이 생기기 마련인데 이는 다음 단계 투자 책략에서 주목할 부분이다. 일부 인근 도시 예를 들면 베이징과 톈진 간에, 베이징과 스자좡(石家庄) 간의 이전이다. 정부에서 생각했던 것처럼 산업과 인구가 자발적으로 행정 요구에 따라 베이징에서 스자좡과 톈진으로 옮겨가는 상황이 나타날 수 있다. 만약 적당한 배합조치와 환경개선이 뒷받침 되지 못한다면 오히려 베이징에 인구가 대규모로 모여드는 상황이 초래되어 결국 슈퍼 도시군이 형성될 수 있다.

위 분석을 종합해 볼 때 향후 부동산 투자 책략에서 베이징, 상하이, 선전, 광저우, 허페이, 정저우(鄭州), 샤먼, 항저우(杭州), 쑤저우, 톈진. 충칭, 창사(長沙), 우한(武漢), 닝보(寧波), 난징, 청두(成都), 난창(南昌) 등 도시의 부동산 프로젝트를 주목할 만하다. 서북과 동북 지역은 신중해서 선택해야 한다.

제5편

2016년 중국 부동산시장에 대한 전망

제18장 재고량 해소 시각으로 본 부동산 시장 조정

- 부동산 주기와 금융리스크 -

1. 현 단계 부동산 운행문제를 초래한 근본적인 원인
2. 공급 측 개혁배경 하에서 부동산 조정정책의 가치 취향
3. 2016년 부동산시장 리스크에 대한 3가지 사고
4. 후속 시장 추세에 대한 기본적인 판단

제18장
재고량 해소 시각으로 본 부동산 시장 조정
– 부동산 주기와 금융리스크 –

류웨이민(劉衛民) : 국무원발전연구센터 시장경제 연구소
종합연구실 주임 겸 연구원

1. 현 단계 부동산 운행문제를 초래한 근본적인 원인

1998년 주택제도를 전면 시장화하기로 개혁한 후부터 늘 '주택을 많이 지었다', '공급이 남아돈다', '팔리지 않는다'는 말을 자주 들었다.

하지만 매번 이른바 단계성 재고량을 다음번 경제 주기에서 소화하곤 했는데 이유가 무엇일까? 여기에 주택의 기본 공급관계라는 아주 중요한 관계가 있다. 1998년 주택조건이 아직은 상대적으로 떨어져 있을 때 10여 년의 빠른 주택 시장화와 대규모의 주택 건설 단계를 거치면서 일인당 주택 면적 혹은 가구당 평균 주택 수가 꾸준히 늘어났다. 뿐만 아니라 주택 면적과 품질이 빠르게 향상되면서 가구당 평균 주택 수가 필연코 임계치에 달할 것이다. 이 임계치에 언제쯤 달했을까? 2010년 제6차 인구 보편적 조사 데이터를 기반으로 진일보 추산한 결과 2012년 도시 상주인구 가구당 평균 주택 수가 1채 이상에 달한 것으로 나타났다.

남보다 빨리 시장화와 공업화를 실현한 국가의 발전 여정을 되돌아보면

가구당 평균 주택 수가 1채 이상에 달한 후에야 주택 투자 성장폭이 대폭 하락하는 현상이 나타났다. 특히 이런 국가들에 진정한 의미의 부동산 거품이 나타난 것 또한 가구당 주택 보유량이 1채 이상에 달한 후라는 점에 더욱 주목해야 한다. 다시 말해, 자산가격이 공급 펀더멘털에서 벗어난 후의 대폭 상승이 야말로 진정하고 엄격한 의미에서의 자산거품이라는 것이다. 가구당 주택 보유량이 1채 이하일 때 주택가격 상승은 단지 공급과 수요의 관계나 시장 배치 자원방식의 과민성 반응을 반영할 뿐이다.

이러면 중국 부동산 혹은 중국경제가 위 교합점에 들어섰을 때 어떻게 수요관리를 주로 하던 데서 공급 측 개혁으로 전환했는지를 쉽게 해석할 수 있다. 현재 경제 틀에서 우리가 발굴할만한 주택 수요는 이미 제한되어 있다. 때문에 단기적으로 볼 때 반드시 재고량을 해소해야 하는데 주로는 개발업체들 수중에 묵혀두고 있는 주택을 겨냥해야 한다. 더 긴 주기로 볼 때 부동산 업체에도 생산력 해소 문제로 되고 더 나아가 기업 부서와 주민 부서의 대차 대조표 구조를 조정해야 한다. 일부 부동산 용두기업들이 정도부동하게 전환을 얘기하고 있는데 이는 우리에게 아주 명확한 시장 신호를 주고 있는 것이다.

공급 측이나 장기적인 생산 함수 차원에서 볼 때 사회자본이 이번 단계의 재고량을 해소한 후 단순히 자본을 부동산 재생산이나 부동산 재생산 확대로 투입하지 않고 부동산 산업사슬을 중심으로 양로, 관광 등 관련 부동산 등 좌우, 앞뒤로도 범위를 넓힐 것으로 보인다. 즉 간단하게 전통적인 부동산 투자에만 집중하지 않겠다는 것이다.

이와 동시에 우리는 일부 국제 사례를 통해 일부 가능하게 중복되었다고 인정된 경제규칙을 증명하려 했다. 그중 매디슨의 천년 데이터 베이스가 자주 적용되고 있다.

1990년의 국제 기어리-카미스 달러(Geary-Khamis dollar)를 바탕으로 매디슨은 2천여 년 인류 자료 역사가 있은 후부터의 각국 일인당 GDP를 추산했다. 횡적 비교를 통해 동아시아 문화 영향을 받은 일본과 한국 주택시장이든지, 앵글로색슨 문화 영향을 받은 영국과 미국 주택시장이든지 아니면 코퍼러티즘 전통을 가진 독일 주택시장이든지를 막론하고 일인당 GDP가 1만 국제 기어리-카미스 달러에 달한 후 전반 부동산 투자와 소비 성장폭이 대폭 하락됐을 뿐만 아니라 단기 내에 높은 수준에서 낮은 수준으로 떨어졌다는 점을 발견했다. 현재 중국이 1만 국제 기어리-카미스 달러 수준에 머물러 있기 때문에 이번 단계의 부동산 성장폭 회복에 대해 지나치게 낙관적으로 예상할 수 없다.

2. 공급 측 개혁배경 하의 부동산 조정정책 가치 취향

공급 측 개혁과 관한 토론은 사실 2년 전부터 시작되었다. 2015년 12월에 소집된 중앙경제업무회의는 정책결정기구의 공급 측 개혁 사고방향에 대한 일종의 공동인식이라 할 수 있다. 공급 측 개혁으로부터 본 부동산시장 조정 정책에 대해 본 장은 아래와 같이 이해한다.

첫째, 부동산 재고량 해소 문제. 2015년 11월의 통계 숫자를 바탕으로 추산한 결과 2015년 대기판매 상품주택 면적이 4억 5천만 제곱미터에 달하고 한해 착공면적이 51억 제곱미터에 달하는 것으로 나타났다. 중국에서 사전판매제도를 도입했기 때문에 여기서 간단한 가설을 해본다. 건축 중인 주택 가운데서 3분 2의 건축면적이 사전판매 조건에 부합된다고 가정해보자. 당연히 엄격하지 않게 실행한 곳도 있고 지붕을 덮지 않은 상황에서 이미 사전 판매를 시작한 곳도 있다.

만약 3분의 2의 건축 중인 공사가 사전판매를 할 수 있다고 가정할 때 현재의 판매 속도대로라면 재고량 해소 주기가 3.2년 내외가 된다. 약 5년이 걸린다고 주장하는 사람도 있는데 본 장에서 보수적으로 예측했을 수도 있다. 하지만 그렇다고 해도 기본적인 판단에는 영향을 미치지 않는다. 가령 3.2년에 따라 계산한다 해도 재고량 해소 주기가 역사 평균 치보다 35% 늘어난다. 기존에 2년 내외가 비교적 정상적인 재고량 해소 주기였다.

둘째, 농업 이전 인구의 주택구입 문제. 2014년 농민공 감측 보고서에 따르면 전국 농민공이 약 2억 7천 만 명 이내에 달했다. 그중 가정 구조 격차가 비교적 컸는데 가족과 함께 노무를 떠난 자들이 있는가 하면 홀로 노무를 떠난 자들도 있었다. 따라서 이런 요인을 감안해 농민공이 1억 3천개 가정을 아우를 것이라는 보수적인 추측 결과를 내놓는다. 당연히 이런 농민공들이 모두 잠재적인 주택 소비자일 수는 없다. 그중 5분의 1의 농민공이 도시에서의 주택 구입을 고려한다고 계산한다면 현유 재고량의 70%를 소화할 수 있다. 농업 이전 인구의 주택 구매력을 향상시키려면 현재의 정책으로는 많이 부족하기 때문에 상응한 배합 정책도 출범해야 한다. 우선 주택을 구매하는 농업 이전 인구에 대해 우리는 '새 옷을 입되 낡은 옷도 벗지 않도록 하는'원칙을 견지해야 한다. 우리는 농민이 도시에서 주택을 구입하도록 격려해야 하지만 농촌에서의 농민들의 관련 권익이 박탈당하지 않는 것을 전제조건으로 해야 한다. 이런 권익에는 토지 도급 경영권, 부지사용권, 집체 토지 권익, 임지 재산권 등이 포함된다. 아울러 취업, 의료, 교육, 사회보장 등에서도 보장받을 수 있도록 해야 한다. 공급 측과 관련된 일련의 종합 배합 개혁 정책을 내놓아야만 농업 이전 인구의 주택구입 예상을 진정으로 안정시킬 수 있다. 동시에 정책성 주택 금융 체계를 반드시 보완해야 한다. 현재 중국의 주택 금융 체계 중의 정책성 기능을 상업은행에서 수행하고 있다. 상업은행은 선불금 비율과 이율 수준 조정 등 분야에서 중앙은행, 은행감독위원회의 창구 지도를 받는다. 하지만 우리는 상업기구가 대다수의 정책성 주택 직능을 감당함에 있어 기존 능력으로는 해낼 수 없을 때도 있다는 걸 정확히 깨달았다. 이론적으로 이런 제도의 배치 하에 주택 대출 공급이 상대적으로 부족하고 주택 융자원가가 상대적으로 높은 편은 상황이 초래됐다.

그럼 국제 경험을 보자. 은행을 주로 하는 간접적인 융자 체계 국가든지 아니면 금융시장을 주로 하는 간접적인 융자 체계 국가를 막론하고 모두 상응한 정책성 금융 제도가 배치되어 있다. 예를 들면 미국의 '두 주택'제도, 독일의 주택저축은행 외에도 특히 특정 루트의 이자 보조와 저금리 정책이 보다 보편적이다. 하지만 중국에는 이런 정책을 고려하지 않고 있다.

비록 중국에도 주택 공적금제도가 있지만 아우르는 범위와 기능 발휘는 아직도 진일보 개혁하고 보완해야만 더 많은 역할을 발휘할 수 있다.

이밖에 농업 이전 인구의 주택구입을 격려하는 세수정책을 내놓을 수 있다. 예를 들면 거래 고리의 세금비용을 낮추는 것이다. 농민공이 도시진출 후 구입하는 주택이 중고주택일 수도 있다. 주택 고려 이론에 따라 거래 원가를 낮춰야만 새 주택과 중고주택, 기존 도시 주민과 도시에 새로 온 이주자들의 주택 구매 간의 사슬을 연결시키고 산업의 양성 발전을 추진하는 외에 현유 주택의 재고량을 줄이는데 이롭다.

셋째, '시대에 뒤떨어진 제한성 조치 취소'에 대한 이해. 이 같은 설이 나오자 언론은 베이징, 상하이, 광저우, 선전의 주택 구매 제한 정책을 취소하는 것이 아니냐고 추측했다. 현재 2, 3, 4선 도시에서는 기본적으로 주택 구입 제한 정책을 취소했다. 주택가격이 고공행진을 하고 있는 1선 도시에 있어 주택 구입 제한 정책을 조정할 가능성은 여전히 크지 않다.

따라서 이 정책의 표현법에 대해 2가지 서로 다른 이해가 생기게 된다.

첫 번째는 시대에 뒤떨어진 제한성 조치를 취소한다는 것은 신탁, 세수 등을 비롯해 지난 단계의 조정 주기에서 엄격한 정책을 취소한다는 뜻이다. 두 번째는 전반 주택제도 개혁 각도로부터 고려해 일부 적당하지 못한 제한성 정책을 완화하는 것이다. 예를 들면 주택 구입 과정에 농업 이전 인구와 기존 호적 정책의 접목 그리고 농업 이전 인구와 사회공공 서비스의 상호 연결 등이 포함된다. 때문에 중앙경제업무회의에서도 농민공을 도시 주택보장제도 범위에 포함시키자고 제기한 것을 볼 수 있다.

넷째, '임대와 판매 함께 추진하는' 정책에 대한 이해. 중국의 현유 임대시장에 심각한 문제가 있다. 바로 임대시장이 규범화 되지 못한 것이다. 이는 또 권익 보장 문제로 나타난다. 세입자뿐만 아니라 집주인의 권익도 제대로 보장해주지 못하고 있다. 마음대로 임대료를 올리거나 위생과 안전 문제 그리고 주택을 타당하지 않게 사용하는 등 다양한 문제들이 비교적 돌출하고 있다. 때문에 현재 중국 임대시장에 있어 가장 중요한 문제가 바로 규범화이다.

기구 투자자들의 개입을 인도하면 전반 임대시장의 규범화 수준을 향상시키는데 이롭다. 기구 투자자들이 재고량 주택을 집중적으로 구입하도록 이끈다면 주택 소유 자본을 낮출 수 있다. 여기에 하루빨리 해결해야 하는 핵심 문제가 있다. 우리는 기구 투자자들이 주택임대 시장에 참여하는 것을 희망하지만 그들에게 이럴 동기가 있을까? 현재 임대와 판매 비율이 뒤바뀌어 있고 관련 정책이 명랑하지 않은 조건에서 그들의 동기가 크지 않을 수 있다. 그렇다면 참여 동기를 어떻게 끌어올려야 할까? 예를 들면 감세 등 관련 배합 정책은 중점적으로 고려해야 할 부분이다. 또 다른 문제는 정부에서 관련 정부 구입 제도를 고려하고 정부에서 서비스를 구입하는 방식을 통해 주택을 구매한 후 사회보장 대상의 임대용으로 사용할 수 있느냐는 것이다. 더 중요한 건 기구 투자 임대주택의 부동산 리츠(REITs) 모식을 탐구하는 것이다. 이래야만 양호한 퇴출 메커니즘을 형성할 수 있고 사회기구 투자자들이 리스크를 분산시킴으로써 기타 투자자들이 2급 시장을 통해 임대시장에 진입하도록 이끌 수 있다.

3. 2016년 부동산시장 리스크에 대한 3가지 사고

본 장은 2016년 제1분기 혹은 상반기 부동산 분야에 존재하는 3가지 리스크에 주목할 만하고 주장한다.

첫 번째 리스크는 제1분기 부동산 개발업체 자금사슬에 관한 문제이다. 2015년 연말 은행 대출을 회수한 후 제1분기에 제때에 대출을 해 줘 부동산 대출 규모와 대출 원가 요구를 만족시킬 수 있냐는 것이다. 이 또한 시장의 다수 개발업체와 투자자들이 가장 관심하는 문제이기도 하다. 중국 주택의 은행 신탁 루트로 볼 때 국유 상업은행과 도시 상업은행이라는 2개 자금 공급원이 있다. 국유 상업은행에 있어 거시적 경제와 부동산 발전 추세에 따라 조심스레 판단한다면 서로 다른 구역의 시장 리스크를 더 중시할 수 있다. 대출 규모와 대출 이율 그리고 대출 듀레이션 배치에서는 보다 엄격해질 것으로 보인다.

도시 상업은행 루트를 통해 볼 때 지방정부의 영향이 있기 때문에 대출 발급상황이 조금 더 나을 수 있다. 2015년 제4분기 이후 일부 개발기업들이 연말의 단기적 유동성 문제를 해결하기 위해 비은행 기구를 통해 대출을 하기 시작했다. 이런 대출은 거의 단기성을 띠고 있고 대출액도 충분하다고는 할 수 없지만 대출 이자가 기존보다 훨씬 높다. 만약 이런 상황이 2016년 제1분기에도 지속된다면 다수의 부동산 개발업체의 자금줄에 대해서는 상당한 고험이 아닐 수 없다.

두 번째 리스크는 재고량을 제대로 해소하지 못함으로 인해 금융 체계에 가져다주는 충격이다. 중국에 있어 주택이 금융 체계에 대한 충격은 2가지 부분에서 온다. 첫째는 주택 수요 측에서 온다. 중국의 대출 습관과 은행의 신중한 원칙으로 말미암아 다수 주택의 선불금 비율이 비교적 높다. 따라서 수요측이 금융 체계에 대한 충격이 그리 크지는 않을 것이다. 2008년 금융위기 때 상당한 기구들이 압력 테스트를 진행했다. 결과 주택가격이 30%~40%까지 떨어져도 체계적인 문제가 생기지 않는 것으로 나타났다. 공급 측 즉 부동산 개발 대출이 금융 체계에 주는 충격을 고려하는 것이 중점이다. 만약 2016년 제1분기 혹은 상반기에 재고량 해소에 관한 중앙의 배합 정책을 제대로 실행하지 않는다면 구역성 금융 리스크가 나타날 수 있다.

세 번째 리스크는 지방정부 채무 플랫폼과 관련되는 문제이다. 이 부분은 보다 복잡할 수 있다. 토지 재정을 계속 이어나갈 수 없게 됨에 따라 토지 저당 평가치가 떨어지게 되는데 이는 부동산 업종에 충격으로 될 수 있다.

4. 후속 시장추세에 대한 기본적인 판단

1선 도시의 주택 가격은 안정 속 상승세를 이어갈 것이다. 조사연구를 통해 1선 도시의 주택 공급과 수요 관계가 여전히 긴장한 편이고 도시 기능 분산을 아직 실현하지 못한데다 주택 공급 결구가 여전히 존재하는 반면 3,

4선 도시의 주택가격에 아직도 일정한 하락 공간이 있다는 점을 발견했다.

설령 리스크를 감당할 수 있는 범위 내에 있다할지라도 지방정부와 개발업체들은 '가격 하락으로 수량을 늘리는' 조치를 추진하려는 동기가 있다. 그러나 우려도 있다. 가격을 하락해도 모든 문제를 해결할 수 없기 때문이다. 현재의 강철, 시멘트, 코크스 등 대종 상품의 가격이 이미 30%~40% 하락됐지만 여전히 재고량은 많다. 부동산도 이런 상황에 직면하지 않을까? 정부는 관련 조정 정책 차원에서 더 세밀하게 업무를 추진해 분류별 조정과 단계별 정책실행을 실현해야 한다.

향후 어떤 사람들이 주택을 구입하고 어떤 지방에서 재고량을 비교적 빨리 해소할 수 있을까? 이 문제를 판단하려면 '산업화와 도시화융합' 논리를 지켜야 한다. 관련 산업 지탱이 있는 지방이나 공업단지, 산업단지 발전이 비교적 빠른 곳이라면 가령 3, 4선 도시일지라도 비교적 빨리 재고량 해소 효과를 볼 수 있다. 때문에 재고량 해소 잠재력은 여전히 있다고 본다. 관건은 관련 배합 정책과 개혁이 적절하냐는 문제이다.

제6편
중국 주식시장 전망

제19장
경제 조정의 긴 주기성 및 중국 자본시장의 장기적인 흐름
−글로벌 거시적 시각에서 본 중국 주식시장의 난제

궈쓰잉(郭士英) : 이더(一德)선물유한회사 수석경제사

본 장은 거시적 시각에서 자본시장의 장기적인 흐름을 탐구하고 거시적
시각에서 직면한 문제를 분석한데 이어 향후의 추세를 판단했다.

1. 현 단계 경제 조정의 긴 주기성

현재의 경제 조정이 긴 주기의 조정 과정이라고 판단된다. 세계나
중국을 두고 볼 때 특히 중국은 30여 년의 총체적인 조정을 거쳤고 또
10년을 더 조정한다 해도 지나치지 않다. 2008년부터 현재까지 약 10년간
낙관적인 태도로나 중립의 입장에서 필자는 이번 단계 조정의 진정한
바닥이 2018년 전후가 될 것이라고 줄곧 주장해왔다. 지난 약 10년간
정부에서 통화와 재정 정책 외에도 재정 투자를 통해 인프라시설 발전을
추진하는 등 다양한 조치를 취했지만 여전히 중국경제가 하락하는 상황을
바꾸지는 못했다. 이는 더 큰 주기성 요인에 의해 결정된다.

10년에 한 번씩 위기가 닥쳤다. 1998년에 아시아 위기, 2008년에 서브프라임 모기지론 위기가 닥쳤고 2018년에는 중국식 위기가 닥칠 것으로 보인다. 현재의 상황은 보시다시피 형세가 점차 악화되고 있어 제대로 통제할 수 있을지 여부가 문제로 되고 있다. 제대로 통제하면 계속해서 굴기할 수 있지만 자칫 제대로 통제하지 못한다면 2018년 경제형세는 아주 어려울 것으로 보인다. 이는 검증의 기회이고 10년이 한 주기이다.

주택가격의 각도에서 볼 때, 2013년 주택가격이 거의 역사적 최고치를 기록했고 그 후로는 줄곧 하락세를 이어가고 있다. 그 과정에 3, 4선 도시의 주택가격이 빠르게 하락된 반면, 1, 2선 도시의 주택가격이 크게 하락하지 않은 것은 물론 심지어 일부 도시의 주택가격은 오히려 상승했다.

예를 들면 선진의 경우 주택가격이 상승했을 뿐만 아니라 상승폭도 상당히 컸다. 필자는 이번 단계의 하락 주기가 아직 끝나지 않았다고 본다. 예를 들면 베이징의 주택가격이 소폭 반등했지만 여전히 2013년의 최고 가격을 넘어서지는 못했다. 따라서 하락 주기가 여전히 존재하고 이 하락 주기가 적어도 5년이 걸릴 것으로 보인다. 게다가 10여 년 간 상승했기 때문에 5년이라는 하락 주기는 합리적이라고 생각한다. 2016년 상황으로 볼 때 현재 1선 도시들이 전환점에 들어섰다. 최근 들어 선진의 은행들이 선전 주택가격 상승에 경각심을 높이기 시작했다. 따라서 2016년 1선 도시의 주택가격 전환점을 볼 수 있을 것으로 예상된다. 게다가 2018년은 중국의 새 임원들이 교체되는 해이다. 본기의 정부가 정권을 잡은 후 국민들은 큰 기대를 품었고, 적어도 10년을 주기로 보아야 한다. 우리는 이에 대해 앞의 5년에 대세가 이미 결정되었다고 주장한다.

일반적으로 앞의 5년은 조정을 주로 하기에 모두 관찰 태도를 취한다. 앞 2, 3년의 정책에 대해 평가를 내리고 후 2년의 형세 발전, 시장 추세 그리고 시장 리스크 전달 과정에 대해서도 평가한다. 2013년부터 2018년까지가 마침 앞의 5년이다. 이 5년의 기본임무는 문제를 제시하고 모순을 폭로하고 정책의 형성과 역할을 발휘하기 위해 준비하는 것이다. 때문에 필자는 2018년 전의 기본 기조는 대체로 바뀌지 않는다고 주장한다.

10년 주기로 볼 때, 현재 중국은 이번 단계 주기 조정의 후반부에 들어섰다. 이 후반부는 2015년에 이미 전환되었다. 2015년 이전 조정 중점은 산업구조 조정이었고 핵심 단어는 생산력 과잉이었다. 기본목표는 생산력 해소, 재고량 해소, 레버리지 해소를 실현하는 것이었으며, 이 과정은 대종 상품의 베어 마켓에서 차례로 위 몇 개 개념을 실현하는데서 표현되었다. 2015년 대표적인 주기성 상품인 철광석의 가격이 수십 년간의 최저치를 기록했다. 만약 대종 상품 가격으로 볼 때 전반전의 임무를 거의 완수했다고 할 수 있다. 2015년 1월, 필자가 「2015 인플레이션 배경 하의 환율 전쟁」이란 보고서를 작성했다. 사실 그때 신흥국가, 자원국의 환율이 대폭적인 파동을 보이기 시작했다. 시장이 산업의 지속적인 조절기에 들어서고 경제가 지속적인 하락 이후 새로운 분야로 집중됐으며 금융 리스크가 나타나기 시작했는데 환율파동이 가장 대표적이다. 뿐만 아니라 2015년 8월, 위안화 환율이 지속적인 파동을 나타내기 시작했다는 점도 보았다.

이번 단계 주기 조절의 후반부는 2015년부터 시작됐고 2016년은 심화하는 한 해이다. 상대적으로 볼 때 임무는 거품을 없애고 레버리지를 해소하고 투기를 없애는 것이다. 중국 사회의 고리대금도 다양했는데 일부는 '고품격'의 이미지로 나타나기도 했다.

사회 고리대금에서 융자 사기극에 이르기까지 그리고 주식시장 거품에서 현재의 두 차례 주식 재난에 이르기까지 금융의 리스크 해소는 이미 어느 정도 진행됐다. 향후 금융 리스크를 해소하는 목표는 환율 거품이고 그 다음은 부동산의 큰 거품이다. 때문에 이번 단계의 10년 경제 조절 총 목표와 총 보루가 중국의 1선 도시 주택가격에 주로 집중돼 있다. 사람들은 이번 단계의 조절이 끝났다고 간신히 인정하는 눈치다. 그러나 필자는 완정하지 못한 조절이라고 생각되는바 결국에는 대도시의 주택가격 하락을 초래할 것이라고 본다.

글로벌 경제에 대한 관찰을 통해 알 수 있다시피, 경제 주기 조정과 불경기 상황은 여전히 지속되고 있다. 현재 신흥국가의 경제성장폭이 반 토막 났을 뿐만 아니라 글로벌 무역 성장폭이 꾸준히 하락되고 운임지수(BDI)가 연속 최저치를 갈아치우고 있는 상황에서 아직은 경제 호전의 기미가 보이지 않고 있다. 글로벌 거시적 경제형세에서 중국의 주식시장을 의논해 본다. 2015년 중국 주식시장이 발전 상황을 거슬러 올라감으로써 심층 차원의 주식 재난이 초래되었고 중국 중산계급이 '피의 세례'를 당했다. 이에 발전 방향을 거스르면 반드시 실패하게 된다는데 대해 깊이 깨달았을 것이다. 거시적 형세에서 판단할 때 주식시장에 거품이 빠르게 생성되는 것을 바라는 건 결코 비현실적이다.

2. 중국 주식시장이 직면한 글로벌 신용 위축

중국의 주식시장 발전이 글로벌 신용 위축 문제에 직면했고 이런 기미가 이미 나타나기 시작했다. FRS의 금리인상 가동이 가장 대표적이다. 오랜 시간의 계획 끝에 FRS가 결국 금리인상을 결정했다.

아직도 금리인상 빈도 차수를 토론하고 있는데 사실 이는 부차적인 문제이다. FRS에서 금리를 인상만 하면 이런 문제가 줄곧 존재하기 때문이다. 금리인상 주기가 가동된 후 금리인상이 글로벌 신용 위축에 대해서는 대표적이고 주도적인 사건이다. 향후 몇 년 간 우리는 유럽과 일본이 양적완화(QE) 통화정책을 중지하는 걸 보게 될 것이다. 단지 이들의 실행 시간이 다를 뿐이다. 게다가 금리인상도 계속 될 것이다. 3개 경제체의 통화정책이 동시에 정상화로 돌아오고 심지어 금리를 인상할 때 필자는 글로벌 경제 특히나 중국경제가 결코 이런 상황에서 피해갈 수 없다고 본다. 가령 통화정책이 동시적이 아니라 선후로 정상화에 돌아온다고 해도 중국이 직면한 도전은 상당한데 중국의 주택가격이 버틸 수 있을지에 달려있다.

중국의 통화 정책 차원에서 중국 자본시장의 발전 전망을 본다면 신용 확장도 주식 재난을 초래하는 원인이 된다. 외화 보유액총액이 2014년 6월에 이미 3조 9천 9백 억 달러에 달해 약 4조 달러에 육박했다. 이 시기보다 한 달 빠른 2014년 5월, 리커창(李克强) 중국 총리의 아프리카 방문 당시 내빈들에게 중국의 외화 보유액이 너무 많아 부담으로 되고 있다고 말한 바 있다. 그로부터 한 달 후 외화 보유액이 새로운 최고치를 기록했고 그 후로부터 현재까지 줄곧 하락세를 유지하고 있다.

중국의 본위화폐 중 92%내외가 외국환평형기금에서 왔다는 설도 있다. 그렇다면 외화 보유액이 2014년 6월 최고치를 기록했다가 줄곧 하락세를 보이고 있는 것이 본위화폐 확장이 이미 침체 상태에 들어섰다는 점을 의미하는 걸까? 그러나 M2가 빠르게 성장하고 있다. 12%든지 아니면 13%든지를 막론하고 모두 본위화폐에 대한 확대이고 신용이 빠르게 팽창되고 있는 표현이다. 이중에는 지나친 투기와 자산 거품도 포함된다. 때문에 이는 과열된 금융과 과도한 투기의 전형적인 대표이다.

신용 확장이 경제의 지속적인 하락 과정에 계속될 수 없기 때문에 주식 재난이 초래된 것이다. 현재 중국의 통화 승수가 5.09이다. 이는 2007년 전후의 통화 승수에 가깝고 2008년 서브프라임 모기지론 위기부터 중국 주식 재난이 발발하기 전 단계의 통화 승수와 같다. 따라서 후반부의 중점은 자산 거품을 비롯한 금융 과열과 투기의 과도한 현상에 대한 조절이 될 것이라는 판단을 내릴 수 있다.

여러 가지 상황은 이 시기에 다시 금융 파동이 생기면 아주 위험할 뿐만 아니라 통화가 지지하지 않는다는 점을 말해주고 있다. 향후 중국에 새로운 본위화폐 확장 메커니즘이 형성될 수 있지만 현재는 두 갈래 뿐이다. 첫째, 새로운 통화 확장 메커니즘을 발견하지 못했다. 둘째 새로운 통화 메커니즘을 발견하기 전에 이유 없이 통화 공급을 늘릴 수 없으며 통화정책 목표는 위안화 환율안정으로 점차 집중될 것이다. 따라서 이 시기에 이유 없는 통화 공급 확장은 불가능한 일이고 더욱이 이유 없이 QE정책을 실행하지도 않을 것이다. 그렇지 않으면 환율이 대폭 하락되고 중국 경기가 급랭해지고 부동산 거품이 더 많아지는 등 다양한 문제가 초래될 수 있다. 따라서 이 시기에 중국인민은행은 위안화의 국제화 실현을 위해 반드시 이성을 유지하고 자제해야 한다. 여기까지는 통화 신용 차원에서 향후 2, 3년간의 주식시장 환경을 분석한 것이다. 따라서 이런 배경 하에 보수적인 책략을 펼치는 것이 정확하다고 본다.

3. 글로벌 통화와 환율 및 중국 주식시장과 부동산시장의 상관관계

주식시장과 부동산시장을 안정시킴에 있어 글로벌 통화와 환율안정을 고려해야 한다. 2015년 6월, 중국 주식시장이 하락세를 나타내기 시작해서부터 필자는 관련 부서에서 체계적인 리스크 발발 여부에 대해 하루빨리 고민해 봐야 한다고 생각한다. 특히 주식재난 문제에 대해 여러 부분에서 전면적으로 주목하고 사전에 환율 재난을 처리하는 과정을 모의할 수 있기를 건의하는 바이다.

필자는 이번 단계의 주식 재난이 전 세계가 중국의 취약 금융을 내다보는 창구를 열어주었고 이로 환율 재난에 폐단을 심었다고 본다. 2015년 8월 8일, 필자가 '환율과 자산 가격 상호 하락 리스크에 경각성'이라는 글을 발표했다. 8월 31일, 중국인민은행에서 중간가격을 조절하자 위안화가 평가 절하되기 시작했다. 현재 위안화 평가절하 추세가 이미 형성됐다. 그러나 아직은 평가절하가 끝까지 진행되지는 않았고 국내 재부의 유출과 자본 외출도 계속 이어질 전망이다. 현재 주택가격이 여전히 높은 편이고 환율의 평가절하가 끝까지 진행되려면 아직도 갈 갈이 멀다. 따라서 자금 차원에서 볼 때 위안화의 지속적인 평가절하 과정에 불 마켓을 계속 기대하는 건 불가능한 일이다.

첫 주식 재난이 발발한 후 필자는 주식시장에서 퇴출해야 한다는 태도를 취해왔다. 2015년 8월, 주식시장이 3650포인트까지 떨어졌지만 이는 여전히 높은 편이다. '국가팀'이 주식시장에 참여하자 주식시장이 더 하락됐다. 훗날 은행감독위원회에서 서킷브레이커 메커니즘을 제기했다. 2016년 새해 첫 날부터 반복적인 서킷브레이커와 하한가 거래정지 현상이 반복됐다. 실제 추세는 아주 뚜렷했다. 서킷브레이커 메커니즘이 없어도 하락될 것이지만 이토록 폭락하지는 않았을 것이다. 이번 단계의 하락에 대해 다수 사람들은 이미 바닥을 쳤다고 여기고 있지만 필자는 2850포인트가 바닥은 아니라고 본다. 현재 대폭 반등할 추세를 보이고 있지만 필자는 여전히 낙관적으로 볼 수 없다고 생각한다.

4. 기존 자본시장의 문제점

마지막으로 자본시장 혹은 증권 업종에 존재하는 일부 문제를 탐구해본다. 우선 우리의 관리이념, 감독이념이 많이 뒤떨어진 탓에 시장 신용이 부족하고 제도 리스크가 함께 존재하는 상황이 초래됐다. 따라서 행정 수단이 때로는 취소되었다가 때로는 실시됐는데 결코 좋은 일만은 아니다. 주로 융자에 대해 감독하고 관리해왔다. 감독관리자의 권력은 줄곧 대주주, 강세 자본과 한데 융합되었다.

중소 주주의 이익은 이 시장에서 줄곧 그 어떤 보장도 받지 못했다. 상장회사에 비열한 내부 거래가 이뤄지고 있는 가운데 아직 성숙되지 못한 투자자들이 가치가 없는 소재를 맹목적으로 추구하면서 주식시장 문화를 무시하고 있는데 이는 아주 뒤떨어진 표현이다. 따라서 주식시장이 중국 꿈을 뒷받침하려면 아직은 갈 길이 아주 멀다고 생각한다.

신용 문제는 허위 날조 현상이 빈번하고 법 집행이 엄격하지 않은 데서 반영될 뿐만 아니라, 관리의 비전문성과 결책의 임의성을 말해준다. IPO 를 회복하지 않는다고 했는데 후에 또 회복했다. 대주주들의 주식 소유 감소를 기존에는 봉쇄했지만 지금은 또 그 봉쇄기를 연장했다. 이런 정책 조치들이 줄곧 바뀌고 있다. 아래 주식시장에서 회피하지 못할 등록제를 얘기해본다. 등록제가 출시되면 주식시장은 1000포인트 하락될 것이다. 현재 등록제 실행이 거의 확실시되고 있다.

전반적으로 볼 때 등록제가 여전히 빠르게 추진되고 경제 조절이 계속 이어지고 있는 외에 글로벌 금융 파동도 여전히 악화되고 있다. 이런 상황에서 2016년 중국 주식시장은 베어 마켓 국면에서 운영되어야 한다. 필자는 만약 향후 통화 위축 하에 중국 1선 도시 부동산 거품이 파멸된다면 A주식시장이 본래의 모습으로 돌아갈 가능성도 있다고 비관적으로 내다보고 있다.

현재 지방에서 통제하는 자원과 명확하지 않은 정책이 많은데 이는 중국 자본시장의 전망, 심지어 국가의 앞날에 상당한 불확정성을 가져다줬다. 이런 불확정성이 점차 명확해져야 한다. 모든 것이 명확해져야 자본시장이 전도가 있고 자신감이 생길 것이다.

또 이래야만 다수의 계획과 정책이 실행될 수 있고 사람들의 마음이 모아질 수 있다. 마음이 한데 모아져야만 더 많은 정책이 효과적으로 실행될 수 있는 것이다. 다시 말해, 2013년~2018년 힘을 발휘하는 준비기에서 뒤의 2, 3년은 아주 중요한 단계이다. 다음 5년에 힘을 발휘할 수 있을지를 결정해야 하기 때문이다. 우선 계획과 정책이 맞아야 하고 실제에 부합되어야 하는 한편, 신용을 지키고 시장을 존중해야 한다. 그리고 다음 단계의 5년을 이용해 이런 계획과 정책을 실행한다면 모든 것이 뚜렷해지고 상황도 좋아질 것이다. 우리는 시간의 변화에 따라 계획을 바꾸는 안목으로 시장 추세를 보아야 한다.

제6편
중국 주식시장 전망

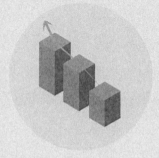

제20장
주식시장의 폭등과 폭락 원인은?

인중리(尹中立) : 중국사회과학원 금융연구소 금융시장연구실 부주임 겸 부연구원

2015년 6월 15일부터 7월 9일까지의 거래일 동안 중국 주식시장이 연일 폭락했다. 그중 상하이 종합지수가 32%, 중소판이 39%, 차이넥스트가 42% 하락됐다. 주식시장에 왜 이토록 심각한 폭락 현상이 나타난 것일까? 주식시장 폭락은 금융 감독관리 및 주식시장 감독 관리에 존재하는 어떤 결함을 폭로한 것일까? 주식시장과 관련된 일부 심층 차원의 제도문제는 현재 열심히 사고해 보아야 한다.

1. 주식시장의 폭등 원인

주식시장 하락과 관련해 경제 파동 이론이 우리에게 일부 계발을 줄 수 있을 듯하다. 경제 파동에 대해 '주글라 순환이론'을 제기한 클레멘트 주글라가 "부진을 초래한 유일한 원인이 바로 번영"이라는 아주 유명한 말을 한 적 있다. 이 결론을 주식시장에 인용해도 대체로 성립되는데 '폭락의 유일한 원인이 바로 폭등'이라는 것이다. 때문에 주식시장이

폭등한 원인을 정확하게 밝혀낸다면 주식시장이 폭락한 진실을 알 수 있다. 2014년 6월부터 2015년 6월까지 중국 주식시장의 평균 성장폭이 약 2배에 달했다. 그중 상하이 종합지수는 2000포인트에서 159% 폭등한 5178포인트로 상승했고 중소판은 4560포인트에서 165% 폭등한 1만 2084포인트로 상승했으며 차이넥스트는 1330포인트에서 204% 폭등한 4037포인트로 상승했다.

역사적 수치를 기반으로 할 때 2015년 6월 초의 주식가격은 이미 아주 높은 수준에 머물러 있었다. 상하이 종합지수에서 금융주의 가중이 지나치게 높아 전체 주식의 가격 파동을 정확하게 반영할 수 없었다. 그래서 우리는 A주식의 성장폭을 비교적 진실하게 반영할 수 있는 WIND A 지수를 적용하기로 했다. 이 지수가 2015년 6월 12일 최고점이 2007년 10월 16일의 최고점보다 76.30% 높았다. 성장주 마케팅은 더 터무니없는 수준에 이르렀다. 2015년 6월 4일, 성장주를 대표하는 차이넥스트 종합지수 주가순자산비율(PB)가 13.02배에 달해 글로벌 주식시장 역사 최고치를 기록했으며 거품 규모가 1989년의 닛케이 평균지수 거품(최고치일 때 PB가 4.5배임), 1990년 중국 타이완 가권지수 거품(최고치일 때 PB가 9배임), 2000년 나스닥 거품(최고치일 때 PB가 8.5배임), 2007년 상하이 종합지수 거품(최고치일 때 PB가 7.07배임)수준을 훨씬 넘어섰다. 2015년 6월 12일, 전체 A주의 PB 중위수가 8.5배에 달해 거품 수준이 2001년의 2245포인트, 2007년의 6124포인트와 어깨를 나란히 할 수 있을 정도였다. 거품이 이토록 심각하니 주가 대폭락이 이어져도 이상할 것까지는 없다.

이토록 빠른 속도로 주식가격이 상승하고 심각한 주식가격 거품이 생겨난 것은 최소 아래와 같은 몇 가지 이유 때문이라고 생각한다.

1) 국가 의지의 적극적인 추진

객관적으로 말하자면 2013년 이후 정부에 주식시장 상승을 자극할 강한 원동력이 있었던 건 확실하다. 18기 3중 전회에서는 자본시장에 대해 이렇게 서술했다. '다차원 자본시장 체계를 건전히 하고 주식 발행 등록제 개혁을 추진하고 다양한 루트를 통해 주권 융자를 추진하고 채권시장을 발전 및 규범화하고 직접적인 융자 비율을 향상시킨다.' 여기에서 '직접적인 융자 비율 향상'은 자본시장 개혁의 목표이고 '주식 발행 등록제 개혁 추진'과 '다양한 루트를 통한 주권 융자 추진'은 직접적인 융자 비율을 향상시키는 수단과 방법이다.

18기 3중 전회에서 자본시장에 대해 이 같은 발전 전략을 확정한 것은 주민들의 엄청난 규모의 저축과 기업의 고 부채율이라는 특수한 국정을 고려했기 때문이다. 2013년 12월, '중국 국가 대차 대조표 연구' 과제 팀에서 발표한 연구 성과 「중국 국가 대차 대조표 2013」에 따르면, 2012년 중국 전체 사회의 부채 규모가 111조 6천 억 달러에 달해 그 해 GDP가운데서 차지하는 비율이 215%에 달하는 것으로 나타났다. 뿐만 아니라 2012년 이후 이 같은 추세가 바뀌기는커녕 오히려 계속해서 악화되었다. 맥킨지 회사에서 발표한 최신 연구 보고서에 따르면, 중국 채무 총액이 7년간 4배 정도 늘어나 2007년의 45조 위안에서 2014년의 172조 위안에 달했으며 놀랍게도 채무 총액이 GDP가운데서 차지하는 비율이 282%에 달했다. 보고서는 또 중국의 채무 리스크가 주로 주민,

비금융류 기업과 정부의 채무에서 초래되었다고 지적했다.

　논리적으로 추리해 볼 때, 주식시장 융자를 끌어올리면 기업의 고부채 리스크를 효과적으로 해결할 수 있다. 채무 총량이 줄지 않는 상황에서 자본금을 보충하는 방법은 기업 부채율을 낮추는 최적의 루트이다.

　하지만 2013년 연말부터 2014년 상반기까지 주식시장은 줄곧 2000포인트에서 오르내리고 있다. 게다가 2급 시장이 상당한 저조세를 보이고 신규 주식 발행이 중단 상태에 처했기 때문에 주식시장 융자를 통해 기업 부채율을 낮추는 건 다만 지나친 욕망에 불과하다. 주식시장이 활기를 유지해야만 신규 주식 발행 수가 늘어날 수 있다. 주식시장 활약도를 끌어올리기 위해 관련 부서는 일련의 조치를 취했다. 그중 융자, 융권(融券) 고객의 자금 문턱을 낮추는 조치가 좋은 효과를 거두었다. 융자, 융권의 관련 규정에 따라 계좌 자금이 50만 위안에 달하거나 초과한 고객이어야 융자, 융권 업무를 진행할 자격이 주어지는데 관련 규정에 부합되는 계좌 수가 상하이와 선전 주식시장의 계좌에서 차지하는 비율(1% 미만)이 아주 낮다. 2013년 4월, 증권감독위원회에서 융자, 융권 업무에 대한 창구 지도 의견을 취소했다. 이에 따라 증권회사는 자체 투자자의 상황에 맞춰 적절하게 업무 문턱을 설정할 수 있게 됐다.

　2014년 6월부터 주식가격이 점차 상승함에 따라 융자 규모가 꾸준히 늘어났는바 2014년 하반기 융자 잔여액이 4천 억 위안에서 1조 위안으로 증가되고 2015년 상반기에는 그 잔여액이 1조 위안에서 2조 2천 억 위안으로 증가됐다. 융자, 융권이라는 한 개 루트만을 통해 주식 2급 시장에 약 2조 위안의 자금이 유입되고 주식가격의 빠른 상승을 추진했다.

융자, 융권 외에도 장외 자금 배치는 자금 레버리지를 끌어올릴 수 있는 또 다른 루트이다. 그 규모가 융자, 융권 규모보다 낮지 않을 것으로 추측된다.

위에서 분석한 바와 같이, 정부가 주식시장을 통해 기업 부채율을 낮추려는 방법이 이론적으로는 도리에 맞는 듯하다. 그러나 실천이 증명하다시피, 실행되기 아주 어렵다. 문제의 핵심은 정부의 간섭이 주식시장 투자자의 예상와 행위를 왜곡했다는 점이다. 주식시장의 기본 규칙이 '리스크와 수익의 대칭'이기 때문에 고수익에는 반드시 고위험이 따르는 법이다. 투자자들이 주식시장 상승을 바라는 정부의 의도를 파악한 데 이어 주요 언론들에서 이른바 '국가 불 마켓', '중국 주식시장 장기간의 완만한 불 마켓 맞이', '개혁 불 마켓' 등을 널리 홍보했는데 실은 정부에서 주식시장에 이런 생각을 전수한 것이다. 주식시장의 수익과 리스크가 맞지 않고 고위험을 감당하지 않고도 고수익을 얻을 수 있는 듯 했다. 정부의 신용 개입이 투자자의 행위를 왜곡했다. 매주 금요일마다 수백만 개에 달하는 신규 계좌 그리고 장외의 미친 듯한 자원배치 행위는 투자자들의 행위가 왜곡된 구체적인 표현 형식이다.

시간적으로 볼 때 투자자의 대규모 입시는 2015년 4월 초부터 시작되었다. 2015년 4월 이전에 매주 신규 주식 계좌 개설 수가 100만 호를 초과하지 않았다. 그러나 4월 이후로 빠르게 늘어났는바 매주 100만 호를 훨씬 초과한 400여만 호에 달해 새로운 역사 기록을 세웠다. 보다시피, 시장의 미친 듯한 행위가 2015년 4월 절정에 달했음을 알 수 있다. 그렇다면 그 당시 대체 어떤 일이 벌어진 것일까? 그 당시의 상하이 종합지수가 갓 3,500포인트를 넘어섰다.

이는 아주 중요한 위치이다. 3,478포인트가 2009년의 최고치이기 때문이다. 만약 이 수준을 넘어서지 못한다면 시장은 여전히 2007년 이후 이어지고 있는 베어 마켓의 반등일 따름이다. 하지만 이 수준을 넘어선다면 새로운 단계의 불 마켓이 도래했음을 의미한다. 이는 시장의 보편적인 생각으로, 굳이 말하지 않아도 언론은 알고 있을 것이다. 그때 신화사에서 주식시장과 관련된 논평을 8편 발표했다. 논평은 A주식 자체가 '중국 꿈'의 담체라며 그 속에 거대한 투자기회가 숨겨져 있다고 투자자들에게 명확히 알려줬다. 주식시장이 4,000포인트를 넘어섰을 때 인민넷은 심지어 '4,000포인트야 말로 불 마켓의 시작'이라는 논평을 발표하기도 했다. 그래서 한동안 재교 대학생, 가정주부, 아파트단지 보안 심지어 향촌마을 농민들이 너도나도 주식시장에 뛰어드는 상황이 초래됐다.

2) 금융 혁신, 은행자금의 주식시장 직접 유입통로 개척

중국 금융은 분업 경영과 감독 관리를 실행하고 있어 은행자금이 직접적으로 주식시장에 유입되기란 하늘의 별따기이다. 하지만 최근 몇 년간 은행 재테크 업무가 발전함에 따라 은행 자금과 자본시장의 통로가 점차 뚫렸다. 은행이 재테크 상품 발행을 통해 고객의 자금을 집중시킨 후 신탁 혹은 증권회사의 자산관리 업무 경로를 통해 주식시장에 유입되는 운행 방식을 취했다. 그중 '엄브렐러신탁'이 가장 대표적인 형식이다.

이런 자금은 주로 주식시장 투자자에게 배치자금 형식으로 제공되었다. 만약 한 고객의 자유자금이 천만 위안(열등)이라면 신탁자금을 통해 3천만 위안(우선)의 배치자금을 얻을 수 있으며, 신탁 자금 원가가 약 10%이기 때문에 투자자는 관련 방식을 통해 자체 자금 레버리지를 3배 늘릴 수 있다.

비슷한 구조화된 금융상품의 설계로 인해 마치 은행, 은행 재테크 자금과 신탁기구가 주식시장 파동에 따른 리스크를 감당하지 않고도 비교적 높은 수익을 얻을 수 있는 것처럼 보인다. 시장 시세에 따라 신탁이 고객들에게 주는 자산분배 가격은 15%~20%이고 은행이 재테크 고객들에게 주는 투자 수익률은 6%~8%에 달하는데 은행과 신탁 등 기구들이 그중 약 10%의 수익을 나눠가졌다. 주식가격이 상승하는 과정에 이런 자산분배에 거의 리스크가 동반되지 않고 아무런 리스크도 감당하지 않는 상황에서 이토록 높은 수익을 챙길 수 있었기 때문에, 은행 및 신탁기구들이 신속하게 자산을 주식시장에 분배하도록 자극했다.

이 과정에 방금 흥기한 인터넷 금융도 중요한 역할을 발휘했다. 주로 아래와 같은 부분에서 표현된다. (1) 대규모 자산분배 회사들이 P2P 플랫폼을 이용해 자금을 모은 후 주식시장의 자산분배 고객들과 접목했다. 이런 유형의 회사들이 인터넷 금융 기치 하에 거의 감독관리를 받지 않는 상태에 있기 때문이다. (2) 헝성(恒生)전자회사에서 개발한 HOMS시스템이 자산분배에 편리한 리스크 통제 기술을 제공했다. 장외 자원분배 현상이 중국 주식시장에 줄곧 존재했지만 그 규모가 아주 작았다. 그 행위 과정에 나타나는 리스크를 통제하기 어려웠던 것이 가장 중요한 원인이다. HOMS시스템이 위 난제를 효과적으로 해결했고 엄브렐러신탁은 이 시스템을 기반으로 발전을 시작했다.

그러나 바로 이런 이유로 인해 갈수록 많은 은행 자금이 위 루트를 통해 주식시장에 유입되고 있으며, 이에 따라 주식시장의 체계적인 리스크가 꾸준히 늘어나고 있는 것이다. 주식시장에 추세적인 비틀림 현상이 나타난다면 리스크가 발발하게 된다. 이러면 주식시장이 타격을 입게 되는 것은 물론 은행 체계도 결코 충격을 피해가지 못한다.

은행 자금이 신탁 등 방식을 통해 주식시장에 유입되는 본질은 은행의 감독 관리를 회피하는 것인데, 금융 혼업(混業) 경영을 실시하는 국가나 지역일지라도 이런 행위는 엄격한 단속을 받는다. 금융 자유도가 비교적 높은 지역인 중국 홍콩도 중국 내지의 엄브렐러 신탁과 유사한 업무를 금지하고 있다.

2. 주식시장의 폭락 원인

주식가격의 폭등은 필연코 폭락으로 이어진다. 투기 거품이 일정한 극한에 다다른 후에 나타나는 하락은 자연히 필연적인 추세로 되기 마련이다. 필자는 2015년 제9기 『중국 금융』 잡지에 발표한 「주식 리스크에 대한 인식 증강시켜야」란 글에서 주식시장에 곧 나타날 파일드라이버 하락에 대해 사전 판단을 내렸다. 주식시장 하락을 초래한 직접적인 도화선은 2급 주식시장의 레버리지 해소이다. 이 부분에 대해서는 2015년 6월 6일에 보도된 뉴스 「증권감독위원회 장외 자원분배 포트 접입 중단」에 까지 거슬러 올라갈 수 있다.

이 뉴스의 내용은 이러하다. "증권감독위원회에서 증권사에 장외 자금 분배 업무를 스스로 조사하고 장외 자금 분배 데이터 포트 서비스를 전면 중단할 것을 요구한다는 통지를 내렸다. 이중에는 헝씽전자의 HOMS시스템 자금 분배도 포함된다. 증권감독위원회는 허락을 받지 못한 상황에서 그 어떤 증권회사도 고객을 상대로 융자, 융권을 진행할 수 없을 뿐만 아니라 고객 간에 그리고 고객과 타인 간의 융합 활동에 그 어떤 편리와 서비스를 제공해서는 안 된다고 강조했다." 주식시장 상승 이유가 투자자들의 대량 주식시장 참여와 레버리지 보충이라고 볼 때 투자자들의 자금 레버리지를 줄이는 정책을 내놓는다는 것은 주식가격이 지속적으로 상승할 이유가 없어졌다는 점을 의미한다. 2016년 6월 15일, 주식시장이 하락 주기에 들어섰다.

관련 당국의 레버리지 축소 정책 외에도 이번 주식시장 하락을 유발한 요인에는 오버사이즈 규모의 IPO[궈타이쥔안(國泰君安)과 중국 원자력 발전 주식 발행]과 해외 중개(中概) 사유화의 귀국 상장 등이 포함된다. 이유는 간단하다. 유동성 내원 예상이 줄어드는 전제 하에 유출이 많을수록 기존 주식가격은 자연히 그 압력을 감당해야 하기 때문이다. 행위 경제학자들이 인정하는 것처럼 투기 거품 가운데서 가격이 하락되면 필연코 급격한 하락이 뒤따르는데 이런 하락 또한 비이성적이다. 가격의 격렬한 상승을 이끌 수 있는 것처럼 피드백 메커니즘도 가격의 격렬한 하락을 초래할 수 있을 뿐만 아니라 가격 하락폭이 상상을 넘어설 수 있다. 뮐러가 이런 말을 했다. "가격이 통상 수준 이하로 떨어지는 것은 예전의 투기시기에 통상 수준 이상까지 상승한 것과 똑같다." 더욱 중요한건 레버리지로 인해 리스크가 짧은 시간 내에 또 빠르게 확대되었다는 점이다. 위에서 분석한 바와 같이 4000포인트 이후 레버리지를 가하는 방식으로 주식시장에 참여하는 개인과 기구들이 갈수록 많아졌다. 일부 레버리지 비율은 심지어 10배를 초과했는데 3~4배 수준의 레버리지가 아주 보편적이었다. 2015년 6월 15일, 주식가격이 하락된 후의 첫 주 하락폭이 10%를 넘어섬으로 인해 10배 혹은 그 이상의 하이 레버리지 자금 계좌가 이 주에 강제적으로 스퀘어 절차에 들어가도록 추진했다.

그 후로는 8배 자금의 레버리지 자금 계자와 강제적인 스퀘어 절차 들어갔다. 6월 말에 들어서 주식가격 하락폭이 20%에 달했다. 따라서 1배 자금 레버리지 계좌가 전부 강제적인 스퀘어 절차에 들어갔다. 2~4배 자금 레버리지 계좌 수가 아주 많기 때문에(필자는 1조 위안 이상으로 추정함) 수량이 이토록 방대한 주식이 동시적으로 강제적인 스퀘어 절차에 들어갈 때 시장에 필연코 유동성 고갈이 생기게 된다. 따라서 우리는 매일 1천 개 이상 주식이 하한가 도달에 따라 나타난 거래 중지 현상을 보게 되었다. 다수 상장회사들이 다양한 이유로 일정한 정도에서 주식 거래를 중단했는데 이는 시장의 유동성 공황을 악화시켰다. 또 다수 기금이 고객들의 환매에 대응하기 위해 우량주를 판매함으로써 모든 주식의 대폭 하락을 야기했다. 이 과정이 바로 이른바 '레버리지 해소'이다. '레버리지 해소'에 대해 예로부터 채권의 왕으로 불린 빌 그루스(Bill Gross)는 아주 뚜렷하게 인식하고 있었다. 세계에서 가장 유명한 투자회사 PIMCO의 창시자이자 수석 투자관인 빌 그루스는 레버리지 해소 과정에 들어선다면 리스크 보유비용, 유동성 보유비용, 시장 파동수준 심지어 기한 프리미엄을 비롯해 모두 상승할 것이고 이로 자산 가격도 충격을 받게 될 것이라고 말했다. 뿐만 아니라 이런 프로세스가 단향적인 것이 아니라 서로 영향 주고 서로 간에 강화하는 관계를 형성하고 있다는 것이다.

예를 들면 투자자가 서브프라임 모기지론 리스크를 인식하고 후순위 채에서의 투자 레버리지를 해소해야 한다는 점을 인식했을 때 이런 채권과 매매 차익 관계가 있는 기타 채권, 이런 채권을 보유하고 있는 기타 투자자들 그리고 그들이 소유하고 있는 기타 품종 모두 영향을 받게 된다. 이 과정에 결함이 있는 채권이 결함이 없는 채권으로 확산되어 결국 시장의 유동성에 영향을 미칠 수 있다. 2015년 7월 8일과 9일, 주식시장에 유동성 위기가 나타난 후로 이미 채권시장에 영향을 미쳤다. 중국 홍콩 시장과 해외 중국 개념주가 대폭 하락됐고 심지어 상품 선물과 외화 선물시장에도 뚜렷한 영향을 미치기 시작했다.

3. 주식 폭락의 비극을 막으려면

이번 주식 재난에 대해 우리는 심각하게 반성해야 한다. 필자는 정부와 주식시장의 관계 그리고 은행과 주식시장의 관계를 정확히 처리해야 한다는 2가지 교훈은 총화 할 만하다고 본다.

1) 정부와 시장의 관계를 명확히 정해야

직접적인 요인으로 볼 때 장외 자금 분배와 장내 융자 규모의 빠른 성장은 주식 재난을 불러온 주요한 원인이다. 그렇다면 왜 장외 자금 분배가 존재하는 것일까? 장외 자금 분배가 빠르게 확장되고 있는 상황에서 왜 제때에 억제를 받지 못했을까? 여기에는 자연히 체제와 메커니즘의 이유가 뒤따른다.

중국의 행정관리 체제 하에 정부가 주식을 통해 기업의 고부채율 문제를 해소하려는 전략적 목표가 확정되면 주식시장 감독관리자의 업무는 필연코 이 목표를 에워싸고 진행될 것이다. 이 목표를 실현하기 위해 정부 관련 당국은 다양한 주식시장 자극 수단을 취할 것이고 심지어 상장회사와 2급 시장에 대한 규정이나 법을 어긴 여러 가지 행위에 대한 감독관리를 완화하게 된다.

감독관리 목표가 공개, 공정, 공평을 뜻하는 '3공 원칙'과 점차 멀어질 때 시장의 기타 참여 주체도 필연적으로 자체의 정확한 위치와 멀어지게 된다. 상장회사들이 이야기를 하는 방식을 통해 이른바 '가치관리'를 하면서 마케팅 수단을 빌어 주식가격을 높게 올린 후 시장에서 높은 가격으로 폭리를 챙겼다. 기구 투자자 혹은 보유량이 많은 개인들이 여러 가지 방식을 통해 주식가격을 조정했다. 언론은 자체의 이익을 위해 여러 가지 유리한 관점 혹은 보도를 만들어내 시장에서 부채질하는 역할을 했다. 신화사가 2014년 8월과 2015년 4월 각각 시리즈(시리즈마다 주식시장 논평 8편 포함)를 발표했는데 이런 것이 바로 가장 대표적인 사례이다. 중국 주식시장 역사로부터 볼 때 정부가 주식시장을 통해 일정한 경제 목표를 실현하려고 시도한 경우가 도합 두 번이다. 첫 번째 시기가 1999년~2001년이다. 그 당시 주식시장 목표는 '국유 기업이 곤경에서 벗어날 수 있도록 봉사하는 것'이었다. 그때 경제가 불황을 겪었고 주식시장은 베어 마켓에 처해 있었다. 주식시장을 활성화하기 위해 관련 당국에서 주식시장을 자극하기 위한 일련의 정책을 내놓았는데 이를 역사적으로 '519시세'라고 한다. 이 사이 감독관리자들은 증권회사에서 고객 보장금을 대량 유용하도록 눈감아 줬으며 기금관리회사에서 주식가격을 조정하는데 대해서도 방임 태도를 유지했다. 게다가 시장에 제자리에서 마케팅 하는 기풍이 성행됨으로써 결국 '기금 내막', '광샤(廣夏)실업주식유한회사 재무 허위 날조 사건', 신장(新疆) 더룽(德隆) 파산 그리고 남방증권 파산 청산 등 일련의 악성 사건이 연달아 발생했다.

18기 3중 전회 문서 중 자본시장 개혁에 관한 논술은 정부가 두 번째로 주식시장에 대해 명확한 전략적 목표를 제기한 것이다. '직접적인 융자 비율 향상'이 주식시장 발전의 새로운 목표로 되었다. 이 목표가 제기된 후 2년도 되지 않는 시점에 주식 재난이 불쑥 찾아왔다.

주식시장은 특수한 시장으로, 일반 상품시장과는 확연히 다르다. 일반 상품시장의 가격은 주로 공급과 수요관계에 의해 결정되고 균형 가격이 존재한다. 그러나 주식시장에는 균형 가격이 존재하지 않고 주식가격은 예상에 의해 결정된다. 만약 감독관리자가 상시적으로 주식시장에 일정한 발전 목표를 정하거나 정책을 발표해 주식시장을 간섭한다면 주식가격 형성 메커니즘에 왜곡 현상이 나타나게 된다.

우리는 반드시 정부와 주식시장 관계를 정확하게 처리해야 하고 정부는 감독관리를 우선적인 자리에 놓아야 한다. 감독관리자의 직책은 규칙을 정하고 이를 엄격히 실행하는 외에도 시장의 '3공 원칙'을 지킴으로써 주식시장 감독관리자들이 경제 발전 임무나 목표를 감당하지 않도록 하는 것이다. 만약 '13차 5개년' 경제 발전 계획에서 '직접적인 융자 비율 향상'과 유사한 목표를 다시 언급한다면 향후 주식시장에 유사한 주식 재난이 반복해서 발생할 것이다.

2) 은행자금과 주식시장 간에 방화벽 건립 필요

1929년 주식시장이 폭락하여 거래가 중단되기 전에 미국에 증권감독위원회가 없었기 때문에 주식시장은 감독관리가 없는 상태에 노출됐다. 수많은 은행이 주식시장에 참여함으로 인해 주식시장 거품이 생겼고 그 거품이 붕괴하면서 은행이 대규모로 파산되는 사태가 벌어졌다. 1929년 주식시장으로 인해 초래된 대위기가 감독관리자에게 몇 가지 교훈을 남겼다. 그중 가장 근본적인 조항이 바로 주식시장 융자 신용이 기타 금융 신탁과 분리되어야지 아니면 주식시장 파동에 따른 신탁 계약위반이 전반 금융 시스템에 위험을 가져다 줄 것이라는 점이다. '글래스-스티걸법(Glass-Steagall)'이 발표됨에 따라 은행과 주식시장 간에 방화벽이 구축됐고 은행 자본과 대차능력은 주식시장의 상승과 하락에 따라 변화하는 것을 허락하지 않는다.

중국 주식 재난을 초래한 장본인은 주식시장 레버리지 융자 비율이 지나치게 높고 투명도가 없는 것이다. 특히 감독관리 제도에서의 가장 큰 결함은 은행과 주식시장 간에 방화벽을 건립하지 않은 것이다. 비록 '중화인민공화국 증권법'에서 은행 자금이 규정을 어기고 주식시장에 유입하지 못한다고 명확히 규정했지만 구체적인 규정 위반 상황에 대해서는 명확한 규정이 없다. 은행 재테크 자금이 엠브렐라 신탁 혹은 자금 분배 회사를 통해 대규모로 주식시장에 유입되었을 때 감독관리층이 나서서 저지하지 않았다. 미국 거래소들에서 엠브렐라 신탁 혹은 자금 분배와 같은 융자 형태가 존재하는 것을 허락하지 않은 또 다른 이유가 바로 리스크 폭로이다. 투명하지 않은 조합 상품은 결국 최대 리스크를 감당능력이 제일 약한 사람들에게 돌린다. 중소 투자자들은 레버리지 거래 리스크를 장악하는 부분에서 늘 경험이 부족하다. 미국에는 현금 계좌와 보장금 계좌 등 2가지 종류의 증권 계좌가 있다. 융자거래 자금이 보장금 계좌에 있을 때 위탁 판매인들이 전문적으로 리스크를 관리해준다. 그러나 고객이 장외에서 자금을 분배할 경우 위탁 판매인들은 리스크를 관리할 수 없다.

주식시장에서의 레버리지 자금은 대주주의 저당 융자에서 표현된다.

2015년 7월 8일 전후로 1400여 개 주식의 거래가 중단되었는데 이중 일부 주식의 거래 중단 이유가 바로 대주주가 주식을 은행에 저당시키고 대출융자를 진행했기 때문이다. 주식가격이 보증금을 보충해야 하는 수준까지 하락되었을 때에야 비로소 주식 거래 중단 방식을 통해 대응하곤 한다. 위 행위는 주식시장과 은행 간에 또 다른 연결 루트가 있고 연루 자금 범위가 엠브렐라 신탁과 장외 자금 분배 규모보다 더 커야 한다는 점을 폭로했다.

'국가팀'이 주식시장을 구하기 위해 참여함과 동시에 증권감독 위원회에서도 2015년 7월 14일 정책을 발표해 장외 자금 분배를 정리했다. 이는 장외에서 레버리지를 가하는 행위가 재현되는 것을 막기 위한 중요한 조치이다. 하지만 이것만으로는 아직 부족하다. 반드시 제도적으로 은행과 주식시장 간의 방화벽을 건립해야 하고 여러 금융 감독관리 당국에서 힘을 합쳐 함께 움직여야 한다.

제6편
중국 주식시장 전망

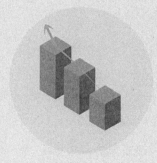

제21장 폭락으로 A주식 유리한 시기 놓쳐

제21장
폭락으로 A주식 유리한 시기 놓쳐[5]

쑤페이커(蘇培科) : 대외경제무역대학 공공정책연구소 수석연구원 및
CCTV재정 논평위원

2016년 첫 시작부터 중국 주식시장은 '나쁜 출발을 알렸다'. 2주일 만에 상하이 종합지수가 약 20% 폭락하고 A주식의 하락 범위가 대규모로 번지면서 시장가치가 10조 위안 증발했다. 출시된 지 일주일도 안 되는 서킷 브레이커가 빠르게 중단됐다. 특히 상하이 종합지수가 지난번 주식재난 때의 최저치보다도 낮은 수준에 이르자 투자자들의 자신감은 바닥으로 떨어졌다.

2016년 1월 16일, '보수적인 태도를 취하면서 오랫동안 대중 앞에 모습을 드러내지 않던' 샤오강(肖鋼) 중국 증권감독위원회 주석이 2016년 전국 증권 선물 감독관리 업무회의를 빌어 주식시장의 이상한 파동에 대한 경험과 교훈을 깊이 있게 총화하고 되돌아보았다. 그는 이번 주식시장의 이상한 파동이 중국 주식시장이 아직은 성숙되지 않았음을

---

5)   자료래원 : 영국 『파이낸셜 타임스』 중문넷, 2016년 1월 18일

충분히 반영한다고 주장했다. 여기에는 성숙되지 못한 거래자, 완벽하지 못한 거래제도와 시장체계, 적응하지 못하고 있는 감독관리 제도 등이 포함된다고 전했다. 또한 증권감독위원회 감독관리에 허점이 있고 감독관리가 적응하지 못하고 제대로 역할을 발휘하지 못하는 등 문제도 고스란히 드러났다고 말했다. 따라서 교훈을 심각하게 받아들이고 감독관리를 강화하는 한편, 리스크를 방지해 자본시장의 안정적이고도 건강한 발전을 추진해야 한다고 주장했다.

이번 주식시장 폭락에 대해 감독관리 당국은 마땅히 심각하게 반성해야 한다. A주식시장은 워낙 성숙되지 못하고 투기 분위기가 심각한 데다 반년 전에 갓 파일드라이버 폭락을 겪은 탓에 시장의 자신감이 아직은 온전히 회복되지 못했다. 따라서 감독관리 정책과 방식은 시장의 일거수일투족에 각별히 유의해야 한다.

그러나 아쉽게도 감독관리 당국은 A주식시장이 이번과 같이 대규모의 조정을 진행하리라고는 의식하지도, 예견하지도 못했기 때문에 판매제한 주식의 '해금령'에 대해 분류조치를 취하지 않았다. 시장이 폭락한 후에야 증권감독위원회에서 대주주와 이사, 감사, 고위 경영자들이 소유주를 현금을 바꾸는 행위를 규범화 하도록 거꾸로 압박했다.

만약 사전에 미리 판단을 내리고 예방 조치를 취했더라면 A주식시장에 또다시 파일드라이버 폭락이 나타나지 않았을 것이고 거시적 차원의 결책이 피동에 빠지지도 않았을 것이다. 특히 위안화 평가절하 예상 하에 국내 자본이 이미 밖으로 유출되는 기미가 나타났고 결국 위안화로 가격을 매기는 주식 자산가격의 폭락은 또다시 자금을 밖으로 빼돌리려는 일부 사람들의 결심을 부추기는 꼴이 되고 말았다. 따라서 위안화 환율과 주식시장 가격에 더블 플레이 현상이 나타났고 전반 시장이 공황에 빠졌다.

사실 이번 주식 재난은 피해갈 가능성도 있었다. 약 2달간 필자가 언론을 통해 공개적으로 감독 당국에 '해금령'을 중시할 데 대해 귀띔했지만 그들은 결코 눈 막고 귀 막고 모르는체했다. 만약 감독관리 당국에서 '해금령' 등 시장 불확정성 리스크에 대한 잠재력 영향을 발 빠르게 판단만 한다면 대주주와 이사, 감사, 고위 경영자들이 소유주를 현금을 바꾸는 행위와 판매제한 주식에 대해 분류 조치를 취해야 한다. 만약 더 적극적인 안정 유지 조치를 취하고 시장 기초제도를 보완하는 한편, 대량의 자금이 주식시장에 유입될 수 있도록 유치하고 시장의 공급과 수요 모순을 하루 빨리 균형화 했더라면 A주식시장에 현재 실제상황과 다른 국면이 나타날 것이고 위안화 평가절하 압력과 거시적 결책의 난이도도 줄어들 것이다.

만약 글로벌 시장을 자세히 연구해보면 미국 주식시장이 중국 A주식시장보다 앞서 조정(A주식시장보다 2개 거래일 앞서 하락)에 들어갔다는 점을 발견할 수 있다. 이번 단계에 다우존스 지수가 10% 하락되고 나스닥 지수가 13% 이상 하락된 반면 A주식 하락폭은 20%에 달했다. 이 때문에 미국 주식시장이 하락된 진실을 뒤덮었을 뿐만 아니라 위안화 환율과 A주식을 아주 불리한 경지로 내몰았다.

사실 FRB에서 금리인상 조치를 취했을 때 필자는 FRB의 긴축정책으로 인해 미국 주식이 하락되고 달러의 매매 차익이 새로운 피난처를 찾을 가능성을 제기하면서 A주식시장은 온갖 방법을 총동원해 흡인력을 향상시켜야 한다고 건의한 바 있다. 하지만 감독관리 당국이 역할을 제대로 발휘하지 못해 A주식시장에 문제가 터졌고 오히려 전 세계적으로 가장 심각한 공황에 빠진 시장으로 전락되고 말았다. 따라서 미국 주식이 하락된 주요한 원인을 완벽하게 덮었다.

사실 논리는 아주 간단하다. FRB가 무 이율 시대와 작별하고 긴축정책을 실시한 것은 미국 주식시장에 치명적인 타격일 수 있다. 필자가 일찍 2008년 주식시장과 통화정책 관계를 연구할 때 약 20년간 미국, 일본과 중국 주식시장 추세, 통화정책 그리고 유동성 추세도표를 종합적으로 분석해 주식시장 상승이 통화정책, 유동성 완화 정도가 강한 것과 관련이 있다는 점을 발견했다. 하지만 통화 긴축과 유동성 위축 현상이 나타날 때마다 주식시장의 베어 마켓이 동반되었다. 이밖에 국제 통화기금기구의 데이터에 따르면 1959~2003년 19개 주요한 공업국가의 주식시장에서 총 52차례 거품이 붕괴되었는데 하락될 때마다 통화정책 긴축과 긴밀하게 연관되어 있는 것으로 나타났다.

미국경제가 흠잡을 데 없이 좋아지거나 고속도 성장을 보장할 수 있을 때가 아니면 통화정책 긴축에 따른 새로운 문제를 회피하기 어렵다. 현실 속의 미국경제 수치는 사실상 이상적이지 않다. 특히 역사적으로 고위 수준에 머물러 있는 미국 주식시장 흡인력이 이미 크게 실추되어 장기적인 자본이 미국에 머물러 있도록 유치할 수 있는 능력을 잃었다. 단지 25개 기점의 금리인상과 환율차이에 의존해서는 단기 매매 차익 자금과 일부 고위시장에서 유출되어 피난처를 찾는 단기 자금만 유치할 수 있을 뿐이다. 이러면 중국에 대한 영향도 자연히 줄어들 것이다.

FRB의 금리인상에 따른 부정적인 영향을 최소화하기 위해 중국이 완화된 통화정책을 실시하는 건 필연적인 선택이다. 이밖에 중국 경내 자본의 대량 유출과 위안화 평가절하 예상이 바뀌는 것을 막기 위해서는 위안화 자산가격 흡인력을 끌어올리는 것이 유일한 방법이다.

　　이는 주식시장의 자신감을 끌어올리고 시장 흡인력을 조성하는데 아주 중요하다. 만약 주식시장과 위안화 자산 가격에서 수익을 올린다면 사람들이 환율격차와 FRB의 25개 기점 때문에 대규모로 중국 시장에서 쉽게 빠져나가지는 않을 것이다. 만약 중국 주식시장에 투자 흡인력이 있다면 오히려 '피난처'를 추구하는 일부 해외 자금을 유치함으로써 유동성이 부족한 국면을 근본적인 차원에서 바꾸고 바로잡을 수 있을 전망이다.

　　그러나 그 당시 필자는 너무 낙관적이거나 요행만을 바라서는 안 된다고 귀띔했다. 필경 A주식시장이 방금 근본적인 대규모 조정을 거치면서 시장 자신감과 유동성이 아직은 온전히 회복하지 않았고 시장이 휴양생식 단계에 처해 있는데다 증가된 부분의 자금이 전면적으로 진입하지 못했기 때문이다. '해금령'압력이 상당해 결책자들이 중국 주식시장의 모순과 문제를 충분히 중시하고 심층 차원에서 제도의 폐단을 해결하는 외에 시장화에 영향을 규칙을 개혁해야 한다. 이래야만 A주식시장이 하루빨리 자신감을 회복하고 흡인력을 되찾을 수 있도록 이끔으로써 자본유치 환경을 조성할 수 있다. 아쉽게도 A주식시장은 이번에 이 같이 유리한 절주를 따라가지 못하고 오히려 미국 주식보다 더 비참하게 하락되어 '상대적인' 우세를 잃었다. 현재 감독관리 당국은 깊이 반성하고 되돌아보면서 감독관리 능력을 끌어올려야 한다. 아니면 관건적인 시각에 유리한 시기를 장악할 수 없을 뿐만 아니라 상대적인 우세마저 잃게 되어 거시적 결책이 더욱 피동에 빠지게 된다. A주식시장에 대한 평범한 감독관리 수준을 끌어올리는 것이 발등에 떨어진 불이 됐다.

제7편

위안화 환율의 추세 전망

제22장

위안화 평가절하 : 피할 수 없는 선택

쑤젠(蘇劍) : 베이징대학 경제학원 교수, 경제연구소 상무부소장

본 장은 경제 표현과 위안화 평가절하의 관계, 정책 각도로 본 단기 위안화 평가절하 원인, 환율 정책이 중국 거시적 조정에서의 적용성 등 3가지 문제를 논한다.

1. 경제 추세와 단기 위안화 평가절하

단기 위안화 평가절하 문제에 대해 필자는 이훼이(李輝)의 관점을 찬성하는 바이다. 위안화의 단기 평가절하는 단지 시작일 뿐이고 아직 끝나지 않았다. 이유가 무엇일까? 필자는 환율파동을 실물 경제 표현으로부터 보아야 하고 기타 단기 요인과 예상 요인은 단지 한 가지 교란일 뿐 결국에는 펀더멘털이 결정한 환율로 되돌아 올 것이고 생각한다. 때문에 필자는 중미 양국의 실물 경제 표현으로부터 위안화 대 달러 환율파동을 보아야 한다고 주장한다.

통계 숫자로는 미국경제 상황이 괜찮은 것처럼 보인다. 따라서 많은

사람들은 현재 미국이 금리인상 전야에 처해 있어 달러 강세를 추진하는데 유리하다고 여기고 있다. 그렇다면 중국은 어떤가? 2015년 경제형세가 연초에 예견과는 거리가 멀다. 이유가 무엇일까? 2015년 거시적 조정 그리고 경제와 금융시장 운행에 그렇게 많은 뜻밖의 상황이 발생할 것이라고는 생각지 못했기 때문이다.

첫째, 정부에서 주식시장 자극을 통해 성장을 안정시킬 것이라고는 누구도 생각지 못했다. 정부에서 이 같은 조치를 취한 데는 아래와 같은 2가지 이유 때문이라고 필자는 생각한다.

우선 이른바 '재부 효과' 때문이다. 주식시장이 상승하면 사람들의 재부 명의 가치가 따라서 늘어나고 돈주머니도 불룩해진다. 이러면 더 많은 물건을 살 수 있고 성장을 안정시킬 수 있다. 다음 주식시장을 통해 중소기업의 융자가 어렵고 귀한 문제를 해결함으로써 경제를 자극할 수 있다. 위 2가지 생각이 도리가 있는 듯 들리지만 사실 결과는 아주 형편없다. 이른바 '재부 효과'가 나타나지 않은데다 주식시장을 자극함으로 인해 결국 예금이 유출되는 현상이 초래되고 은행예금 부족으로 인해 간접적인 융자난이 뒤따랐다.

직접 융자의 증가는 결코 간접 융자가 줄어드는 문제를 보완할 수 있다. 결론적으로는 실물 경제가 '원기를 잃으면서' 중국경제형세가 빠르게 악화된 것이다.

둘째, 중국경제에 이미 양호한 투자 기회가 사라지고 사회 투자도 자극하지 못하고 있다. 사실상 주식시장의 폭발적인 현상과 최근 몇 년간 주택가격의 폭등으로 인해 실물 경제 중의 그 어떤 투자기회도 모두 흡인력을 잃었을 뿐만 아니라 실물 경제를 아무리 훌륭하게 경영한다고 해도 부동산과 주식 투기로 얻는 수익과는 비교할 수 없는 상황이 나타났다. 따라서 백성들은 돈만 있으면 부동산을 사들이고 주식시장에 뛰어들곤 했다.

셋째, 중국의 공급에도 문제가 생겼다. 중국 백성들의 수요가 부족해서일까? 중국 백성들이 해외에서 물건을 어떻게 구입하고 있는가? 중국 백성들이 일본에서 변기 시트를 몽땅 사들이고 유럽에는 사치품을 몽땅 사들이고 구미에서는 구미인들 조차 사지 못하는 분유를 사고 캐나다와 호주에서는 현지인들도 구입하지 못하는 주택을 구입하고 있다. 이는 중국 백성들에게 수요가 아니라 유효 공급이 부족하다는 점을 말해준다. 중국 백성들은 사치품을 필요로 하지만 독자적으로 생산이 안 되고 중국 어린이들은 분유가 필요하지만 국산 분유를 아이들에게 먹이기 두려워한다. 그러니 수입 분유를 구입할만한 능력이 되는 가정에서는 절대 아이에게 국산 분유를 먹이지 않는다. 이와 유사한 사례가 이밖에도 더 있다. 현재 중국의 국가 관리 체계에도 일부 문제가 존재한다. 상품 품질과 소비 안전을 보장하지 못해 상품의 효과적인 공급을 유지하고 못하고 있다. 소비가 따라가지 못하니 투자도 자연히 따라가지 못하는 것이다. 투자는 투자기회가 없어서 이뤄지지 못하고 소비는 국산품에 자신감이 떨어져서 이뤄지지 못하고 있는 실정이다.

넷째, 약 3년간의 부패척결이 수요에 일정한 압력을 형성했다. 부패척결은 필요한 것으로, 이 부분에 대해서는 추호의 의구심도 없다. 하지만 그 어떤 일도 양면성이 있기 때문에 '부면적인 효과'가 있는 것도 정상이다. 이 같은 '부면적인 효과'를 인정하지 않는다면 현재의 중국경제형세를 정확하게 이해하고 파악할 수 없다. 첫 번째 '부면적인 효과'는 고급 소비 즉 사치품 소비가 줄어든 것이고 두 번째 '부면적인 효과'는 지방정부가 업무에서 제 역할을 제대로 발휘하지 않음으로 인하여 중국 재정정책 전도 메커니즘이 효력을 잃은 것이다.

전반적인 경제 자연 추세로 볼 때 위안화 환율 평가절하 이유는 다음과 같다. 첫째, 미국경제형세가 양호한데다 금리인상 예상이 비교적 강해졌다. 둘째, 중국의 경제형세가 악화되고 있는데다 사람들이 향후 중국경제형세를 비관적으로 보고 있다. 이는 위안화 평가절하를 초래한 압력이다. 하지만 이는 경제의 자연 경향으로, 위안화가 진정으로 평가절하 되려면 환율 정책을 조정해야 한다.

2. 위안화 평가절하 정책의 실시 이유는?

경제형세가 이토록 취약한 상황에서 성장 안정 조치로 정부에서 취할 만한 정책이 이론적으로는 재정정책과 통화정책이다. 하지만 위 2개 정책은 이미 효력을 잃었다. 재정정책이 효력을 잃은 것은 현재 전도 루트가 이전과 달라진 것이 주요한 원인이다. 현재 재정정책 전도 메커니즘이 바뀌었다. 기존에는 중앙정부에서 정책을 전달하면 지방정부의 프로젝트 추진 적극성이 대단했지만 지금은 하려 하지 않는다. 그들의 적극적이 없어졌기 때문이다. 이는 부패척결의 '부면적인 효과'이다.

통화정책 차원에서 볼 때, 한편 중국경제에 양호한 투자 기회가 적다. 자금이 있어도 좋은 투자기회를 찾지 못해 투자가 늘어나지 않고 있다. 다른 한편, 주식시장 자극 결과는 자금 이동 현상을 야기하고 통화정책에 따른 경제 자극 효과도 미미한 상황이 초래됐다. 재정정책과 통화정책이 거의 효력을 잃은 상황에서 성장을 안정시키기 위한 조치로 환율 평가절하 조치만 취할 수 있는 듯하다. 즉 평가절하로 수출을 자극함으로써 경제를 끌어올리는 방법뿐이라는 것이다.

때문에 한편, 경제의 자연 추세는 위안화 평가절하를 요구하고 다른 한편 위안화 평가절하는 성장 안정에 유리한 것으로 인정되고 있다. 위안화 평가절하가 바로 이런 상황에서 나타났다.

3. 중국의 환율정책으로 여전히 경제 조정 가능할까?

이번 단계의 위안화 평가절하가 세계 경제에 큰 영향을 미쳤다. 이를 통해 세인들은 위안화와 중국경제의 거대한 위력을 실감했다. 그렇다면 이런 질문을 해본다. 이번 단계의 위안화 평가절하 효과로 볼 때 중국이 앞으로도 환율 정책을 통해 경제조정을 실현할 수 있을까?

기존에 중국의 경제 규모가 비교적 작았기 때문에 환율을 어떤 수준으로 정해도 보편적인 상황에서는 모두 개의치 않아 했다. 현재 중국은 이미 세계 제2대 경제체로 되었고 평균 구매력을 계산할 경우 이미 세계 최대 경제체로 올라섰다. 이런 상황에서 만약 환율이 평가절하 된다면 세계 경제에 대한 영향은 아주 클 것으로 예상된다. 특히 빠른 속도로 대폭 평가절하 되고 있는 상황에서 기타 국가 경제에 대한 영향이 각별히 크다. 이번에 위안화가 연속 3일 동안 약 5% 평가절하 되면서 전 세계 거의 모든 자산시장에 격렬한 파동을 가져다줬다.

현재 중국경제 규모가 엄청나다. 중국의 위안화도 달러처럼 일정한 수준에서 세계 가치 척도 기능을 갖게 되었다. 때문에 중국의 위안화 환율에 변화가 생기면 기타 통화도 따라서 조정에 들어갔다. 결론적으로는 통화 전쟁으로 이어질 수 있고 세계 경제에 더 큰 불확정성이 나타날 수 있다. 이밖에 환율 평가절하로 성장을 안정시키면 자국에 대한 부면적인 효과도 상당하기 때문에 다수인들이 제창하지 않고 있다. 며칠 전 필자가 누군가 올린 환율 평가절하에 대한 미국경제학자의 평가를 본 적 있다. 미국경제학자는 환율 평가절하가 '침대에 오줌을 누는'것과 같다면서 눌 때에는 아주 시원하지만 그 다음에는 아주 귀찮아진다는 걸 발견하게 된다고 말했다. 여기서 핵심은 경제 표현과 환율파동 가운데서 원인과 결과를 제대로 파악하는 것이다. 우리는 환율이 경제 표현에 의해 결정되지만 환율이 경제 표현을 결정하는 것이 아니라는 점을 알아야 한다. 때문에 경제 표현이 원인이 되고 환율이 결과가 된다. 따라서 환율 정책을 통해 경제를 조절하려는 것은 바로 결과와 원인을 뒤바꿔 놓은 것이다. 스몰 경제에 있어서는 이렇게 할 수도 있겠지만 토탈 경제에 있어서는 영향이 엄청나기 때문에 그렇게 하면 안 된다.

과거에 중국은 결과와 원인을 뒤바꿔놓는 일을 함으로써 결국 큰 영향을 불러일으켰다.

몇 개 예를 들어본다. 새 중국이 갓 설립되었을 때 당시 중국 지도자들은 빨리 '영국을 초월하고 미국을 따라잡을 수 있기를' 희망했다. 그들은 영국과 미국이 강대한 이유가 강철 생산량이 높은 것이라고 생각하고는 대규모 강철 생산에 들어갔다. 강철 생산량만 올라가면 영국과 미국을 따라잡을 수 있을 것이라 생각했기 때문이다. 그래서 가마까지 동원해 강철을 제련하기 시작했다. 그러나 문제는 강철을 생산하는 목적이 가마를 만드는 것이 아닌가? 그런데 왜 거꾸로 가마를 이용해 강철을 생산하는 것일까? 그러니 결론적으로는 엄청난 낭비가 아닐 수 없다.

훗날 중국은 또 '중공업 우선 발전'전략을 실시했다. 선진국이 발달한 이유가 바로 중공업이 발전한데 있다고 판단했기 때문이다. 중공업이 발전하면 선진국을 따라잡을 수 있을 것이라 생각했던 것이다. 하지만 중공업은 자금 밀집형 기업으로, 노동력을 받아들이는 능력이 아주 떨어져 있기 때문에 결론적으로는 도시 노동력 과잉 현상이 초래되었다. 그래서 도시 노동력을 농촌으로 돌려보냈을 뿐만 아니라 엄격한 노동력 유동 관리 메커니즘을 실행했다. 이에 따라 호적제도가 나오고 도농 이차원 메커니즘이 형성됐다. 농민을 농촌에 발목을 묶어 두었고 나중에 도시인들의 자녀들이 취직해야 할 때는 또 어떻게 했는가? 그들을 산으로 보내고 농촌으로 내려 보냈다. 이것도 모자라 근본적인 차원에서 문제를 해결해야 한다는 기치 하에 계획출산 정책을 실시했는데 그 영향이 오늘날까지 지속되고 있다.

환율 정책도 마찬가지이다. 환율 변동이 경제 운행 결과라면 시장에 의해 결정된다. 이러면 문제가 되지 않는다. 하지만 만약 환율을 통한 경제 안정을 원한다면 마찬가지로 결과와 원인을 뒤바꾸어 놓은 것이기 때문에 이때는 문제가 생긴다. 정부에서 환율을 일정한 수준에서 안정시키기를 원한다면 필연코 외화시장의 불균형을 초래하게 된다. 공급이 수요보다 많거나 공급이 수요보다 적거나 아니면 자본 유출이나 핫머니 유입을 초래하는 등이다. 중국은 지난 2003년부터 위안화 평가절상 압력에 직면했다. 하지만 중국 정부는 위안화를 평가절상하지 않았다. 그 결과 외화의 대량 유입 현상이 초래되고 자산가격 거품이 유발됐는데 현재까지도 그 결과에 따른 영향을 여전히 해소하지 못하고 있다.

따라서 문제의 핵심은 중국이 환율로 시장화를 실시하려면 평가절상 하든지, 평가절하 하든지를 막론하고 모두 시장에 의해 결정되고 모두 경제 운행의 결과가 되어야 한다는 것이다. 그러니 결과를 원인으로 간주하고 이를 또 경제를 조정하는 수단으로 간주해서는 안 된다.

제7편
위안화 환율의 추세 전망

제23장
위안화의 미래 : 환율 상승과 하락 이외의 문제

장빈(張斌) : 중사회과학원 세계 경제와 정치연구소
글로벌 거시적 경제연구실 주임 및 연구원

본 장은 단기 환율 문제를 분석한데 대한 일부 견해를 밝혔다. 2015년 8월 11일 이후로 위안화 환율 형성 메커니즘과 시장 예상에 큰 변화가 나타났다. 위안화가 15% 평가절하 되어야 한다고 주장하는 자가 있는가 하면 20%, 심지어 40% 평가절하 되어야 한다고 주장하는 자도 있다. 6개월 전 이런 목소리를 들었을 때 말도 안 되는 주장이라고 생각하는 사람들이 많았지만 현재 다수 사람들은 이를 믿고 있는 눈치다. 이유는 무엇일까? 여기서 주로 3가지 문제를 집중적으로 논의하고자 한다. 우선, 위안화 배후의 경제 펀더멘털 상황을 분석한다. 그 다음 왜 '8.11'이후 위안화의 지속적인 평가절하 현상이 나타나고 위안화 평가절하 예상의 근원이 무엇인지를 논의한다. 마지막으로 위안화의 향후 추세를 논한다.

1. 위안화의 경제 펀더멘털

1) 환율에 영향을 요인분석의 틀

환율에 영향을 요인이 아주 많다. 환율 문제를 언급할 때 우선 분석 틀이 있어야 한다. 환율은 가격이다. 가격은 또 시장에서 공급과 수요의 영향을 받는다. 이런 영향으로 인해 2가지 거래 유형이 형성됐다. 첫째는 대외상품과 서비스 거래인데 이로 외화시장에 공급과 수요를 불러올 수 있다. 둘째는 대외 금융자산 거래인데 이도 외화시장에 공급과 수요를 가져다줄 수 있다. 대외 상품과 서비스 시장의 공급과 수요 배후에 어떤 힘이 있는 걸까? 이는 국가 수입과 지출 대비에 의해 결정된다. 만약 한 나라의 수입수준이 의향 지출 수준보다 많다면 잉여 부분이 경상재정 잉여로 되고 경상재정잉여가 외화시장에서는 외화 공급이 수요보다 많은 상황으로 나타난다. 이는 통화에 평가절상 압력을 가하게 된다. 반대로 기타 조건이 변하지 않는 상황에서 만약 수입이 의향 지출보다 적다면 경상재정 역차가 생기는데 이는 또 외화시장에서 외화의 공급이 수요보다 적은 상황으로 나타난다. 따라서 통화에 평가절하 압력을 가하게 되는데 이는 상품과 서비스 무역이 가져다준 외화시장의 공급과 수요이다.

특히 단기 내에 금융시장 거래규모 차원에서 볼 때 상품과 서비스 무역 거래를 훨씬 넘어섰다. 대외 금융자산 거래 배후에는 또 어떤 힘이 존재하는 걸까? 2가지 통화 가격산정 자산의 실현가능하고 리스크 조절을 마친 예상 수익률을 보는 것이 관건이다. 예상 수익률 배후의 2가지 가장 중요한 요인은 각각 경제성장속도와 금융시장 육성 및 개방 수준이다.

현재 중국 상황을 감안할 때 상당히 긴 시간동안 중국의 수입이 지출보다 많았고 경상재정에는 여전히 잉여가 있었다. 보수적으로 추측할 경우 2016~2017년 3천 억~4천 억 달러의 순차가 생길 것으로 예상되는데 이는 통화 평가절상을 이끄는 힘으로 작용할 전망이다. 이 부분에 대해서는 더 깊이 논의하지 않고 금융자산을 통해 실현할 수 있는 예상 수익률에 대해 중점적으로 논의한다.

2) 제조업에서 서비스업으로의 제2차 경제구조 전환

현재 중국경제의 최대 펀더멘털은 무엇일까? 필자는 경제구조 전환이라고 생각한다. 경제구조 전환은 한 경제체의 공업 부가가치가 GDP가운데서 차지하는 비율이 최고치에 달한 후 하락하기 시작하는 과정을 말한다.

국제 경험을 감안해 이 최고치를 본다면 최저치는 중국 홍콩과 같은 도시 경제체에 나타났는데 그 비율이 34%~35%였고 독일이 최고 수준인 50%, 다수 국가는 40%일 때 최고치에 이르렀다. 이런 최고치를 지난 후 전반 경제발전에 큰 변화가 나타나기 시작하는데 경험으로 보아도 이때면 경제성장속도를 조정했다. 우선 미국과 캐나다 그 다음, 서유럽과 일본, 이어 남유럽, 동아시아 순으로 진행되는데 모든 고소득 경제체에서 이런 전환을 실시했다. 중국은 2008~2010년 때, 수입수준이 경제구조 전환의 국제 경험 문턱 수치에 도달했고 공업부가가치의 점유 비율, 총소비 가운데서의 공업상품의 점유 비율, 공업 부서에서 차지하는 노동력 비율에 모두 전환성적인 변화가 나타났다. 이런 지표는 중국경제가 구조 전환기를 겪고 있다는 점을 말해준다.

이런 특수한 시기를 겪을 때 동아시아 나라들의 경제성장 속도에 단계적인 하락세가 나타날 것으로 예상된다. 예를 들면, 일본의 경우 전환을 실현하기 전의 1960년대, 평균 경제성장폭이 8%~9%에 달한 가운데 전환 후의 1970년대에는 평균 경제성장폭이 4%~5%수준에 달해 경제성장폭이 반 토막 났다. 이는 경제성장의 큰 배경이다.

경제 전환 배경 하에 경제에 다양한 모순이 많아지고 경제성장속도도 떨어지면서 환율에 어떤 영향을 미칠까? 비록 성장속도가 한 단계 떨어졌지만 중국은 선진국 경제성장 속도보다 빨라 이 부분에서는 결코 뒤지지 않는다. 경험으로 볼 때 경제 전환 단계에서 다수 국가의 실질실효환율은 계속해서 평가절상 했다. 그러나 한국은 예외였다. 한국이 전환 초기 단계에서 별다른 성과를 거두지 못했기 때문이다.

3) 경제성장 전망

중국과 선진국의 현재 경제성장률을 비교해본다. 지난 몇 년간 국제 학술계에서 선진국의 경제성장에 대해 가장 주목하는 관전 포인트가 바로 장기적인 성장 침체였다. 선진국의 경제성장률이 1950, 60년대에 5%~6%, 70~80년대 3%~4%에 달했고 90년대부터 현재까지 줄곧 2%좌우를 유지하고 있다.

2016년 미국경제에 대한 우려가 꾸준히 높아지고 유럽과 일본이 양적완화 통화정책을 실시해 좋은 방향으로 나아가긴 했지만 일본의 잠재적인 경제성장률은 0%정도였다. 낙관적으로 계산한다고 해도

0~0.5% 수준이고 유로존의 경제성장률은 1%내외, 미국의 경제성장폭은 장기적으로 2% 수준을 유지했다. 선진국을 통틀어 계산한다 해도 평균 경제성장률이 1.5%내외이다. 다시 중국을 보자. 중국은 경제성장폭이 6%까지 떨어져도 바닥까지 내려왔다고는 할 수 없다. 가령 5%까지 떨어져도 경제성장폭은 여전히 선진국보다 훨씬 높다. 이처럼 비교적 높은 수준의 경제성장률은 자산 수익을 끌어올리게 된다.

최근 금융시장 파동이 심각하다. 전반적으로 볼 때 지난 몇 년간 금융시장 발전이 빠르고 거래 주체, 금융상품의 변화가 컸다. 투자자들이 얻는 금융자산, 선택 기회가 갈수록 많아지고 있는데, 전반적으로는 꾸준히 진보하고 있는 추세이다.

4) 위안화 약세 통화 아냐

경제 펀더멘털 차원에서 볼 때 위안화가 약세적으로 통화되는 것은 아니다. 시장에서 위안화가 과대평가되었다고 말하는 사람들이 많다. 이유는 다양하지만 필자는 모두 이유가 충분하지 않다고 본다. 과대평가는 균형 현물 환율을 상대해서 말하는 것인데 과연 균형 현물 환율 수치를 정확하게 계산할 수 있을까? 필자가 여러 해 동안 균형 현물 환율을 계산해 봤는데 균형 현물 환율을 계산하는 전제조건은 경제 펀더멘털의 상대적인 안정이다. 우리는 이런 전제조건을 구비하지 않았을 뿐만 아니라 관련 일부 데이터와 계수 추측 분야의 지지도 없다.

만약 균형 현물 환율을 정확하게 계산하지 못한다면 어찌 위안화가 과대평가되었다거나 과소평가되었다고 할 수 있겠는가? 위안화가 지난 몇 년 동안 30%~40% 평가절상 되었다고 말하는 자들도 있는데 설마 과대평가한 것은 아닌가? 이는 더욱이 사람들의 믿음을 얻기 어렵다.

베이징의 주택가격이 평방미터당 5천 위안에서 1만 위안으로 인상 되었을 때 평방미터당 1만 위안의 베이징 주택가격이 과대평 가되었다고 말할 수 있을까? 추월에 상대적으로 성공한 경제체의 경우 통화가 200%~300% 평가절상 되어도 정상이다. FRS의 금리인상, 중국경제성장 하락이 위안화 평가절하로 이어질 것이라고 말하는 자들도 있다. 경제성장속도가 둔화된 것은 사실이다. FRS에서 금리를 인상하면 중국은 금리를 인하하기에 금리 격차가 생기는 것도 맞다. 그러나 그렇다고 꼭 위안화 평가절하를 초래할까? 일본의 경우 1960년대에 비해 1970년대에 엔 이율이 달러 이율보다 훨씬 낮았다. 이와 동시에 일본 경제에 상당한 단계적인 하락세가 나타나 엔이 30% 이상 평가절상 되었다. 이 사례가 우리에게 무엇을 알려주는 걸까? 시장에서 남 따라 말하는 위안화 평가절하 이유가 꼭 성립된다고는 할 수 없다.

경제 펀더멘털 차원에서 위안화 평가절하에 유력한 지지 증거나 위안화가 과대평가된 이유를 찾기는 쉽지 않다. 필자도 자신을 설득할 수 있는 특별한 증거를 찾지 못했다.

2. 위안화의 평가절하 이유

위안화 평가절하에 관한 이야기를 해본다. 2년 전, 위안화 국제화 명분으로, 자본 항목 개방을 실제로 해 결국 자본 항목 개방을 확대했다.

개방이 나쁜 것은 아니지만 우리의 실행 절차에 문제가 있었다. 환율을 제대로 추진하지 못한 상황에서 자본 항목을 개방했기에 결론적으로 한쪽 평가절상 예상이 기업의 외부채무 증가를 추진하는 상황이 초래됐다.

　　지난 몇 년간 우리는 상당한 규모의 외부채무를 축적했다. 이 규모를 중국의 경제 규모와 비교하면 많은 편이 아니지만 절대적인 규모 차원에서 볼 때 결코 적은 수준은 아니다. 1조 5천억~1조 6천억 달러의 다양한 추측 결과가 있다. 현재 기업이 외부채무를 늘리면서 위안화 평가절하를 불러왔다. 이는 이유가 되지 않는다. 외부채무를 이용한 레버리지 해소와 주민들의 외화 구입은 현상이다. 그럼 이유는 무엇일까? 이유는 이율 격차가 아니라 위안화 평가절하 예상이다.

　　다시 근본적인 문제로 돌아오자. 왜 위안화에 평가절하 예상이 있는 걸까? 우선 시점을 보면 몇 갈래 루트를 통해 위안화 평가절하 예상을 알 수 있다. 위안화 환율 배후에는 경제 펀더멘털 요인 외에 더 중요하게는 정책 펀더멘털 요인이 작용하고 있다. 현재까지 정부에서 위안화 환율 가격을 정했고 시장은 단지 역할만 발휘했다. 하지만 시장의 역할은 상대적으로 제한되어 있다.

　　주요하게는 중국인민은행의 취지에 따라야 하는데 특히 단기 환율에서 정책 펀더멘털이 더욱 중요하다. 위안화가 한쪽 평가절상 예상에서 평가절하 예상에 이르기까지, 언제가 전환점이 될까? 바로 2014년 2월 말 3월 초(도표23-1 참고)이다. 왜 이때일까? 그때 위안화 환율이 곧 6을 돌파할 수준에 달한 가운데 시장에서는 위안화 평가절상 투기에 목숨 걸고 외부채무를 빌리면서 해외에까지 범위를 확대했기 때문이다. 그때 중국인민은행의 상쇄 압력이 아주 큰 만큼 특별한 조치를 취했다. 시장의 힘을 빌려 위안화 평가절상을 이끌었다. 중국인민은행은 달러를 대량 판매함으로써 평가절하를 실현했다. 중국인민은행은 위안화 평가절상을 통한 매매 차익을 노린다면 결손을 볼 수 있다는 정보를 시장에 전달했다. 그때부터 위안화 평가절하는 통제 불가능한 상태로 되었고 예상도 좋고 나쁨을 반복했다. 전반적인 상황은 그래도 괜찮은 편이다.

평가절하 예상이 줄곧 존재했지만 강한 편은 아니었고 자본이 줄곧 유출되긴 했지만 규모가 많지는 않았다.

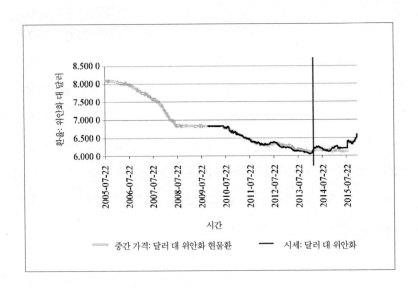

도표 23-1 2014년 2월 말-예상 전환점

아래 관건적인 시점은 '8 · 11'이다.(도표23-2 참고) '8 · 11'문서가
공개되자 환율시장 개혁을 지지해온 자들은 모두 기뻐했다. 하지만 2015년
8월 13일에 이르러서는 상황이 완전히 역전됐다. 중국인민은행이 2015년
8월 13일, 정례브리핑에서 위안화가 연속 이틀간 평가절하 되었고 이미
바닥까지 내려온 상황이라 더는 평가절하하면 안 되고 안정시켜야 한다는
판단을 내렸다고 말했다. 이때 중국인민은행은 외화시장을 적극적으로
간섭하기 시작했다. '8 · 11'은 중국인민은행에서 시장화 환율 형성
메커니즘을 추진하기를 희망한다는 점을 시장에 전달했다. '8 · 13'은
비록 중국인민은행에서 환율 시장화 형성 메커니즘 추진을 희망하지만
시장 변동이 너무 큰 것은 원하지 않는다는 점을 말해준다. 시장을

원하지만 변동을 바라지 않는다면 어떻게 해야 할까? 안정을 중점으로 해야 하고 '8·13'이후에는 안정을 실현해야 한다. 하지만 '8·13'이후 안정을 실현하기 위한 조치로 실행한 정책이 기존과는 조금 달랐다. 기존에는 중국인민은행에서 시장에 중간가격을 알려줬다. 이 중간가격이 중국인민은행의 희망가격을 대표했기에 시장은 중국인민은행을 따라갔다. '8·13'이후 중간가격이 지난 거래일의 마감가격과 연속성을 유지해야 했다. 그러나 시장에서 중국인민은행이 원하는 가격이 어느 수준에 머물러 있는지를 볼 수 없었기 때문에 시장 예상이 더욱 불안정해졌다.

중국인민은행에 있어 공개적인 중간가격이 없어졌지만 안정을 유지하는 목표가격이 생겨났다. 기존과 비교할 때 중간가격 인도가 없어졌기 때문에 더 큰 규모의 외화시장 간섭을 통해서만이 목표 환율을 실현할 수 있다. 결과가 어찌 되었든지 중국인민은행에서 자금을 댈 능력만 된다면 외화비축이 적어도 괜찮다. 2015년 8월 13일부터 10월말까지, 위안화 대 달러 가격이 평형을 유지하고 있다는 점을 볼 수 있다. 위안화가 평가절하 되지 않았고 시장은 위안화 평가절하를 예상했다.

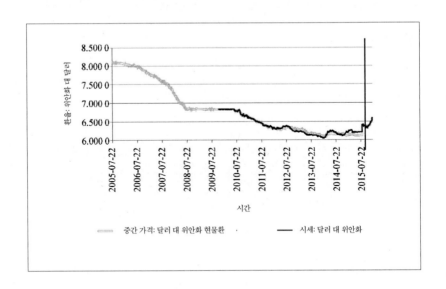

하지만 중국인민은행이 상당한 규모의 외화비축을 소모하며 시장
간섭에 나섰기 때문에 환율가격은 여전히 비교적 안정적이었다.
2015년 10월 말 이후, 역외 시장 평가절하 예상이 다소 떨어졌고 시장은
중국인민은행의 상대가 되지 않는다는 점을 보아냈다. 중국인민은행에서
안정을 결정한 이상 시장도 따라가는 수밖에 없다.

2015년 11월은 또 하나의 관건적인 시점이다. 2015년 8~11월, 환율의
안정 유지로 인해 시장이 평온을 되찾았고 중국인민은행은 계속해서
평가절하 노선을 취할 것이다. 보다시피, 환율은 점진적인 평가절하
노선(도표23-3 참고)을 걷고 있다. 만약 투자자들이 이 노선을 보아냈다면

어떻게 해야 할까? 만약 필자가 투자자라면 이 같은 환율 형성 메커니즘을 보았을 때 필연코 도망쳤을 것이다.

중국인민은행이 시장에 위안화의 점진적인 평가절하 신호를 전달했기 때문이다. 따라서 필자는 빨리 도망칠수록 좋다고 본다. 어떤 경제 펀더멘털이든지를 막론하고 우선 도망치는 것이 상책이다. 따라서 외부채무를 안고 있는 회사들이 온갖 힘을 다해 채무를 상환하는 현상이 늘어났고 갈수록 많은 주민들이 될 수 있는 한 빠른 시일 내에 위안화를 달러로 바꾸려는 현상도 나타났다.

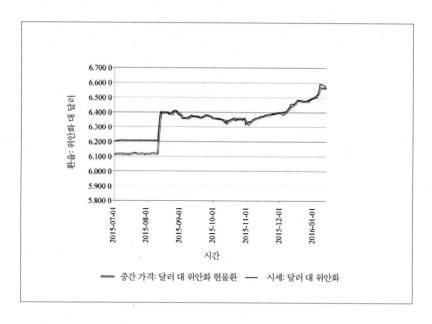

도표 23-3 2015년 11월부터-점진적 평가절하 책략

3. 2016년 위안화의 추세 전망

위안화 평가절하가 주식시장 하락과는 일정한 차이점이 있다. 주식시장에는 일부 평가 그리고 일부 경제 펀더멘털 문제가 뒤따른다. 필자는 환율시장에 있어 경제 펀더멘털 차원에서는 위안화 평가절하를 지지할 수 있는 설복력 있는 논리와 완벽한 데이터를 생각해내지 못했지만 그래도 정책 펀더멘털에서는 아주 강한 위안화 평가절하 논리와 증거를 찾을 수 있다고 주장한다. 위안화 평가절하 예상이 어디서 온 것일까? 주로는 환율 형성 메커니즘 문제에 의해 생겨났다.

마지막 관건적인 시기에 마쥔(馬駿) 중국인민은행 경제학자가 발언하고 나서 환율이 천천히 약간 안정되었다. 그렇다면 왜 이런 현상이 나타난 것일까? 사실 아주 간단하다. 마쥔 경제학자의 발언을 자세히 읽어보면 알 수 있을 것이다. 그의 발언에서 전달한 정보는 아주 뚜렷하다. 그는 향후 일정한 시간 동안의 환율 형성 메커니즘 상황을 알려줬다. 기존에 위안화 환율 형성 메커니즘을 얘기할 때 늘 3개 요인을 언급해왔다. 시장의 공급과 수요를 기반으로 하고 통화바스켓을 참고로 하는 외에 환율의 기본적인 안정을 유지하고 위안화 대 달러의 안정을 주로 해야 한다고 강조했다. 마쥔은 바스켓 환율안정을 기본 기조로 해야 한다고 언급했지만 시장 공급과 수요에 대해서는 제기하지 않았다. 마쥔의 발언은 시장거래자들이 중국인민은행의 의도를 파악하고 시장조성자들이 중간 보고가격을 제공하는 과정에 통화바스켓 환율 수요 안정을 고려하는 외에도 중국인민은행의 책략을 고려해야 한다는 점을 시장조성자들에게 알려줬다.

그렇다면 왜 통화바스켓 환율안정을 유지해야 할까? 만약 통화바스켓과만 연계시킨다면 위안화 대 달러의 내일 신청가격은 중국 외화시장의 공급과 수요에 의해 결정되지 않고 오히려 달러, 유로, 엔 등 바스켓 환율 간의 변화에 의해 결정된다.

위안화 대 달러의 평가절하 혹은 평가절상을 판단할 방법이 없기 때문에 통화바스켓 환율 변화를 통해서만 판단할 수 있다. 만약 통화바스켓 환율 변화방향을 근거로 판단할 수 있다면 시장의 돈을 벌어들이는 것이 더 나을 듯싶고 위안화 환율에 투기할 필요는 없다고 생각한다. 단기적으로 볼 때 바스켓 환율안정과 위안화 대 달러 환율안정이 유사하기 때문에 시장은 이런 환율 형성 메커니즘 하에서 투기로 수익을 올리기 아주 어렵다.

최근 위안화 환율 수준은 어떤가? 만약 중국인민은행에서 마쥔의 발언대로 하고 마쥔이 발언한 그 날의 위안화 환율지수를 100이라 정한 후 상하 1~2%포인트 변동폭을 줬다면 향후 달러 대 위안화 환율을 추산할 수 있다. 여기서 정경 모의 실험을 해보자. 만약 향후 달러 대 유로, 달러 대 엔이 5% 평가절상 한다면 위안화는 2%~4% 평가절하 될 것으로 예상된다.

'8·11'부터 오늘까지, 환율 형성 메커니즘에 작은 변화가 이미 여러 번 나타났다. 마쥔의 발언은 또 이런 내용을 언급했다. 거시적 경제형세를 기반으로, 바스켓 환율을 크리핑 메커니즘에 편입시키는 경우도 있다. 이는 아주 대표적인 싱가포르 BBC제도이다.

이런 메커니즘을 적용할 수 없다는 것이 아니라 이런 메커니즘을 적용할 경우 통화정책이 독립성을 심각하게 잃어버리는 후과를 초래할 수 있기 때문에 각별히 조심해야 한다. 싱가포르에는 이율정책이 없어 환율정책을 통해서만이 생산 결구와 물가 안정 문제를 해결할 수 있다. 만약 우리도 이 방향을 따라 간다면 이율의 독립성이 갈수록 줄어들 것이다. BBC제도 하에서 이율정책을 실시해도 되지만 아주 엄격한 자본관리통제를 전제 조건으로 해야 한다. 이러면 위안화 국제화는 언급할 수조차 없게 된다.

위안화 대 통화 바스켓 안정 유지를 임시변통의 계책으로 사용하면 안 된다는 뜻은 아니다. 다만 근본적으로 볼 때 이는 연계환율제도이고 BBC도 연계환율제도이다. 우리는 깨를 얻으려고 수박을 잃어버려서는 안 된다. 우리에게 있어 환율은 깨이고 이율이야말로 수박 같은 존재이다.

제7편
위안화 환율의 추세 전망

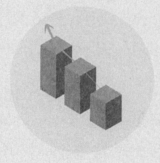

제24장 환율파동의 새로운 단계 진입
- 위안화 환율개혁의 가능 루트 -

제24장
환율파동의 새로운 단계 진입
– 위안화 환율개혁의 가능 루트 –

쉬웨이(許偉) : 무원발전연구센터 거시적 경제연구부
제1연구실 부주임 겸 부연구원

2015년 8월 11일, 중국인민은행은 새로운 위안화 환율 중간가격 조정 메커니즘을 실시한다고 발표했다. 이날 위안화 대 달러의 중간가격 평가절하율은 약 2%에 달했다. 그 후의 9개 거래일(2015년 8월 20일까지) 동안 위안화 대 달러 중간가격 누계 평가절하율이 5%에 달했으며 위안화의 실효환율(무역 파트너를 주로 한 수출입액 가중치로 함)이 3% 정도 평가절하 되었다. 통화 당국에서 희망하는 조절폭(위안화 유효 환율 추세 도표 24-1 참고)에 달했다고 말할 수 있다. 하지만 그 후 위안화 평가절하 그리고 FRS의 금리인상 예상 등 다양한 요인의 압력 하에 주요한 신흥 경제체의 통화와 자본시장에 비교적 큰 폭의 조절이 나타나고 자본이 신흥시장에서 유출되는 발걸음이 뚜렷하게 빨라졌을 뿐만 아니라 헤지 자산 수요가 크게 늘어났다.

현재 모두 위안화 환율의 후속 추세에 주목하고 있다. 이에 대해서는 아래와 같은 3개 부분으로 개인의 소견을 얘기하고자 한다. 따라서 소속 기구의 관점이 아니기 때문에 문장에 따른 책임은 필자가 질 것이다.

첫째, 이번 단계의 위안화 조정에 대한 견해, 조정폭, 메커니즘과 영향이 포함된다. 둘째, 환율 배치에 영향을 중장기 요인, 노동 생산율 추격 발걸음, 자산의 다국 최적화 배치 그리고 거시적 조절 틀 보완 등이 포함된다. 셋째, 환율개혁의 후속적인 방향, 추격형 경제체 경험으로부터 추리하고 판단하는 것이 중점이다.

도표 24-1 위안화 실효환율 추세
자료래원 : 작자 작성

1. '8.11' 위안화 환율 중간가격 조정에 대한 견해

실효환율이 3% 평가절하 되고 나면 균형에 접근할까? 오버슈팅과 비이성적인 요인을 고려하지 않는 상황에서 이론적으로 환율 조정에 대한 통제를 실현하려면 관건은 환율의 균형 수준을 추산하는 것이다. 당연히 환율 균형 수준의 추측 자체에 여러 가지 논쟁이 존재하는 것은 사실이다. 우선, 국내 경제형세와 국제 수지 상황을 놓고 볼 때 2014년 위안화 환율이 기본적으로 균형 수준에 머물렀다.

상당한 실제적인 증거 연구도 이러한 판단을 뒷받침하고 있다. 기존에 위안화 환율 수준을 비판하던 상당한 연구기구들은 기본적으로 위안화 환율에 과소평가 현상이 존재하지 않는다고 주장하고 있다. 예를 들면 미국 피터슨국제경제연구소(Cline, 2015)와 IMF(2015) 등(도표 24-1 참고)이 바로 그러하다. 2014년 중국의 수출 성장률이 6% 수준을 유지했고 경상거래 항목이 GDP가운데서 차지하는 비율이 2%에 달했다. 2015년 1~7월, 중국경제가 다른 경제체의 성장폭보다 다소 둔화되고 수출 성장폭이 진일보 둔화된 가운데 실효환율은 오히려 3% 평가절상했다. 이와 함께 현물환시세가 장시간 진폭이 제한하는 하한선(중간가격과 비교해 시장에 지속적인 평가절하 예상이 존재함)에 머물러 있었으며 자본 유출이 뚜렷해졌다. 이는 적어도 2015년 연 초부터의 위안화 대 달러 환율 중간가격을 높게 정했다는 점을 말해준다.

도표 24-1 외국 일부 연구기구와 학자가 위안화 균형 환율에 대한 추측

연도	작가 혹은 기구	과소평가 혹은 과대평가 수준	방법
2015년	IMF(2015)	과소평가 문제 존재하지 않음	외부 균형 평가(External Balance As-sessment, EBA)
2015년	William R.Cline(2015)	과소평가 문제 존재하지 않음	펀더멘털 균형 환율 이론(Fundamental Equilibrium Exchange Rate, FEER)
2014년	William R.Cline(2014)	1.1% 과소평가(REER), 2.8% 과소평가(위안화 대 달러 환율)	펀더멘털 균형 환율 이론(Fundamental Equilibrium Exchange Rate, FEER)
2014년	Martin Kessler 와 Arvind S ubramani-an(2014)	선형 모델 추측 결과:2011년 약 10% 과소평가, 2005년 35% 과소평가 비선형 모델 추측 결과:2011년 약 6% 과대평가, 2005년 약 22% 과소평가.	구매력 평가(Purchasing Power Parity, PPP)

2014년 환율이 이미 균형 수준에 이르고 실효환율이 3% 평가절상 되었다고 가정함과 동시에 오버슈팅과 후속적인 경제성장폭 둔화의 영향을 고려하지 않는 상황에서 3%의 평가절하 수준이 또다시 균형 수준으로 돌아올 가능성은 여전히 있다. 이율 평가 차원에서 볼 때 평가절하가 이뤄진 후의 위안화 환율은 보통 균형 위치와 아주 접근해 있다. 하지만 만약 광의에서의 자산 수익률을 놓고 볼 때, 위안화 평가 절하 예상이 더 강할 수도 있다. 또 중기 시각 즉 국제 수지 상황을 볼 때 주요 무역 파트너와 비교해 지난 몇 년간 위안화 실효환율의 연 평균 평가절하율이 5%에 달했다. 통상적으로 만약 경상계정잉여(CA)가 GDP 가운데서 차지하는 비율이 2%를 초과하지 않는다면 실질실효 환율(REER)은 보통 연평균 1.5%(도표 24-2 참고) 이상 평가절상 되지 않는다. 새로운 중간가격 형성 메커니즘의 특점은 무엇일까? 이는 위안화 환율개혁의 중대한 돌파이다. 2005년 7월, 환율개혁 이후 중국은 통화바스켓을 참고로 하고 시장 공급을 기반으로 하는 관리 상태의 변동 환율 제도를 실행했다.

중간가격은 위안화 대 주요한 무역 파트너 국 환율의 변동과 무역 수지 상황을 참고로 해 정하기 마련이다. 현물환시세가 중간가격 변동폭에 대한 제한 또한 2%까지 점차 완화할 것으로 보인다. 하지만 실제 상황을 보면 전반적으로 중간가격이 시장 실제 상황에 대한 반응이 뚜렷하게 떨어져 있다. IMF(2015)의 연구에 따르면, 다수의 경우 중간가격 조정이 현물환시장의 변화를 반영하지 못하고 있다. 그러나 새로운 중간가격을 정하는 과정에 주로 지난 단계 환율의 마감가격 그리고 외화 공급과 하룻밤을 지난 구미시장 상황을 고려한다. 중간가격 형성 메커니즘이 큰 진전을 가져왔고 시장이 온전히 적응하게 되면 시장의 힘이 환율 추세에 대한 영향력도 더 두드러질 것이라고 말할 수 있다.

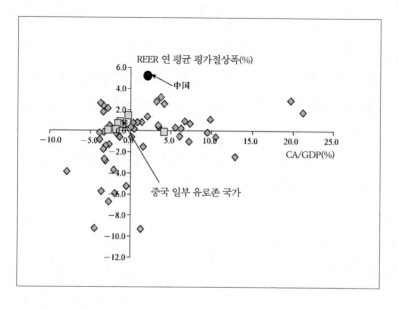

도표 24-2 경상계정잉여와 실질실효환율 평가절상폭(2010-2015년)
자료래원 : Wind, 작가 계산함.

위안화 환율 형성 메커니즘의 시장화가 한층 진행되면 향후 변동폭이 더 커질 것이라는 점은 가히 상상할 수 있다. 일간 변동과 환율 평균치 비율(베타상관계수에 상당함)로 달러 대 위안화 변동폭을 표시한다. 2012년 1월부터 2015년 8월까지 위안화 변동폭이 주요 신흥시장 통화(도표 24-3을 참고)보다 낮았다. 2015년 1~8월, 평가절하 예상이 비교적 강해서인지 통화 당국에서 간섭에 들어갔고 변동 구간이 오히려 소폭 위축됐다. 환율을 조정함에 따라 '변동 공포증'이 초래될까? 아니면 거시적 불균형을 해소할까? 구체적인 주체를 놓고 볼 때 영향이 일치하지는 않고 핵심은 환율 변동에 어떻게 적응하냐는 문제이다. 한 편으로, 현재 일부 사람들은 위안화 환율 메커니즘 조정에 대해 부정적인 견해를 갖고 있다. 결국에는 변동에 대한 공포 때문이다.

필경 위안화가 이미 10년 동안 줄곧 강세를 이어오지 않았는가. 변동 공포는 매키넌이 동아시아 높은 수준의 예금과 달러 본위 환율 배치를 묘사할 때 제기한 이론 가설이다. 그 배경은 1990년대 엔 평가절상과 아시아 금융위기이다. 2005년 전후로 위안화 평가절상에 대한 일부 학자들의 견해도 모두 이런 관점에서 비롯된 것이다. 이런 관점을 지닌 자들은 현재 일부 기업 혹은 기구에 외화 채무가 있고 통화 종류의 잘못된 배치에 따른 리스크가 아직은 효과적으로 헤징되지 않았다고 주장하고 있다.

만약 위안화 평가절하로 대차 대조표의 악화를 초래한다면 1997년 아시아 금융위기 때와 비슷한 상황이 나타날지도 모른다. 이는 위안화 자산가격(특히는 현재 비교적 높은 수준에 이른 일부 주식 가격과 부동산

가격)에 부정적인 영향을 미칠 것이고 자산가격 하락과 자본 유출을 초래함으로써 경제 펀더멘털에도 충격을 가져다 줄 것으로 예상된다. 이밖에 경쟁성 평가절하 현상을 초래해 신흥시장 자산가격과 환율의 대폭 조정을 불러옴으로써 오히려 평가절하의 전반적인 효과를 보기 어려울 것으로 보인다.

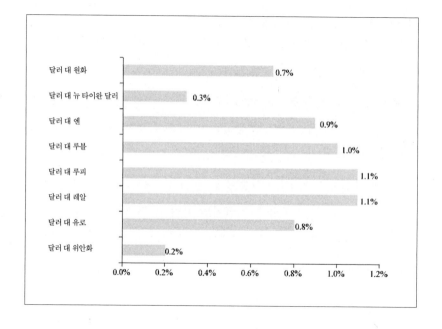

도표24-3 환율 일간 변동 비교(2012년 1월-2015년 8월)
자료래원 : Wind, 작가 계산함.

다른 한 편으로, 위안화 환율개혁을 긍정적으로 보고 있는 자들은 환율 형성 메커니즘과 통화 가치 조정이 중국경제 전환 과정에서의 거시적 불균형 리스크를 해소할 수 있을 뿐만 아니라 조정 자체도 통제할 수 있다고 주장하고 있다. 예를 들면, 환율 메커니즘 탄력과 통화정책의 독립성이 증강되고 결책 당국이 여러 가지 외부 충격을 보다 영활성 있게 대응하는 외에도 환율 과대평가 수준을 바로잡고 수출을 안정시키는 역할을 발휘할 수 있을 것이라 생각하고 있다.

실제 연구를 통해 기타 조건이 변하지 않는 전제 하에 실효환율이 1% 평가절하 되면 수출 성장률이 0.5%~2% 늘어날 것이라는 점을 증명했다. 단기 부채(증권투자와 외화예금을 합친 부분이 준비자산에서 차지하는 비율)를 놓고 볼 때 중국은 약 37%내외에 달한다. 최근 몇 년간, 상승속도가 비교적 빨랐는데 2010년 말부터 2014년 말까지 약 15%포인트(도표 24-4 참고) 상승했다. 아시아 금융위기가 발발했을 때, 태국, 말레이시아, 인도네시아 등 국가의 단기 부채 비율이 모두 100%를 넘어섰다. 이와 비교해 거시적 차원에서 볼 때, 위안화 환율 조정은 아직도 통제 가능한 수준에 있다.

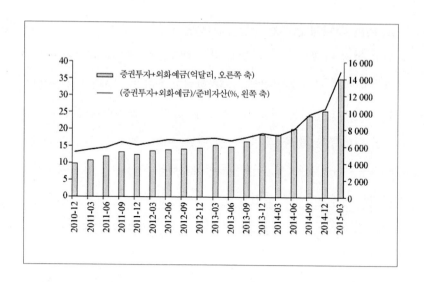

도표24-4 중국 대외 단기 부채
자료래원 : Wind정보.

　대외 영향 차원에서 볼 때 일부 싱가포르, 말레이시아 등 동남아 국가의
투자자들이 위안화 추세를 많이 주목하고 있다. 위안화 환율 변화가
그들의 한계에 더 크게 영향 줄 수 있기 때문이다. 세계 경제 차원에서
볼 때 중국과 미국은 이른바 '양대 엔진'이다. 2014년 글로벌 GDP 순부
가가치가 1조 8천억 달러에 달했다. 그 중 중국이 7천 5백억 달러, 미국이
6천 8백억 달러를 기여했는데, 2개 경제체를 합치면 순부가가치의 80%를
차지한다. 위 2개 경제체의 조정에 대해 적절하지 않은 비유를 하자면 두
마리 코끼리가 겨루는 과정에 결국 신흥시장의 총 수요가 가압식 영향을
받았다고 볼 수 있다.

2. 환율 배치에 영향을 주는 장기적인 요인

만약 이번 단계의 환율 조정과 전반 환율개혁 여정을 결합시켜 관찰한다면 위안화 환율개혁 취향은 시장화이고 환율 형성 메커니즘도 자유변동에 더 접근한다는 점을 알 수 있다. 하지만 그 과정에 일부 과도성 배치를 겪게 된다. 환율 배치에 관한 제2차 세계대전 후의 논쟁은 대체로 4개 부류로 나뉜다. 첫째, 자유변동과 불간섭을 찬성한다. 이 부분에서는 프리드만 (1953) 을 우선 꼽아야 한다.

그는 변동 환율을 외부 충격의 격리벽으로 생각하면서 한 나라의 경제가 국내 인플레이션 지표에 앵커링 되었을때에야 경제 성장을 안정시킬수 있고 시장 참여 주체가 이성적이라는 점을 강조할 수 있으며 정부는 될수록 적게 간섭해야 한다고 제기했다.

둘째, 고정 환율과 불간섭을 찬성한다. 이런 관점은 20세기 초 금본위의 우점을 받아들이려고 시도했으며 고정 환율 제도가 변동환율 제도에 비해 국내 통화 당국의 만델(Mundell, 1999)을 더 효과적으로 제한할 수 있다는 점을 강조했다. 중국 홍콩의 통화 당국 제도가 사실상 이 유형에 속한다. 셋째, 변동환율을 찬성하지만 간섭이 자유의 대가 중 하나라는 점을 똑똑히 알고 있다. 예를 들면 토빈(T0-bin, 1978)은 국제 금융시장 운행속도가 아주 빠르고 효율이 아주 높지만 기타 부서의 조절이 절주를 따라오지 못하고 있다고 주장했다. 만약 통화 주권을 견지함과 동시에 대규모의 금융 동란이 생기는 것을 막으려면 빠르게 회전하고 있는 그라인더에 모래를 뿌려 인위적인 마찰이 생기게 해야 한다고 말했다. 즉 토빈세를 징수해야 한다는 것이다. 넷째, 환율 실시 구간에 대한 관리를 찬성한다. 그 중에서

윌리엄슨(Williamson, 1998)이 가장 대표적인데, 그는 통화에 대해 크리핑 변동구간 관리를 지지했다.

실제 상황으로 볼 때 서로 다른 경제체 혹은 동일한 경제체가 부동한 발전 단계에서 서로 다른 환율 배치를 적용할 수 있다. IMF의 획분에 따른 위안화 환율 배치는 현재 크리핑 구간 관리(likely crawling band)과 흡사하다. 사실상, 다수의 추격형 신흥 경제체의 환율은 목표 구간 관리 혹은 크리핑 구간 관리를 적용했지만 그 후에는 모두 점차 변동 배치로 과도했다. 윌리엄슨이 그 해 높이 평가했던 칠레와 콜롬비아 등도 훗날 모두 변동 환율 제도를 적용했다.

크리핑 구간 관리의 유효여부를 평가함에 있어서의 관건은 아래와 같은 몇 가지 부분에서 나타난다. 첫째, 통화 혹은 통화바스켓을 참고로 한다. 보편적으로 주요 무역 파트너를 기반으로 확정짓는다. 예를 들면 콜롬비아의 주요한 대외무역 상대는 미국이다. 그래서 콜롬비아 페소를 달러와 연계시켰다. 반면, 칠레의 무역 상대는 상대적으로 다원화 추세를 보였기 때문에 칠레 페소는 통화 바스켓과 연계시켰다.

둘째, 환율 평가수준 혹은 중간가격 수준을 확정한다. 만약 중간가격 수준이 경제 펀더멘털 상황과 일치하다면 환율 배치가 크리핑 구간 관리를 유지할 가능성이 아주 크다. 만약 중간가격 수준이 균형수준에서 너무 멀리 떨어졌다면 중간가격을 조절하거나 아니면 변동제한을 완화하거나 또는 환율관리를 포기하는 수밖에 없다.

크롤링 페그의 우점은 경제의 변화에 따라 중간가격을 조정할 수 있다는 점이다. 당연히 만약 거대한 외부 충격과 국내 경제형세의 하행 압력을 지나치게 받는다면 다수는 환율 관리를 포기할 것이다. 셋째, 중간가격을 에워싼 환율 변동폭을 허락한다. 다수 국가의 실천으로 볼 때 중간가격 폭을 벗어난 제한 범위는 5%~15%였다. 변동 제한 수준이 지나치게 높다면 페그가 쉽지 않고 만약 너무 느슨하다면 거의 변동환율 배치로 되는 것이다. 넷째, 자본관리제도 수준이다. 만약 자본관리제도가 더 엄격해지면 크리핑 구간 관리의 유효성이 더 확대된다.

이번 단계의 중간가격 형성 메커니즘 조정은 환율개혁의 중대한 돌파이지만 현재 외화시장 운행 상황으로 볼 때 위안화 환율 배치가 여전히 크리핑 구간 관리에 속해 있기 때문에 변동 배치는 아니다. 다음 단계에 변동 배치를 추진해야 할지 여부는 장기적인 각도에서 관찰해야 한다. 아래 3개 부분에서 중장기 요인을 제시한다. 사실상 이런 요인들이 기존에는 줄곧 환율 배치의 변화에 영향을 미쳤다. 그러나 서로 다른 요인이 시기별 가중에 대해 일정한 차이가 있을 수 있다.

첫째, 노동생산율 추격속도가 완화되었다. 2012년 이후로 중국과 연선 국가의 노동 생산율 격차 축소 발걸음이 다소 둔화되었다. 예를 들면 2013~2014년 중국과 미국 간의 노동 생산율 성장폭 격차가 5.5%포인트로 줄어들었다. 2003~2012년의 격차는 9%포인트였다. 이밖에 2014년까지 구매력에 따라 평균 계산(1990년 G-K 국제원을 근거로 함)할 때 중국 대륙의 일인당 GDP가 미국의 3분의 1(도표24-5 참고)에 해당됐다. 추격에 성공한 경제체 경험에 따른다면 위안화 대 달러의 실질 이율 수준이 이미 평온한 구간에 진입했다. 혹은 중국 대륙이 빠르게 따라잡는 시기가 끝남에 따라 발라사-사무엘슨 효과가 더는 기존처럼 뚜렷하지 않고 오히려 국제 수지와 경제 주기 등 요인의 영향 가중이 더 커질 것이라고 말할 수 있다. 실질 환율수준이 빠르게 평가절상 하는 단계의 결속은 노동 생산율 격차 등 장기적인 요인에만 의존해 균형수준을 정확하게 판단하기 더 어려워졌다는 점을 의미한다.

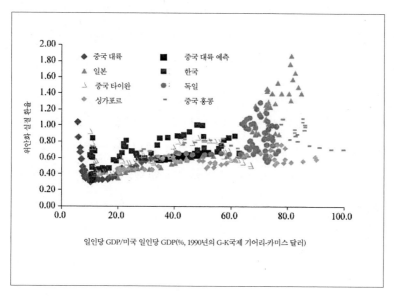

도표24-5 실질 환율과 노동생산율 추격(1990-2014년)
자료래원 : Wind정보

둘째, 해외 자산 배치에 대한 요구이다. 도표 24-6에서 표시된바와 같이 총량으로 볼 때 중국의 2014년 대외 총자산이 GDP가운데서 차지하는 비율이 고작 65%였으며 대외 총 부채가 GDP 가운데서 차지하는 비율은 40%였다. 반면, 미국과 독일의 경우 2011년 대외 총자산이 GDP 가운데서 차지하는 비율이 모두 150%를 넘어섰고 일본은 130%내외를 유지했다. 아울러 미국과 독일의 2011년 대외 총 부채가 GDP 가운데서 차지하는 비율이 각각 180%와 200%에 접근했고 가령 일본이라도 약 80%의 수준에 이르렀다. 대외자산 소유 주체 구조 차원에서 볼 때, 중국 대외 자산은 주로 정부에서 보유하고 있는 반면 위에서 서술한 기타 3개국은 주로 개인 기구에서 보유하고 있다.

최근 몇 년간, 중국의 개인 재부가 빠르게 늘어나고 있다. 향후 중국의 해외 자산 배치에 최소한 2개 추세가 나타날 것으로 보인다. 첫째는 해외 자산 총량의 지속적인 증가이고 둘째는 보유 주체의 진일보 다원화이다. 전자는 자산 계자의 진일보 개방이 필요하고 중국 경내 자본이 대외진출을 실현해야 하는 외에도 자본 항목 역차가 계속해서 늘어날 것임을 의미한다. 후자는 정부가 환율시장에 대한 간섭을 줄임과 동시에 외화시장이 보다 다원화된 상품을 제공함으로써 서로 다른 주체의 리스크와 수익 부분에서의 다차원 수요를 만족시킬 수 있음을 의미한다.

셋째, 개방적인 경제 조건 하에 거시적 경제 관리 틀을 보완한다. 2013년부터 중국은 실제로 여러 차례 크지 않은 유동성 단기 부족 충격에 부딪혔다. 여기에는 2013년 6월의 통화 부족과 2013년 연말 채권시장의 대폭 조정 그리고 방금 지나간 주식시장 파동 등이 포함된다. 금융시장 파동에 불가능 삼각 이론 논리가 작용했다. 뿐만 아니라 중국의 실제 상황과 결부시켜 볼 때 자본 계좌 관제, 환율파동과 독립적인 통화정책 난이도의 꾸준한 상승, 특히 최근 몇 년간 꾸준히 나타나고 있는 금융 기관이탈 현상을 두루 고려해야 한다.

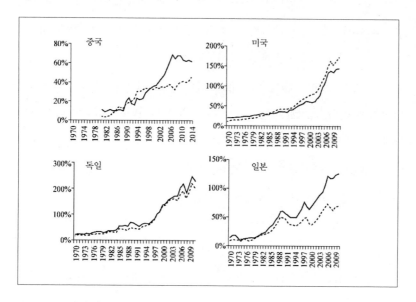

도표 24-6 해외 자산 배치 잠재력

주: 실선은 대외 총자산/GDP를 표시함. 허선은 대외 총부채/GDP를 표시함. 독일의
    1980년 및 그 이전의 데이터는 연방독일 때의 데이터임. 데이터의 획득가능성을
    고려하면 중국의 데이터 시간 스팬은 1980~2014년이고 미국, 독일, 일본의
    데이터 시간 스팬은 1970~2011년임.
    자료래원 : Wind정보

구체적으로 보면, 환율에 지속적인 평가절상 예상이 존재하는 배경에서 경상 항목과 자본 항목 잉여가 아주 많다. 관리 상태의 파동을 유지하기 위해 통화 당국은 부득이하게 외환을 매입하게 되는데 이에 따라 외국환평형기금 규모가 증가된다. 동시에 본위화폐의 지나친 투자로 인한 인플레이션을 방지하기 위해 예금 준비금을 상향 조절하는 방식을 통해 트레이딩해야 한다. 그러나 이런 방식을 계속해서 사용할 수는 없다. 예를 들면 2007년 전후에 나타난 인플레이션과 경제 과열 그리고 2010년 후의 그림자 은행의 활발한 움직임 모두 통화 정책의 효력이 사실상 약화되었음을 말해준다. 2013년 이후 상황이 역전됐다. 환율이 점차 균형수준에 접근하고 경상 항목 잉여의 상대적인 규모가 떨어짐에 따라 외국환평형기금 성장이 둔화되거나 하락세를 나타냈다. 아울러 중국인민은행은 환율의 진일보 평가절하를 막기 위해 외화를 풀어 위안화를 구입해야 하지만 유동을 쉽게 늘려서도 안 된다. 이는 국내 유동성이 긴장된 국면을 초래할 수 있다.

융자원가가 높고 융자사슬이 길며 융자 레버리지가 높은 부외 활동에 대해서는 문제를 근원으로부터 해결한다. 경제 하행 압력이 지속적으로 늘어남에 따라 평가절하 예상이 확대되면서 중국인민은행은 결국 진퇴양난의 궁지에 빠졌다. 때문에 중국인민은행은 국내 취업과 물가 수준을 유지하고 안정시키는 외에도 리스크를 방지하기 위해 환율 형성메커니즘의 시장화 수준 확대 조치를 취함으로써 자체의 독립성을 한층 제고해야 한다.

특히 위안화가 SDR 편입 비준을 받은 후 중국인민은행에서 자본 계좌

관리를 한층 완화함에 따라 환율 변동이 더 급박해질 것으로 보인다.

3. 전형적인 경제체 경험으로 본 위안화 환율개혁이 가능한 루트

환율 관제에서 파동 배치로 과도하기 까지 일반적으로 환율파동 구간 확대 혹은 중간가격 인도의 점차적인 포기 등 방식을 통해 진행된다. 추격형 경제체 가운데서 주로 아래와 같은 2가지 유형이 중국 대륙의 환율 개혁에 비교적 참고적 의미가 있다.

첫째, 일본, 한국 등 동아시아 경제체이다. 이런 유형의 경제체와 중국 은 비교적 유사한 발전단계와 추격 루트가 있다. 그 중 한국은 1990년 3월부터 시장 평균 환율제도 시스템(Mar-KetAverageRate System)으로 통화 바스켓과 연계된 시스템(盯住一籃子貨幣)을 대체했다. 이런 시스템에서 한화 대 달러의 환율은 시장에 의해 결정되지만 변동폭이 제한을 받게 된다. 환율 기준 수준은 은행 간 시장의 전 거래일의 가권 평균 수준이다.

환율의 일도(日度) 양방향 변동 구간은 이 기준의 0.4%를 초과하지 않는다. 이런 환율제도 배치는 자유 변동 구간으로 과도하는 배치이다. 그 후 환율 변동폭에 대한 제한도 점차 완화되었다. 1995년 12월에 이르러 환율 변동폭이 2.25%까지 한층 확대되었고 이 수준이 아시아 금융위기가 발발할 때까지 줄곧 유지됐다.

아시아 금융위기의 충격을 받음으로 인해 환화의 평가절하 압력이 아주 뚜렷해졌다. 1997년 11월, 한화 환율의 변동 구간을 중심환율의 10%까지 확대한다고 해도 기존의 환율 배치를 유지하기는 어렵다. 결국

한국 정부는 달러와 연계된 환율 제도를 포기하고 자유 변동(Reinhart and Rogoff, 2002)을 실현했다.

1978년 7월, 중국 타이완은 관리 상태의 변동 환율 제도를 적용한다고 밝혔다. 그리고 1979년 2월에 외화시장을 설립했다. 이에 따라 뉴 타이완달러의 환율이 점차 시장에 의해 결정되는 단계로 과도했다. 환율 변동폭 제한을 중심 환율(전날의 거래 환율)의 2.25%로 설정했다. 만약 시장이 계절 혹은 기타 이상한 요인의 영향을 받아 대폭 파동할 경우 중국 타이완의 '중앙은행'은 여전히 간섭을 진행할 예정이다.

1989년 4월, 중국 타이완은 중심환율 제도 및 관련 협상 가격 메커니즘을 포기하고 2.25의 변동폭 제한을 취소한다고 밝혔다. 하지만 중국 타이완 현지의 은행이 매일 최고로 5천만 달러만 매입할 수 있는 반면, 현지 외자은행의 매일 거래규모는 2천만 달러로 제한했다. 1990년 12월 말에 이르러 '소액 약정 환율'을 취소하고 환율 변동의 자유화(리궈딩(李國鼎), 1994)를 기본적으로 실현했다. 여기서 짚고 넘어가야 할 부분은 중국 타이완의 환율개혁, 이율 시장화와 금융개방이 서로 조화롭게 추진되었다는 점이다. 중국 타이완은 1985년에 예금보험제도를 내오고 1989년에 이율 관제를 해제했다. 그리고 1990년 연말 환율 변동을 기본적으로 실현했으며 금융시장과 서비스업 개방이 점차 빨라졌다.

이밖에 라틴아메리카 경제체 그리고 전 소련과 동유럽지역, 예를 들면 칠레, 폴란드, 콜롬비아와 러시아 등 다른 유형도 있다. 이런 유형 경제체들의 궤도 전환 특징이 비교적 뚜렷하다. 사실상 이런 경제체 모두 크롤링 페그 제도나 관리 상태의 변동 환율 배치를 실행한 적 있지만 현재에는 기본적으로 변동 환율 배치 제도를 취하고 있고 자본 계좌 개방 수준도 정도부동하게 상향되었다. 예를 들면 1989년 칠레는 구간 관리를 인입했다. 실효환율 수준은 통화 바스켓(달러, 독일 마크와 엔)을 참고로 하고 변동폭은 2%로 제한했다가 훗날 점차 12.5%까지 완화했다. 1998년 기간 변동폭 제한이 한층 축소되었지만 여전히 15%까지 확대되었다. 1999년에 이르러 결국 크리핑(천천히 나아가는 -역자 주) 구간 관리를 포기했다.

여기서 짚고 넘어가야 할 부분은 한국과 칠레는 1998년 전후로 경제 펀더멘털이 금융위기의 심각한 충격을 받으면서 결국 환율 구간 관리를 포기했다. 반면, 중국 타이완의 환율개혁은 상대적인 통제가능을 실현했고 예금보험과 이율 시장화를 착실하게 이끌어 나감과 동시에 환율개혁을 지속적으로 추진했다. 1990년대에 환율 변동을 기본적으로 실현했다. 그래서 만약 시기를 틀어쥐고 환율개혁을 추진한다면 개혁 과정은 상대적으로 통제가능하다고 말할 수 있다.

전반적으로 볼 때 후발 경제체의 자본 계좌 개방은 점진적인 과정이기 때문에 환율은 비교적 긴 시간 내에 과도성 배치를 실현할 수 있다. 환율 변동 범위 확대 혹은 중간가격의 영활한 설정은 단기 자본 유동 도전에 대응하는 일상적인 수단이자 환율 배치가 고정 혹은 크롤링 페그에서 변동으로 전환하는 과도이기도 하다. 환율의 진정한 변동을 실현하려면 자본 계좌 개방과 이율 시장화 등 기타 자유화 수단을 서로 배합해야 한다. 마지막으로 가령 자유 변동 환율 제도를 적용한다 해도 외부의 충격을 온전히 막아낼 수는 없고 관건은 이해득실을 따지는 것이다.

4. 결론

당면 국내외 경제형세와 결부시키고 국제 경험을 참고로 볼 때 위안화 환율이 점차 변동 배치에 접근할 것으로 보인다. 최근 이번 단계 중간가격 형성 메커니즘이 보완됨에 따라 다음 단계의 주요한 임무는 외화시장에 대한 간섭을 줄이는 방법을 모색하고 환율 변동 제한을 계속해서 완화하는 것이 됐다. 신흥시장의 통화 평가절하 그리고 국내 경제성장폭 둔화 등 요인의 영향을 받아 위안화 평가절하 예상이 비교적 뚜렷해졌다. 환율 조정에 지나친 조정 현상이 나타나는 것을 막기 위해 환율 변동폭을 한층 제한할 가능성도 배제하지 못한다.

사실상 그 해 칠레에도 반복적인 현상이 있었으며 한동안 환율 변동폭을 제한한 바 있다. 장기적인 안목으로 볼 때 중간가격 인도를 포기하고 진정으로 시장이 환율을 결정하게 해야 하는 외에 중국인민은행은 필요한 시점에 간섭하는 권력을 보류해야 한다. 이는 외화시장 건설과 자본계좌 개방 수준에 의해 결정된다. 18기 3중 전회의 여러 가지 금융 개혁 조치를 실행함에 따라 환율 시장화 개혁 프로세스가 가속화 될 전망이다. 정부, 기업과 개인은 더 큰 폭의 양방향 변동에 점차 적응해 나가야 한다.

제7편
위안화 환율의 추세 전망

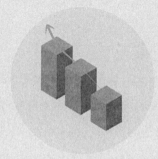

제25장 단기 위안화 환율파동 어떻게 보나

1. 위안화 환율파동, 환율개혁 만으로 시장화 방향 변화시키지 못해
2. 환율안정 유지에서 통화정책의 독립성 경시 못해
3. 환율문제가 중국의 지속적인 발전프로세스에 걸림돌 되어서는 안 돼
4. 위안화 대 달러 환율의 지속적인 평가절하에 객관적 필연성 없어

제25장
단기 위안화 환율파동 어떻게 보나

가오위웨이(高玉偉) : 중국은행 국제금융연구소 연구원

2015년 11월 초부터, 위안화 대 달러 환율이 지속적인 평가절하 추세를 나타냈다. 특히 2016년에 들어서서부터 시장의 평가절하 예상이 갈수록 강해졌다. 2016년 1월 20일까지의 2개월여 간 위안화 대 달러 중간가격과 당기환율 모두 3.7% 평가절하(도표 25-1 참고)했다. 그 기간 위안화 역내와 역외 평균 환율 격차가 491개 기점에 달한 가운데 1월 6일에는 최고로 1384개 기점(도표 25-2 참고)까지 치솟았다.

중국인민은행의 일련의 조치 간섭 하에 현재 위안화 대 달러 환율이 점차 안정세가 찾아가고 있다. 역내와 역외 환율 격차가 다소 위축 되었지만 평가절하 예상이 여전히 존재한다. 향후 위안화 환율개혁은 계속해서 시장화 방향을 견지해야 한다. 주도적, 통제가능 그리고 점진적인 원칙 하에 환율파동 탄력을 증강시키고 시장 예상을 적극적으로 인도하는 외에 국제 정책 조율을 강화하고 통화바스켓에 대한 위안화 환율의 기본적인 안정을 유지함으로써 중국경제의 지속적인 발전에 양호한 거시적 환경을 마련해야 한다.

1. 위안화 환율파동, 환율개혁만으로 시장화
방향 변화시키지 못해

　환율 시장화 개혁은 중국이 개혁을 전면적으로 심화시킴에 있어서의 중요한 내용이다. 중국 공산당 제18기 3중 전회에서는 위안화 환율 시장화 형성 메커니즘을 보완할 것을 제기했다. 중앙 '13차 5개년'계획에서는 환율과 이율 시장화를 추진할 것을 건의했다. 현재 중국에서는 단일하게 고정 환율 체제와만 연계시킨 것이 아니라 관리 상태의 변동 환율 체제를 실시하고 있다. 때문에 시장 공급과 수요에 따른 위안화 환율의 상하 파동은 정상적인 현상이며 환율 시장화 개혁의 의미이기도 하다.

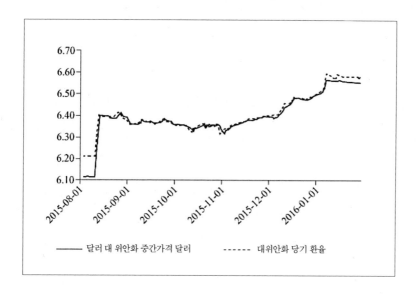

도표 25-1 최근 달러 대 위안화 환율 추세
자료래원 : Wind정보, 중국은행 국제 금융연구소

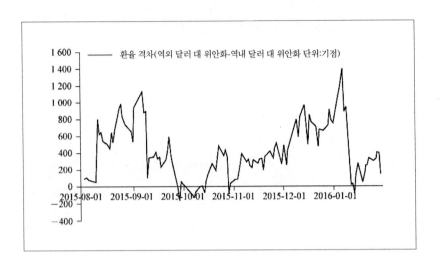

도표 25-2 역내, 역외 위안화 환율 격차

자료래원 : Wind정보, 중국은행 국제 금융연구소

환율개혁 시장화 방향 견지는 결코 투기를 방치해 매매 차익을 챙기려는 것이 아니다. 위안화 국제화가 점차 추진되고 있는 배경에서 위안화가 국내외에서 2개 시장과 2개 가격이 존재한다. 위안화 역내와 역외 격차가 비교적 클 때 투기 매매 차익이 생기기 쉽고 다국 자금 유동이 증가된다.

또 투기 거래가 위안화 환율파동을 확대함으로써 정상적인 다국 무역과 투자에 부정적인 영향을 미친다. 환율 시장화 개혁 추진은 온전히 자유 파동에 맡기는 것이 아니다. 중국이 환율개혁에서 '관리'를 강조하고 있는데 바로 환율이 큰 폭으로 파동할 때 적절하게 간섭해 실물경제에 대한 충격을 최소화하는 것이다. 영국, 중국 홍콩 등 자유시장 경제체라도 마찬가지이다. 1992년 파운드, 1997년 홍콩 달러가 저격을 당했을 때 잉글랜드은행과 홍콩금융관리국에서도 간섭에 총력을 기울였다.

위안화 환율의 기본적인 안정은 중국의 전략적 이익에 부합된다. 환율은 대국 경제가 서로 겨루는 전략적 무기인 만큼 환율 전쟁에는 국가 간 경제 이익의 전쟁도 포함되어 있다. 위안화가 세계 통화로 되려면 자유롭게 유통되어야 할 뿐만 아니라 가격 즉 환율 변동도 요구한다. 만약 환율 변동이 지속적으로 크다면 잠재적인 사용자들의 수용수준을 제약해 사용범위 확대에 영향을 미치게 되는데 이는 위안화의 국제화 행보에 불리하다.

주의해야 할 부분은 현재 위안화 환율의 기본적인 안정이 단순히 모종 통화를 안정시키는 것이 아니라 통화바스켓과 연계시킴에 있어서의 기본적인 안정이라는 점이다. 2015년 12월 11일, 중국 외화거래센터에서 CFETS위안화 환율지수를 발표했다. 이는 위안화 환율을 기본적으로 안정시키는 참조계수로 적용할 수 있으며 일정한 기준을 뚜렷하게 벗어났을 때 중국인민은행에서 바로 간섭할 수 있다.

2. 환율안정 유지에서 통화정책의 독립성 경시 못해

개방 거시적 경제학에서 이른바 '3원 패러독스'는 한 나라가 경제 개방 조건에서 정책을 선택할 때 자본의 자유 유동, 통화정책의 독립성과 환율안정을 동시에 실현할 수 없다고 제기했다. 위 3개 정책 목표가 최고로 동시에 2개만 실현이 가능하기 때문에 나머지 목표는 포기하는 수밖에 없다는 것이다.

통화정책은 거시적 조정 가운데서 마땅한 역할을 발휘해야 한다. 대국 경제체로서의 중국은 통화정책 독립성과 효과성을 통해 물가 안정을 실현한다. 또 이를 통해 경제성장을 추진하고 일자리를 늘리고 국제 수지평형을 실현하는데서 아주 중요한 역할을 발휘하고 있다. 따라서 이를 정책 선택의 우선적인 목표로 간주해야 한다. 현재 중국경제 하행 압력이 비교적 크고 금융 리스크가 복잡하게 뒤엉켜 있기 때문에 안정적이고 건강한 통화정책을 계속해서 실시해 경제성장을 이끌고 금융 안정을 지켜야 한다. 위안화 환율 평가절하 압력으로 인해 중국인민은행의 통화정책 공간이 위축되었다. 가격형 조정 수단에서 볼 때 현재 예금과 대출 기준이자율이 역사 최저치에 달했고 실제 이율은 이미 약간의 마이너스 추세를 보이고 있는데다 중국과 미국 간의 이율 격차가 갈수록 줄어들었다.(도표 25-3 참고) 위안화 환율 평가절하 압력이 워낙 큰 상황에서의 지속적인 금리인하는 중국인민은행의 현명한 선택이 아니다. 수량형 조정 수단에서 볼 때, 2015년 10월 하순 지급준비율 인하 이후의 11월과 12월 중국인민은행 루트의 외국환평형기금이 총 1조 위안 줄어들었는데 이는 전해 동기대비 8800여 억 위안(도표 25-4 참고) 더 줄어든 수준이다.

비록 현재 M2 성장률이 비교적 높고 2015년 12월 말 13.3%에 달했지만 만약 본위화폐 공급이 대폭 줄어든다면 이런 성장폭은 유지하기 어려울 뿐만 아니라 성장을 안정시키고 리스크를 예방하는 수요에도 어울리지 않는다. 그러나 외국환평형기금이 대폭 하락된 상황에서 중국인민은행은 지급준비율 조정 과정에 환율안정 유지 영향을 뚜렷하게 받아 지급준비율 인하에서 더욱 조심스러워졌다. 따라서 역환매조건부채권, MLF, SLO 등 수단을 통해 시장의 유동성 긴장 국면을 완화하는 데로 더욱 치우쳤다. 이는 계절성 단기 자금의 긴장을 완화하는데 비교적 효과가 있지만 장기 자금의 공급을 대체할 수는 없다.

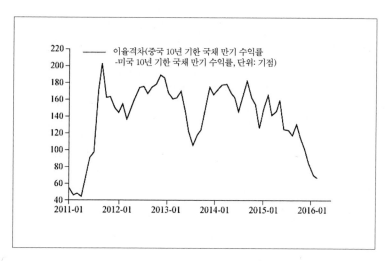

도표 25-3 중미 이율격차 변동
자료래원 : Wind정보, 중국은행 국제 금융연구소

2016년에 들어서 위안화 환율파동이 큰 데다 경내 은행 간의 이율에도 계절성 상승 현상이 나타나고 격야, 7일 등 부동한 기한의 자금에 차례로 뚜렷한 긴축 현상이 나타났다. 이 때문에 역환매조건부채권 실행 규모를 늘리고 MLF, SLO 등 혁신 수단을 다시 가동해 시장 유동성을 조절하려는 중국인민은행의 의도가 비교적 뚜렷해졌다. 더욱 주의해야 할 점이라면 이런 수단이 일정한 의미에서만 지급준비율 인하를 대체할 수 있다는 것이다. 중국인민은행은 국내 거시적 조정 차원에서 출발해 시장 유동성의 적절한 수준의 충족을 보장함과 동시에 경제성장을 안정시키는 목표를 겨냥해 지급준비율, 역환매조건부채권, 혁신수단 그리고 이율 등을 합리하게 배합함으로써 지급준비율 하향 조절 필요성이 있을 때 바로 실행에 옮겨야 한다.

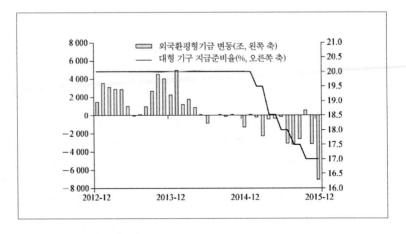

도표 25-4 외국환평형기금 및 지급준비율 변동
자료래원 : Wind정보, 중국은행 국제 금융연구소

3. 환율문제가 중국의 지속적인 발전프로세스에 걸림돌 되어서는 안 돼

달러 지수가 진일보 대폭 상승할 확률은 높지 않다. 긴 주기로 볼 때, 브레턴 우즈체계가 형성된 후의 30년은 달러의 황금시대 즉 '달러 시대'이다. 하지만 브레턴 우즈체계가 해체된 후 달러가 총체적으로는 파동 가운데서 '내리막길을 걸었으며' 그 과정에 몇 차례 단계성 강세를 나타내기도 했다. 1978~1985년 달러가 점차 강세를 보였고 FRS에서 계산한 광의의 실제 달러 지수의 최고치가 128에 달해 상승폭이 51%에 달했다. 1995~2002년 달러가 재차 강세를 나타내 달러 지수 최고치가 113에 달했으며 상승폭이 32%에 달했다. 현재 이번 단계의 달러 강세를 볼 때 2011년부터 이미 22% 상승했다. 최근 몇 년간 국제시장은 이미 미국 통화정책이 상시화로 나아가는 관련 정보를 비교적 충분히 소화했다. 또 기존 2차례의 달러 강세 경험을 고려할 때 달러지수가 대부분의 평가절상 '여정'을 마쳐 지속적인 상승폭이 크지 않을 것으로 보인다. 따라서 2016년의 어느 한 시점에 단계적인 고점에 달할 것으로 예상된다.

달러 강세 귀환으로 일부 경제체에 금융 동란 심지어 금융위기가 나타날 것으로 보인다. 미국인들은 나의 통화, 당신의 문제라고 말한다. 확실히 달러 강세 귀환 때마다 일부 경제체에 금융 동란이 동반되었다. 예를 들면 1980년대의 라틴아메리카 채무위기와 1990년대의 아시아 금융위기 등이다. 달러 강세가 위기 발발의 유일한 원인은 아니다. 그런 나라와 지역 자체에 구조성 문제가 존재한 것 또한 위기가 발발한 이유이기도 하다.

예를 들면 지나친 대외 부채, 재정적자 고공행진, 지나치게 빠른 자본 항목 개방 등이다. 하지만 위기 때마다 환율의 변동폭이 아주 컸을 뿐만 아니라 이런 변동이 반대로 경제 금융 안정에 파괴적인 충격(도표 25-5 및 도표 25-1참고)을 안겼다. 예를 들면 1982년 1983년 1986년 1987년 멕시코 페소 대 달러의 평가절하폭이 50%를 넘어섰다. 1998년 인도네시아 루블, 한화, 말레이시아 링깃, 타이 밧 대 달러가 각각 전해보다 77%, 32%, 25%, 28% 평가절하 되었다. 1999년 브라질 레알 대 달러 평가절하율이 36%에 달했으며 2002년 아르헨티나 페소 대 달러 평가절하율은 69%에 달했다.

최근 달러 강세가 예사롭지 않은데 1981~1982년 1984~1985년 그리고 1997~1998년 때와 흡사하다. 일부 경제체에 일부 형식의 금융 동란 혹은 위기가 다시 닥칠 확률이 비교적 크다. 또 역으로는 미국경제에 대한 부정적인 피드백이 FRS의 금리인상을 제한하는 걸림돌이 될 것으로 보인다. 따라서 달러지수도 지나치게 상승하지 않을 것으로 예상된다.

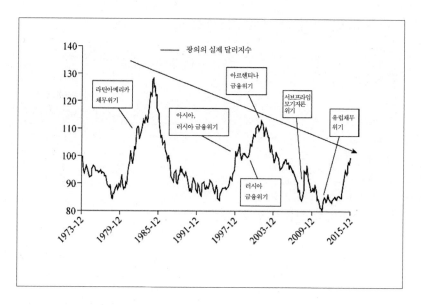

도표 25-5 달러지수 변동

자료래원 : Wind정보, 중국은행 국제 금융연구소

도표 25-1 금융위기 경제발전 프로세스의 걸림돌

		위기 발발 연도 및 일인당 GDP 위기 전 수준으로 회복한 연도	일인당 GDP 위기 전 수준으로 회복하기까지 걸린 시간: 년
라틴아메리카 채무위기	멕시코	1982-1991	10
	브라질	1983-1988	6
	아르헨티나	1984-1986	3
아시아 금융위기	태국	1997-2006	10
	중국 홍콩	1998-2006	9
	필리핀	1997-2005	9
	인도네시아	1997-2004	8
	말레이시아	1997-2004	8
	싱가포르	1998-2005	8
	한국	1997-2003	7
	중국 대만	1998-2003	6
멕시코 금융위기	멕시코	1995-1999	5
브라질 금융위기	브라질	1998-2006	9
아르헨티나 금융위기	아르헨티나	1999-2007	9
'충격요법'및 러시아 금융위기	러시아	1991-2004	14

자료래원 : Wind정보, 중국은행 국제 금융연구소

그렇다면 강세를 이어가고 있는 달러의 '쇠발굽 아래 어린 양'은 과연 누가 될 것인가? 최근 몇 년간의 경제 표현으로 볼 때 일본 경제가 2014년 제2분기부터 2015년 제1분기까지의 4개 분기 동안 쇠락 상태에 빠졌지만 그 후로는 진일보 악화되지 않았다. 2015년 제3분기와 제4분기 GDP 성장률은 이미 플러스로 돌아섰다. 러시아의 경우 경제가 2015년 제1분기 쇠락에 빠졌고 브라질 경제 상황은 더욱 악화되어 연속 7개 분기 쇠락(도표 25-2 참고)에 빠져있다. 다시 말해, 에너지와 자원 대국인 러시아, 브라질이 맨 먼저 달러 강세의 피해를 보았을 뿐만 아니라 보다 피동적인 경지에 빠질 가능성도 배제하지 못한다.

중국은 자신을 위주로 하고 환율 문제에서 개혁, 발전, 안정 균형 문제를 잘 파악해야 한다. 횡방향으로 비교할 때 비록 당면 중국이 경제 하행 도전에 직면했지만 2015년 6.9%의 GDP 성장폭이 여전히 전 세계에서 앞자리를 차지하고 있다. 주요 경제체 중 유독 인도에만 뒤져 있다. 단기 위안화 환율의 대폭적인 파동은 외계가 중국경제 전망을 우려하는 요인뿐만 아니라 중국인민은행에서 환율 시장화에 따라 주동적으로 평가절하 한 요인으로 인해 초래되었다. 이런 과정에서 중국은 라틴아메리카, 아시아 각국의 경험과 교훈을 받아들이고 금융 시장화 개혁과 자본 항목 개방을 조율 및 추진함으로써 경제 금융 체계의 안전을 절실하게 수호하고 정상적인 경제 발전 보조를 유지해야 한다.

도표 25-2 중국, 브라질, 러시아 GDP 성장률 및 환율 변동

	중국		브라질		러시아	
	GDP 성장률	환율 평가절하폭	GDP 성장률	환율 평가절하폭	GDP 성장률	환율 평가절하폭
	당계 동기대비, %	지난해 동기대비, %	당계 동기대비, %	지난해 동기대비, %	당계 동기대비, %	지난해 동기대비, %
2013Q1	7.8	-1.4	2.8	11.5	0.7	1.3
2013Q2	7.5	-2.9	4.1	5.1	1.2	1.9
2013Q3	7.9	-3.7	2.8	11.3	1.3	2.4
2013Q4	7.6	-2.5	2.4	9.6	2.1	4.5
2013Q1	7.3	-1.9	3.2	15.5	0.6	13.5
2013Q2	7.4	1.2	-0.8	7.3	0.7	9.6
2013Q3	7.2	0.6	-1.1	-0.4	0.9	9.3
2013Q4	7.2	1.0	-0.7	10.6	0.4	31.6
2013Q1	7.0	2.1	-2.0	17.8	-2.2	44.4
2013Q2	7.0	-0.4	-3.0	27.4	-4.6	33.6
2013Q3	6.9	2.2	-4.5	35.8	-4.1	42.6
2013Q4	6.8	3.9	-5.9	33.9	-3.8	28.0

주: 환율 평가절하 폭은 마이너스치이고 당기 환율이 실제로는 평가절상한 것임을 표시함.

자료래원 : Wind정보, 중국은행 국제 금융연구소

4. 위안화 대 달러 환율의 지속적 평가절하에
   객관적인 필연성 없어

다음 단계의 위안화 환율 추세에 대해 상당수의 사람들은 위안화 환율이 계속해서 평가절하 될 것이라고 여기고 있다. 하지만 우리는 국내외 펀더멘털, 정부의 의향과 능력으로 볼 때, 위안화 환율이 계속해서 대폭 평가절하 되지 않을 것으로 판단하고 있다.

시장은 위안화 균형현물환율 수준에서 일치성을 이루기는 어렵다. 이론적으로 위안화와 외화 공급이 충족한 시장조건에서 공급과 수요 쌍방은 균형현물환율을 찾을 수 있다. 하지만 자본 항목 하의 위안화가 온전히 개방하지 않았고 중국 외화시장 깊이와 넓이를 여전히 확장해야 하는 상황에 처해 있기 때문에 일정한 시기 내에 시장 균형현물환율 수준에 도달하기는 비교적 어렵다. 비록 일부 연구자들이 일부 추산도 진행 했지만, 가설 조건과 파라미터(parameter, 조변수, 매개변수를 말하며, 일정한 조건 하에서는 불변이나 여러 가지 조건이 변하면 다른 값을 취하는 2중 성격을 지니고 있다. 일반적으로는 특성치를 말한다 - 역자 주), 출발점과 시각이 다름에 따라 추산 결과도 차별점이 비교적 컸다.

펀더멘털은 위안화 대 달러 환율의 진일보 대폭 평가절하를 지지하지 않는다. 국제 수지 균형으로 볼 때, 2015년 제3분기 중국 경상항목 흑자가 GDP 가운데서 차지하는 비율이 2.6%에 달하고, 미국이 경상항목 적자가 GDP 가운데서 차지하는 비율은 2.75%에 달해, 격차에서 엄청난 수준의 불균형 현상이 나타나지 않았다. 단기 성장으로 볼 때, 중국경제성장폭이 여전히 계속해서 줄어들 가능성이 있다. 그러나 미국은 양호한 취업 분야의 표현을 제외하면 소매와 도매 분야의 불경기, 제조업 수출 약세, 비교적 낮은 인플레이션 수준, 유가 하락 등 요인들이 관련 투자 성장과 2%의 인플레이션 목표를 실현하는데 불리하다. 이런 요인들이 모두 FRS(Federal Reserve System, 연방준비제도. 미국의 중앙은행제도이며 1913년의 연방준비법에 의하여 설치된 것 역자 주)의 금리인상 프로세스를 추진함에 있어 걸림돌로 될 것이다. 실물 경제 외에 FRS의 금리인상은 이미 글로벌 금융시장의 동란을 야기시켰으며, 이는 FRS에서 금리인상 결정을 내리는데 있어 부정적인 영향을 미치게 될 것으로 보인다. 중장기적으로 볼 때, 중국은 비교적 높은 생산율 성장폭을 유지할 잠재력이 있을 뿐만 아니라 계속해서 미국을 초월할 것으로 예상된다. 이는 향후 위안화 대 달러 환율에 유력한 버팀목 역할을 하게 될 것이다.

중국은 경쟁성 평가절하를 통해 수출을 자극할 의향은 없다. 글로벌 경제가 불황을 겪으면서 여러 경제체 무역에 모두 위축현상이 나타났다. 따라서 수출 하락이 중국이 직면한 난제만은 아니다.(도표 25-6을 참고) 주요 경제체에서 2015년 중국의 수출 하락폭은 그나마 적은 편이다. 가령 위안화 대 달러가 일정한 수준에서 평가절하 되었지만 다른 통화도 동시적으로 평가절하 되거나 심지어 평가절하 폭이 더 컸다.

중국은 단기 내에 수출 규모를 확대하기 어렵다. 최근 몇 년간의 데이터를 바탕으로 입증한 연구결과에 따르면 단순한 위안화 대 달러 환율 변동이 수출에 대한 영향은 미미하다. 진정으로 수출에 영향을 주는 요인은 위안화 실질실효환율변동이다. 그레인저(선 예약, 후 결제 역자 주) 인과관계 검증 결과, 위안화 실질실효환율의 경우 위안화 대 달러 환율만이 출구가 아니라는 것이 그레인저의 이유이다. 그러나 분산 분해에 따르면 실질실효환율의 충격이 수출 변동에 대한 영향이 제6기에 20%에 달하고 제12기에 31%에 달하는 반면, 위안화 대 달러 환율 충격이 수출 변동에 대한 영향은 5%(도표 25-7을 참고) 미만이다.

위안화 환율은 기본적인 안정을 유지할 것으로 예상된다. 첫째, 중국에 3조 3천억 달러의 외화 보유액이 있으며 환율시장 안정유지가 중요한 용도 중 하나이다. 필요할 때 중국인민은행은 거래은행을 통해 직접 주식시장에 참여할 수 있으며 위안화 혹은 달러 매매를 통해 위안화 환율 변동을 줄일 수 있다. 둘째, 투기성 차익거래를 단속하기 위해 중국인민은행은 창구 지도를 통해 국유은행 역외기구들의 위안화 공급 긴축을 요구할 수 있다. 또 투기자들의 위안화 단기 대부 원가를 끌어올리고 심지어 역외 위안화 청산은행 혹은 참가은행의 역내에서의 융자 환매 롱 아웃을 제한할 수도 있다.

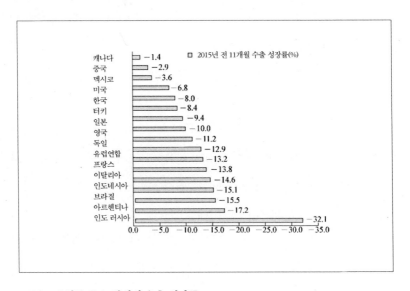

도표25-6 일부 주요 경제체 수출 성장률
자료래원 : Wind정보, 중국은행 국제 금융연구소

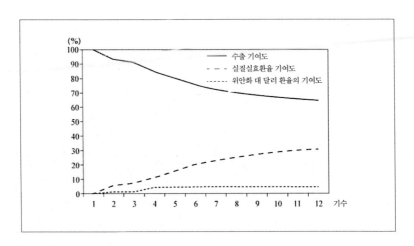

도표25-7 수출 변동 분산 분해
자료래원 : Wind정보, 중국은행 국제 금융연구소

셋째, 중국인민은행은 역내 기구들에 자본 항목 하의 위안화 유출 관리를 잘 할 것을 요구할 수 있다. 넷째, 해외기구를 상대로 경내에서의 위안화 보존과 예금 준비금 납부를 요구할 수 있다. 2016년 1월 17일, 중국인민은행은 이미 통지를 하달했고 1월 25일부터 정상적인 예금 준비금 데이터를 집행했다.

종합적으로, 중국경제 펀더멘털이 지탱 역할을 하고 중국인민은행의 간섭이 버팀목 역할을 해주고 있으니 위안화 환율이 다소 평가절하 된다고 해도 기본적인 안정을 유지할 가능성은 여전히 있다. 대체적으로 평가절하 가운데서 안정 유지, 평가절하와 평가절상의 교체, 국면 통제를 실현해 중국경제 금융 안정에 대한 충격이 그리 크지 않을 것으로 예상된다.

제7편
위안화 환율의 추세 전망

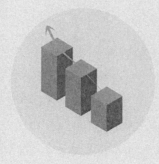

제26장 위안화 환율 형성메커니즘 회고 및
최신 연구의 판단

제26장
위안화 환율 형성메커니즘 회고 및 최신 연구의 판단

덩리양(鄧黎陽) : 민생가은펀드자산관리유한회사 거시적 책략 분석가
싱수광 : 베이징대학 경제연구소 보조연구원

본 장은 위안화 환율 주제를 두고 위안화 환율의 역사적 연혁과 관련 이론 기반을 회고했다. 그리고 이를 바탕으로 현재 형성되어 있는 메커니즘을 연구, 토론함과 동시에 향후 추세에 대해 사전 판단을 내리고 관련 정책에 대한 건의를 제기했다.

1. 역사 약술

위안화 환율제도 발전은 대체로 '계획경제 이전시기', '계획경제시기', '궤도전환시기', '시장화 경제초기'와 '시장경제 심화기' 등 5개 단계를 거쳤다. 그중 5번째 단계에는 거의 동시적으로 진행된 위안화 국제화 프로세스와 자본 항목 개방 등 2가지 중요한 사건이 포함되었는데, 이는 위안화 환율에 큰 영향을 미치고 있다.

1) 자유시장 환율제도의 단계

'계획경제 이전시기'는 자유시장 환율제도의 단계라 할 수 있다. 이 단계(1948-1952년)의 실질 환율 수준의 변화는 수출 외화전환 원가, 수입 판매가격 그리고 해외송금 구입 등 3개 요인을 의거로 했다. 전반적으로 환율시장은 통제와 관리가 거의 이뤄지지 않는 상황에 처해 있었으며, 위안화 환율 변동 빈도와 폭도 매우 컸다.

2) 고도로 고정된 환율제도 단계

'계획경제시기'의 가장 큰 특징은 고도로 고정된 환율제도였다. 이 시기(1953-1980년)의 전체적인 특징은 환율시장 관리가 고도로 집중되어 있었으며, 한쪽 극단에서 다른 극단으로 나아갔다는 것이다. 당시의 위안화 환율은 처음에는 위안화에, 그 다음은 통화 바스켓과 연계시켰다. 목적은 환율안정을 유지시키기 위해서였다. 이때 외화시장의 공급과 수요가 환율 수준에 영향을 미치기 어렵고 계획 관리의 영향을 더 많이 받게 되었다.

3) 정부의 환율 단계

'경제전환시기(1981-1992년)'에는 정부 환율이 처음부터 마지막까지 관통되었다. 국가에서 수출에 따른 외화 창출을 고무격려했기 때문에, 환율정책도 무역에 봉사하는 것을 목표로 했다. 1985년 이전에는 내부 결산가격을 적용해 무역 결산에 편리하도록 했다. 1985년 이후에는 외화 조절시장을 점차 구축함으로써 여러 지역에 자체 조절시장에서의 환율을 형성했다. 때문에 이 단계에서는 줄곧 2가지 종류의 환율이 있었으며, 매매 차익 공간이 존재함으로 인하여 외화 환율 내부의 불안정성을 야기했다.

4) 시장공급과 수요를 기반으로 하는 관리 상태의 변동환율제도

'시장화 경제 초기'에는 시장의 공급과 수요를 기반으로 하고 관리 상태의 변동 환율 제도를 실시했다. 이 단계(1993년-2005년 7월 20일)는 사실상 달러의 고정 환율 제도와 연계시켰다. 1994년 환율 합병 이후 중국은 단일한 환율제도를 실행했다. 특히 1997년 아시아 금융위기 이후로 중국은 달러의 단일 환율과 연계시키는 제도를 실행하여 대외무역 결산 리스크를 회피했다.

5) 통화바스켓 조절 관리를 기반으로 하는 변동환율제도

'시장경제 심화기(2005년 7월 21일부터 현재까지)'의 환율 목표는 위안화 환율이 합리적이고 균형적인 수준에서의 기본적인 안정을 유지하는 것이었다. 이 단계는 2005년의 위안화 환율제도 개혁을 시작점으로 하며, 시장의 공급과 수요를 기반으로 하고 통화바스켓을 참고로 해 조절 관리 상태의 변동환율제도를 구축하는데 취지를 두었다. 하지만 2008년 금융위기 이후로 사실상 위안화 환율을 달러(위기를 대응하기 위한 특별한 조치)와 연계시켰다. 그 후 위안화 환율이 중대한 영향을 미친 사건으로는 '8·11'환율개혁, 위안화 특별 인출권(SDR) 통화바스켓 편입(2015년 11월 30일) 성공, CFETS 위안화 환율지수 발표(2015년 12월 11일), 은행 간 외화시장 야시장 거래(2016년 1월 14일부터) 등이다. (도표 26-1 참고)

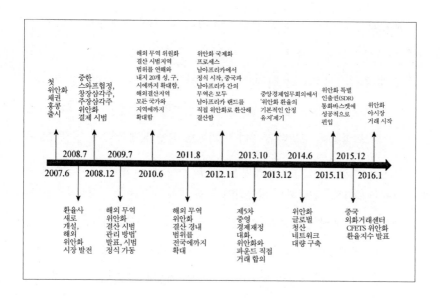

위쪽 (상단, 연도 위):

- 첫 위안화 채권 홍콩 출시
- 중한 스와프협정, 창장삼각주, 주장삼각주 위안화 결제 시범
- 해외 무역 위원화 결산 시범지역 범위를 연해와 내지 20개 성, 구, 시에까지 확대함, 해외결산지역 모든 국가와 지역에까지 확대함
- 위안화 국제화 프로세스 남아프리카에서 정식 시작, 중국과 남아프리카 간의 무역은 모두 남아프리카 랜드를 직접 위안화로 환산해 결산함
- 중앙경제업무회의에서 '위안화 환율의 기본적인 안정 유지'제기
- 위안화 특별 인출권(SDR) 통화바스켓에 성공적으로 편입
- 위안화 야시장 거래 시작

타임라인 (위쪽): 2008.7   2009.7   2011.8   2013.10   2014.6   2015.12

타임라인 (아래쪽): 2007.6   2008.12   2010.6   2012.11   2013.12   2015.11   2016.1

아래쪽 (하단, 연도 아래):

- 환율사 새로 개설, 해외 위안화 시장 발전
- 해외 무역 위안화 결산 시범 관리 방법' 발표, 시범 정식 가동
- 해외 무역 위안화 결산 경내 범위를 전국에까지 확대
- 제5차 중영 경제재정 대화, 위안화와 파운드 직접 거래 합의
- 위안화 글로벌 청산 네트워크 대량 구축
- 중국 외화거래센터 CFETS 위안화 환율지수 발표

도표 26-1 위안화 국제화 프로세스

자료래원 : 저자 정리함.

환율제도 개혁이 꾸준히 심화됨에 따라 위안화 국제화와 자본 항목 개방이 동시적으로 추진되었다.(도표 26-2를 참고) 첫 위안화 채권이 홍콩에 출시되어서부터 현재까지 약 10년이 흘렀고, QFII 첫 거래가 이뤄진지도 어언 13년이란 시간이 지났다. 그동안 중국은 여러 나라와의 통화스와프 협정을 꾸준히 추진하는 외에도 위안화 해외 무역 결산범위를 적극적으로 확대하고 외화관리와 거래제도 개혁도 동시에 교차적으로 추진했다. 2015년 연말까지 위안화가 국제 결제 점유율 가운데서 차지하는 비율이 2.25%에 달해 다양한 국제 통화 중 5위에 이름을 올렸다.

위안화 환율안정은 장기적인 정책목표이자 위안화 국제화를 추진함에 있어 필요한 전제조건이기도 하다. 중국인민은행은 위안화 환율이 극단적인 파동을 보일 때 중간가격을 통해 창구 지도를 함과 동시에 위안화에 대해 역내와 역외 시장에서 공개적인 시장 조작을 진행함으로써 위안화 환율을 안정시키고 비이성적인 예상을 이끌었다. 이런 부분은 관리상태의 변동환율제도의 마땅한 의미로, 시장화 프로세스를 포기한 것과는 다르다.

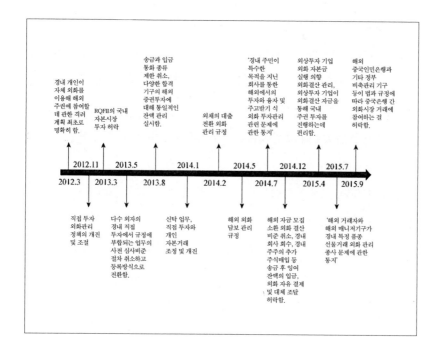

경내 개인이 자체 외화를 이용해 해외 주권에 참여할 데 관한 격려 계획 최초로 명확히 함.

RQFII의 국내 자본시장 투자 허락

송금과 입금 통화 종류 제한 취소, 다양한 합격 기구의 해외 증권투자에 대해 통일적인 잔액 관리 실시함.

외채의 대출 전환 외화 관리 규정

'경내 주민이 특수한 목적을 지닌 회사를 통한 해외에서의 투자와 융자 및 주고받기 식 외화 투자관리 관련 문제에 관한 통지'

외상투자 기업 외화 자본금 실행 의향 외화결산 관리, 외상투자 기업이 외화결산 자금을 통해 국내 주권 투자를 진행하는데 편리함.

해외 중국인민은행과 기타 정부 비축관리 기구 등이 법과 규정에 따라 중국은행 간 외화시장 거래에 참여하는 걸 허락함.

2012.11 2013.5   2014.1   2014.5   2014.12   2015.7

2012.3   2013.3   2013.8   2014.2   2014.7   2015.4   2015.9

직접 투자 외화관리 정책의 개진 및 조절

다수 외자의 경내 직접 투자에서 규정에 부합되는 업무의 사전 심사비준 절차 취소하고 등록방식으로 전환함.

신탁 업무, 직접 투자와 개인 자본거래 조정 및 개진

해외 외화 담보 관리 규정

해외 자금 모집 소환 외화 결산 비준 취소, 경내 회사 회수, 경내 주주의 추가 주식매입 등 송금 후 잉여 잔액의 입금, 외화 자유 결제 및 대체 조달 허락함.

'해외 거래자와 해외 매니저기구가 경내 특정 품종 선물거래 외화 관리 종사 문제에 관한 통지'

도표26-2 자본 항목 개방 프로세스
자료래원 : 저자 정리

2. 환율 결정이론 만평

환율 이론 연구는 중세기까지 거슬러 올라갈 수 있다. 본 장에서는 구매력 평가, 이율 평가, 발라사-사무엘슨 이론, 균형 현물 환율 이론, 먼델 불가능한 삼각 이론, 외환심리설과 심리 예상 설에 중점을 두었다. 본 장은 위 이론으로부터 출발해 향후 위안화 환율을 결정하는 이론 요인을 찾으려고 시도했다.

구매력 평가 이론은 가장 기본적인 환율 결정 이론이다. 통상적으로 말하는 통화 바스켓과의 연계, 무역 가권 등은 구매력 평가 이론에 따른 논리이다. 중국 자본 항목 개방 수준이 높지 않은 상황에서 구매력 평가 이론에 치중점을 두는데 대해 비난할 바가 되지 못한다. 이와 함께 이율 평가 이론도 경시해서는 안 된다. 특히 자본 항목 하에서의 개방이 꾸준히 확대되고 있는 과정에 이율 평가 요인을 더 많이 고려해야 한다. 단기에 대한 영향이 더 크기 때문이다. 동시에 양자 간에 상호 보완 관계가 있기 때문에 발라사-사무엘슨 이론을 구매력 평가 이론에 대한 부정으로 간주해서는 안 된다.

오랜 세월동안 정보가 충분히 전도되었기 때문에 구매력 평가 이론을 적용해 환율 정책을 지도하고 통화 바스켓과 연계시킨 것은 정확한 선택이다. 그러나 비교적 짧은 시간 내에서는 구매력 평가, 이율 평가, 발라사-사무엘슨 이론 모두 독립적으로 실질 환율에 영향을 미치고 있다. 따라서 다양한 요인을 이용해 단기 실질 환율과 맞추는 것이 문제로 되었다. 미국경제학자 낙시의 정의에 따르면, 한 나라가 국제수지 균형과 충분한 취업을 실현한 상황에서만 균형 현물 환율에 달할 수 있다. 그러나

이 이론은 환율제도가 안정적인 선진국에만 어울린다. 중국은 정책과 경제환경이 복잡하고 변화가 많아 일치성을 이루기 어렵기 때문에, 균형 현물 환율공식에 제도 역치를 도입하는 방식을 시도해야 한다.

또 다른 저명한 이론은 먼델의 불가능한 삼각이론이다. 이 이론의 내용은 이러하다. 한 나라는 반드시 환율안정, 자본의 자유로운 유동, 통화정책의 독립성이라는 3자 가운데서 선택해야 한다. 필자는 중국 통화 당국에서 통화정책의 독립성을 견지할 것이라고 생각한다.

자본항목 하에서의 총체적인 추세이자 상대적인 과정이 될 것이고, 환율제도가 안정을 기반으로 점차 시장화 개혁을 실현할 것이라고 본다. 장기적으로 볼 때, 중국이 통화정책이 독립적이고 자본항목 하에서의 유동성이 상대적으로 충분하지 않으며, 위안화 환율이 상대적으로 안정적인 환경에 처해 있을 것으로 예상된다. 극단적인 평가절상에 대한 예상 혹은 평가절하라는 예상을 배제하지 않는 상황에서, 위안화 환율에 대폭적인 파동이 생길 것이고, 한쪽에서 평가절상 혹은 평가절하가 지속되고 있는 상황에서 환율안정이 단계적인 첫 조종 목표가 될 것이다.

환율심리설은 프랑스 학자 아프탈리옹(A. Aftalion)이 1927년에 제기했다. 그는 외화가 필요한 것은 결제, 투자, 투기 등 다양한 욕망을 만족시키기 위한 것이라고 주장했다.

이런 주관적인 욕망은 외국 통화의 가치를 초래한 기반이다. 사람들은 자체의 주관적인 욕망을 기준으로 통화가치를 판단한다. 한계효용이론에 따르면, 외화 공급이 늘어남에 따라 단위 외화의 한계효용이 점진적으로 줄어들고 외화환율도 따라서 하락된다. 이런 주관적인 판단으로 인해 외화 공급이 동일할 때 달한 환율은 외화시장에서의 실질 환율이다. 훗날 환율심리설은 심리예상설로 변화, 발전했는데 외화시장에서 사람들의 심리예상이 환율 결정에 큰 영향을 미쳤다.

비록 환율심리설과 심리예상설이 유심론의 일부를 받아들였지만 편면적인 부분이 있었다. 그러나 객관사실이 주관적인 판단에 미치는 영향을 설명하는 과정에 주관적인 판단도 객관사실에 영향을 미치는 부분을 언급했기 때문에 정확한 부분도 있다. 외화투기, 자금도피, 국제 비축 하락 그리고 외채 누적이 향후 환율에 대한 영향을 해석할 때 특히 환율심리설과 심리예상설을 중요시 해야 한다. 마땅히 제기해야 할 부분은 환율심리설과 심리예상설 모두 단기 환율 영향을 언급했다는 점이다. 이런 부분은 환율 변동에 영향을 주는 요인이지 환율은 아니다. 특히 장기적인 환율을 결정하는 기반은 더더욱 아닌 것이다.

3. 현 단계 위안화 환율 형성메커니즘의 연구

1) 통화바스켓 중 달러 점유비율 문제 참고

2005년 환율개혁 이후 위안화 환율은 통화바스켓을 참고로 해 조정과 관리를 진행했다. 2015년 12월부터 외화거래센터에서 정기적으로 CFETS 위안화 환율 지수를 발표하고 통화바스켓을 참고로 해 계산한 실효 환율을 위안화 환율 수준의 주요한 참고로 했다.

아울러 외화거래센터에서는 BIS 통화바스켓, SDR 통화바스켓을 참고로 계산한 위안화 환율 지수도 열거했다.

쥐차오(巨潮) 위안화 실효 환율지수(도표26-3을 참고)에 따르면 위안화 평가절하 추세가 아직은 형성되지 않았다.

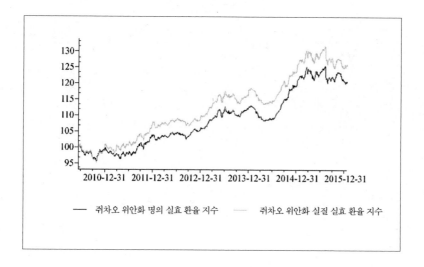

도표26-3 쥐차오 위안화 실효 환율 지수
자료래원 : Wind정보

반대로 최근 5년간은 꾸준히 평가절상 하는 과정에 처해 있었다. 2015년 연중 달러 평가절하가 생긴 후에도 위안화 실효 환율은 여전히 상대적인 안정을 유지했고, 명의와 실질 실효 환율 지수 모두 4% 변동폭 내에서 오르내렸다. BIS 통화바스켓, SDR 통화바스켓 아니면 CFETS를 참고로 했든 지간에 어느 것을 막론하고 동 시기의 변동폭은 모두 4% 이내(도표 26-4를 참고) 수준을 유지했다.

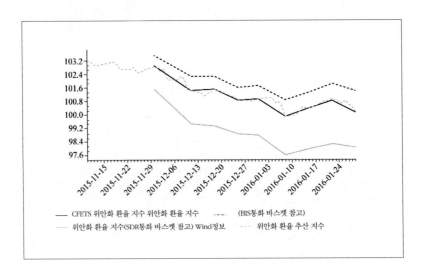

도표 26-4 유형별 통화 바스켓을 참고로 한 위안화 환율 지수
자료래원 : Wind정보

주의해야 할 부분은 서로 다른 참조 기준(통화 바스켓) 중 동일한 통화의
비중이 시로 다르나는 점이다.(도표 26-5를 참고) 달러를 예로 들어버면,
달러가 CFETS 기준 가운데서 26.4%, BIS에서는 17.8%, SDR에서는
42%(이는 달러가 국제 결제 할당액 가운데서의 점유 비율과 비슷함, 도표
26-6을 참고)의 비중을 차지한다.

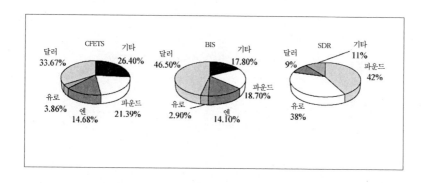

도표 26-5 서로 다른 통화 바스켓의 구성
자료래원 : 저자 작성

CFETS 기준을 적용한 통화바스켓 구성은 무역이 비중을 참고로 한다. 그러나 실제로 자본항목 하에서의 과정이 개방된 환경에서 자본항목 하에서의 지불, 결산 비중이 늘어나고 있고, 달러는 자본항목 하에서의 주요한 지불, 결산 통화로 사용되고 있다.

이런 상황에서 실질 통화공급과 고정 목표 간에 큰 격차가 생기는데, 이는 또 위안화 환율의 빈번한 파동으로 이어진다. 필자는 CFETS의 기준 가운데서 달러의 비중을 적당하게 늘리거나 SDR 통화바스켓의 비중을 일시적으로 참고해야 한다고 생각한다.

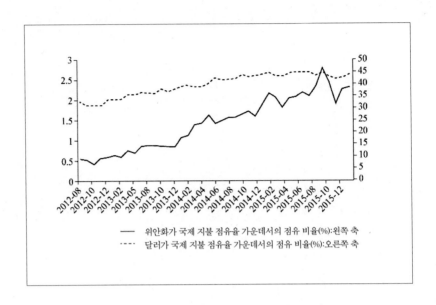

도표26-6 위안화와 달러가 국제 지불 점유율 가운데서 차지하는 점유 비율
자료래원 : Wind정보

2) 환율 추세에 영향을 주는 6개 요인에 대한 시각

필자가 통화 구매력, 자금 가격, 노동 생산율, 시장 공급(자산 배치 요인 포함), 정책조정 요인과 심리요인 등 6개 영향 요인을 정리했다. (도표 26-1을 참고). 위와 같은 6개 요인을 통해 현재의 위안화 환율 형성 메커니즘에 대해 분석하고자 했다.

도표 26-1 위안화 환율 추세 영향을 주는 6개 요인

순번	영향 요인	이론 기초	관측 지표	영향력 변화	영향 방향
1	통화 구매력	구매력 평가	CPI	중국 CPI 성장률 1.4% 미국 CPI 성장률 0.7% 미국 핵심 CPI 성장률 2.1%	환율의 장기적인 추세에 영향, 단기 변동에 대한 영향 미미
2	자금 가격	이율 평가 앞당겨: 자본항목 하에서의 개방	기준 이율	이 요인의 영향력은 자본항목 하에서의 개방 수준의 증가에 따라 증가된다. 통화정책 수단은 시장화 경향이 있다. 미국 통화정책과의 분화 현상이 생기고 현재 이율 격차가 플러스이다. 향후 2년 내 평균이 플러스인 이율 격차를 유지할 것으로 보인다. 미국경제 데이터 및 글로벌 금융 파동이 FRS의 금리인상 예상을 동요시켰고 중미 간의 이율 격차 감소세가 둔화되었다.	일차 도함수(이하 '일도'라 약칭), 이차 도함수(이하 '이도'라 약칭)가 평가절하 압력에 직면했지만 통화정책 분화 프로세스가 아주 완만하며 대폭 평가절하는 지지하지 않는다.

| 3 | 노동
생산율 | 발라사-
사무
엘슨
효과 | 공업
부가가치/
종사자 수 | 2015년 중국 노동 생산율이
지난해보다 6.9% 향상되었고
성장폭이 지난해보다 0.4%
하락되었다. FRS는 미국 노동
생산율이 지난해보다 2.6%~2.8%
향상되고 성장폭이 0.2%~0.4%
제고될 것으로 내다봤다. | 일도는
평가절하를
지지하지
않는다. 이도가
평가절하 압력을
형성할 것이지만
이도 변화폭이
크지 않을 것으로
예상된다. |
| 4 | 시장
공급 | 케인스
주의
환율
이론 | 무역
흑자와
적자,
자본 유동
흑자와
적자 | 12월 무역 데이터가 예상보다
낮고 자본 유출이 급증했다.(예를
들면 2015년 5월부터 은행 체계
중의 외화 보유 자금이 뚜렷하게
줄어들었고 12월 감소량은 9백 억
달러 초과함) | 자본 유출은
평가절하의
주요한 압력
원천이다. |

				주식재난 이후 A주식의 전체적인 주가 수익률이 여전히 높지만 자본항목 하에서의 개방이 제한되어 있고 중국 주식시장 평가, 메커니즘, 참여자 모두 자체의 특수성이 있으며 심리요인 영향이 확대되었다. 채권 부분에서 만약 통화가치가 안정적이라면 절대 이율 격차는 여전히 존재한다. 상품 예를 들면 부동산의 경우 최근 2년간 지속적인 과열현상을 보이고 있지만 최근에는 신탁 위축, 자금세탁방지 강화 혹은 이 부분의 수요에 부정적인 영향을 미쳤다. 장기적인 안목으로 볼 때 분산화 된 우세로 인해 위안화와 달러 자산의 배치 권중이 없어지고 나타나는 현상이 초래되어 자산배치 과정이 동태적인 균형을 이루게 될 것이다.	평가절하 압력이 있지만 자본 항목하에서의 개방 수준이 제한되어 있다.
4.1	자산 배치 (제4 요인의 자항)	현대 투자 조합 이론	금융 자산 가격의 상대적인 변화		
5	정책 조정 요인	불가능한 삼각 이론		통화 정책 독립성, 환율안정, 자본항목 하에서의 개방이 정상적인 배열순서이다. 특수한 시점(위안화 국제화 전략 노드, 금융위기 상태 시점)에 환율안정의 중요성이 증가되었다. 당면 중국인민은행의 안정 유지 태도가 단호하고 통제력이 강하다. 전기에 일정한 평가절하 압력이 방출되었다.	환율안정

5	정책 조정 요인	불가능한 삼각 이론	통화 정책 독립성, 환율안정, 자본항목 하에서의 개방이 정상적인 배열순서이다. 특수한 시점(위안화 국제화 전략 노드, 금융위기 상태 시점)에 환율안정의 중요성이 증가되었다. 당면 중국인민은행의 안정 유지 태도가 단호하고 통제력이 강하다. 전기에 일정한 평가절하 압력이 방출되었다.	환율안정

(1) 물가수준 요인

통화 구매력 요인의 이론 기초는 구매력 평가이며 CPI(consumer price index, 소비 자물가지수)를 통해 이에 대한 관측이 가능하다. 현재 다수의 글로벌 국가와 지역이 모두 통화긴축 위치에 노출되어 있다. 도표 26-7을 통해 볼 수 있다시피, 최근 중 국 인플레이션 율이 상대적인 안정세를 유지하고 있고 단기 내에 통화긴축 압력이 사라지지 않을 것이지만 저수준에서 안정적으로 상승할 가능성은 있다. 미국 인플 레이션 율은 여전히 낮은 수준에 머물러 있지만 소폭 상승할 것으로 보인다. 물가 지수에 대응하는 상품 통화 바스켓 구성이 서로 다르기 때문에 간단하게 인플레이 선지수 수준을 관측하는 의미가 일차 도함수(導涵數, 미분계수) 차분(差分, difference) 인플레이션 율 지수(일도)와 인플레이션 율 변화율 지수(이도)를 관측하는 것보다 크지 않다. 현재 물가 총 수준과 인플레이션 율 지표가 전반적으로 안정세를 유지하고 있어 위안화에 평가절하 압력을 형성하지 못했다.

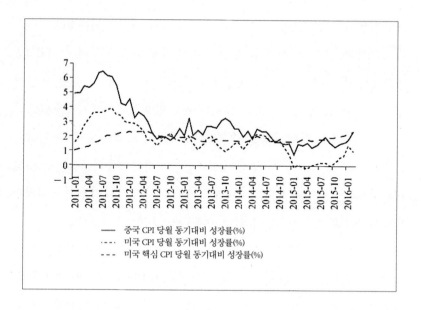

도표 26-7 중미 CPI 동기대비 성장률 대비
자료래원 : Wind정보

(2) 이율수준 요인

자금 가격 요인의 이론 기초는 이율 평가이고 기준 이자율을 통해 관측할 수 있 다. 이율 평가의 전제는 자본항목 하에서의 개방이다. 그러니 자본 항목 개방이 추 진됨에 따라 이 요인의 영향도 꾸준히 확대되기 마련이다. 현재 중국인민은행은 이 율수준의 참고 수치를 상비 대차 편리로 인해 형성된 상하 궤도로 변화하도록 시장 을 이끌고 있다. 총체적으로 볼 때 중국의 통화정책은 노 리스크 이율이 꾸준히 하락하도록 인도하고 있다. 아울러 FRS가 금리인상을 시작했고 후속적인 금리인상 으로 인해 단기 내에 위안화 대 달러에 일정한 평가절하 압력을 가져다줬다. 하지 만 현재 중미 양국 간의 핵심 이율 지표에 여전히 1.5%~2%의 플러스 이율 격차가 존재한다. 뿐만 아니라 수정한 테일러 정리(수정 후의 테일러 정리는 산출 결구의 영향을 확대했고 β가 애초의 1/2이 1로 바뀜)에서 추리해낸 결과는 미국의 금리인상 을 지지하지 않는다. 외부에서는 FRS의 첫 단계 금리인상의 정확성에 의구심을 품 었고 미국경제의 강력 회복력 존재 여부에도 의심이 든다. 향후 FRS의 통화정책 방향에 여전히 불확정적인 요인이 존재한다. 2016년 1월 29일, 연방 기금 이율 선 물가격에 따르면, 시장은 FRS에서 2016년 금리를 인상하지 않을 것으로 예상했다. 또한 향후 금리인상폭이 크지 않고 차수가 많지 않을 것으로 내다봤다. 이로부터 향후 2년 내 중미 양국 간의 대체적인 이율 격차 비율이 플러스를 유지할 것으로 보인다. 절대적인 이율 격차 아니면 당면 점차 완화되고 있는 이율 격차 축소 추세 를 막론하고 모두 위안화 대 달러의 지속적인 평가절하를 지지하지 않는다.

(3) 경제성장 요인

노동 생산율 요인의 이론 기초는 발라사-사무엘슨 효과이다. 현재 중국의 노동 생산율은 공업기업의 공업 부가가치에 동일한 시기 모든 종사자의 평균 인원수를 제해 계산해 얻은 수치이다. 또한 GDP 성장률의 상대적인 변화로 간단하게 처리할 수도 있다.

데이터에 따르면, 2015년 중국 GDP가 동기대비 6.9% 성장했다. 이는 개혁 보너스 방출, 인구 교육 수준의 향상 그리고 과학기술 진보 덕분이다.

향후 중국 GDP가 상대적인 고속 성장세를 유지할 것으로 예상된다. 그러나 같은 기간 미국경제는 여전히 약세를 유지하는 가운데 회복세를 나타낼 것으로 보인다. 현재 중국 GDP의 절대 규모가 세계 2위에 올라섰고 전 세계에 대한 경제 증가량 기여도는 미국을 넘 어섰다. 중국 GDP가 전 세계에서 차지하는 비율과 미국과의 격차가 점차 줄어들고 있으며 중국경제가 여전히 상대적인 고속 성장을 유지하고 있다.

중미 양국의 GDP 성장률에 줄곧 정향 격차 문제가 존재했다. 비록 이 격차가 최근 2년간 꾸준히 줄 어드는 추세(이차 도함수 차분 변화에 의해 초래됨)를 보이고 있지만 현재 여전히 4.5% 수준의 격차가 존재할 뿐만 아니라 이런 격차가 줄어드는 추세가 점차 안정 을 찾아가고 있다. 2차 도함수는 경제에 거대한 변화와 전환점이 생겼을 때에야 비 로소 역할을 발휘한다. 현재 일부 여론은 중국경제 전환이 경제성장폭에 영향을 준 다고 강조하고 있다. 심지어 중국의 '경제급랭'으로 발전할까 두려워하고 있다. 비록 경제 데이터가 경제 하행을 나타내고 있지만 예상보다 낮고 여전히 평온한 추세를 이어가고 있어 명확한 '경기급랭' 흔적을 보아내지 못했다. 하지만 내재 구조 최적 화, 산업 업그레이드 등 적극적인 변화는 단순히 성장폭 변화를 통해 전 사회 노동 생산율 하행과 경제 하행을 단정 지을 수는 없다. 중국경제성장 둔화로 초래된 지 나친 우려 정서는 '비이성적인' 범주에 속한다. 중미 경제성장폭의 절대적인 격차나 아니면 현재 둔화되고 있는 격차 축소 추세 모두 위안화 대 달러의 지속적인 평가 절하를 지지하지 않는다.

(4) 시장공급과 수요 및 자산배치 요인

시장 공급과 수요 요인의 이론 기초는 케인스주의 환율 이론이다. 이는 무역 흑 자와 적자 그리고 자본 유동의 흑자와 적자의 격차를 통해 관찰할 수 있다.

위안화 시장 공급과 수요 요인으로 볼 때 우선, 중국 대외무역은 지속적으로 흑 자를 유지했다. 또 전기의 위안화 평가절하는 이 같은 흑자의 지속성을 유지하는데 유리하다. 다음, 중국의 직접 투자가 12월에 비교적 큰 역차가 생겼지만 2015년에 는 여전히 흑자를 유지했다. 하지만 글로벌 금융의 불안함에 위안화 대 달러의 현 실 평가절하로 형성된 심리 공황까지 더해져 기업이 외채를 빌리도록 추진하고 주 민들이 해외 자산 배치를 늘리도록 이끌었으며 더욱이 자본 유출을 가속화했다. 2015년 중국 정부의 외화 보유액이 지속적으로 줄어들었다. 2015년 5월부터 은행 체계 속의 외화 보유 자금이 뚜렷하게 줄어든 가운데 12월에는 9백 억 달러 이상 줄어들었다. 이런 감소 현상으로 말미암아 불안감이 더 많이 생김으로써 일정한 악 성순환이 형성됐다. 사실상 중국의 자본항목 하에서의 개방은 제한되어 있고 전체 적으로 볼 때 현재 자본 유출은 여전히 통제 가능한 범위 내에 있다.

자산배치 요인의 이론 기초는 현대 투자 조합이론에서 왔고 금융자산의 상대적인 가격 변화를 통해 관찰할 수 있다. 현실에서 중미 양국 금융 자산의 상대적인 가격변화는 지나친 일방적인 해외 자산 배치를 지지하지 않는다. 주주권 부분에서 2016년 2월 4일까지 주식시장 재난 이후로 A주식의 전체 주가 수익률이 상대적인 저점(低點)을 이르렀다. 주가 수익률 등 정태 지표로 볼 때 미국이나 홍콩 주식 등 을 비롯한 해외시장과 비교하면 중국의 차이넥스트, 중소판의 추측가치는 여전히 비교적 높은 듯하다. 하지만 사실상 중국 주식시장의 경제 금융 배경, 메커니즘과 참여자 모두 특수성을 갖고 있을 뿐만 아니라 자본항목 하에서의 개방도가 제한되 어 있고 차익거래가 충분하지 못하기 때문에 단지 횡적으로 정태 추측가치를 비교 해서는 안 된다. 채권 부분에서 절대적인 이율격차가 여전히 존재한다. 부동산 등 상품의 경우 최근 2년간 미국에서의 주택보유 수요가 지속적으로 늘어나고 있지만 최근 신탁긴축, 자금세탁방지 강화 등 정책으로 인해 이 부분의 수요에 일정한 부 정적인 영향을 미칠 가능성도 배제하지 못한다.

자산의 통화 종류 선택에서 볼 때 위안화 대 달러의 예상와 현실 속의 평가절하가 서로 간에 중첩 효과가 형성됐다. 해외 자산을 배치할 능력이 있는 고 순자산 창출자들은 해외 자산 배치를 확대하는 데로 치우치고 있어 위안화에 평가절하에 압력을 형성했다. 이밖에 자본항목 하에 서의 개방에 따라 분산화 된 자산의 헤지 사유도 사람들이 달러 자산 배치에 대한 수요를 늘리도록 추진했다. 비록 해외 투자자들이 중국 자산에 대해서도 배치 수요 가 있지만 그들이 중국을 알지 못함으로써 중국의 자산 리스크를 높게 평가했을 때 중국 자산 배치(미국 투자자들은 중국 시장 변동성지수(VIX)가 신흥시장 국가의 전 체적인 수준보다 높다고 생각하고 있음)를 줄이게 되는 것이다. 필자는 중국이 글로 벌 경제성장을 끌어 내리는 것이 아니라 끌어 올리는 주력이라고 생각한다. 또 위안화 자산 리스크가 과대평가될 경우 가치는 오히려 저평가될 가능성이 있다고 생 각한다. 장기적으로 볼 때 비이성적인 공황이 점차 평온한 상태를 되찾으면서 자산 균형 배치에 따른 시장 공급 변화가 위안화 환율에 지속적인 평가절하 압력을 형성 하지는 않을 것이다.

(5) 정책 요인

정책 조정 요인의 이론 기초는 불가능한 삼각 이론이다. 필자는 일반적인 상황에 서 중국인민은행이 실행하는 정책의 우선순위는 차례로 통화정책의 독립성, 환율안 정, 자본항목 하에서의 개방이라고 생각한다. 통화정책의 독립성을 유지함과 동시에 위안화 환율의 상대적인 안정을 유지하고 중국의 자본항목 하에서의 개방을 점차 추진하는 것은 중국 더 나아가 글로벌 금융 체계 안정을 수호하고 경제의 건강한 발전을 추진할 수 있는 최적의 선택이다. 예를 들면 위안화 국제화 전략 노드 그리 고 금융위기 등 특수한 시점에 처했을 때 환율안정의 중요성이 더 두드러진다. 2015년 8월 중순, 중국인민은행에서 통화 바스켓을 참고로 하는 관리 상태의 변동 환율 정책을 적용한 후로 위안화 대 달러 환율에 비교적 큰 폭의 평가절하 현상이 나타났고 이로 평가절하 압력을 일정하게 방출했다. 현재 중국인민은행에서 시장조작 공개, 예금 준비금 납부 등의 조치를 취하고 있는데 이는 안정을 유지시키려 는 은행의 단호한 태도를 표명했을 뿐만 아니라 향후 위안화 환율안정을 유지하는 데도 유리하다.

(6) 심리 요인

심리 요인의 이론 기초는 환율 심리설과 심리 예상설이다. 최근 이 요인은 VIX 공황지수로 관찰할 수 있다. FRS의 금리인상 예상이 형성된 이후로 위안화 대 달러 환율에 줄곧 평가절하 예상이 존재했다. 뿐만 아니라 2015년 7월 주식시장 재난과 중국인민은행의 주동적인 평가절하, 환율 형성 메커니즘 개혁을 거치면서 평가절하 예상이 더욱 강해졌다. 위안화 환율의 대폭 변동, 중국 및 기타 신흥시장 국가 경제성장폭 하락, FRS 금리인상 예상, 석유 등 대종 상품 가격의 지속적인 바닥 치기, 각국 주식시장의 격렬한 파동 등 부면적인 사건들이 종합적으로 작용한 가운데 투자자들은 공황 정서로 격화될까 두려워하고 있는 상황이라 더욱 자산의 안정성을 보장하는 데로 치우치고 있다.

공황 정서는 또 신흥시장 국가 통화, 글로벌 주식 등 리스크 자산 가격 하락을 초래하도록 가속화했다. VIX지수는 위안화 환율에 영향을 주는 여러 가지 객관 요인의 이차 도함수와 긴밀하게 연관되어 있다. 위안화 투매를 초래한 공황 정서의 비이성적인 근원은 물가, 이율, 경제성장 변화율(이차 차분 혹은 이차 도함수)에 대한 영향에 지나치게 주목한데 있다. 전기 시장이 위안화 평가절상 압력을 강조하는 단계에는 중미 양국 간 이율 격차, 경제성장의 절대적인 격차(일차 차분 혹은 일차 도함수)의 영향에 주목했다. 단기 내에 공황 심리 요인이 위안화 대 달러 환율에 대한 주요한 압력으로 될 것이다.

3) 6개 인소에 대한 시각적 실증 점검

①월간 데이터를 바탕으로 한 점검

변량:환율, 인플레이션, 공업 부가가치 성장폭, 이율, 주가지수,

순 수출, VIX.

견본:2011년 1월-2015년 12월

방법:OLS 귀환

자료래원 : Wind정보

점검 결과는 도표 26-2를 참고.

도표 26-2 월간 데이터 실증 점검 결과

	일차 도함수	이차 도함수
인플레이션	무	무
공업 부가가치 성장폭	무	무
이율	↑, RMB 평가절상	무
주가 지수	↑, RMB 평가절상	무
순 수출	무	무
VIX	무	무

주: 미국 관련 지수는 모두 뚜렷하지 않음, 이 부분 보고는 없음.

지표 설명:

i중국의 인플레이션 일차 도함수는 중국 CPI 변화율을 가리키고 이차 도함수는 CPI 변화율의 변 화율을 가리킨다.

ii 중국의 GDP 성장폭에 대해서는 월간 데이터만 있고 산출 성장폭은 공업 부가가치 성장폭으로 대체함. 일차 도함수는 공업 부가가치 성장폭을 가리키고 이차 도함수는 공업 부가가치 성장폭의 변 화율을 가리킨다.

iii 중국 이율은 7일 Shibor 월간 가권치이다. 일차 도함수는 이율의 수준치를 말하고 이차 도함수 는 이율 변화치를 말한다.

iv 중국의 주가지수는 상하이 종합지수를 적용한다. 일차 도함수는 변동률이 아닌 주가지수 등락 수준을 가리킨다. 이차 도함수는 주가지수 변화치의 변화치를 가리킨다.

v 중국의 순 수출 일차 도함수는 당월 중국 순 수출과 그 전달 순 수출과 비교한 변화치이고 이차 도함수는 순 수출 변화치의 변화치를 가리킨다.

vi VIX는 중국 ETF 변동률 지수의 월간 평균을 가리킨다. 일차 도함수는 VIX이고 이차 도함수는 VIX의 변화율이다.

②일간 데이터를 바탕으로 한 점검

변량: 환율, 중미 주가지수, 중미 이율, 중미 VIX

견본:2011년 3월 6일-2015년 1월 27일

방법:OLS 귀환

자료래원 : Wind정보

점검 결과는 도표 26-3을 참고.

도표26-3 일간 데이터 실증 점검 결과

	일차 도함수	이차 도함수
중국 주가지수	↑, RMB 평가절상	↑, RMB 평가절상
미국 주가지수	무	무
중국 이율	무	무
미국 이율	↑, RMB 평가절하	↑, RMB 평가절하
중국 VIX	↑, RMB 평가절하	무
미국 VIX	↑, RMB 평가절하	무

지표 설명:

i중국 주가지수, 미국 주가지수는 각각 상하이 종합지수와 다우존스지수를 가리킨다. 일차 도함수 는 변동률이 아닌 주가지수 등록을 가리킨다. 이차 도함수는 주가지수 변화치의 변화치를 가리킨다.

ii중국 이율과 미국 이율은 각각 격야 Shibor와 미국 연방 기금 이율이다. 일차 도함수는 이율 수 준치를 가리키고 이차 도함수는 이율 변화치를 가리킨다.

iii중국 VIX와 미국 VIX는 각각 중국 ETF 변동률 지수와 미국 스탠더드 앤드 푸어스 500 변동률 평균 지수를 가리킨다. 일차 도함수는 VIX이고 이차 도함수는 VIX의 변화율이다.

월간 데이터, 일 데이트 점검과 결부해 아래와 같은 결론을 얻었다. (1) 환율 단 기 파동에 영향을 주는 요인으로는 중국 주가지수, 중미 이율, 중미 VIX지수이다. (2) 월간 데이터 점검 결과는 위안화 대 달러 환율과 미국 관련 지표 모두 뚜렷하 지 않은 것으로 나타났다. 일 데이터 가운데서 중국 주가지수, 중국 VIX와 위안화 대 달러 환율의 관련성이 미국 관련 지표보다 높았고 이율은 이와 반대인 것으로 나타났다.

위안화 환율 변동에 영향을 주는 주요한 요인이 중국 자체의 요인이고 단기 내에 미국 이율 변화에 대해 고도로 민감(미국 이율 시장화 수준이 높은 것과 연관되어 있을 가능성 있음)해져 있다는 점을 설명한다. (3)이차 도함수의 관련성은 보편적으로 뚜렷하지 않고 일 데이터 점검 결과 위안화 대 달러 환율과 중국 주가 지수, 미국 이율 이차 도함수와 뚜렷한 관련성이 있었으며 관련성이 일차 도함수보 다 약했다. 일차 도함수의 영향에 더욱 주목해야 한다. (4)환율의 단기 파동에 영향 을 주는 주요한 요인은 핫머니이다. 핫머니에 영향을 주는 요인은 주가지수, 이율과 공황심리이다. 주식시장 하락속도가 증가됨에 따라 심리공황이 초래되고 자본 유출 을 가속화함으로써 위안화 평가절하가 야기될 것이다. 핫머니는 인플레이션 요인을 극히 적게 고려한다. 때문에 인플레이션이 환율의 단기 파동에 영향 주지 않는다는 점을 경험 점검을 통해 표명했다.

4. 위안화 대 달러 환율의 추세 예측

현재 전 세계는 이미 금융위기 모델에 들어섰다. 이런 공황이 사라지려면 아직도 일정한 과정이 필요하다. 따라서 위안화 대 달러 환율이 단기 내에 여전히 평가절 하 압력에 노출되어 있다. 2016년 1월 28일 시장 데이터에 대한 관찰 결과 CNYNDF1Y에 3.9%, CNYNDF2Y에 7.8%의 연간 평가절하 예상이 있는 것으로 나타났다. 공황 심리가 반복되고 있는 가운데 위안화 대 달러의 단기 평가절하 압 력이 여전히 존재하지만 지속적인 평가절하 이유는 충분하지 않다. 중국인민은행의 지속적인 간섭이 필요하고 평가절하 예상을 없애는 외에도 환율안정을 유지해야 한다. 사실상 현재 여러 가지 객관 요인에 그 어떤 격렬한 변동이 나타나지 않았고 이 율 격차와 경제성장폭 격차의 지속적인 플러스 국면을 환율 추세 판단의 주요한 근 거로 간주해야지 변화율로 이를 대체해서는 안 된다. 비록 주요한 객관 영향 요인 의 변화율이 사람들의 신경을 건드리고 있지만 환율을 결정하는 주요한 객관요인의 현재 수준이 위안화 대 달러의 지속적인 평가절하를 지지하지 않는다. 아울러 중국의 외화보유액 실력이 막강하고 위안화의 국제화 전략 하에 중국인민은행의 안정 유지 의향이 단호한데다 행동에 과단성이 있기 때문에 위안화 환율이 여전히 상대 적인 안정을 유지할 희망이 있다.

따라서 우리는 위안화 대 달러 환율에 대해 단기적으로는 여전히 압력에 노출되 어 있고 장기적으로는 평가절하 추세가 성립되지 않아 위안화 환율이 안정을 유지 할 희망이 있다는 총체적인 판단을 내렸다.

5. 정책 건의

첫째, 자본 항목 개방 절주를 잘 통제해야 한다. 자본 항목 개방이 지나치면 위안 화 환율, 중국 자본시장에 단기적인 충격을 가하고 파동성을 확대하게 되는데 이는 중국 금융 체계의 안정에 불리하다.

둘째, 위안화 환율을 통화 바스켓과 연계시킴과 동시에 통화 바스켓에서 차지하 는 달러의 점유 비율을 적당히 상향 조절한다. 통화 바스켓과 연결시킴으로 인하여 위안화 환율 주체의 탄력을 확대했는데 사실 이는 달러에 대한 파동도 확대한 셈이 다. 자본항목 하에서의 달러의 결산 점유 비율 상황을 고려할 때 현행 통화 바스켓 가운데서 달러의 비중이 고작 26.4%밖에 안 된다. 따라서 적당히 상향 조절할 필 요성이 있다. 예를 들면 국제 지불 점유율을 참고로 해 외화시장의 파동을 줄이는 등이다.

셋째, 위안화 환율 심리 예상에 대한 인도와 관리를 강화하고 창구 지도, 공개시 장 및 정책 추진 가운데서의 결단성 있는 행동 그리고 이론 논증 및 여론 인도 등 수단을 활용한다. 또 실제를 벗어나고 비이성적인 지속 평가절하 혹은 평가절상 예 상이 형성되는 것을 막기 위해 다양한 조치도 취해야 한다.

부록

2016년 자산 가격의 추세 전망

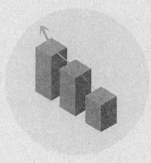

베이징대학 경제연구소 민생가은펀드

부록
2016년 자산 가격의 추세 전망[6]

베이징대학 경제연구소 민생가은펀드

　　베이징대학 경제연구소와 민생가은펀드의 협력으로 민생가은펀드 거시적 연구팀을 결성한 후 일부 거시적 분야에 대해 연구하고 관련 보고서를 발표했다. 본 팀은 거시적 경제와 정책의 중대한 변화를 밀착 추적해 단기 내 파동을 종합적인 이론 연구 틀에 포함시켰으며 독특한 관찰 시각으로 거시적 추세를 해석하고 파악하는 외에도 데이터 변화를 분석하고 정책의 최초 바람을 이해하고 정책 효과를 미리 판단했다.

　　2015년 11월부터 감측 결과를 대외로 발표하기 시작했다. 12월부터 정기적으로 매주의 감측 결과를 갱신했다. 2016년 첫 시작부터 국내외 거시적 경제 요인에 대한 긴밀한 관찰을 바탕으로 베이징대학 경제연구소와 민생가은펀드에서 공동으로 대류 자산가격 추세 전망 결과를 발표했다. 구체적으로는 아래 도표와 같다.

6　대류 자산 추세는 매주 한번 씩 발표함. 이번 「2016년 대류 자산 가격 추세 전망」 보고서는 2016년 2월 12일에 작성했고 연간 예측 보고서임.

제1부분: 기준 유형(1)		
환율: 위안화(대 달러)		
거시적 영향 요인 변화	끌어 올리는 요인	1.중국경제성장폭이 다소 하락되었지만 여전히 상대적인 안정세를 유지하고 있고 세계 평균 수준보다 3%포인트~4%포인트 높은 수준이다. 2.FDI가 지속적으로 유입되고 무역 흑자가 지속되고 있다. 전기에 일정한 공황심리와 위안화 평가절하 압력을 방출함으로써 나라간 자본 유출과 개방 제한, 최근 해외 주택구매 신탁 긴축, 자금세탁방지 강화 등이 자본의 유출 압력을 약화할 것으로 보인다. 3.중국의 외화 보유액 실력이 막강하다. 위안화 국제화 전략 하에 중국인민은행의 안정 유지 의향이 단호하고 행동에 과단성이 있어 위안화 환율이 상대적인 안정을 유지할 가능성이 있다. 4.미국경제가 약세 가능성이 있고 금리인상 예상이 최근에 다소 줄어들었다.
	끌어 내리는 요인	1.중미 경제성장 추세 및 통화정책 분화로 평가절하 예상이 초래되었다. 2.주식시장 및 상품시장 폭락에 따른 공황심리 등 요인으로 인해 위안화 평가절하 압력이 확대됐다. 3.기업이 외채를 빌리고 주민들이 해외 자산 보유액을 늘림에 따라 자본 유출이 가속화되면서 투매 압력이 형성됐다. 4.중국인민은행이 통화 바스켓과의 연계에 치중한 후로 위안화 환율 탄력이 확대되었다.
추세 묘사		회귀 모형은 CNY/USD가 6%내외 평가절하 되어 6.9에 이를 것으로 예측했다. 2월 4일 CNYNDF1Y는 4.9%, CNYNDF2Y는 9.0%의 연간 평가절하 예상이 있다. 단기 평가절하 압력이 여전하지만 이미 점차적인 안정세를 찾아가고 있다. 현재 평가절하 압력을 주도하는 것이 공황 정서라는 점을 감안할 때 중국인민은행의 단호한 안정 유지 간섭 하에 환율이 6.8을 초과하지 않을 것으로 예상된다.
추세 방향		-
배치 비율 건의		-

제1부분: 기준 유형(2)		
주권: A주식 지수		
객관적 영향 요인 변화	끌어 올리는 요인	1.2016년 정책 환경이 완화된 추세를 유지하고 통화정책 완화 추세가 둔화되는 외에도 재정정책 역할이 확대될 전망이다. 2.A주식지수가 1월의 대폭 하락을 거치면서 평가치가 일정하게 회복되었고 공황 정서 방출도 비교적 충분해졌다. 3.대외무역 데이터가 양호한 추세를 나타내고 구조 최적화를 실현함과 동시에 수요 총량에 적절한 상승세가 나타날 것으로 전망된다. 4.개혁 시행착오에 따른 부정적인 영향의 빠른 해소는 개혁 보너스의 지속적인 방출에 유리하다. 서킷브레이커를 해제하고 보유감소에 관한 새 규정을 출시하고 등록제 배치를 설명하고 보유 감소를 하지 않겠다는 여러 상장회사의 성명 그리고 주변시장의 성장세 등 요인이 향후 시장 시세가 상승세로 돌아서는데 적극적인 역할을 할 것으로 예상된다. 5.미국의 경제회복이 둔화되고 FRS의 금리인상 차수가 예상보다 적을 가능성이 있는데 이는 A주식시장 자금의 유출을 유력하게 완화할 수 있을 전망이다. 6.2016년 A주식이 MSCI에 편입될 확률이 아주 높은데 이는 A주식 특이는 금융주에 유리하다.
	끌어 내리는 요인	1.실물경제가 지속적으로 바닥을 치고 전환 및 개혁에 따른 불확정성으로 리스크 회피 정서가 확대됐다. 2.평가치 비교 효과, 위안화 환율 평가절하 예상, 자산 분산 배치 등으로 자본 유출이 초래되었다. 3.농업은행, 중신(中信)은행의 어음사건이 은행주에 불리했다. 4.글로벌 금융 공황이 반복적으로 발효되면서 리스크 자산 가격을 끌어내렸다.
추세 묘사	1월 대폭 하락되면서 공황심리가 방출되었고 이후의 시장 시세가 상승세로 돌아서는 확률이 늘었지만 성장폭은 제한되어 있을 가능성이 있다.	
추세 방향	↑	
배치 비율 건의	↑	
주권:신삼판(新三板)지수		
객관적 영향 요인 변화	끌어 올리는 요인	1.계층제도 및 혼합 시장 조성 제도 추진, 공모기금 입시 등 개혁으로 정책 보너스를 방출한다. 2.평가치가 장내시장에 비해 상대적으로 낮다
	끌어 내리는 요인	리스크 회피 정서가 반복적으로 발효되면서 주식시장에 압력이 가해졌다
추세 묘사	전체 평가에 여전히 상승공간이 있고 단기 내에 장내시장의 완만한 파동에 따라 회복세를 유지하게 될 것이다.	
추세 방향	↑	
배치 비율 건의	↑	

제1부분: 기준 유형(3)		
주권: 홍콩주식 지수		
객관적 영향 요인 변화	끌어 올리는 요인	1.홍콩 외화 보유액이 충족해 금융 체계 안정에 유리하다. 2.미국을 '위협'하는 통화 정책은 자본 유출 압력을 완화하는데 유리하다. FRS의 금리인상 행보가 둔화된 후 유동성 압력이 줄어들 것으로 보인다. 3.선강통(深港通)이 홍콩 주식에 호재로 작용할 전망이다. 4.대류 경제가 연착륙 신호를 나타내고 있어 올해와 내년에 성장세로 돌아설 가능성이 있다.
	끌어 내리는 요인	1.FRS의 금리인상에 여전히 불확정성이 존재하고 홍콩 주식의 피동적인 긴축 리스크가 여전하다. 2.대류 및 글로벌 경제성장폭 하락이 지나친 공황 정서를 불러일으켰다. 3.부동산시장에 위기가 나타나 주식시장에 영향을 미칠 수 있다.
추세 묘사	단기 내에 리스크 회피 정서의 반복적인 영향을 받을 수 있다. 선강통 출시 전후를 기준으로 한 차례 시세가 있다.	
추세 방향	↑	
배치 비율 건의	↑	
주권:미국 주식 지수		
객관적 영향 요인 변화	끌어 올리는 요인	1.유가 성장세에 따라 전 단계의 대폭 하락을 거치면서 평가치 회복이 반등해 성장세로 돌아설 전망이다. 2.경제 회복이 더딘 영향을 받아 FRS의 금리인상 차수가 예상보다 적을 것이다.
	끌어 내리는 요인	1.자본 리스크 회피 정서가 축적됨으로 인해 글로벌 리스크 자산의 도미노방식이 가동되었다. 2.경제가 성장세로 돌아선다면 FRS는 여전히 금리를 인상할 가능성이 있다. 3.미국경제 회복세가 둔화되고 있다. 4.석유 가격이 반복적으로 낮은 수준에 머물러 있으면서 미국 주식 지수를 억제했다.
추세 묘사	미국 주식이 압력을 받으면서 바닥을 치고 성장세로 돌아선 후 파동 조정을 하거나 그 상태를 계속 유지할 것으로 보인다.	
추세 방향	—	
배치 비율 건의	—	

제1부분: 기준 유형(4)		
주권 파생품: 주가 지수 선물		
객관적 영향 요인 변화	끌어 올리는 요인	1.1월 대폭 하락된 후 공황 정서가 일정하게 방출되었다. 시장이 실물 경제에 실질적인 대폭 하락, 경기 급랭 현상이 나타나지 않았다는 점을 인식했을 때 반등 가능성이 있다. 2.금융위기 모식 진입을 확인한 후 정부의 금융 안정유지 의향이 명확해졌다.
	끌어 내리는 요인	거래 규칙이 바뀐 후 거래 원가가 대폭 늘어나고 유동성이 대폭 위축되었을 뿐만 아니라 차익거래 문턱이 높아졌다. 또 거래 불균형으로 비교적 큰 겐사키 격차가 초래되고 헤지 기능이 약화되었다. 단기 내 공황 정서 확대는 주가지수의 대폭 하락을 추진했고 베이스시가 확대되었다.
추세 묘사		반등이 곧 시작될 것이기 때문에 적절하게 많이 보유할 수 있다. 베이스시가 줄이든 후 선물지수 판매를 통해 장내 시장 하행 리스크를 헤징할 수 있다.
추세 방향		↑
배치 비율 건의		↑
주권: 주가 지수 선물옵션		
객관적 영향 요인 변화	끌어 올리는 요인	1.1월 대폭 하락된 후 공황 정서가 일정하게 방출되었다. 시장이 실물 경제에 실질적인 대폭 하락, 경기 급랭 현상이 나타나지 않았다는 점을 인식했을 때 반등 가능성이 있다. 2.금융위기 모식 진입을 확인한 후 정부의 금융 안정유지 의향이 명확해졌다.
	끌어 내리는 요인	주가지수 선물이 제한을 받은 후 주가지수 선물옵션이 주요한 헤징 수단으로 된다. 공급과 수요가 불균형을 이루고 헤징 원가가 비교적 높은데다 변동률이 여전히 비교적 높아 선물옵션 가격이 지속적으로 고위 수준을 유지하는 상황이 초래됐다.
추세 묘사		향후 불확정성이 증가되었다가 줄어들면서 선물옵션 가치가 완만한 하락세를 나타낼 전망이다.
추세 방향		↓
배치 비율 건의		↑

제1부분: 기준 유형(5)		
채권: 중국 신용 채권 수익률		
객관적 영향 요인 변화	끌어올리는 요인	통화정책이 지속적으로 완화되었다.
	끌어 내리는 요인	1.유동성 리스크는 주로 위안화 평가절하 예상에 따른 자본 유출 가속화와 계절성 변동에서 초래되었다. 2.신용 리스크가 상승하고 실물경제가 약세를 이루고 중점 채권 발행 업종의 생산력 과잉 현상이 심각한데다 결손이 악화되고 기업 채권의 시장 채권발행 심사비준 절차가 간소화되고 공급이 늘어난 배경 하에 향후 제1분기, 제2분기의 신용 계약위반 사건이 늘어날 것으로 보인다. 한편, 전기 계약위반 사건이 순조롭게 해결됨에 따라 리스크 이율 격차의 하행에 도움이 될 것으로 예상된다.
추세 묘사	단기 신용 이율 격차의 무 리스크 이율에 상승 가능성이 있다. 음력설 후 변동 속에서 하행세를 유지할 것으로 예상된다.	
추세 방향	↓	
배치 비율 건의	↑	
주권: 중국 국채 수익률		
객관적 영향 요인 변화	끌어올리는 요인	단기 유동성이 충분하다.
	끌어내리는 요인	1.미국 금리인상과 위안화 평가절하 압력의 제약을 받아 중국인민은행의 통화정책 수단이 영활한 시장화 수단에 치우치고 이자율과 금리 인하 차수 모두 줄어들 가능성이 있어 향후 1년간 이자율과 금리 인하 차수가 각각 2차례에 달할 것으로 예상된다. 2.실물경제가 지속적인 하락세를 보이면서 자금 수요가 전반적으로 약세를 이어나가고 있다.
추세묘사	하행 확률이 비교적 크다.	
추세방향	↓	
배치비율건의	↑	

제1부분: 기준 유형(6)		
채권: 역외 위안화 채권 수익률		
객관적 영향 요인 변화	끌어올리는 요인	1.비록 현재 중국경제성장률이 약세를 유지하고 있지만 세계 경제성장의 기여율은 여전히 비교적 크다. 2.세계 경제가 어려운 시기에 역외 위안화 채권 수익률이 여전히 상대적으로 비교적 높다.
	끌어내리는 요인	FRS의 금리인상으로 인해 유동성이 긴축되고 위안화 평가절하 예상이 여전히 존재한다. 또 위안화 적격외국기관투자자(RQDII) 업무 중단이 딤섬본드(點心債)의 후속 접목에 영향을 주었고 경제 하행으로 역외 위안화 채권 계약 위반 이차 증가를 추진했다. 게다가 미국 자본이 중국경제를 비관적으로 보고 있고 변동률 지표가 심지어 일반 신흥시장 국가보다 높은데다 수익률이 지속적으로 고위 수준을 유지하고 있다. 유동성 부족으로 인해 고액의 거래원가가 생기는 것을 막기 위해 될수록 장기적인 자금 접목을 배치하거나 만기시간이 짧은 품종을 선택해 배치할 수 있다.
추세 묘사	단기 수익률이 지속적으로 고위 수준을 유지하고 있다. 리스크 정서 방출 후 하행 가능성이 있다.	
추세 방향	↓	
배치 비율 건의	↑	
주권: 가전환채권		
객관적 영향 요인 변화	끌어올리는 요인	1.가전환채권 시장 규모가 점차 확대되고 공급 충격 소화 능력이 확대됐다. 2.채권 수익률이 역사적으로 낮은 수준에 머물러 있으며 전환채권 기회의 원가가 비교적 낮다. 전환채권 유동성이 비교적 양호하기 때문에 투자자가 꾸준한 거래를 통해 상대적으로 비교적 높은 수익을 실현할 수 있으며 가전환채권 수요에 대해 버팀목 역할을 할 수 있다.
	끌어내리는 요인	1.주식 추세가 불황을 이어나가면서 가전환채권의 수요에 대해 압력을 초래했다. 2.계속해서 높은 수준을 유지하고 있는 전환채권의 프리미엄률은 가전환채권의 채성(債性)을 약화시켰다. 3.새 채권 공급의 충격이 향후 한동안 전환채권 시장의 표현을 제약할 것으로 예상된다.
추세묘사	단기 내에 하행 확률이 비교적 크다.	
추세방향	↓	
배치 비율건의	↓	

제1부분: 기준 유형(7)		
상품: 황금		
객관적 영향 요인 변화	끌어 올리는 요인	1.중국인민은행은 계속해서 황금을 추가 매입했다. 황금은 준비자산 배치 다원화를 실현하는데 유리하다. 개도국의 중앙은행은 경제와 지연 정치의 전망이 명랑하지 않다는 점을 의식했을 때 황금 매입 추세가 계속될 가능성도 있다. 신흥시장 국가가 계속해서 추가 매입할 가능성이 있는 반면 선진국도 덤핑 판매를 아까워하는 상황이어서 향후 글로벌 중앙은행이 여전히 황금 구매자가 될 것이며 황금에 대한 중앙은행의 수요가 황금가격을 일정하게 뒷받침할 것으로 보인다. 2.황금 공급량이 상대적인 긴축을 유지하고 있다. 황금가격이 긴 시간동안 저조기에 머물러 있어서 황금 공급업체가 손실을 보았다. 또 채굴량이 줄어들고 생산량이 소폭 하락된 영향을 받아 황금 공급업체에서 공급을 줄일 경우 황금가격을 소폭 끌어올릴 수 있을 것으로 보인다. 3.경제 하행, 금융 동란으로 초래된 리스크 회피 정서가 황금 가격 상승을 끌어올리는데 도움이 된다. 최근 몇 년간 황금 가격 추세가 받은 국제 거시적 경제 상황 그리고 시장 정서에 따른 영향이 지연 정치에 따른 영향을 넘어섰다. 4.글로벌 경제 하행, 통화정책 완화가 황금 소유 원가를 줄이는데 유리하다. 미국의 금리인상 예상 하락 또한 환율 및 이율로부터 황금 소유 원가를 줄일 수 있을 것으로 보인다.
	끌어 내리는 요인	1.미국경제성장과 취업 성장이 단기 내에 분화 현상이 생기고 금리인상에 불확정성이 존재한다. 경제의 안정적인 회복이 확인된다면 금리인상이 재차 가동되고 황금가격이 반드시 하행 궤도에 다시 돌아올 것으로 보인다. 2.유가 가격이 황금 가격을 끌어내리는 요인이 될 것으로 보인다. 원유가격 하락과 저위 수준 유지가 지속됨에 따라 원유 수출 수입으로 산유국 수입 지출을 보완하기에는 부족하기 때문에 산유국에서 일부 황금비축 삭감을 통해 본국의 경제 발전을 보장하도록 추진하게 될 것이다. 이런 삭감은 글로벌 황금시장의 공급량을 확대했고 객관적으로 황금가격을 억제했다.
추세 묘사	단기 내에 리스크 및 통화 요인이 황금가격의 파동 속 상승을 이끌어 나갈 것으로 보인다. 향후 황금가격의 불확정성이 확대되고 상승폭이 제한된 상황에서 주로 저위 수준에서의 파동을 유지할 것으로 예상된다.	
추세 방향	―	
배치 비율 건의		
상품 : 석유		
객관적 영향 요인 변화	끌어 올리는 요인	1.이란에 대한 원유 수출 제재를 해제한 후 공급 과잉 현상이 악화되었다. 2.2016년 글로벌 경제성장폭이 한층 하락될 가능성이 있어 석유 수요를 약화시킬 것으로 보인다. 3.미국 원유 생산량이 고위 수준에 머물러 있고 제련소 수요가 떨어지지는 외에도 재고량이 계속해서 높은 수준에서 새로운 기록을 갈아치우고 있어 공급이 수요보다 많은 국면이 지속될 것으로 보인다.
	끌어 내리는 요인	1.OPEC의 주요한 산유국 혹은 러시아와 생산량 감소를 조율할 가능성이 있는데 이는 유가 추세에 큰 영향을 미칠 것으로 예상된다. 2.활약기 석유 시추 수의 꾸준한 감소와 FRS의 약한 금리인상 예상 모두 유가 상승에 유리한 요인으로 작용할 것이다.
추세 묘사	저위 수준에서 파동 추세를 이룰 전망이다.	
추세 방향	―	
배치 비율 건의	―	

제1부분: 기준 유형(8)		
상품: 금속 선물(철강)		
객관적 영향 요인 변화	끌어 올리는 요인	1.공급 측 개혁이 정책 호재로 작용할 전망이다. 업종의 공급 개혁에 대해 최근 정부는 강철, 석탄 등 업종의 생산력 과잉 문제를 해소하겠다고 여러 차례 강조했고 정책 호재가 강철 가격을 뒷받침 해줄 것으로 보인다. 후진 생산력을 해소하고 도태시키기 위한 국가 차원의 조치로 인해 강철 업종은 이미 신탁 투자를 엄격히 통제하는 생산력 과잉 업종에 포함되었다. 은행에서 강철 업종의 신탁 리스크를 재평가하고 조정하기 시작했다. 은행이 신탁 구조 조정을 통해 산업 전환과 업그레이드를 추진함으로써 생산력 과잉을 해소하려 하고 있다. 향후 강철 업종의 신탁이 산업 구조 최적화, 인수합병 등 방향으로 이전될 것으로 예상되는데 이는 강철 업종 산업의 장기적인 분포에 유리하다. 2.강철 수출 관세를 낮춘다. 2016년 1월 1일부터 중국은 수출입 관세를 일부 조정한다. 생철, 강철괴 등 상품의 수출 관세에 대해서는 현행 25%에서 20%로 하향 조정한다. 관세 하향 조정은 강철시장에 호재로 작용할 전망이다. 강철 가격이 지속적으로 하락되는 상황에서 정부가 강철 상품 수출세 하락을 통해 수출시장의 지속적인 성장을 자극하는 방향으로 지우치고 있는데 이는 날로 심각해지고 있는 강철 업종의 생산력 과잉 국면을 해소하는데 유리하다.
	끌어 내리는 요인	1.글로벌 강철 수요가 위축되었다. 글로벌 경제가 심층 조정 압력에서 벗어나기 어렵고 글로벌 경제 회복 행보가 예상보다 낮은 데다 산출 결구가 여전히 고위 수준을 유지하고 있고 글로벌 강철 수요 성장폭도 따라서 하락될 것으로 보인다.2.중국 강철 소비가 한도에 이르렀고 수요가 포화기에 들어섰다. 강철 업종은 주기성이 비교적 강한 업종에 속해 경제 운행 주기와 긴밀하게 연관되어 있다. 최근 몇 년간 경제성장폭이 둔화되고 있는 상황에서 다운스트림 부동산, 공정기계, 자동차, 가전 등 강철 포트 수요 업종 모두 일정하게 영향을 받았으며 강철에 대한 소비량 성장폭이 뚜렷하게 둔화되었다. 다운스트림은 주로 강철업종에 사용하고 있는데 인프라 투자표현이 양호한 외에 부동산 개발 투자 성장폭은 지속적인 하락세를 나타내고 있고 기계 및 가전업종은 심지어 마이너스 추세를 보이고 있다. 이 때문에 강철 수요가 대폭 줄어드는 현상이 초래되었으며 이로부터 현재 중국 강철업종이 이미 수요 포화단계에 들어섰다는 점을 알 수 있다.3.무역 마찰이 갈수록 치열해지고 있어 그 영향이 강철 업종에 미칠 것으로 보인다. 중국의 방대한 강철 수출량이 외국 강철시장에 비교적 큰 충격을 형성했다. 최근 몇 년간 유럽연합, 미국, 멕시코, 인도 등 국가와 지역은 중국을 상대로 반덤핑 소송을 여러 차례 제기했다. 2016년 국제시장이 중국 강철 상품에 대한 반덤핑강도가 뚜렷하게 확대될 것이며 이 또한 중국 강철 수출에 비교적 큰 충격을 형성할 것으로 보인다.
추세 묘사		반등력이 부족해 저위 수준에서 파동을 이어나갈 전망이다.
추세 방향		―
배치 비율 건의		

제2부분: 비 기준 유형(1)		
주권:PE/VC/정향 증가 발행		
객관적 영향 요인 변화	끌어 올리는 요인	1.신삼판 제도 체계 건설 추진을 보완한다. 2.18기 3중 전회에서 두루 혜택이 돌아가는 금융을 발전시키는 것을 제기했는데 이는 중소기업의 융자 규모를 확대하는데 취지를 뒀다. 3.한편 신삼판의 비침투 자산관리 및 계약형 사모가 PE/VC/정향 증가 발행에 유리하다. 다른 한편 현재 신삼판 지수의 평가치가 비교적 낮다.
	끌어내리는 요인	좋고 나쁜 내부 기업이 한데 섞여 있어 지나치게 높은 거품의 붕괴에 경각성을 높여야 한다.
추세 묘사	현재 평가치가 비교적 낮아 양질 프로젝트를 비축하거나 투자하는데 적합하다.	
추세 방향	↑	
배치 비율 건의	↑	
채권:대출 이율		
객관적 영향 요인 변화	끌어올리는 요인	1.전체적으로 2016년 통화정책이 안정세를 유지하면서 구조개혁에 양호한 금융환경을 마련해 줄 것으로 보인다. 비록 위안화 평가절하 압력으로 인해 중국인민은행의 지급준비율 인하 차수가 예상보다 적을 것으로 예상되지만 역환매 및 MLF, SLF, PSL를 통해 상당한 유동성을 투입할 것으로 보인다. 위안화 환율이 상승세로 돌아선 후 통화정책 공간이 다소 방출될 전망이다. 2.중장기 대출 이율이 여전히 높은 점을 감안해 중국인민은행은 MLF, SLF 등을 적용해 중장기 이율 하락을 인도할 것이다.
	끌어내리는 요인	위안화 평가절하 압력의 제한을 받아 지급준비율과 금리인하 차수가 줄어들 것으로 예상되는데 향후 1년 내 그 차수가 각각 2차례에 달할 것으로 보인다.
추세 묘사	장기적으로는 하행 추세를 나타내고 있다.	
추세 방향	↓	
배치 비율 건의	↑	

제1부분: 비 기준 유형(3)		
주택가격: 중국		
객관적 영향 요인 변화	끌어 올리는 요인	1. 정책이 호재로 작용했다. 2015년부터 선불금 비율 및 타 지역에서의 공적금 인출 제도 완화, 부동산 취득세 우대 조치, 지방 주책구입 보조금 등 정책의 효과가 나타나면서 부동산시장 수요가 방출되고 있다. 조정 정책이 부동산 판매를 자극하면서 2015년 부동산 판매 상황이 호전되었다. 2. 공급 측 개혁에 따른 정책이 수요를 진일보 방출함에 따라 농민공의 시민화, 보장성주택 통화화, 임대와 판매의 동시 추진 등 개혁조치는 부동산 재고량을 소화하는데 유리하다. 3. 2016년 경제 하행 압력 하에 진일보 금리인하가 예상되는데 이는 잠재적인 수요가 부동산시장에 유입되도록 추진할 것으로 보인다.
	끌어 내리는 요인	1. 부동산 시장이 분화되었다. 2015년 부동산 시장은 호전 속에서 지역 및 도시 간의 분화 현상이 생겼다. 1, 2선 도시의 주택가격은 상승한 반면, 3, 4선 도시는 여전히 하락세를 유지하고 있다. 2. 부동산 재고량이 계속해서 방출되고 있으며 판매대기 면적이 대폭 늘어났다. 재고량을 해소하려면 여전히 정책 자극 강도를 높여야 한다. 3. 부동산 등록 제도를 실시함에 따라 부동산세 전면 징수의 우려가 생겨났기 때문에 투자성 수요에 관망세가 나타날 가능성이 있다.
추세 묘사	전체적으로 양호한 방향으로 나아갈 것으로 보인다.	
추세 방향	↑	
배치 비율 건의	↑	
주택가격: 미국		
객관적 영향 요인 변화	끌어 올리는 요인	1. 미국경제가 회복되는 과정에 취직 상황이 개선되고 향후 예상 수입을 늘어났다. 단기 거시적 경제 약세의 영향을 받아 금리인상 예상이 줄어들었다. 2. 외국 투자자들이 구입한 부동산에 대한 부동산 세율을 완화한다. 이는 해외 투자자에게 호재로 작용할 것이다. 3. 부동산 임대료가 지속 상승하고 부동산 투자 수익이 양호해 투자자를 유치할 수 있다.
	끌어 내리는 요인	1. 12월 부동산 주택 지수가 하락되었고 기존주택판매량이 둔화되었다. 2. 단기 이율이 상승세를 유지하고 주민 소비 지출이 늘어나 주택구입 계획에 영향을 미칠 것으로 보인다. 3. 최근 해외 주택구입 신탁이 긴축되고 수요 성장이 둔화되었다.
추세 묘사	상승속도가 줄어들 것으로 보인다.	
추세 방향	↑	
배치 비율 건의	↑	